A mitologia dos gregos

Dados Internacionais de Catalogação na Publicação (CIP)
(Câmara Brasileira do Livro, SP, Brasil)

Kerényi, Karl, 1897-1973.
    A mitologia dos gregos : vol. II : a história dos heróis / Karl Kerényi ; tradução de Octavio Mendes Cajado. – Petrópolis, RJ : Vozes, 2015.

    Título original alemão: Die Mythologie der Griechen : Teil II, Die Heroen-geschichten
    Bibliografia
    ISBN 978-85-326-4786-3

    1. Mitologia grega – História I. Título. IV. Série.

14-02723   CDD-292.0809

Índices para catálogo sistemático:
1. Mitologia grega : História   292.0809

Karl Kerényi

A mitologia dos gregos

Vol. II
A história dos heróis

Tradução de Octavio Mendes Cajado

Petrópolis

© 1958, 1997. Klett-Cotta – J.G. Cotta'sche Buchhandlung Nachfolger GmbH, Stuttgart

Direitos de publicação em língua portuguesa – Brasil:
2015 Editora Vozes Ltda.
Rua Frei Luís, 100
25689-900 Petrópolis, RJ
www.vozes.com.br
Brasil

Título original alemão: *Die Mythologie der Griechen – Teil II – die heroen-geschichten*

Todos os direitos reservados. Nenhuma parte desta obra poderá ser reproduzida ou transmitida por qualquer forma e/ou quaisquer meios (eletrônico ou mecânico, incluindo fotocópia e gravação) ou arquivada em qualquer sistema ou banco de dados sem permissão escrita da editora.

Diretor editorial
Frei Antônio Moser

Editores
Aline dos Santos Carneiro
José Maria da Silva
Lídio Peretti
Marilac Loraine Oleniki

Secretário executivo
João Batista Kreuch

Editoração: Maria da Conceição B. de Sousa
Diagramação: Sheilandre Desenv. Gráfico
Capa: Felipe Souza | Aspectos
Ilustração de capa: Perseu depois de decapitar Medusa (detalhe)

ISBN 978-85-326-4786-3 (edição brasileira)
ISBN 3-608-91873-6 (edição alemã)

Esta obra foi publicada anteriormente pela Editora Pensamento–Cultrix, com o título *Os heróis gregos*.

Editado conforme o novo acordo ortográfico.

Este livro foi composto e impresso pela Editora Vozes Ltda.

Aos poetas do futuro
Pois a terra os gera de novo,
como sempre os gerou.
Fausto II, iii 3

O mito é uma postulação universal de existência grega. Toda a civilização, juntamente com todas as comissões e omissões, era ainda a velha civilização original, embora estivesse evolvendo gradualmente. O homem dava tento ainda da fonte mítica e sagrada de inúmeras formas de vida e sentia-se muito próximo dessa fonte. Toda a raça grega se considerava herdeira e depositária da Idade dos Heróis; ainda se exigia retribuição pelos agravos sofridos em tempos primevos; Heródoto começa a sua história da grande batalha entre o Ocidente e o Oriente com o rapto de Io, e a Guerra Persa é uma continuação da Guerra de Troia.

Jacob Burckhardt,
Griechische Kulturgeschichte [História da cultura grega]

Sumário

Prefácio, 9

Introdução, 13

Livro um, 33

    I – Cadmo e Harmônia, 35

    II – Os Dioscuros tebanos, 43

    III – Dânao e suas filhas, 48

    IV – Perseu, 52

    V – Tântalo, 62

    VI – Pélope e Hipodâmia, 67

    VII – Salmoneu, Melanipa e Tiro, 73

    VIII – Sísifo e Belerofonte, 79

    IX – Frixo e Hele, 88

    X – Édipo, 91

    XI – Os Dioscuros espartanos e seus primos, 106

    XII – Meléagro e Atalanta, 113

Livro dois: Héracles, 121

    I – Os heróis tebanos, 125

    II – Os doze trabalhos, 136

    III – Feitos e sofrimentos após os doze trabalhos, 174

Livro três, 195

    I – Cécrope, Erecteu e Teseu, 197

    II – Jasão e Medeia, 230

    III – Orfeu e Eurídice, 258

    IV – Tereu, Eumolpo e Céfalo, 266

    V – Anfiarau e os heróis da Guerra de Tebas, 272

    VI – Atreu e sua dinastia, 279

VII – O prelúdio da Guerra de Troia, 284

VIII – Os heróis da Guerra de Troia, 294

IX – Ifigênia e seu irmão e irmãs, 305

X – Télefo, 310

XI – Protesilau e Laodamia, 315

XII – Aquiles e as consequências da Guerra de Troia, 319

Genealogias, 333

Notas da introdução, 351

Fontes, 353

Documentos para os livros um, dois, três, 363

Imagens – Introdução, 407

Lista das ilustrações, 409

Índice onomástico, 497

Índice analítico, conceitos, 521

Índice geral, 555

Prefácio

O livro que ora ofereço ao público é também cheio de matéria, ainda mais do que foi o meu *A mitologia dos gregos Vol. I – A história dos deuses e dos homens*. Continua, com efeito, a narrativa do douto ilhéu grego do nosso tempo, em cuja boca foi posta a história dos deuses, e complementa-a em todos os pontos em que ela invadia a história dos heróis. Mas podemos tomar igualmente o caminho oposto, começando pelos destinos gravosos dos semideuses, que eram amiúde, por essa razão, homens ainda mais sofredores, e assim passando para a existência divertida dos deuses "de vida fácil". Aqui não é o mundo dos deuses, mas todo um mundo que será revelado; às vezes, parecer-nos-á familiar, às vezes estranho, e talvez seja esta a primeira vez que se aborda por esse lado. É um mundo que se estende entre a foz do Guadalquivir e o Cáucaso, por um espaço de tempo que principia por volta do ano 1500 a.C. e dura, pelo menos, dois mil anos. Transmitiu a glória dos grandes deuses e deusas na forma dos seus filhos, que foram venerados como heróis.

É uma parte dessa história que podemos chamar nossa, no sentido da herança comum que nos permite recordá-la e adotá-la. Na base dos resultados de psicólogos, duvido que seja possível eliminar inteiramente essa porção da história e, como historiador, eu consideraria uma falsificação da história geral da humanidade suprimir-lhe o conhecimento. Não acredito nem por um momento que a tenha representado em forma final, e por isso a dediquei aos poetas futuros; compete a eles transmudá-la, como verdade da mente outrora presente, pertencente à história da literatura e da religião europeias, numa forma nova, mais adequada a uma obra de erudição clássica.

Este livro não tenta adornar o assunto. Isso já foi feito pelas *Schönste Sagen des klassischen Altertums* de Gustav Schwab, que por tanto tempo se ajustou aos sonhos da mocidade, e por outras descrições semelhantes em outras línguas, sejam quais forem os seus títulos – como, por exemplo, os *Heróis* de Kingsley. Cumpre não mascarar a tradição antiga, tão brilhante em seu realismo. A ocultação da tradição pode provir até de um espírito científico de propósitos honestos, de um desejo justificável de saber que não reconhece os limites que lhe impõe essa mesma tradição. O desejo de conhecer pode ser dirigido ao tradicional, a minúcias e elos de ligação, cotidianamente acrescentados por descobrimentos e decifrações; pode tentar iluminar e vivificar o conjunto intelectualmente e, logo, tem todo o direito de reivindicar o título de "científico". Ao mesmo tempo, está cada vez mais presente a tentação de indagar como surgiu a tradição, e aqui geralmente colidimos com o incognoscível, pois raro nos é transmitido o processo de uma origem. Isto se refere especialmente ao material das histórias de deuses e heróis.

Encontra-se a tradição em textos e monumentos artísticos. É importante ocupar-nos com a história dessa forma de tradição para o reconhecimento do realmente tradicional. Isso implica, porém, um vasto distanciamento da própria tradição, na direção de teorias de origens e reconstruções de obras perdidas, para argumentos que, em última análise, dependem do que não se pode provar. Tais hipóteses e tentativas de reconstrução, até quando não se transformam num jogo de fantasia tirado de alguma coisa concretamente presente, escondem facilmente a matéria concreta. Nesse sentido, também a esconde a primorosa obra de Carl Robert, *Die Griechische Heldensage* [A saga dos heróis gregos] com suas mil e quinhentas páginas na edição ampliada de Ludwig Prellers *Griechischer Mythologie* [Mitologia grega]. É digna de agradecimento como uma orientação apropriada para os que desejam estudar as últimas ramificações e mudanças, bem como a tradição literária e arqueológica, embora a obra precisasse de uma renovação.

Meu propósito tem sido passar resolutamente ao conteúdo dos mitos. Isso poderia ser feito, na medida do possível, pela convivência com os textos, sem perder de vista as obras inexauríveis dos pintores de vasos e da arte funerária (uma vez que os túmulos eram os sítios de um culto de heróis que durou muito tempo), não por amor da interpretação, mas da atmosfera. Isso pressupunha deixar o material tradicional num estado de vivacidade e imparcialidade, do qual as formas dos heróis pudessem emergir, por assim dizer, por si mesmas em seus contornos originais. Aqui o desenvolvimento da arte de contar histórias, desde Virginia Woolf, encorajou sobremaneira até um escritor científico. Quando tratado de acordo com o seu culto, cada herói é o Orlando de Virginia Woolf, e muitas comparações entre heróis e divindades permaneceram tão incertas quanto as autoidentificações mitológicas do jovem José de Thomas Mann.

O suave nível de narração de um ponto de vista terminou, há muito tempo, na grande literatura. Uma forma que deixasse aos narradores antigos – ou até a vários deles, ao lado uns dos outros ou em seguimento uns aos outros – e aos meditativos recontadores das histórias a possibilidade de falar o que quisessem deveria ser desenvolvida também na literatura científica, sem mesmo tentar produzir o efeito de um trabalho narrativo original, mas confiando apenas na automanutenção de um material narrativo antiquíssimo. Confesso que o pôr à prova essa automanutenção durante anos de trabalho selecionando, liberando e ajustando o conteúdo humano concreto, primeiro em mim, depois em outros, me atraiu como um experimento científico em que descobri, ao mesmo tempo, um ensaio de humanismo vivo, sempre ligado, de uma forma ou de outra, aos gregos. Precisamos encontrar também a atitude certa para com a mitologia heroica grega, na base de uma imagem nem simplificada à maneira de um mestre-escola, nem enfeitada à feição das *belles-lettres*, e tampouco escondida ou velada de um modo qualquer.

Agradeço à Federação Suíça e aos meus editores pelas condições prévias para realizar este experimento humanístico, continuação do que apresentei em *Mithologie der Griechen* (A mitologia dos gregos); ao Rhein-Verlag em Zurique e a Thames & Hudson em Londres pela elaboração dos registros que dão à obra a utilidade de um manual; à minha esposa; à Sra. Daisy Brody pela leitura dos manuscritos; ao Professor Dr. Walther Kraus em Viena, pela leitura e correção da obra; e ao Sr. Dr. Hellmut Sichtermann de Roma pelo empenho em obter as ilustrações.

De Roma até Ascona, em 21 de abril de 1958.

Introdução

Se a mitologia grega fosse limitada aos deuses e, de qualquer maneira, aos mitos da origem da raça humana, os heróis teriam permanecido nas suas fronteiras. Mas os deuses exigem os heróis, e estes ainda pertencem à mitologia, de onde se espalharam para o tempo que já não trata de "histórias", mas da "história". Uma diferença essencial entre as lendas dos heróis e a mitologia propriamente dita, entre os mitos dos deuses e os dos heróis, frequentemente ligados entre si, ou que, pelo menos, lhes tocam as raias, consiste em que os últimos se mostram, alguns mais e outros menos, entrelaçados com a história, com os acontecimentos, não de um tempo primevo que está fora do tempo, mas do tempo histórico, e que lhe toca as fronteiras tão intimamente como se já fossem história propriamente dita e não mitologia. Por princípio, não podemos negar existência fatual, historicidade, aos heróis. Eles surgem diante de nós como se tivessem, de fato, existido e só excepcionalmente alcançaram a condição de deuses no Olimpo, no caso de Héracles, ou no mundo subterrâneo. Mas ainda que tenham sido, em outro tempo, pessoas históricas, eles subsistem em suas "lendas" de um modo que os tira da "história". Deixamos de ser inteiramente justos com eles quando lhes provamos a "historicidade". Eles perdem, por esse modo, o aspecto mitológico que os liga aos deuses e em virtude do qual, à semelhança dos deuses, agem como protótipos. Sua existência é um tipo especial de quase existência, a um tempo menos e mais do que a existência comum dos seres humanos – mais, porque lhes inclui também a vida póstuma no culto.

Eles nem sempre se distinguiram – nem mesmo, por exemplo, pelo heroísmo; e é por isso que a palavra "herói" não é uma tradução satisfatória do *heros* grego, embora deva ser usado à falta de palavra melhor. Muito mais do que por qualquer peculiaridade, os heróis em todas as lendas são assinalados pela substancialidade, por uma notável solidez, que partilham com as figuras divinas. Os deuses de muitas mitologias, não ligadas às civilizações do Oriente Próximo e do Mediterrâneo, ocupam a posição intermediária entre os deuses como os dos gregos e os seres humanos. Essa solidez tem sido preservada na representação poética a que os heróis eram continuamente sujeitos, a ponto de um Alexandre, um César ou um Napoleão, completamente transformados pela imaginação arbitrária de algum escritor, serem mais concebíveis do que um Perseu ou um Édipo, o que é totalmente diferente. Com efeito, um Alexandre Magno transformado o é menos, porque já passou para as fileiras dos heróis da Antiguidade. Aos "heróis" da história pertence o tempo histórico. Eles estão encastoados num único período de tempo, determinado por inumeráveis sucessos contemporâneos que não podem ser alterados. Até um César ou um Napoleão completamente "novos" tirariam dali os seus contornos e seriam reconhecíveis pelo exterior temporal. Por outro lado, a parte imutável dos heróis da mitologia é um centro inalterável que se encontra sempre no mesmo herói. A máxima de Ralph Waldo Emerson é verdadeira também no sentido fatal pertencente à história da religião: "O herói é aquele que está invariavelmente centrado". Pode assemelhar-se a outros heróis num ou em diversos traços; existem tipos heroicos, como existem tipos de homens comuns. Mas no ponto central de seus traços, que faz dele um herói, permanece único. A redução do herói, sólido na unicidade, a uma possibilidade realizada no homem e em seu mundo, a prova e a definição do seu caráter arquetípico, continuará sendo a tarefa de um tratamento especial que só pode ser apropriadamente empreendido do ponto de vista da psicologia e da filosofia, conquanto dificilmente o seja sem o fundamento histórico fornecido por uma descrição da tradição concernente aos heróis dos gregos consciente de suas limitações. Entretanto, o estilo filosófico de expressão não pode ser totalmente evitado nesta introdução, e um "Mito do Herói" emergirá.

O herói, qual se nos depara nas "lendas", encerra sem dúvida, mais ainda do que os deuses dos gregos, um ensinamento relativo à humanidade. Sua caracterização 100% humana é plenamente possível, mas sobre ele recai uma glória que, do ponto de vista da história das religiões, para a qual o divino é o dado que serve de ponto de partida[1], podemos denominar a glória do divino, sendo a palavra "glória", "radiância" ou "esplendor" usada metaforicamente, mas de modo tão justificado como quando falamos na "glória" de uma obra de arte e esta é compreendida por quantos possuem – o que é comum ao gênero humano, mas distribuído em várias proporções – o poder de percebê-la. A glória do divino, que recai sobre a figura do herói, combina-se estranhamente com a sombra da mortalidade do que resulta um caráter mitológico, o de um ser peculiar, a quem pertence, ao menos, uma história em que a narrativa diz respeito exatamente àquele herói e a nenhum outro. Se o caráter mitológico for substituído pelo caráter puramente humano, as lendas dos heróis se tornarão histórias de guerreiros, aos quais o epíteto de "herói" só se aplica no sentido, divorciado do culto, em que o usa Homero, mais ou menos o de "nobre cavalheiro"; e assim a mitologia, incluindo a mitologia dos heróis, encontra o seu limite.

Isso ocorre nos poemas épicos referentes às jornadas e campanhas de companhias inteiras de heróis, como a viagem do Argo e a Guerra de Troia. Tudo isso – e, sem dúvida, também a expedição dos Sete contra Tebas e certo número de epopeias pré-homéricas perdidas – tornou-se poesia heroica, com uma atmosfera própria, até quando os heróis são heróis da mitologia. Como toda mitologia, a dos heróis tem sua conexão com o culto. Pelo que sabemos, a poesia heroica está desligada do culto. O herói com o seu culto é mais diferenciado do herói da Epopeia do que do herói da tragédia, que, afinal de contas, apresenta um ato de culto. Não há fronteira nessa questão, mas há uma fronteira entre atmosferas. A descrição dos heróis na mitologia grega precisa também submeter-se a tal diferenciação, para não vir a transformar--se, afinal de contas, em mero sumário de poesia épica, com o que ou perde sua atmosfera peculiar (ademais, não quer despertar interesse por narrativas de batalhas), ou a confunde com outra. Aqui a viagem dos Argonautas e a expedição dos Sete constituem um estádio médio, pelo modo com que são tratadas, uma pelo douto poeta Apolônio de Rodes, a outra na tragédia, e isso não deve ser excluído numa renarração da mitologia heroica. Uma renarração de poesias puramente heroicas, capaz de transmitir o conteúdo de ambos os poemas ligados ao nome de Homero, a *Ilíada* e a *Odisseia*, a homens de hoje, parece-me possível, e até necessária, mas não neste livro.

Ao herói pertencia o seu culto, forma peculiar de reverência que não se há de confundir com o culto do herói no sentido de Carlyle. Era um culto verdadeiro, de fácil compreensão, observância ritual estrita, tributo perfeitamente natural ao herói, e não um modo de exaltá-lo. Em menor escala, dir-se-ia a reverência prestada, em escala maior aos deuses do mundo subterrâneo, os senhores dos que partiam. O divino, cuja glória o herói carrega entre os mortos, provoca em relação ao reino dos mortos muito mais do que a figura de um mortal comum que se juntou aos mortos, a reverência profunda que – como diz verazmente a seu respeito W.F. Otto – descrevemos demasiado unilateralmente com medo, embora seja também o mais solene e exaltado dos sentimentos[2]. O sacrifício feito em honra dos deuses dos mortos e dos heróis chamava-se *enágisma*, em contraposição a *thysía*, que era a porção especialmente destinada às divindades celestiais. Oferecia-se em altares de formato especial; mais baixos do que o altar comum, *bōmós*, seu nome era *eschára*, que quer dizer "lar". Através deles o sangue das vítimas, assim como as libações, fluíam para o fosso sacrificial. Por isso mesmo eram em forma de funil e abertos no fundo. Pois essa espécie de sacrifício não preparava o caminho para um festim jubiloso de que participassem deuses e homens. Segurava-se a vítima sobre o fosso com a cabeça para baixo, e não, como para os deuses celestiais, com o pescoço inclinado para trás e a cabeça soerguida; e era inteiramente queimada. Tais são os traços característicos desses ritos, que, todavia, não formavam um cerimonial rígido e inalterável; por exemplo, em muitos lugares os sacrifícios a Héracles combinavam os métodos mais sombrios com os mais brilhantes, e na Ática lhe ofereciam touros do mesmo modo que aos Olímpicos. E de outras maneiras também, estes e outros pormenores menos sinistros revelavam a alegria dos gregos até nesse culto.

Embora o culto lhes complete a imagem, os heróis não teriam atingido nenhuma importância para nós somente através dele; nem o fariam através das tumbas subsistentes, por mais impressionantes que fossem, como as que se encontram dentro e fora dos muros ciclópicos de Micenas ou as encontradas, de aparência verdadeiramente "heroica" em seu vasto e estranho traçado, perto de Elêusis, na estrada que vai do Peloponeso a Tebas, e que recobriam, segundo se supunha, seis dos famosos Sete. Nem mesmo os nomes ligados à fundação de cidades, a famílias reinantes, a nobres linhagens e a tribos inteiras teriam bastado a uma importância mais geral, para não mencionar o grande número de heróis que não passam de nomes para nós, ou que permaneceram inominados. Existiria o interesse científico por todos eles, na medida em que pertencem ao quadro geral da cultura grega; mas a importância humana reside nas histórias tradicionais que tinham o seu culto por segundo plano.

Parece muitas vezes que as histórias de deuses e heróis deveriam ser atribuídas a "motivos de histórias populares", como se fossem desenvolvimentos adicionais de umas poucas histórias populares primevas, às quais poderiam ser facilmente reduzidas. Essa aparência (além de enganosa) se apropria, mais do que qualquer outra coisa, a distrair a atenção do seu conteúdo humanamente absorvente. "Motivos" ou "fórmulas narrativas", tratados por si mesmos, resultam apenas da abstração e da redução. Inexistem e não são ativos por si mesmos, a não ser em "histórias" que são mais do que motivos e fórmulas. As histórias populares, na verdade, estão cheias de motivos e fórmulas e, se bem isso não as exaura de todo, podem ser largamente reduzidas a tal. Nisso, assim como em outras coisas, elas revelam sua data relativamente recente. As primeiras histórias populares e suas primeiras coleções estadeiam-se todas diante de nós em textos de tempos mais ou menos recentes. A suposição de que as "histórias populares" são formas mais antigas das lendas dos deuses e dos heróis com base na analogia desses textos é um dos ilogismos de um método histórico não cuidadosamente pensado. Ainda assim, os mesmos textos nos fornecem uma base, a única que realmente possuímos, para refletir sobre o caráter dessas formas de narrativa, que se chamam *folktales* em inglês e *Märchen* em alemão. Quem quer que o tenha feito de maneira bastante consciente[3] reconhecerá a data relativamente recente das histórias populares até em suas características. O contador de tais histórias volta-se contra a realidade trágica da existência humana e contra as limitações de que ela padece e lhe opõe uma antitragédia. Consciente ou inconscientemente, o contador de histórias populares é contestador e antitrágico, e sua criação, com referência ao que nega, é secundária. A primária, a negada, está no mito.

A história popular termina de bom grado com um casamento ou outra satisfação. Quando isso ocorre, como na história de Perseu, a razão do sabor de história popular desse mito reside provavelmente no fato de haver uma forma relativamente recente da era micenense chegada aos poetas que, para nós, foram os primeiros a ter conhecimento dele. No conto de Teseu ou na história de Peleu (os dois nomes do mesmo tipo) podemos ainda quase observar o processo do mito transmudando-se em história popular, pois num caso o fim trágico, a morte de Teseu às mãos de Licomedes, embora inteiramente sem motivo, acontece, ao passo que no outro é suavizado, visto que o casamento com uma deusa era considerado, tanto no mito quanto na história popular dele derivada, um rasgo de boa sorte mais importante do que todos os resultados trágicos.

As histórias de heróis na mitologia têm afinidade com outra forma de narrativa, uma forma com características igualmente trágicas. Em escandinavo antigo chama-se "saga", palavra adotada pelo inglês e, também na forma *Sage*, pelo alemão. Compreendemos a saga no exemplo concreto da antiga literatura islandesa, que provavelmente remonta às crônicas familiais orais das casas nobres que emigraram para a Islândia. À semelhança de André Jolles, temos de defini-la como uma "forma simples", tão simples quanto a história popular, porém, mais veraz: como o princípio formativo desse mesmo *genre* que modelou e manteve o mundo em saga. O grande germanista caracteriza a saga da seguinte maneira:

> Surgindo da ocupação da mente com a família, o parentesco e as relações de sangue, ela construiu um mundo a partir de uma genealogia que permaneceu a mesma numa centena de variedades de muitos matizes, um mundo de orgulho da estirpe e da maldição paterna, de propriedade da família e de brigas familiais, de raptos de mulheres e adultério, de vingança de sangue e incesto, de lealdade aos parentes e ódio à família, de pais e filhos, irmãos e irmãs, um mundo de herança[4].

Este esboço, com efeito, nos recorda semelhanças, especialmente da história da dinastia de Atreu, mas também diferenças que encontraremos em histórias gregas de heróis. Parte da diferença está em que não se nos depara na Grécia a tradição sólida, autoconsistente, independente, dos heróis, nenhuma tradição verdadeira de família, como a das sagas islandesas. Precisamos coligir fragmentos, e sempre de segunda mão. É verdade que se trata amiúde da mão de um grande poeta, máxime Homero. Pode, contudo, inferir-se um mundo de mitologia heroica original anterior às epopeias de Homero; isso justifica a nossa pergunta sobre se a tradição mitológica relativa aos heróis, em solo grego, é realmente o que são as sagas na Islândia, mais que um fenômeno peculiar da história da humanidade.

Se transpusermos a famosa porta da cidadela e do assento real de Micenas, que tem a decorar-lhe o frontão e a coroá-lo um pilar flanqueado de leões (símbolo do culto da grande deusa, a Senhora das Feras, e possivelmente o sítio de sua epifania em forma de ave), a primeira coisa que notaremos será um grande cemitério, cercado de lajes de pedra dispostas paralelamente umas às outras. Com esse limite as fundas covas dos primeiros reis foram rodeadas de paredes no século XIV a.C., após terem sido construídas a porta e as poderosas e ciclópicas fortificações da cidadela. Esta foi uma marca da veneração dos predecessores, que talvez nem fossem os antepassados, pelo sangue, dos futuros governantes, por parte das gerações seguintes, a veneração da casa de Perseu – se pudermos adotar, sem provas, os nomes da mitologia dos heróis – pela casa de Atreu. Quando escavou o círculo de túmulos, Schliemann encontrou ali um altar que tinha servido, da maneira acima descrita, ao culto do herói. Desde o tempo em que já nenhum reino pertencia ao castelo real, conhecemos dois cultos sobreviventes de heróis em conexão com Micenas, ambos fora da cidade: o do próprio Perseu, mas não dos reis que talvez fossem considerados seus descendentes, como Pérsidas, testificados pela tradição, e a do atrida Agamenon, conhecido em virtude do descobrimento do lugar em que era venerado.

Schliemann, no entanto, não encontrou lápide alguma em que se pudesse ler o nome de nenhuma realeza falecida, honrada no interior do círculo murado. Naqueles dias, com efeito, ninguém esperava testemunhos escritos de uma data tão remota. Mas quando, não faz muito tempo, se descobriu e escavou um segundo anel de túmulos semelhantes, fora dos muros da cidadela, e se encontraram esteias tumulares que ostentavam entalhes, cenas de caça e de luta com feras poderosas, mas nenhuma inscrição, o silêncio das pedras

• 19

começou a ser significativo. Nenhum descobrimento feito alhures justifica, até agora, a conclusão de que esse silêncio é mero acidente; ele é, antes, característico. Conhecemos a escrita micênica; seus monumentos foram encontrados no palácio de Nestor em Pilo, em Micenas e, para nomear aqui apenas este ponto central das lendas dos heróis, em Tebas. Plutarco nos fala dessa escrita, que os gregos dos tempos históricos achavam mais parecida com hieróglifos egípcios do que com suas próprias letras. Os espartanos, senhores da Beócia no tempo de Agesilau, por volta de 380 a.C., abriram uma tumba em Haliarto, em que se dizia jazer Alcmena, mãe de Héracles, e ali encontraram uma lâmina de bronze com uma escrita desse tipo, mas presentes funerários muito mais modestos do que os encontrados nos túmulos encerrados no círculo de pedra de Micena[5]. Em nenhuma das muitas sepulturas do tempo de Micenas, abertas pelos arqueólogos, se encontrou uma inscrição. As lâminas inscritas, descobertas em palácios e casas, são listas de propriedades, sacrifícios e tributos pertencentes a deuses e homens. No que tange a Creta e Micenas, tudo indica que a minha observação[6], que pode agora ser repetida nas palavras de Oswald Spengler, ainda é válida: "Em toda a massa de achados cretenses, não há indicação de consciência histórica, política ou mesmo biográfica, como a que reinou particularmente entre o povo da cultura egípcia a partir dos primeiros dias do Antigo Império". Como quer que seja, não deixou traços de um impulso no sentido de imortalizar por escrito nos sepultamentos, embora estes fossem cuidadosamente arranjados e guardados.

A imortalização, porém, estava lá, conquanto não através da escrita. Os magníficos túmulos em forma de colmeia fora da cidade foram construídos entre os séculos XV e XIII a.C. Os túmulos em poços, posto que ricamente providos de custosas oferendas funerárias, não apenas provam a existência de um culto dos mortos em Micenas, precursor do culto grego do herói nos tempos históricos, como também testificam, em sua própria mudez, um culto da memória, uma confiança (se pudermos dizê-lo na língua dos gregos históricos, já falada na cidadela dos círculos de túmulos) na deusa Mnemósina. De acordo com o testemunho, muito mais recente, de uma crença que assentava seguramente num antigo culto dos mortos, os próprios falecidos depositavam nela uma confiança pessoal, e esperavam beber da sua fonte no mundo subterrâneo. Aquele que se lembra de si mesmo corresponde à recordação em que sobrevive; esta seria, sem dúvida, a maior dádiva de Mnemósina. Não temos, no tocante às crenças micênicas relativas à morte, nenhuma prova, como a das laminazinhas de ouro nas quais encontramos instruções para a obtenção dessa dádiva maior; mas não podemos deixar de conceder a Mnemósina um espaço de tempo que não era exclusivamente uma época de lembranças familiais mais ou menos indistintas e nas quais as filhas da grande deusa já tinham a sua parte. A escavação do palácio de Nestor em Pilo forneceu, no meu entender, a prova de que uma poesia épica muito humana, muito ligada às coisas materiais, apareceu antes de Homero e estendeu-se pelos tempos confusos na virada do milênio até alcançá-lo[7].

Entretanto, já não se pode afirmar com exatidão até onde a escrita havia sustentado assim a memória como a arte do poeta. Os registros escritos decerto não se encontravam no primeiro plano da idade a que dei o nome, portanto, de idade de Mnemósina. E se nesse mesmo ponto releva notar alguma semelhança com as sagas islandesas, parece-nos que a escura história familial dos atridas não é, de modo algum, característica da mitologia do herói grego como um todo. Muitas figuras de heróis e heroínas têm uma radiância divina mais brilhante, que pode pertencer a divindades anteriores. Não sabemos até que ponto os reis de Micenas tentavam assemelhar-se aos deuses e até que ponto o seu culto dos mortos dava expressão a essa tentativa. Os descobrimentos arqueológicos[8] até agora nos dizem, sem qualquer ambiguidade, que o culto do herói grego é a continuação, não de um culto geral dos mortos nos tempos micênicos, senão do culto micênico dos mortos reais. Se nisso se continha um teomorfismo cuja extensão nos é desconhecida, este se encontra com um antropomorfismo nos mitos dos deuses, do que dá testemunho um grupo de marfim de duas deusas e uma criança divina já à feição da mitologia grega[8a]. Esse encontro pode ter acontecido na mitologia dos heróis. O divino passou para o humano, e o humano foi exalçado à divindade; e assim surgiu o mito do herói. Originando-se no próprio homem, ele recebeu sustento do reino duplo de Mnemósina, o reino dos mortos, ao qual era dirigido o culto nas tumbas, e do passado, que permanecia presente através da memória e conquistou uma idealidade que só poderia distinguir homens divinos.

Esbocei aqui apenas uma suposição no respeitante à origem do culto dos heróis entre os gregos. Se nos inclinamos a ver, no esplendor divino dos homens a que esse culto pertencia, a realização na morte de um esforço próprio da natureza humana, o meio de expressão adequado consiste em falar de uma figura contraditória que admitiria todas as variações da mitologia do herói, da figura do homem-deus em suas inumeráveis variações nas histórias sem conta. Nesse caso, a pressuposição das histórias de heróis seria a característica humana, a saber, que o homem é capaz, mesmo no elo de uma tribo ou de uma família, de conhecer o único, que não se ajustará a ela. A origem da peculiaridade e da unicidade de um ser trazido ao mundo por sua mãe como algo surpreendentemente novo, que nunca esteve antes ali, a imediação da invasão do mundo resultando numa carreira única, aparece na mitologia heroica como origem divina. Disso podemos falar em linguagem filosófica como de uma revelação do ser no homem e acrescentar que todas as revelações desse ser assumiram formas onde quer que tenham aparecido, não só na história, mas também na mitologia, à qual se circunscreve a nossa consideração presente. Escolhi a expressão "homem-deus", independentemente do seu significado cristão, com base nos dados gregos; o seu sentido não é a redenção, senão uma alta concepção do homem, que busca em vão o seu semelhante em toda a história da religião. Para a concepção geral a que aludimos e sua expressão pós-cristã, podemos citar Carlyle[9]:

> A essência do nosso ser, o mistério em nós que se chama "Eu" – que palavras temos para essas coisas? – é um sopro do céu: o ser mais alto revela-se no homem. Este corpo, estas faculdades, esta nossa vida, não é tudo isso uma vestidura para o Inominado? "Existe apenas um templo no universo", diz o devoto Novalis, "e este é o corpo do homem. Nada é mais sagrado do que essa forma elevada. Inclinar-se diante dos homens é uma reverência feita a essa revelação na carne. Tocamos o céu quando pomos a mão num corpo humano!" Isso se parece muito com um mero floreio de retórica; mas não é. Bem meditado, revelar-se-á um fato científico; a expressão, com as palavras de que dispomos, da verdade real da coisa. Somos o milagre dos milagres – o grande mistério inescrutável de Deus.

Dessa maneira Carlyle estabeleceu os fundamentos da sua exaltada reverência aos heróis, que para ele formava a base do cristianismo – um cristianismo ariano, é verdade, e, portanto, não totalmente dessemelhante da Antiguidade na concepção; uma reverência aos heróis que – devemos dizê--lo com suas próprias palavras – é uma "admiração profundamente sentida, prostrada, uma submissão ardente, sem limites, à mais nobre forma divina do homem". "Não será isso", acrescenta ele, "o germe do próprio cristianismo? O maior dos heróis é Um – que não nomeamos aqui!" As lendas dos heróis gregos, por outro lado, são tão pouco elevadas quanto o seu culto do herói. São, antes, surpreendentemente realistas, e nada idealizam eticamente, quando descrevem as características humanas dos heróis. Carlyle está no extremo oposto. Os mitos dos heróis gregos dizem respeito às origens das cidades, das famílias e das tribos e, ao mesmo tempo, se ocupam do "homem-deus"; desse modo se determina a sua elevação peculiar. Entre os dois temas, as histórias dos descobrimentos e aquisições de avanços econômicos e técnicos desempenham uma parte menor. O conceito dos "heróis da cultura", introduzido pelos etnólogos, pertence a mitologias de qualidade diferente da mitologia da Grécia, e seria, de fato, uma violência arrastá-lo para ela. Um herói da cultura seria um herói reduzido a uma única função, e a própria humanidade dos heróis gregos recusa-se a tolerar semelhante redução. Héracles, se quiséssemos dar ênfase ao elemento do "herói da cultura" nele existente, tornar-se-ia, no máximo, um herói caçador, um Oríon, se bem Oríon fosse algo mais do que isso. A análise dos feitos de Héracles mostra-nos algo diferente; apenas a interpretação ulterior deles se ajusta a essa simplificação. Duas grandes consecuções necessárias à cultura humana, o trigo e o fogo, são creditadas aos deuses e aos titãs, Deméter, Hermes, Prometeu; o trabalho com os metais, a deuses e seres primevos jorrados da terra – Hefesto, os Dáctilos e os Cabiros. Somente o portador do vinho é um "homem-deus", Dioniso, na verdade o homem-deus entre os deuses.

Embora se ocupe igualmente dos homens-deuses e de fundamentos, a mitologia dos heróis gregos caracteriza-se pelo fato de que a sua ênfase, a sua pressão peculiar, se coloca no aspecto humano, e de maneira nenhuma na importância de um fundamento. Na Índia, por exemplo, o divino é enfatizado e exaltado de um modo cru, quando os heróis desse país, por um desmedido desenvolvimento de poder, permitem ao deus que assumiu a forma humana

• 23

manifestar-se. Para a mitologia heroica dos gregos, nada é mais característico do que o elemento divino ser dado por certo e suas epifanias serem a coisa mais natural do mundo. A ênfase é colocada antes no lado humano, em todas as suas manifestações, mas não menos no fardo do destino e dos sofrimentos que o herói suporta. Com essa forma de enfatizar o elemento humano, a mitologia dos heróis toma nova direção desde o princípio, que conduz caracteristicamente à tragédia. As lendas dos heróis nos levam do culto do herói, solene, que se explica por si mesmo, ao palco trágico, o lugar de comoções sempre novas produzidas pelo velho material. Se tentarmos encontrar uma expressão grega para esse determinado material da mitologia (pois o grego não tem palavra que corresponda à *saga* escandinava e à *Sage* alemã), teremos de recorrer à usada por Asclepíades de Trógilo, o qual, no tempo em que a poesia trágica em Atenas estava declinando, expô-la numa obra em prosa e chamou ao seu livro *Tragodumena*, o que quer dizer "materiais da tragédia". Todas essas histórias, mesmo as que nunca foram trabalhadas por poetas trágicos, merecem o título; sempre foram tragédias em potencial.

Nesse material temos de haver-nos não só com pequenos dramas cujo plano arquetípico contém um grupo necessário de pessoas, mas também com as histórias dos deuses; fundamentalmente encontramos sempre certo drama, que trata do destino do "homem-deus", drama com inúmeras variações. Além dele estão prontas também outras *dramatis personae*, que nem sempre aparecem, especialmente a mãe do homem-deus, que o concebeu através de um deus, como também o substituto de deus, o pai terreno do herói e, não raro, um irmão inferior, até um irmão gêmeo. Mas não há regra para as tarefas nem para as fases pelas quais lhe cumpre passar e tampouco para as proezas que tem de levar a cabo a fim de ser um herói. O destino e o desenvolvimento não são idênticos. Emerson expressou, e Rilke a confirmou, a verdade acerca do herói na sentença já citada: "O herói é o que está imutavelmente centrado". Precisamos ter sempre em mente essa sentença quando nos ocupamos com as lendas dos heróis. A glória do divino repousa no imutável que há nele, mas é obscurecida pelo destino. Ele realiza as tarefas que o destino lhe cometeu por meio desse elemento imutável, de que o culto ainda dá testemunho em sua morte. É a mais rara das exceções (como aconteceu no caso de Héracles) não sucumbir ele à morte; está sempre em contato com ela, que pertence à sua "forma", e o culto o testifica até o último giro da vida do herói, pois é afinal de contas, um culto dos mortos.

O culto e o mito do herói contêm o germe da tragédia, não só no tocante ao material, ao princípio formativo e sua significação, mas também no que concerne ao tempo. A tragédia ática apega-se ao culto e à mitologia dos heróis. Aqui não há rompimento, não há abismo entre eles. Há, isso sim, uma continuidade ininterrupta de atividade intelectual que, no que se refere à mitologia dos heróis, ao culto do herói pela narrativa, já se pode denominar um ato de culto. A tragédia não é menos um ato de culto do que os procedimentos sagrados da adoração dos heróis. Uma grande e solene ação pertencente ao culto de Dioniso, cheia dos sofrimentos dos heróis. Dessarte, subsiste apenas a pergunta: Os heróis pertencem a Dioniso e Dioniso a eles? A conexão fixa entre o culto e a narrativa em honra dos heróis e a ação dramática a que chamamos tragédia, em honra de Dioniso, está lá e ela mesma testemunha um aspecto do deus através do qual ele responde à nossa pergunta. Dessa maneira as mulheres de Élida o invocavam chamando: "Vem, herói Dioniso"[10]. Se estivéssemos certos de que, nesse contexto, "herói" significa "senhor", mesmo assim deveríamos prestar atenção à circunstância de que o nome distintivo com que, em Homero, homens sem nenhum direito a culto são saudados se aplica aqui a um deus em sua adoração e, de mais a mais, a um deus cujas ligações com o reino dos mortos e com a própria morte são certas, ainda que apenas pela história do seu nascimento. Quer tenha ele nascido de Perséfone, deusa do mundo subterrâneo, quer tenha sido dado à luz pela princesa tebana Sêmele, quando já estava sendo queimada pelos raios de Zeus[11], foi um nascimento subterrâneo, ou um nascimento na morte. Assim como o deus da cura Asclépio foi arrebatado à mãe, Corônis, em sua pira funerária por Apolo, assim Dioniso foi erguido por Deus acima das chamas mortais. É a história do nascimento no fogo, do nascimento de um deus que vem da morte e é tocado por ela. Asclépio também precisa morrer; o seu, todavia, foi um nascimento digno do deus da cura. E Sêmele também era uma *herois*, uma heroína (assim se chamava o festival de Delfos em que a reverenciavam com ritos secretos)[12]. Dioniso teve de trazê-la de volta do mundo subterrâneo[13], mas ele também morreu.

O nascimento de um deus no túmulo, mesmo sem o tema da queima, deve ter sido uma história muito antiga, eis que foi contada também de Perseu, herói e fundador de Micenas, na lenda do seu nascimento. Ele nasceu num aposento subterrâneo, uma câmara de bronze na qual, como num sepulcro, sua mãe havia sido aprisionada para sempre. De lá a voz da criancinha fez-se ouvir no pátio do palácio. A cena da história é Argos, o castelo real fronteiro a Micenas. Para nós ela dá vida ao pétreo anel de sepulcros na cidadela micênica, como se os antigos narradores pensassem na câmara de bronze que teria sido construída ali nas profundezas da terra. Mas a morte de Dioniso foi atribuída a Perseu. Dizia-se que ele o matou ao tentar expulsar-lhe o culto, ou assim se contou a história mais tarde[14]. Ele arremessou o deus às águas profundas de Lerna. Entretanto, a história da inimizade entre Dioniso e Perseu destina-se a fornecer um motivo para alguma coisa, vale dizer, a crença, que prevalecia na região ao redor de Micenas e Argos, de que Dioniso tinha alguma relação com o mundo subterrâneo, cuja entrada se supunha estivesse em Lerna, numa cidade pré-histórica nos arredores das já citadas. Assim como em Élida, havia aqui um festival em que o deus era chamado do mundo subterrâneo. Em Élida, a canção das mulheres pedia ao "Herói Dioniso" que metesse o pé do seu touro em seu templo. Em Lerna, Dioniso era apelidado Bugenes, o Filho do Touro[15]. Chamavam-no com um toque de trombeta, cerimônia inusitada na Grécia (tudo isso nos chega como um eco de um mundo anterior, seguramente o de Micenas), e jogava-se um cordeiro para o Pilaoco, o "Guardador da Porta", no fundo das águas. O senhor do mundo subterrâneo, conhecido também como Hades, era chamado "Guardador da Porta" ou "Fechador da Porta" (Pilarte). De acordo com a lenda da ascensão de Sêmele do mundo subterrâneo, em Lerna, Dioniso desceu até lá para ir buscar sua mãe; na história de Perseu, ele foi atirado ali. Mas a quem pertencia o toque de trombeta senão a alguém que ali residisse e que esperava pelo chamado a fim de reaparecer entre os vivos?

Se ele era invocado como "herói", isso também aponta para uma íntima ligação semelhante com o reino dos mortos, para dizer o menos. O filósofo

Heráclito disse uma coisa da maior importância. Encontrou ele em toda parte exemplos do Uno que se revela em opostos. E *toma* esses exemplos, não os constrói, pois, nesse caso, como seriam exemplos que provassem alguma coisa? Do mundo visível: "O mar é a água mais pura, e a mais impura; para o peixe ela é potável e a própria salvação, mas para os homens é impotável e mortal". "A estrada que sobe e que desce é a mesma." E do mundo invisível: "Hades e Dioniso são o mesmo"[16]. É a mesma lição (uma lição para nós, não para os seus contemporâneos) que monumentos de arte nos transmitem, acima de tudo a pintura em vaso do mestre arcaico Xênocles, que nos conta à sua maneira que Dioniso, com o *kantharos* na mão, dá as boas-vindas a Perséfone ou dela se despede[17]. Mas as pedras tumulares arcaicas dos arredores de Esparta desvelam o segredo mais claramente ainda[18]; não faz muito tempo que um grande achado de lâminas de barro[19] colocou-nos diante dos olhos a mesma identidade. O deus está sentado num trono, com a mesma taça de vinho, o *kantharos*, na mão, ou uma romã, que oferece a Perséfone para que a coma; a rainha do mundo subterrâneo está sentada ao lado dele. Outros sinais, a serpente, o cachorro, o cavalo, de uma feita também a cabeça de aspecto jovem, a oferenda que figurinhas humanas estão trazendo para o divino par, tudo isso nos diz irrefutavelmente que Hades e Dioniso, numa pessoa, representam o *Heros*. E mais que isso: uma estela funerária traz o nome do sábio espartano Quílon e mostra-nos que a representação não é de *um* herói em geral, mas do morto recente heroicizado, e (esta é a informação mais importante) heroicizado como Dioniso.

Tudo faz crer que Dioniso foi na Grécia, em tempos remotos, uma marca elevada do teomorfismo. Não se tratava de uma apoteose em geral, sem passar para uma forma definida procurada, mas da identificação com esse deus, esposo da rainha do mundo subterrâneo e senhor do reino dos mortos. Isso, provavelmente, devia começar com uma aspiração real não assumida pela poesia homérica, que fechou a porta para Dioniso. Deve ser assumida, em primeiro lugar, nas regiões em que Dioniso era considerado rei do mundo subterrâneo, sobretudo no Peloponeso, muito menos penetrado pelo espírito de Homero do que o mundo ilhéu ou Atenas. Mas até os traços menos conspícuos que esse esforço deixou para trás lhe denunciam o significado, como, por exemplo, os sarmentos sobre os quais os atenienses depunham seus mortos nos respectivos túmulos[20]. Mas o costume deixou para trás alguns traços cujo significado similar poderia escapar-nos facilmente, a saber, o sepultamento de taças de vinho com os mortos. A ele devemos tesouros de pinturas de vasos e, de um modo geral, a maior parte do nosso conhecimento dessa arte. A sepultura antiga, espécie limitada de culto do herói, está cheia do elemento dionisíaco até os tempos mais recentes. Tudo nela menciona e conjura a bem-aventurança conferida pelo deus após os inevitáveis sofrimentos da vida, que são meramente acrescentados por feitos guerreiros: pelo deus Dioniso, que teve a sua cota de sofrimento e morte. Ele era o *Heros* entre os deuses, que em outros tempos os reis se empenharam em acompanhar. Havia um canto entoado para ele também, relativo ao menino que, como vítima sacrificial, o representava em sua paixão[21]. O canto denominava-se *tragodia*, o canto por ocasião do Jovem Cabrito, e nela, na tragédia, foram introduzidos os sofrimentos dos heróis por poetas mais e mais ousados.

O seu mito, que incluía originalmente o destino de todas as coisas vivas, plantas, feras e homens, assumiu traços, na lenda tebana do seu nascimento, que caracterizam o mito do homem-deus. O epíteto de *Bugenes* em Lerna ainda lhe indica a descendência de divindades em forma bestial, e sua mãe tebana Sêmele ainda traz o nome que designava a deusa do mundo subterrâneo na Frígia[22]. Mas ela tornou-se agora simples princesa, a noiva escolhida do rei dos deuses. Não lhe fazemos injustiça alguma quando vemos nela uma donzela terrena pertencente à longa série de mães de heróis, amada dos deuses, que assume o lugar principal acolá no outro mundo, como o descreve a *Odisseia*[23]. A poesia genealógica especialmente as enumera e glorifica, uma depois da outra: "ou como ela que...", assim começava o louvor de cada uma, e os elogios se tornaram um *genre* poético. Pondo de parte o encontro com a própria mãe, Ulisses parece ter desejado falar apenas delas. Se nada diz a respeito de Sêmele, o silêncio, impressionante, admite duas explicações opostas. Ou o poeta excluiu a mãe do deus tal como excluiu o próprio deus, ou mostra, pelo silêncio, a validade da história de acordo com a qual Dioniso não deixou Sêmele por muito tempo no mundo subterrâneo. De acordo com a lenda sagrada de Tebas, ela concebeu e pariu o deus em casa do pai, como mãe mortal morta planejando e, assim, no palácio de Cadmo, o mito dos deuses passa por um mito de herói. Ali, em Dioniso, filho de uma mulher mortal, a figura do homem-deus, unindo a divindade e a mortalidade, mostrou-se clara por um momento.

Mas tais eram os nascimentos dos heróis em toda parte. Um ser de estirpe divina nascia, embora não na morte, como o filho de Sêmele, mas afinal para a morte, para o mundo subterrâneo, a fim de que mais tarde fosse ativo desde o túmulo e nele recebesse veneração. Um exame das lendas de heróis dos gregos, que as trata como mitologia ligada ao culto do herói, conduz-nos, natural e coerentemente, à origem da tragédia grega. Nada dizia respeito a Dioniso tão intimamente quanto o destino do herói que passou, através do sofrimento e da morte, para o culto. A solução do velho problema apresenta-se quase obviamente do ponto de vista aqui exposto e, ao mesmo tempo, lhe assegura a exatidão. O ponto de vista chega com a tradição, que será agora exposta com minúcias, começando-se com a história de Cadmo e Harmônia, pois o mito dos deuses passa para o dos heróis, no palácio de Cadmo, não apenas através da lenda do nascimento de Dioniso, mas também através da história desse par divino. Cadmo e Harmônia não tiveram culto de herói na Grécia, e sua história é pobre em pormenores humanos; seja-nos lícito, portanto, começar com a provável identidade deles.

Eram considerados um herói e uma heroína que não haviam encontrado o seu sítio de repouso entre os gregos, mas na distante Ilíria. Não deixava de ser muito natural que se falasse no transporte deles para as Ilhas dos Bem-aventurados, ainda que fosse apenas porque suas tumbas de heróis não eram reverenciadas em parte alguma da Grécia. A metamorfose em serpentes seria, com efeito, a forma óbvia de sobrevivência num culto de herói e de heroína, ou então – e essa é a outra possibilidade – com essa forma eles estariam ainda mais intimamente ligados ao mundo subterrâneo. E foi isso, provavelmente, o que aconteceu. Se eles não receberam o culto de herói, receberam, contudo, o culto de um casal pertencente ao mundo subterrâneo de forma ainda mais solene. No centro do culto estava o seu casamento, celebrado na Samotrácia, nos mistérios. O outro sítio de mistérios semelhantes era Tebas, e não é fácil determinar até que ponto o culto em solo tebano sofria a influência de Samotrácia e até que ponto os mistérios da ilha trácia, de que dão testemunho apenas edifícios relativamente recentes, houveram de Tebas a sua forma. Três dos nomes secretos dos deuses dos mistérios, Axiero, Axioquerso e Axioquersa, são gregos, ao passo que o quarto, Cadmilo ou Casmilo, é um diminutivo de Cadmo. Uma das duas testemunhas para as quais apela a nossa fonte sucinta[24] é o historiador Dionisidoro, mais presumivelmente o da Beócia, que poderia ter informações acerca dos nomes divinos tebanos. Em Tebas, ao que tudo indica o par divino dos mistérios era parafraseado como Axioquerso e Axioquersa, "os que são dignos do casamento"[25], e, no que concerne a esses mesmos nomes, ficamos sabendo que eles significavam Hades e Perséfone. Muitos vasos encontrados no santuário tebano dos mistérios relacionam-se com um festival de casamento, e não devemos presumir que naquele Cabírion fosse celebrado o casamento de outras divindades que não se celebrasse na ilha dos Cabiros, Samotrácia. O santuário ficava fora da cidade; mas nas ruínas sagradas do palácio de Cadmo, na cidadela tebana, a Cadmeia, erguia-se velhíssima estátua de Dioniso Cadmo[26]. Nenhum outro a não ser ele era o digno noivo em Tebas; Dioniso e Hades numa pessoa chamada Cadmo nas lendas do herói, Axioquerso nos mistérios; e nenhuma outra senão Harmônia era a digna noiva, aliás chamada Perséfone. Entretanto, a lenda a respeito disso e do modo com que se encontraram e celebraram o casamento nos é transmitida como uma lenda de herói.

Nada disso, nem qualquer outra interpretação inevitável do que se segue, tem o propósito de ser um fim em si mesmo, mas apenas o de ajudar o leitor a senhorear o material, que é evasivo, em especial nas histórias mais antigas, e reduzido, mercê da própria idade. As genealogias, ao final desta obra, servem para proporcionar uma visão geral. Nelas, como alhures, encontrar-se-á certa seleção dos nomes tradicionais, muito amiúde inventados pelos genealogistas ou tirados de pequenas tradições locais. As referências às fontes – como no meu *A história dos deuses e dos homens* – foram numeradas do princípio ao fim. Para não interromper em demasia o texto, porém, os números de 1.001 a 1.999, e também de 2.001 em diante, foram despojados dos milhares; para evitar qualquer confusão que daí possa advir, cada página da própria lista das fontes tem, superpostos, os números das páginas de textos relevantes. No caso de textos já reproduzidos em *A história dos deuses e dos homens*, as referências às fontes se reportam a essa obra. Não se fornecem referências de páginas àquela obra, uma vez que, com a ajuda do índice, tudo o que tenha alguma ligação com uma figura em diversos trechos pode encontrar-se com facilidade. Verão os especialistas que o meu trato do material inclui crítica da literatura filosófica sobre os trechos em apreço (incluindo a interferência no texto de Píndaro, Nem. 3.22); o leitor, de um modo geral, não se verá perturbado por esse meio.

A dedicatória aos "poetas do futuro" não deve anular as dedicatórias de alguns capítulos, escritos como dádiva solene: a dedicatória de "Cadmo e Harmônia" a Walter F. Otto; a de "Perseu", a C.G. Jung e a de "Sísifo e Belerofonte" a Thomas Mann, todos três grandes estímulos ao meus esforços pela mitologia, pelo octogésimo aniversário.

Livro um

I
CADMO E HARMÔNIA

Não há cidade na Grécia, além de Micenas, que tenha reunido tantas lendas de heróis em seu sítio e redondezas quanto Tebas, e nenhum herói foi tão reverenciado por deuses e homens quanto Cadmo, em honra do qual a cidadela de Tebas foi denominada Cadmeia. Ele pertence à quinta geração dos reis primevos, fundadores de países e cidades que brotaram do casamento de Zeus em forma de touro, com Io em forma de vaca[27]. Os muitos elos que o ligavam aos deuses foram admiravelmente avaliados[28]. Zeus foi seu bisavô, Posídon seu avô, Ares e Afrodite os pais de sua esposa. Sua filha Sêmele tornou-se mãe de Dioniso e subiu ao céu com o filho[29]. Outra filha, Ino, também se tornou deusa, transformando-se em Leucoteria, a "deusa branca". Além de Dioniso, Cadmo teve também, no filho dela Palêmon, também chamado Melicerta, uma criança divina como neto. Ambas as crianças encontraram o seu caminho até as histórias dos deuses.

Tudo isso resulta numa vasta teia de histórias genealógicas em torno de Cadmo que foram, sem dúvida, obra dos genealogistas tebanos, desejosos de assegurar para ele essa posição preeminente no mundo dos deuses governados por Zeus. Fizeram-no reivindicar a descendência de uma raça em que Zeus celebrara por duas vezes o seu casamento em forma de touro, a primeira vez com Io, que era, como sabemos pelas lendas dos deuses, filha de Ínaco, o deus-rio de Argos. Daí que ela se originasse do distrito em que haveriam de surgir Micenas e as outras cidadelas da terra dos Argivos. Impelida de um lugar para outro em forma de vaca, fugiu do rio de seu pai para o Nilo, e teve Épafo com Zeus; Épafo veio a ser o antepassado da linguagem em relação à qual haverá algo a dizer na história de Dânao e suas filhas. Os genealogistas incluíam Cadmo também nessa linhagem. Diz-se que ele chegou à Beócia, indo no encalço de uma vaca e ali fundou a cidade de Tebas. A bela Europa pertencia igualmente à mesma linhagem; Zeus, em forma de touro, carregou-a para Creta, segundo a conhecida tradição, mas levou-a para a Beócia, consoante uma tradição menos familiar.

Quer seguisse no encalço dela, quer andasse à procura de uma vaca comum, Cadmo aparece nessa trama de dois casamentos de touros, que nada mais é do que a história preliminar do nascimento de Dioniso, o deus-touro adorado como Filho do Touro, como boieiro. Mas Cadmo aparece assim também na história dos Titãs[30]. Naqueles dias, o domínio de Zeus sobre o mundo dos deuses ainda não estava garantido. O dragão Tifeu cortara-lhe os tendões e os escondera numa caverna. Nessa história Cadmo figura como o menino pastor que encantou o dragão com a sua flauta de boieiro, e assim obteve de volta os tendões e os restituiu a Zeus. Esse caso aconteceu na Cilícia, nas terras orientais, onde, consoante a genealogia, supunha-se que reinasse Cílice, irmão de Cadmo.

Um vaqueiro dos tempos primevos, seguindo uma vaca que, no entanto, não era uma vaca comum, mas a noiva de um deus e que trazia o emblema da lua – surge assim do leste a forma de Cadmo, e em sua casa em Tebas havia de nascer Dioniso. Não se sabe – isso, provavelmente, foi mantido em segredo – se ele mesmo gerou a criança divina. No círculo dos Cabiros, que faziam suas adorações secretas na Ilha de Samotrácia e também em Tebas, um dos deuses era apelidado Cadmilo, o que quer dizer "pequeno Cadmo". Este outro não era senão Hermes na forma em que os atenienses o representavam com frequência, de acordo com a lenda sagrada dos mistérios samotrácios, a saber, como uma herma itifálica[31]. Por que se dava a esse Hermes o nome de "pequeno Cadmo", se ele não era o filho divino de Cadmo? Mesmo em tempos recentes as associações muito íntimas entre o mensageiro dos deuses e o primeiro rei de Tebas ainda eram conhecidas, embora seja verdade que já então se dizia que a relação de Hermes com Cadmo era a mesma de Apolo com Jacinto[32].

A história das jornadas de Cadmo envolveu muitos países. Agenor, que se dizia ser seu pai, bisneto de Io e, de acordo com o seu nome, "comandante de homens", era soberano da Fenícia[33]. Seus filhos chamavam-se Cadmo, Fênix e Cílice, e sua filha, Europa. De acordo com os narradores mais antigos, ela era filha de Fênix[34], e Cadmo talvez fosse seu irmão nesse caso também. Após o rapto de Europa, o pai ordenou aos filhos que partissem em busca da filha roubada, proibindo-os de voltar para casa enquanto não tivessem encontrado a irmã. Dessa maneira começaram as peregrinações de Cadmo. Ele foi o único e o verdadeiro que levou a sério a busca da jovem. A respeito de Cílice, somos informados de que ele voltou para tornar-se rei da Cilícia, região próxima da Fenícia, a que Fênix deu o seu nome.

Cadmo foi mais além e chegou ao país dos Trácios. No tocante a essa parte das suas viagens, a história se refere principalmente à Ilha de Samotrácia, onde se falava a mesma língua da Trácia. Ah, no dizer de alguns, ele desistiu da busca de Europa, mas no dizer de outros encontrou outra Europa[35]. Não nos dizem como isso há de ser compreendido, mas nas histórias trácias Cadmo não era conhecido como andarilho solitário, pois supõe-se que ele tinha pedido à mãe que o acompanhasse. Ela trazia o nome lunar de Teléfassa ou Télefa, "a que ilumina longe", ou Argíope, "a do rosto branco". Aqui aparece outro irmão de Cadmo, Taso, que deu o seu nome à ilha adjacente à Samotrácia[36]. É a imagem de uma mãe com dois filhos que aparece nessas histórias, como se pairasse sobre a paisagem litorânea e ilhoa do Mar Trácio.

Na Samotrácia os três tiveram igualmente outros nomes[37]. A mãe era chamada Electra ou Eléctrion; seus filhos levavam os nomes de Dárdano e Eécion ou Iásion. Entre os irmãos, todavia, surgia como terceira figura não apenas a mãe, mas também uma irmã, pois Electra tivera uma filha, como Teléfassa tivera Europa. Essa filha era Harmônia, a noiva destinada a Cadmo. De acordo com os Samotrácios, Harmônia foi gerada por Zeus; e assim como Zeus raptou Europa, Cadmo raptou Harmônia. Talvez seja por isso que se diz que ele encontrou outra Europa na Samotrácia. Electra procurou a filha, como Deméter procurou Perséfone e como Teléfassa, em companhia de Cadmo, procurou Europa. Assim Cadmo, que saíra em busca da irmã, acabou encontrando a noiva na Samotrácia.

Dizia-se também que o primeiro casamento na terra de que os deuses participaram e para o qual levaram seus presentes foi celebrado aqui, na ilha dos mistérios[38]. Havia até uma história a respeito do modo como o amor começou[39]; Cadmo iniciara-se nos mistérios e, durante a celebração, seus olhos deram com Harmônia entre as raparigas. Eis aí uma história bonita, mas decerto não muito velha, modelo, se não imitação, de outra história ainda mais conhecida. Filipe da Macedônia, de forma semelhante, viu a jovem Olímpia, pela primeira vez, nos mistérios de Samotrácia, e ela foi a futura mãe de Alexandre Magno. Só depois do casamento com Harmônia na Samotrácia recebeu Cadmo o Oráculo de Delfos, que o mandou realizar a sua proeza como fundador na Beócia[40].

Mas havia outra narrativa[41], e com ela passamos à sequência das histórias em que a Trácia não desempenha papel algum, ou, pelo menos, nenhum papel importante; Cadmo não foi acompanhado da mãe em sua busca[42], mas de um bando armado[43]. Com os seguidores, marchou através das terras e, no meio do caminho, consultou o Oráculo de Delfos. A resposta nos é transmitida realmente em versos, que rezavam mais ou menos deste teor[44]:

> Cadmo, filho de Agenor, atenta para as minhas palavras.
> Ergue-te com a aurora, sai da nobre Pito
> Com trajos comuns, empunhando uma lança de caçador,
> Atravessa a região de Flégias e da Fócida, até alcançares
> O pastor e o gado de Pélagon, nascido para morrer.
> Enfrenta-o, e das vacas que mugem toma uma
> Que traz em cada flanco uma órbita lunar;
> Faze dela o teu guia sobre o caminho batido.
> Dar-te-ei um sinal claro, tu o conhecerás;
> Onde esse animal chifrudo que mora no campo
> Se ajoelhar primeiro sobre o solo relvoso,
> Faze ali um sacrifício para a Terra de folhas escuras
> Limpa e santamente. Feita a oferenda,
> Descobre no morro uma cidade de ruas espaçosas,
> Não antes de enviar à morte o temeroso guarda de Ares.
> Dessarte será teu nome conhecido dos homens vindouros,
> Tua consorte seja uma deusa, abençoado Cadmo.

Não se alegará a propósito desse oráculo que é muito velho, mas, mesmo assim, os versos foram compostos seguramente com base numa história antiga. Cadmo encontrou a vaca com o emblema lunar que estava procurando, na posse de um pastor nascido do barro (seu nome, Pélagon, era aparentemente havido por equivalente de *pēlogonos*, "que jorrou do barro ou da lama")[45], e comprou-a dele. O país a que a vaca o conduziu[46] era então denominado Terra das Vacas (Beócia)[47]. O animal deixou-se levar através de toda a região, e no lugar onde caiu, vencido pelo cansaço, deitou-se sobre o lado direito. Esse também era um sinal predito. Logo a seguir, Cadmo preparou a oferenda. Mandou alguns seguidores à procura de uma fonte, visto ser a água uma das coisas indispensáveis ao sacrifício[48]. Mas os homens mandados por ele não voltaram, mortos pelo dragão que guardava a fonte, pois havia uma nas vizinhanças, conhecida pelo nome de Areia, "Fonte de Ares". Essa serpente formidável habitava uma caverna acima dela; descendia do deus da guerra[49], a quem pertencia a colina sobre a qual se ergueria a Cadmeia, acrópole da futura Tebas.

Dessarte viu-se Cadmo confrontado com o feito que só ele poderia realizar, quer proviesse realmente de fora, quer fosse, como querem alguns[50], filho de um homem primevo nativo, Ógiges, filho da Terra[51], a quem os genealogistas deram por pai o herói do país, Boeto[52]. Lá estava ele, no solo pelo qual pessoa alguma se erguera ainda antes da sua proeza fundando a cidade – no princípio do mundo, por assim dizer, na solidão primeva. Pois ele teria de executar o feito sozinho. Como um deus, sobre a terra ainda não povoada e habitada apenas por uns poucos homens primevos, enfrentou o dragão. Pélagon, "nascido para a morte", em cuja posse ele encontrara a vaca lunar, era também um homem primevo, nascido da argila, cuja existência modificara, com efeito, a solidão das condições primitivas, mas não a alterara essencialmente. Como viajante solitário, e não como herói acompanhado de um grupo de heróis, assim o oráculo também representa Cadmo, que trazia por única arma a lança de caçador.

Entretanto, Cadmo levou a cabo a proeza nas condições de então, quando ainda não havia armas: matou a serpente com uma pedra[53]. Alguns narradores[54] e alguns pintores de vasos não conseguiam imaginá-lo sem a espada na mão, mas Asteas de Pesto pintou-o nu, com a capa de viandante nas costas e um gorro pontudo. Segura dois chuços de caça na mão esquerda, mas não faz uso deles; com a mão direita, arroja a pedra contra a serpente gigantesca. As pedras também desempenharão um papel na continuação da história. A maioria dos pintores e poetas, não vendo o elemento divino no próprio Cadmo, acordaram em que deusas e deuses o assistiram na realização de sua façanha. Atena, dizem, ajudou-o[55] e aconselhou-o a usar os dentes do dragão como sementes; chegou a semeá-los para ele[56]. E alguns acreditam que tudo isso aconteceu de acordo com a vontade e um plano de Ares[57].

E, na verdade, o resultado desse sucesso extraordinário não contradisse de maneira alguma a intenção do deus da guerra. Das sementes do dragão brotaram guerreiros armados, cinco ou mais, toda uma hoste ameaçadora para o solitário Cadmo, que lhes propiciara a existência. Mas não repararam nele, pois, tendo acabado de nascer da terra, mal tinham aberto os olhos. O herói apedrejou-os, e os guerreiros acreditaram estar sendo atacados uns pelos outros. A luta principiou e eles se entremataram, ficando vivos somente cinco: Udaio (homem do chão), Ctônio (homem da terra), Pelor (gigante), Hiperenor (mais do que homem), e Equíon (homem-serpente). Coletivamente conhecidos como os espartanos, isto é, "homens semeados", eram afamados como a "semente com elmo de ouro"[58]. Seus descendentes, a família reinante dos tebanos, ainda se diziam nascidos da terra e traziam uma lança no corpo como sinal de nascimento[59].

Dessa maneira, o homem não armado criou o núcleo de um povo de guerreiros blindados e armados. Mas sua ação de fundador, a fundação de um mundo nas colinas de Tebas, onde o dragão já não reinava, foi completada pelo seu casamento com Harmônia, filha de Ares e Afrodite. Isto se depreende, não do nome Cadmo, como se devêssemos receber dele um eco da palavra *kosmos*, grego para o universo ordenado, mas do nome da noiva, Harmônia, e do próprio casamento, que ocorreu logo depois. Somente os que contaram a lenda da fundação segundo o espírito do deus de Delfos afirmaram que Cadmo precisou primeiro servir a Ares durante um ano grande (oito anos comuns), à guisa de punição, visto que Apolo teve igualmente de expiar a morte de um dragão[60]. Harmônia, como o seu nome indica, era a própria harmonia, a Congraçadora, uma segunda Afrodite e, ao mesmo tempo, filha do deus da guerra. E uniu-se a Cadmo como nenhuma outra deusa, sobretudo a grande deusa do amor, uniu-se jamais a um herói. Só o casamento de Dioniso, o herói entre os deuses, com Ariadne, quando ela já era chamada Afrodite Ariadne, poderia comparar-se a essa união. Verdade é que os samotrácios diziam ser Zeus e Electra os pais de Harmônia, e talvez fosse isso o que os tebanos realmente pensavam, já que uma das sete portas de sua cidade recebeu o nome de Electra[61]. Mas quem sabe se Afrodite também não era tomada por Electra, filha de Atlas, e, portanto, Harmônia não se identificava com uma Afrodite mais jovem? Os dois nomes e as duas tradições também se reconciliaram numa lenda[62] com a implicação de que Cadmo trouxe Harmônia consigo da Samotrácia, da casa de Electra, pois Electra assumira a responsabilidade pela filha de Afrodite, fruto do seu notório *affaire* com Ares[63], com o fito de educá-la. Os tebanos também conheciam uma história segundo a qual Harmônia sabia muita coisa acerca de sucessos ocorridos entre os bárbaros, como se ela fosse uma das princesas chegadas à Grécia de regiões distantes, como Medeia chegou a Corinto[64].

Todos os deuses foram ao casamento[65], deixando os domicílios celestes por amor dela, e as Musas reverenciaram o casal de noivos com cantos[66]; foi um festival como raro acontecia nas lendas dos heróis. Celebrou-se um casamento assim na terra quando Tétis se consorciou com Peleu, mais uma vez uma deusa com um herói. Diz-se que Zeus, nessa ocasião, festejou o acontecimento na mesma mesa do felizardo Cadmo[67]. Na procissão nupcial o casal foi trazido por um grupo notável, como se pode ver numa antiga pintura de vaso; jungiram-se um javali e um leão à carruagem. O Rei Pélias, mais tarde, quis o mesmo para a filha Alceste, e Apolo ajudou Admeto a arriar os animais que se entendiam tão mal um com o outro[68]. Tal combinação se ajustava à procissão nupcial de Harmônia, a Congraçadora. Apolo, pai da ideia, caminhava ao lado da carruagem. E as Musas cantaram; somos amiúde lembrados do que elas então cantaram[69]: "O belo é sempre caro" – "Um objeto de beleza é uma alegria para sempre", traduziu-o um poeta mais de dois mil anos depois. A vitória de Cadmo foi uma bela ação, porém, mais bela ainda era a noiva, a loira Harmônia de olhos de novilha[70].

Sabemos também quais foram os presentes de casamento que os deuses trouxeram[71], e também o que Cadmo deu à noiva[72], o presente que se revelaria fatal às gerações subsequentes. Um dos presentes de casamento foi um *peplos*, espécie de capa; outro, um colar, dado a Cadmo por Afrodite e lavrado por Hefesto[73], a peça correspondente ao presente nupcial que Europa recebeu de Zeus[74]. Isso também foi um penhor da situação incomparavelmente elevada do casamento, conquanto dela não proviesse nenhuma boa sorte pura. De onde quer que Dioniso se aproxime, aproxima-se também a

• **41**

tragédia. Quatro filhas e um filho geraram Cadmo e Harmônia; destes. Sêmele seria atacada pelo raio de Zeus[75], Agave, possuída de horrível loucura, despedaçaria o próprio filho[76], Autônoe, num dia, ajuntaria os ossos do filho Actéon[77], e Ino se aventuraria a saltar no mar com o filho Palêmon[78]. O palácio de Cadmo foi destruído quando Sêmele ardeu, antes que ele e Harmônia desaparecessem. O reino de Tebas recaiu em seu único filho, Polidoro, "o dos muitos presentes"[79], e a linhagem continuou através da infortunada sucessão, Lábdaco, Laio, Édipo.

Conta-se[80] que Cadmo e Harmônia deixaram Tebas numa carruagem puxada por bezerros – um casal divino a cujo respeito não se pode saber quando os dois se transformaram em cobras. Teria essa transformação, digna de verdadeiras divindades do mundo subterrâneo, acontecido já em Tebas, antes que eles partissem rumo ao noroeste[81], ou só teria ocorrido quando chegaram à terra dos ilírios, sobre os quais reinaram e a quem haveriam de conduzir contra os gregos até Delfos? Muito tempo depois, a tribo ilíria dos Enqueleus ainda carregava cobras como estandartes, costume que pode ter estado ligado à narrativa da soberania de Cadmo e Harmônia sobre essas tribos da Península Balcânica do norte. Afirma-se que eles alcançaram o Adriático com o seu grupo de vacas no ponto em que ora se ergue a cidadezinha portuária de Budva (chamava-se anteriormente Buto[82], em comemoração das "vacas ligeiras" do rei e da rainha tebanos). Ali lhes nasceu também um filho, Ilírio, que deu o nome aos ilírios e do qual se conta a história segundo a qual uma cobra o acalentou entre os seus anéis e fê-lo forte[83].

Também na Ilíria se mostraram os túmulos de Cadmo e Harmônia e duas pedras em forma de serpentes[84], que se dizia serem seus monumentos comemorativos. Mas dizia-se também que eles deixaram a terra. Zeus, ou – consoante os que colocam o deus da guerra, como marido de Afrodite, em primeiro plano – Ares[85], os transportou para as Ilhas dos Bem-aventurados[86], e tanto Cadmo quanto Harmônia iam em forma de serpentes[87]. Como o conhecido casal divino nas lápides espartanas (um casal composto por Dioniso, como herói e rei do mundo subterrâneo, e sua consorte), eles estão, sem dúvida, entronizados entre os mortos, mas para os vivos o que aparece ali é um par de cobras.

II
Os Dioscuros tebanos

Os casamentos de Zeus fizeram a beleza, a ordem e a memória reinar neste mundo. Seu casamento com Eurínome, filha de Oceano e Tétis, estabeleceu o império da beleza, pois dessa união resultaram as Cárites. Seu casamento com Têmis, a lei da natureza, grande deusa que deu a Zeus as três Horas, rainhas da maturação e dos tempos certos, revigorou as regularidades que formam a ordem natural do mundo. Sua união com Mnemósina, que o presenteou com as nove Musas, aumentou a memória mercê das artes de suas nove filhas. Após o casamento de Zeus e Hera, o céu reinou sobre nós homens e, nesse reinado, um deus e uma deusa participam como marido e mulher. O primeiro casamento celebrado na terra, modelo para os demais, foi o de Cadmo e Harmônia. Os filhos do Céu foram às núpcias de Harmônia. A música de cordas, as notas da lira de Anfião fizeram, pela primeira vez, erguer-se os muros de Tebas, a cidade entre os dois rios[88].

Os tebanos, e não somente eles entre os gregos, conheciam muitas histórias de gêmeos divinos[89], irmãos dessemelhantes ou até hostis. Eu me limitaria a tocar na lenda tebana de Mélia e seus dois irmãos, antes de contar a história dos gêmeos Anfião e Zeto. Mélia, como implica o seu nome, era uma ninfa do freixo, como as mães e esposas dos primeiros homens[90], um ser brotado da terra[91]. Tinha dois irmãos, Ismero, nome de um dos dois rios de Tebas, e Caaito ou Caanto, nome muito antigo, cuja forma exata os contadores de histórias já não conheciam. Ambos eram filhos de Oceano[92]. Através deles veio ao mundo o fratricídio, pois ambos brigaram pela irmã[93]. Ismero parece ter sido o favorito dela[94], e, por isso, morto pelo irmão. Conta-se também a história da seguinte maneira[95]: Apolo, sobrenome Ismênio, raptou Mélia, e Caanto, como Cadmo, foi mandado pelo pai à procura da irmã. E, quando a encontrou nos braços do deus, ateou fogo ao santuário de Apolo, o Ismênion. Mélia deu à luz Tenero, o profeta, em honra do qual foi nomeada a planície onde se erguia o templo tebano dos cabiros.

Esse era um trio semelhante ao da Samotrácia, a ilha dos cabiros, dois irmãos e uma irmã, com a ninfa do freixo, pela qual os dois pelejaram, que foi raptada e procurada e veio a ser a causa do fratricídio ou, na forma ulterior da lenda, do incêndio de um templo. Mas na mitologia dos heróis dos tebanos havia ainda outro par de irmãos, dois jovens heróis e sua mãe. Antíope, filha de Ásopo, um deus-rio da Beócia, podia gabar-se de ter-se deitado nos braços de Zeus. Ela lhe deu dois gêmeos, Anfião e Zeto, incumbidos de encontrar a cidade das sete portas, pois "sem muros eles não poderiam morar em Tebas, a das amplas salas de dança, por mais fortes que fossem"[96]. De acordo com a história a que aludem essas palavras da *Odisseia*, a cidade deve ter sido uma praça não fortificada perto da Cadmeia, antigo palácio de Cadmo, como os lugares habitados em Creta se localizavam em torno dos palácios de Cnosso ou de Festo nos tempos do Rei Minos.

A beleza de Antíope era famosa[97]; era a beleza da lua quando olha para nós com o rosto cheio, pois é isso o que o seu nome significa. A consorte do deus do solo em Corinto tinha o mesmo nome[98]. Se a história fala de um pai terreno de Antíope, dá-lhe, pelo menos, o nome de Nicteu, "o da noite". Numa história ulterior e mais humana, não foi Zeus que se tornou seu amante, seduzindo-a, segundo se dizia, em forma de sátiro[99], mas um rei chamado Epopeu[100], que quer dizer o deus do céu olhando lá de cima para nós; para os coríntios, que davam à sua altaneira cidadela o nome de Épopo[101], este era Hélio, mas, fora dali, significava Zeus. Não foi uma mulher mortal que levou ao Rei do Céu os Dioscuros tebanos, filhos de Zeus, como Leda levou Castor e Polideuces em Esparta[102], dois cavaleiros montados em potros brancos[103]. Anfião e Zeto nasceram numa caverna em Citéron, do lado ático da montanha, entre os lugares chamados Ênoe e Eleutério. A mãe deixou-os ali[104]. Uma fonte jorrou diante da caverna e, nela, um pastor banhou os gêmeos divinos, que só tornaram a encontrar a mãe quando já eram moços. Tal foi a história levada ao palco por Eurípides, numa famosa tragédia intitulada *Antíope*[105].

Ela não chegou completa às nossas mãos, mas mesmo assim podemos reproduzir-lhe o conteúdo. Começava com a história contada pelo pastor a quem Antíope confiara os gêmeos em Citéron. Na tragédia ela era filha do Rei Nicteu, que passou a reinar em Tebas depois da morte de Penteu, neto de Cadmo, que foi feito em pedaços. Engravidada por Zeus, Antíope precisou fugir do pai. Errou por Citéron até chegar a Sícion, na praia mais distante do Golfo de Corinto. Ali reinava Epopeu, e nele encontrou Antíope um marido protetor. Em sua fúria, Nicteu deu cabo da própria vida, após cometer ao irmão e sucessor, Lico, o "Lobo", a tarefa de trazer Antíope de volta. Lico capturou Sicione, matou Epopeu e aprisionou a sobrinha. Antíope teve de voltar de Citéron, a montanha das mênades cadmeias, onde talvez o próprio Zeus se encontrara com ela em forma de sátiro, como escrava, para a terra em que Lico reinava. A caminho, deu à luz os filhos, à noite, na caverna, e entregou-os ao pastor.

Na tragédia, o pastor conta essa história defronte da própria caverna, onde os gêmeos haviam crescido até chegarem à idade viril. Ainda não se atrevera a contar-lhes tudo, pois pastoreava os rebanhos do rei, sob o jugo de cuja esposa, a imperiosa Dirce, Antíope levava agora uma vida de escrava. Nisso entrou Anfião, trazendo a lira que Hermes, filho de Maia e meio-irmão dos gêmeos divinos, inventara e lhe dera. Pôs-se a cantar o Céu e a Terra, a mãe universal[106], pois aquele jovem radiante vivia apenas para a canção. Zeto, de índole diferente, voltando da caça, exprobrou a indolência do irmão. Cada qual louvou o próprio modo de vida, Zeto exaltando a guerra e a atividade, Anfião enaltecendo a música e a contemplação. Eram irmãos dissimilares esses gêmeos divinos, se bem não fossem hostis um ao outro como os que brigavam pela irmã. O sábio e gentil Anfião era aqui, mais uma vez, o que cedia, e acompanhou o irmão na caçada[107]. Nesse dia, porém, Antíope escapara da servidão, enquanto sua senhora, Dirce, fora com as mulheres cadmeias as colinas, como mênade adorar Dioniso.

A fugitiva encontrou os gloriosos jovens diante da caverna. Reconheceu--os como os filhos que houvera de Zeus e dirigiu-se a eles como sua mãe[108]. Debalde; os gêmeos não reconheceram a noiva de Zeus naquela mulher atormentada, e Zeto repeliu-a quando ela quis refugiar-se na caverna protetora.

• 45

Pois Dirce estava chegando com o bando de mênades[109], provavelmente para pedir um touro ao pastor a fim de sacrificá-lo a Dioniso. Ali encontrou a escrava que escapara e, em sua fúria, ordenou aos moços que a atassem ao touro, arrastando-a com as próprias mãos até o lugar onde esperava encontrar o animal. Nesse momento, chegou correndo o velho pastor. Deteve os gêmeos, que hesitavam, indecisos (provavelmente Zeto tomara parte na cena precedente), e atestou que Antíope era realmente a mãe deles. Os irmãos saíram disparados atrás das mulheres, libertaram Antíope, pegaram Dirce e amarraram-na ao touro. A rainha, consequentemente, foi arrastada pelo chão até morrer. Lico também foi derrubado; com a ajuda do pastor, eles o atraíram para o interior da caverna e o teriam matado se Hermes não lhes tivesse ordenado que parassem. Hermes trazia as ordens do Pai; a soberania pertencia aos filhos de Zeus, e Lico teria de entregar-lhes voluntariamente, queimar Dirce e espalhar-lhe as cinzas sobre a Fonte de Ares. A partir de então, a fonte e o regato, que, mais do que todos os outros, fornecia água pura a Tebas, foram chamados Dirce.

Zeto seria o protetor da cidade e Anfião entoaria hinos aos deuses. Os sons da sua lira e o seu canto punham as pedras em movimento, bem como as árvores, que deixavam o solo e se ofereciam aos carpinteiros. Hermes o prognosticou, e dizia-se que Tebas teve origem dessa maneira como praça fortificada; as pedras moventes se ajeitavam em seus lugares, ao som das notas da lira, num muro de sete portas – sete provavelmente, porque a lira de Anfião já tinha sete cordas[110]. Houve harmonia em sua fundação, que também levou à criação de um cosmo. Mas o destino posterior de Anfião não estava tão de acordo com ela.

Pois ele tomou por esposa Níobe, a mais bela das noivas, filha de Tântalo, rei da Lídia, como Hermes predissera; e todos sabemos[111] a desgraça que sucedeu a Anfião por causa dela. As filhas que Níobe lhe deu foram mortas por Ártemis, e os filhos, por Apolo. Uma das filhas foi novamente chamada Mélia[112], e assim como Caanto se tornou inimigo de Apolo por causa da Mélia de que falamos no começo, assim aconteceu também com Anfião. Movido pela cólera e querendo vingar as crianças abatidas a flechadas, tentou tomar de assalto o templo do deus e foi morto por Apolo[113].

Ele e Zeto foram sepultados numa tumba[114], embora os dois irmãos fossem considerados cavaleiros divinos imortais. Dos tebanos receberam o culto de heróis, mas não o de deuses.

Antíope não permaneceu em solo tebano. Sendo deusa, governava uma região mais ampla. Talvez tivesse sido originalmente uma mulher divina errante, como Io ou Europa. Pensava-se por isso que Dioniso a ensandecera e punira com errores, porque Dirce estava tentando cultuá-lo quando encontrou a morte em virtude de Antíope. Contava-se também que[115] na Fócida, o herói Foco, em honra do qual a região era assim chamada, encontrou-a em suas peregrinações, curou-lhe a loucura e tomou-a por esposa. Mostrava-se o túmulo comum de Antíope e Foco perto da cidade de Titoreia, na Fócida[116]. Quando o sol entrava no signo de Touro, os titoreanos costumavam roubar terra do túmulo dos filhos de Antíope e espalhá-la sobre o túmulo da mãe, costume esse que provou a conexão entre Antíope e um touro divino, Zeus ou Dioniso, até depois de sua morte. Acreditavam os titoreanos que, se fossem bem-sucedidos no roubo, sua terra seria abençoada com mais fertilidade, naquele ano, do que a dos tebanos.

III
Dânao e suas filhas

As histórias de heróis e de seus infortúnios que têm por cena Tebas estão muito longe de ter acabado, mas agora precisamos começar com histórias encenadas em outras cidades e distritos, especialmente em Argos. Essas também começam com Io, e também com nomes como Mélia e Níobe. Mélia, a ninfa do freixo, aparece em Argos ligada a Ínaco, o deus-rio, pai de Io. Desse casal nasceu o homem primevo Foroneu[117], ao qual, numa ou noutra conexão, se associava Níobe, a própria mulher primeva. Não se diz de Io que fosse filha de Mélia e não apenas de Ínaco. Supunha-se então que fosse bisavó de Agenor e Belo, os dois filhos de Posídon e Líbia, em homenagem à qual se deu ao distrito africano o seu nome. No princípio dessas histórias, o narrador se coloca com um pé na planície abaixo da altaneira cidadela do país e cidade de Argos, Larissa, onde flui o Ínaco, e o outro muito longe, onde o Nilo (também chamado Egito em outros tempos) vem do sul e despeja suas águas no Mediterrâneo.

Mais uma vez encontramos gêmeos e irmãos dessemelhantes um do outro como tema da história[118]; Dânao e Egito, os filhos de Belo, cujo nome reproduz o fenício Ba'al, "Senhor". Os gregos, ou pelo menos alguns deles, eram chamados Dânaos nos velhos tempos, e este é o plural de Dânao. Mélia é nomeada, entre outras, como a esposa desse Dânao. Era filha de Agenor[119]. Uma tradição fez dos gêmeos Dânao e Egito descendentes imediatos de Io[120]. O deus-rio Ínaco de Argos, a errante Io, a ninfa do freixo Mélia, a mulher primeva Níobe e os representantes de povos e países foram todos reunidos numa genealogia. A diferença entre Dânao e Egito consistia em que o primeiro só tinha filhas, ao passo que o segundo só tinha filhos. Cinquenta filhos de Egito, cinquenta filhas de Dânao. Belo dividira o reino de modo que Dânao ficasse com a metade ocidental, a Líbia, e Egito com a oriental, a Arábia[121]. Os irmãos lutaram, então, entre si, e ficamos sabendo que Dânao e suas filhas temiam os filhos de Egito. Por isso ele construiu o primeiro barco de cinquenta remos[122] e fugiu com o bando de filhas para a sua terra comum de origem, às margens do Ínaco.

Essas cinquenta não eram moças comuns. Numa descrição[123], aparecem como seres de vozes pouco femininas, que praticavam esportes com carros de guerra e ora caçavam nas matas ensolaradas, ora colhiam tâmaras, cinamomo e incenso. Já se haviam armado para a batalha contra os primos, os filhos de Egito, que as desejavam por esposas[124]. Ou simplesmente equiparam o barco que remavam sozinhas? É uma imagem de cinquenta Amazonas, conquanto nunca fossem assim chamadas, cinquenta mulheres guerreiras, que odiavam os homens, como as chamadas Amazonas, que tiveram de lutar contra Héracles e Teseu no seu tempo. O seu número reproduz os cinquenta meses de um ciclo festival de quatro anos, metade de um "ano grande". A segunda metade tinha apenas quarenta e nove meses, como também só quarenta e nove filhas de Dânao continuaram a ser verdadeiras danaides. A vitória sobre os pretendentes e perseguidores só envolveu um feito horrível aqui na terra; no céu, as luas sucessivas triunfaram da escuridão da noite sem derramar sangue.

Em Argos, cujo nome significa "terra brilhante", as moças chegaram finalmente com o seu barco, fugindo aos filhos escuros de Egito. Sua chegada e imediatas consequências foram encenadas por Ésquilo na tragédia *As suplicantes*. Segundo ele[125], o então rei da planície de Ínaco era Pelasgo, filho de Palecto, herói da "Antiga Terra". Ele e os habitantes de Argos estavam preparados para proteger as Danaides e seu pai contra os egípcios perseguidores. Segundo outros[126], Dânao exigiu do Rei Gelanor a devolução do reino de Argos, visto ser ele o descendente de Ínaco, o rio e rei primevo. No dia em que o povo deveria decidir a respeito da sua exigência, um lobo atacou o touro principal dos rebanhos argivos, lutou com ele e derrotou-o. Por isso o povo viu no touro o seu próprio rei e no lobo o estranho, e acatou a decisão dos deuses. Dânao recebeu a soberania e, à guisa de ação de graças, fundou um templo em homenagem a Apolo Lício, Apolo dos Lobos. Ostensivamente, não negou as filhas aos filhos perseguidores de Egito, mas distribuiu as cinquenta raparigas entre os cinquenta primos. Este foi também o resultado final em Ésquilo, se bem no fim de *As suplicantes* os egípcios ainda fossem

• **49**

rejeitados. Mas as danaides engenharam com o pai um nefando estratagema. Dânao deu a cada filha uma adaga[127]; chegada a noite de núpcias, as quarenta e nove noivas assassinaram os respectivos noivos. A cabeça dos assassinados foi cortada e atirada às águas profundas de Lerna, de onde, desde então, emergiram outras tantas cabeças.

Hipermnestra, a única que se sentiu abrandada pela proximidade de um mancebo, apaixonou-se por ele, não o matou e assim se tornou, pelo marido Linceu, a antepassada de grandes heróis, Perseu e Héracles. Mas, por esse mesmo ato, revelou-se desleal ao pai e às irmãs. Dânao pô-la na prisão na manhã seguinte e levou-a a julgamento[128]. A tragédia *As danaides* de Ésquilo foi dedicada ao seu interrogatório. Pouco mais se preservou dessa tragédia do que nos restou da dos egípcios, o soturno segundo membro da trilogia, em que o feito execrando se perpetrou. Em *As danaides*, portanto, Hipermnestra aparece como criminosa contra as irmãs e o pai, mas Afrodite em pessoa se apresenta diante do tribunal e informa a todos os que deviam julgar o caso do seu poder universal. O céu puro, disse ela com efeito[129], anseia por encher a Terra de amor, a Terra é possuída do desejo de amor, a chuva do Céu fá-la fértil e assim ela dá origem às plantas e animais que alimentam os homens. Este foi o grande exemplo eterno que a deusa do amor apresentou em favor de Hipermnestra. O rapaz que ela salvara já se refugiara na aldeia vizinha de Lirceia, ao raiar o dia; o seu nome era realmente Lirceu, e não Linceu, como o filho de Afareu, dotado de vista aguda e do qual ouviremos falar mais adiante. De Lirceia, ele fez sinais de fogo[130] e sua enamorada Hipermnestra, agora livre, respondeu-lhes da altaneira cidadela de Larissa. Desse modo Lirceu tornou-se rei de Argos depois de Dânao.

Diz-se também que Atena e Hermes, por ordem de Zeus, purificaram as danaides restantes do labéu de assassínio[131] e que o seu próprio pai Dânao, logo a seguir, as colocou – ou, mais corretamente, quarenta e oito delas – no final de uma pista de corrida[132], como prêmios para os corredores. Antes do meio-dia cada uma lhe deu um genro. Ou foram todas (exceto Hipermnestra e outra, sobre a qual falaremos dentro em pouco) mortas pelo único sobrevivente dos irmãos?[133] Isso também se aventou, e suas formas, nas imagens do outro mundo concebidas pelos artistas, entraram na Casa de Hades como exemplos das eternamente não realizadas, das que nunca atingiram o *telos*, a completação, fosse ela a consumação do casamento ou a iniciação. No mundo subterrâneo, carregavam eternamente água em jarros quebrados ou a derramavam num tonel sem fundo. O "tonel das danaides", que nunca se enche, veio a transformar-se em provérbio[134].

Só nos resta falar agora do destino da danaide que tinha o nome de Amimone, "a Inocente". Ésquilo fez dela a heroína de uma peça satírica que encerrou a tetralogia iniciada com *As suplicantes*. Segundo a história contada nessa peça divertida, tem-se a impressão de que o feito sangrento das danaides jamais ocorreu, ou, pelo menos, é como se Amimone não pudesse ter tomado parte nele. Dânao acabara de chegar a Lerna com a filha, no Golfo de Argos, no sítio ora conhecido por Mili, em razão das suas azenhas[135], e mandou Amimone buscar água para o sacrifício que pretendia fazer. Nessa ocasião, Posídon ainda estava zangado porque Ínaco, quando ele e Hera disputavam a posse da terra, a adjudicara, numa sentença, à rainha dos deuses[136]. Afinal, ela havia sido a soberana daquele distrito desde o tempo de Foroneu, o homem primevo, o primeiro a prestar-lhe homenagem, e assim permanecera, governando desde o seu famoso santuário na vizinhança da cidade de Argos, entre Tirinto e Micenas. Posídon foi obrigado a ceder, como o fizera também na Ática, na competição com Palas Atena. E, como estivesse zangado, era difícil encontrar uma fonte em algum lugar. Conforme a história contada no estilo das pinturas de Pompeia, Amimone adormeceu de cansaço e foi avistada por um sátiro espreitante. Ou, se se desejasse mostrá-la mais parecida com uma Amazona, ela arremessou a lança de caça num bode e acertou no sátiro adormecido[137]. Ferido, ele atacou-a. Desse modo, quer o tivesse atingido, quer tivesse sido apenas surpreendida, a jovem gritou por socorro. Posídon acorreu, lançou o tridente no sátiro e veio a ser o verdadeiro e vitorioso noivo da danaide. Ela lhe deu Náuplio, fundador da cidade portuária de Náuplia, que se ergue diante de Lerna[138]. O deus ofereceu um esplêndido presente em lugar das arras das uniões morganáticas à jovem esposa, a futura ninfa das águas. Ela mesma foi autorizada a arrancar o tridente da rocha, e naquele local jorrou a tripla Fonte Amimone, a mais bela dentre as incontáveis fontes de Lerna.

Disse um antigo poeta[139]: "Argos era seca, as filhas de Dânao fizeram-na abundante em água".

IV
PERSEU

Havia uma história muito antiga que falava de uma moça dos Dânaos chamada simplesmente Dânae; originalmente, as filhas de Dânao também se chamavam dânaes, isto é, moças ou mulheres dânaes, e esse é o plural de Dânae. Mas esta era *a* jovem dos dânaos, a escolhida de todas as mulheres dânaes, sua mais perfeita representante, tão perfeita que poderia tornar-se noiva terrena de Zeus e mãe do herói fundador de Micenas. A história principia com a narrativa de seu pai e seu irmão, os netos da danaide Hipermnestra e Lirceu.

É a história de irmãos gêmeos inimigos[140], Acrísio e Preto. Deviam reinar juntos sobre Argos, mas brigaram um com o outro desde o ventre da mãe. Mal chegaram à idade viril, puseram-se a lutar pela dignidade real. Na estrada de Argos a Epidauro erguia-se uma pirâmide decorada de escudos, uma tumba gigantesca[141], monumento da famosa guerra entre os irmãos, durante a qual, dizia-se, fora inventado o escudo redondo. Consoante a tradição, a batalha ali travada permaneceu indecisa[142] e, por conseguinte, dividiu-se o reino entre os dois irmãos; Acrísio imperou em Argos, Preto em Tirinto, o castelo vizinho com suas fortificações, erigido pelos Ciclopes. Conforme outra tradição[143], Preto, derrotado, emigrou para a Ásia Menor, onde tomou por esposa a filha do rei de Lícia, Anteia, ou Estenebeia, que adquiriria notoriedade mercê do seu amor ao herói Belerofonte, e, com a ajuda do sogro, regressou. Diz-se que dali vieram também os sete Ciclopes que ergueram os muros indestrutíveis[144]. A história das três filhas de Preto, que não quiseram prestar honras a Dioniso e por isso foram ensandecidas pelo deus, tem sido contada entre as lendas dos deuses[145]. Megapentes parece ter desempenhado papel igual ao de Penteu, o perseguidor tebano de Dioniso. Podemos esquecer a afirmação de que Preto era o verdadeiro pai do filho de Dânae e de que o tio seduziu a sobrinha[146]. Contra ela existe a história dos amores de Zeus e da única filha de Acrísio, Dânae[147].

Acrísio, rei de Argos, só tinha essa filha, que lhe dera sua esposa; por esse motivo perguntou ao Oráculo de Delfos como poderia ter um filho. O deus respondeu que ele nunca teria um filho, mas que sua filha o teria, e que o filho de sua filha seria a causa da sua ruína. Voltando de Delfos, Acrísio mandou fazer uma câmara de bronze no pátio do palácio, debaixo da terra, como uma tumba. Dentro dela encerrou a filha e sua ama. Dânae teria de dizer adeus à luz do céu[148], enterrada para sempre na escuridão, a fim de que nunca pudesse ter um filho. Entrementes, o próprio rei dos deuses desejou a donzela dânae; transmudado em chuva de ouro, Zeus precipitou-se pelo teto da câmara subterrânea. A donzela recolheu-a no vestido e da chuva surgiu o rei do céu. A tumba transformou-se em câmara nupcial, e assim nasceu um filho de Zeus.

Tal é a história da concepção de Perseu. Dânae deu à luz o filho e alimentou-o em segredo, com a ajuda da ama. Quanto ao que aconteceu após o nascimento, não há consenso entre os narradores, dramaturgos e pintores de vasos que continuaram a história. De acordo com alguns, Perseu teria uns três ou quatro anos quando o Rei Acrísio, em cima, na sala do palácio, ouviu a voz de uma criança brincando que lhe chegava das profundezas. O menino brincava com uma bola, como o indica a pintura de um vaso que mostra o pequeno Perseu com o brinquedo na mão. Ele gritou quando a bola lhe escapuliu das mãos. O rei mandou tirar Dânae do túmulo de bronze. A ama teria de morrer, pois era ela quem se comunicava com o mundo superior a fim de poder alimentar a jovem. No pátio do palácio erguia-se um altar consagrado a Zeus, como era de preceito. Nesse altar, Acrísio obrigou a filha a indicar-lhe o pai da criança. Ela respondeu: "Zeus", mas não foi acreditada. Acrísio mandou encerrar mãe e filho numa caixa, uma arca fechada, e ordenou que a lançassem ao mar. E assim os dois, votados à morte, entraram a flutuar sobre as ondas.

No dizer de outros contadores da história, isso aconteceu antes, logo após o nascimento do herói. Nascido na escuridão da tumba de bronze, foi ele imediatamente guardado na escuridão da arca. Quando, na arca formosamente talhada, o vento que soprava e a agitação da água lhe faziam o coração comprimir-se de medo e as faces orvalhar-se de lágrimas, ela conchegava o filho de si com um braço carinhoso e dizia-lhe: "Meu filho, que dor é a minha! Mas dormes, e tens o espírito tranquilo neste vaso sem conforto, e na treva do seu bronze brilhas qual raio de luz na negra escuridão. Não olhas para a profundeza salina que passa por cima das tuas madeixas, nem ouves o barulho do vento, enquanto teu rosto formoso repousa sobre o manto purpurino. Se o terror fosse terror para ti, seguramente prestarias o ouvidozinho às minhas palavras. Dorme, criança, ordeno-te, e deixa dormir o mar, deixa dormir o nosso infortúnio sem medida; e possa vir de ti, Zeus pai, alguma mudança. Se oro com palavras demasiado atrevidas e além da justiça, perdoa-me"[149].

É assim que Simônides nos faz ouvir a prece humilde da amada do deus no fundo da arca sombria e ver a glória que brilha em torno da criança divina. Outro poeta, Ésquilo, mostra-nos no palco, na peça satírica *Os puxadores de redes*, como a arca foi avistada da Ilha de Serifo[150]. Um pescador chamado Díctis, o "homem das redes" avistou, da praia, o objeto flutuante. "Que é aquilo? Como hei de chamar-lhe? Estarei vendo algum monstro marinho, um golfinho, um tubarão, uma baleia? Senhor Posídon! Zeus do mar! Que presente inesperado nos mandas da água! Seja lá o que for, a coisa não chega mais perto. Preciso gritar e berrar." Díctis bradou por socorro. Lançou-se uma grande rede e a caixa foi trazida para terra. Na peça satírica, quando Díctis pede ajuda, em vez de pessoas do lugar, pastores e pescadores, aparecem Silenos, que estão presentes quando a caixa se abre – uma multidão dos habitantes desprezíveis, semidivinos e semibestiais, das colinas e dos campos, carecas, de nariz achatado e rostos pintados de vermelho. O pequeno Perseu riu-se deles dentro da caixa[151]. O riso era, por si só, uma prova de sua origem divina. A princípio, horrorizada pela mudança da situação, Dânae, entre lamentações, revela o segredo de quem é e de quem é filho a criança. O pescador reverencia a ambos, leva-os para a sua cabana e fá-los passar por seus parentes[152], que realmente são, através das danaides, pois Díctis descendia de Náuplios, filho de Posídon e Amimone, filha de Dânao.

O senhor de Serifo não era Díctis, mas o irmão, Polidectes. Ainda uma vez irmãos dessemelhantes, pescador e rei, e, se bem não fossem gêmeos (de acordo com uma narrativa, só eram filhos da mesma mãe)[153], formavam um par. O "recebedor de muitos", isto é, Polidectes, o mesmo que Polidêmon, um dos muitos nomes do rei do mundo subterrâneo[154], pertence ao "homem da rede". O que um pegava era presa do outro. Dessa maneira, Dânae tornou-se prisioneira de Polidectes e assim chegou com o filho ao mundo subterrâneo pela terceira vez. Dali por diante, viveu na casa do rei como sua escrava[155]. Afirmou-se também que ela se casou com Polidectes[156], ao passo que Perseu foi educado no templo de Atena, como tutelado da deusa, em cujo nascimento sucedera alguma coisa parecida com a ocorrida quando Perseu foi concebido; uma chuva de ouro caíra do céu[157].

Quando o herói atingiu a idade viril e mostrou-se em condições de libertar sua mãe, Polidectes organizou um *eranos*, isto é, um banquete em que cada conviva teria de trazer um presente. Ele anunciou que ali se coligiria um presente de casamento para Hipodâmia, filha de Enômao[158]; era evidente que o rei se dava ares de provável pretendente da formosa noiva, a qual, na ocasião, era o tema das conversas do mundo inteiro e da qual logo ouviremos falar mais. Cada participante do *eranos* de Polidectes teria de contribuir com um cavalo. Filho da escrava, Perseu, com certeza, não possuía nenhum. Se, como querem outros narradores[159], Dânae ainda vivia na cabana de Díctis, o herói teria sido criado na pobreza, e que outra finalidade teria o rei senão a de humilhá-lo profundamente? Ele presumia, sem dúvida, que o jovem herói, na choça do pescador, não poderia levar presente algum e, envergonhado, deixaria a ilha e abandonaria a mãe, a quem até então protegera.

É notório que os pescadores não criam cavalos e, assim, de que modo poderia Perseu levar um consigo? Em vista disso, ele prometeu, obstinado, ao rei: "Trar-te-ei a cabeça da Górgona", e o rei lhe respondeu: "Traze-a". A Górgona Medusa, numa representação antiquíssima, tinha corpo de cavalo; conforme as mais velhas narrativas, era uma égua, noiva de Posídon num dos casamentos deste último, do que o deus participou em forma de garanhão[160]. Nessas condições, Perseu prometeu nada mais que o presente desejado, um cavalo, mas um cavalo muito mais insólito, mais difícil de conseguir e, aparentemente, impossível. Pois a égua que ele ofereceu tinha o rosto da Górgona, cujo olhar mudava em pedra quem quer que olhasse para ela. É possível que Polidectes também estivesse pensando nisso quando aceitou o oferecimento do herói.

Perseu já se arrependera do que havia prometido; retirou-se para o ponto mais afastado da ilha e entrou a lamentar-se, no que fez bem. Se Dânae ainda não estava em poder do rei, haveria agora o perigo de que isso acontecesse se o filho não mantivesse a palavra dada. Estava em jogo a libertação de sua mãe do poder do "recebedor de muitos". Eis senão quando Hermes apareceu para o herói[161] – ou foi Atena quem veio primeiro em seu socorro? Nas gravuras dos antigos artistas ela se posta ao lado dele diante de Hermes. Mas quem teria podido emprestar-lhe os sapatos alados ou, pelo menos, um deles, como lemos em Artemidoro, o intérprete dos sonhos[162], de modo que ele pudesse deixar a ilha e chegar às vizinhanças das Górgonas, senão Hermes? Foi isso, provavelmente, o que aconteceu em Ésquilo[163], na tragédia intitulada *As filhas de Fórcis*. O dramaturgo simplificou a viagem de Perseu pelos reinos das três-vezes-três deusas e, provavelmente, deixou fora as três primeiras, as ninfas da fonte.

Estas, as Náiades, foram talvez as primeiras que ajudaram o herói em sua situação desesperada. Viviam numa caverna na Ilha de Serifo, como habitavam também as cavernas cheias de estalactites das montanhas gregas; e possuíam os meios de que Perseu necessitava para levar a cabo o empreendimento. Mais tarde ele poderia devolver-lhes as três coisas inestimáveis. Quer se aproximassem agora do herói, quer fossem visitadas por ele em companhia de Atena, foram elas as suas libertadoras. Numa antiga pintura de vaso vemos as ninfas recebendo o herói, uma lhe trazendo os sapatos alados, outra o capacete da invisibilidade, a terceira o alforge, *kibisis*, para a cabeça da Górgona.

Assim aparelhado, apressou-se Perseu a partir como ligeiro andarilho pelo ar[164], por sobre o mar e Oceano, como o sol. Diz-nos a tradição que[165] o próprio Sol trazia o nome de Perseu. Do outro lado do Oceano, perto do Jardim das Hespérides, onde principia o reino da Noite, situava-se o domicílio das Górgonas[166]. Três, ou talvez apenas duas, deusas de cabelos grisalhos, filhas do velho do mar Fórcis, as Greias, mantinham guarda à sua porta[167].

Nem o sol nem a lua brilharam jamais sobre elas[168]. Uma paisagem de ínvias florestas e rochas tinha ali o seu começo[169]; chamava-se também Cistene, a Terra das Rosas da Rocha, e poderia ser alcançada igualmente bem pelo leste[170]. Era a terra das trevas, em que todas as luzes do céu se desvanecem, e de onde tornam a aparecer, pois confina também com o leste e o oeste. Concebe-se que nem Palas Atena conhecesse o caminho das Górgonas, através daquela região, pois as jovens divindades não sabiam todas as coisas de que as mais velhas, como as Moiras e as Greias, tinham conhecimento. Perseu precisava aproximar-se primeiro das deusas cinzentas se quisesse encontrar o caminho das Górgonas.

As Greias vigiavam por turnos[171], pois havia apenas um olho e um dente para as três. Teriam elas avistado o visitante com esse olho, mesmo através da escuridão, se ele não estivesse usando o "capacete de Hades", que o tornava invisível? Ali estava ele, e esperou bem perto delas que as filhas de Fórcis mudassem a guarda, à entrada da caverna, talvez a mesma que escondia as Górgonas em seu interior[172]. Quando elas trocavam a guarda, uma Greia passava o único olho para a outra e durante esse tempo as duas ficavam cegas. Perseu estivera esperando por esse momento; arrancou-lhes o olho das mãos e não o devolveu enquanto elas não lhe ensinaram o caminho das Górgonas. Debaixo dessa forte compulsão, as irmãs obedeceram, mas quando foi que o herói lhes devolveu o olho? Ao descobrir que a entrada da caverna conduzia às Górgonas? Teria jogado o olho às Greias somente ao fugir? Tê-lo-ia, como querem alguns[173], arrojado no Lago Tritônio durante a fuga? Que grito de dor devem ter soltado então as deusas primevas! Mas isso aconteceu depois; sem dúvida alguma, *As Fórcidas* de Ésquilo estavam cheias das suas lamúrias. Para nós só restou uma linha da peça: "Como um javali, ele entrou na caverna"[174].

Nessa caverna, as três Górgonas estavam dormindo. Somente uma delas era mortal, Medusa[175], a Senhora, como podemos traduzir-lhe o nome. A fortuna, ou Atena, guiaria a mão de Perseu; o herói precisava tatear à procura da cabeça da Medusa e manter a cabeça virada para a outro lado[176], de modo que não lhe visse o rosto, semelhante a uma máscara. Dizem-nos também que[177] a deusa lhe mostrou a cabeça da Górgona num escudo brilhante, que dera a Perseu ou que ela mesma segurava para ele[178]. Perseu veio armado de uma *harpe*, espada em forma de foice, também presente divino, e com essa velha arma titânica decepou a cabeça da Medusa.

A Górgona, grávida de Posídon, tinha no ventre o herói Crisaor e o corcel Pégaso, que lhe saíram pelo pescoço decepado. O herói escondeu a cabeça no *kibisis*[179]. Agora precisava fugir, pois as duas irmãs imortais da Medusa despertaram e puseram-se a persegui-lo. O ar foi a cena da luta entre Perseu e as Górgonas, em antigas pinturas de vasos vemos as duas voando no encalço do herói, e num desses vasos ele está realmente montado em Pégaso, tendo sido o primeiro a cavalgá-lo, antes de Belerofonte[180]. Era impossível pegá-lo, pois nos pés trazia os sapatos alados e a espada lhe pendia do ombro; assim um continuador de Hesíodo o descreve, tal qual é representado no escudo de Héracles[181]. Perseu fugiu com a rapidez do pensamento, as costas protegidas pela terrível cabeça da Medusa. Carregava o *kibisis* a tiracolo e tinha o capacete de Hades na testa; a escuridão da noite espalhava-se em torno do herói.

Perseu logo se viu fora da terra em que as Górgonas moravam, confinante com as de todos os povos que viviam, segundo se afirma, além dos países dos mortais comuns. Ele divertiu-se com os Hiperbóreos no norte[182] e, no sul, voou sobre o porém dos Etíopes, onde, numa costa rochosa (diz-se[183] que era na Palestina, perto de Jafa), avistou uma formosa donzela que ali fora exposta, acorrentada. Essa visão é um dos pontos culminantes não só da história de Perseu, mas também da história do drama grego, pois Eurípides deu forma à cena em sua *Andrômeda*. Isso nos dá imediatamente o nome da donzela. Dizem-nos que o deus em cuja honra se representavam as peças, Dioniso, ficou tão encantado com ela que não conseguia deixá-la; pelo menos é o que diz, brincando, o comediógrafo Aristófanes[184]. Começa com um grande monólogo de Perseu, que supunha ter avistado, do ar, a figura de uma rapariga, obra de algum artista, e não uma moça viva[185]. O monólogo logo se converteu num diálogo muito comovente entre o herói e a heroína, com as palavras de Andrômeda[186]:

> Leva-me daqui, estrangeiro, leva-me como criada,
> Esposa, ou escrava, seja qual for a tua vontade.

O senhor do país etíope era Cefeu[187]. Sua rainha, a orgulhosa Cassiopeia, agastara os deuses do mar, dizendo haver entrado numa competição de beleza com as Nereidas e gabando-se de ter saído vitoriosa. Para castigá-la, Posídon mandou assolar o país com uma cheia e um monstro, ao qual sua filha Andrômeda devia ser exposta. Assim advertira um oráculo e assim se fez. Perseu alçou voo e matou o monstro. Um antigo vaso pintado mostra-nos o herói combatendo o horror com cabeça de javali, que se ergue do mar, apedrejando-o com as mãos; Andrômeda lhe fornece as pedras, pois o herói a libertara dos grilhões. Ele a levou também para longe dos pais que relutavam em deixá-la partir, e do noivo taciturno, de nome Fineu, nome que voltaremos a encontrar na história dos Argonautas. Diz-se desse Fineu que era irmão de Cefeu e queria casar com a sobrinha. Perseu viu-se, destarte, confrontado com um inimigo cuja aparência, como vem descrita nas histórias dos Argonautas, semelhava a das Greias. Aqui a cabeça da Górgona ajudou-o; o herói tirou-a do *kibisis*[188] e Fineu e seus homens foram convertidos em pedra; Perseu levou Andrômeda pelo ar até Serifo. Porém, os quatro personagens que se encontraram nessa história etíope alcançaram finalmente o céu como constelações, Cassiopeia e Cefeu, Andrômeda e Perseu[189]. Atena prometeu-o no fim da tragédia, mas o poeta não teria colocado uma profecia dessa natureza na boca da deusa se as pessoas já não tivessem acreditado ver a figura apressada de Perseu nos céus.

Tendo cortado e enfiado no *kibisis* a cabeça da Medusa, e tendo libertado e conquistado Andrômeda, Perseu voltou para Serifo. Parece que em outra tragédia de Eurípides, *Dictis*, descreve-se o modo como o herói encontrou sua mãe e seu protetor, Díctis, o pescador, como suplicantes diante de um altar[190], para o qual tinham sido obrigados a fugir a fim de livrar-se da violência de Polidectes. Mas o jovem herói voltou antes do que se imaginava. O próprio *eranos* para o qual Perseu prometera contribuir com a cabeça da Górgona em lugar de um cavalo, ainda não terminara[191]. Os convivas, nenhum dos quais pudera trazer mais do que cavalos comuns, ainda estavam reunidos quando Perseu apareceu com o seu presente, voando pelo ar nos sapatos alados e com a cabeça da Medusa pendente dos ombros, no alforje. Ninguém teria acreditado que o herói fosse capaz de cumprir a promessa, muito menos o Rei Polidectes. Este reuniu o povo[192], presumivelmente para condenar Perseu por fraude. O moço, aparentemente, não era popular em Serifo. Apresentou-se diante da assembleia dos serifenses, tirou a cabeça do *kibisis* e mostrou-a ao povo reunido, à guisa de prova. Desde então Serifo tem sido uma das ilhas mais rochosas do Arquipélago, pois todos os circunstantes viraram pedra. O herói dedicou a cabeça da Górgona à deusa Atena, que passou a usá-la no peito desde então. Devolveu às ninfas o *kibisis*, os sapatos alados e o capacete de Hades. Díctis tornou-se rei de Serifo, mas Perseu deixou a ilha e voltou para casa, em Argos, com Dânae e Andrômeda.

Acrísio já não estava no poder[193]. Temendo ser morto pelo neto, saíra do seu castelo nativo rumo à Tessália, rumo a outra cidadela também chamada Larissa. Perseu saiu atrás do avô, encontrou-o e quis reconciliar-se com ele. Havia uma tragédia de Sófocles sobre esse tema, *Os larissenses*. O festejo da reconciliação foi organizado e Acrísio preparou-se para voltar a Argos[194]. Durante a celebração da paz, os jovens de Larissa puseram-se a brincar com o disco e Perseu não pôde resistir-lhe; pegou com a mão o círculo semelhante ao sol, como o fizera Apolo com o mesmo trágico resultado, e mandou-o pelos ares. O diabo voou e feriu Acrísio – apenas no pé, mas o ferimento era mortal. De modo que o avô morreu nos braços do neto e a glória do herói envolveu-se na sombra. A treva se segue aos raios do sol no céu também, quanto mais os feitos de um filho dos deuses na terra, ainda que seja um verdadeiro filho do Sol!

Naqueles dias, o senhor do castelo de Tirinto, com os seus muros de pedras gigantescas, era Megapentes, filho único de Preto. De acordo com uma história, ele vingou a morte de seu tio Acrísio matando Perseu quando este voltou[195], mas essa história se perdeu, e só o nome de Megapentes nos informa ter sido ele um homem "de grandes sofrimentos" que, como suas três irmãs, lutou talvez contra Dioniso e, no fim, como Penteu, o "homem da desgraça" tebano, foi punido pelo deus. Diz-se também que ele trocou os reinos com Perseu, uma vez que este último, envergonhado por haver matado o avô, não queria voltar a Argos nunca mais[196]. Assim, dali por diante Megapentes reinou em seu lugar na Larissa de Argos e Perseu em Tirinto, de onde fortificou as cidadelas rochosas de Mideia e Micenas. Os micenenses honraram-no mais tarde como seu herói-fundador e esqueceram a heroína Micênis, filha de Ínaco[197], outrora tão famosa quanto Tiro ou Alcmena[198] e que dera nome ao mais forte castelo da região. Mas não puderam contar nenhuma história importante sobre a maneira como Perseu a fundou. Numa narrativa, ele pegou na bainha da sua espada e, verificando que a ponta da bainha, *mykes* em grego, se perdera fundou *Mykenai* naquele sítio[199]. Outros, lembrados da famosa fonte debaixo dos muros ciclópicos da fortaleza, eram de opinião que Perseu, atormentado pela sede, apanhara um cogumelo, também chamado *mykes*, e dali surgiu a fonte onde o herói se dessedentou e de pura alegria fundou a cidade[200].

Em seguida, presumivelmente, dirigiu a água de fora para dentro, por baixo dos muros, para a fonte profunda, Perseia.

Supõe-se também ter sido ele o fundador de uma grande família, toda composta de reis. Dizia-se que Andrômeda já lhe havia dado um filho, Perses, antepassado dos reis persas, os quais mais tarde, quando reivindicaram a posse da terra dos Helenos, invocaram Perseu como seu antepassado[201]. Em Micenas teve diversos filhos e uma filha; dentre os primeiros, Alceu e Eléctrion foram os avós de Héracles, as passo que a filha, Górgona, foi avó dos Dioscuros Espartanos. Mas Perseu não conseguiu tão grande renome quanto o bisneto Héracles porque, dizia-se[202], ele também perseguira Dioniso e praticara um ato de violência contra este. Teria ele, com a sua oposição, substituído Megapentes ou Megapentes a ele?

Contava-se em Argos que Dioniso ali chegou por mar com Ariadne, assistido por sereias. Perseu lutou com elas e matou muitas das suas seguidoras. Em Argos elas mostraram o monumento de Cória, "a Dançarina", nome de uma mênade[203], e túmulo das sereias (Haliai), vindas com o deus[204]. Pinturas de vasos mostram Perseu lutando com o séquito de Dioniso. Ele ergueu a cabeça da Górgona contra as suas hordas, e outra história afirma que transformou Ariadne em pedra antes que ela e a sua grinalda alcançassem o céu[205]. De acordo com essa lenda, os dois heróis, Dioniso e Perseu, ambos filhos de Zeus, acabaram firmando uma paz[206]. Dedicou-se um templo com um precinto sagrado ao Dioniso Cretense, e ali, segundo se imagina, está enterrada Ariadne[207]. Uma antiga história chegava a insistir que[208] Dioniso foi morto por Perseu e lançado às águas de Lerna, que formaram uma porta para o mundo subterrâneo, de cujas profundezas costumava o deus aparecer, chamado pelo som de uma trombeta[209]. Mas já não havia ele palmilhado, por sua própria e espontânea vontade, o caminho que conduz ao mundo subterrâneo em Lerna, para libertar Sêmele?[210] O perseguidor e o perseguido não diferiam um do outro pelo menos nessa proeza – a libertação das respectivas mães. Perseu tinha um túmulo de herói diante da cidade dos micenenses, na estrada para Argos[211], e ali lhes recebia a adoração.

V
TÂNTALO

O nome de Níobe ocorre mais de uma vez no princípio da história do gênero humano[212]. Em Argos, está ligado ao homem primevo Foroneu, na Beócia a Alalcomeneu, que criou Palas Atena. Em Tebas, consideravam-na esposa de Anfião. Ali se dizia que essa mulher presunçosa e horrivelmente castigada era filha de Tântalo, rei da Lídia, país da Ásia Menor, para onde esta história agora nos conduz.

Tântalo veio bem no começo, tanto quanto Alalcomeneu ou Foroneu e, até certo ponto, os Dioscuros Tebanos. Ele era pai de Bróteas, que, a julgar pelo nome, foi o primeiro antepassado dos mortais, *brotoi*, e o primeiro a talhar nas rochas a imagem da Mãe dos Deuses[213]. E foi ele também o pai de Pélope, em cuja honra grande porção da Grécia se chamou Peloponeso, "Ilha de Pélope". Dois filhos de Pélope, Atreu e Tiestes, fundaram a segunda dinastia de Micenas, ainda mais renomada como linhagem real do que a primeira, a família de Perseu. Desse modo, um fio importante tem início na Lídia, o reino de Tântalo na Ásia Menor, nas montanhas de Sípilo, cujas alturas dominam Esmirna e nas quais se viu Níobe, mais tarde, transformada em pedra. Um lagozinho tinha ali o nome de Tântalo[214], e havia a história de outro lago em que a cidade afundara[215]. Seu admiradíssimo túmulo[216] localizava-se em Sípilo, embora não fosse esse o único lugar em que lhe eram prestadas honras de herói. Argos acreditava[217] possuir-lhe os ossos, e a cidadezinha de Pólion, em Lesbos, construíra em sua honra um santuário de herói[218]. Diz-se que ele e seu filho Pélope fundaram, na cordilheira do Sípilo, a primeira cidade da região, se não de todo o mundo[219].

Afiançava-se que ele era filho de Zeus[220], mas o Monte Tmolo, na Líbia, recebeu esse nome em homenagem a seu pai[221]. Sua mãe era Pluto, "a Rica", filha de Crono[222] e, como ninfa Berecintíada[223], com certeza filha também da Grande Mãe Berecentíada, se não era ela a própria deusa sob um nome ajustado à dadora de grandes riquezas. Desde os tempos antigos, a Lídia era famosa pelo seu ouro, escondido nas montanhas, sobretudo no Monte Tmolo, e que os rios transportavam em suas areias. Nenhum nome se adequava melhor à maior deusa desse país do que Pluto. A esposa de Tântalo tinha vários nomes, sendo que um deles era Dione. Presumia-se que fosse uma Plêiade, filha de Atlas, e tivesse o mesmo nome de uma das grandes consortes de Zeus[224]. Através dela os genealogistas ligaram Atlas, velho deus da raça dos Titãs, ao rei da Lídia.

Supunha-se que o reino de Tântalo se estendia além desse país, incluindo também a Frígia, a cordilheira do Ida e a planície de Troia[225]. Na Ilha de Lesbos, onde ele tinha supostamente um santuário de herói, uma montanha também trazia o seu nome[226]. O nome, grego, significava "aventureiro"[227], homem capaz de ousar a maior aventura de todas. A riqueza de Pluto logo se tornou proverbial[228], e os poetas jogavam com a semelhança do som entre seu nome e o da moeda de ouro mais pesada de que dispunham, o talento, ligando um ao outro os "talentos de Tântalo"[229]. Como o pecador Íxion[230] sentava-se à mesa dos deuses[231] e, embora considerado um homem[232], não era mortal; a eterna duração do seu castigo o mostrará. Ele escalou o céu para chegar ao banquete dos deuses[233] e convidou-os para irem à sua casa em sua dileta cidade de Sípilo[234]. Mas a refeição que lhes preparara era de tal espécie que os poetas não quiseram acreditar nela nem falar dela[235], pelo menos os poetas gregos. Os romanos, mais tarde, acharam-na ao seu gosto[236]. Mas é preciso contá-la, pois se tratava da tentativa de Tântalo e, até certo ponto, se originava das histórias dos deuses, os quais declararam[237] que originalmente o pequeno Dioniso passou pelo que foi feito à vítima vicária, cabrito ou vitela, pois também foi cortado em pedaços e cozido.

Foi essa a festa sacrificial para a qual Tântalo convidara os deuses. Atreveu-se a colocar diante deles algo que envolvia um pecado muito maior do que a fraude de Prometeu, através da qual ele fundou o grande ritual sacrificial dos gregos. O pecado de Tântalo consistiu em não haver preparado para a refeição dos deuses nenhum animal vicário, mas o melhor que tinha para dar[238], seu próprio filho, e essa foi a refeição sacrificial que ele lhes preparou. Matou o pequeno Pélope[239], retalhou-o, mandou que lhe cozessem a carne num caldeirão[240] e pretendeu assim, como acreditaram gerações subsequentes[241], pôr à prova a onisciência dos convidados. Os deuses souberam disso e contiveram-se. Os velhos narradores acharam horrível que alguém apresentasse tal sacrifício aos Seres Celestiais a sério e não, por exemplo, por brincadeira, oferecendo um animal. Reia, a grande deusa, que também juntara os membros do infante Dioniso[242], reuniu de novo os pedaços uns aos outros e fez a criança erguer-se do caldeirão[243]. Hermes, naturalmente, também poderia tê-lo feito regressar à vida[244], ou Cloto, a Moira, que ainda não lhe determinara a morte[245].

Foi, por assim dizer, um renascimento. O caldeirão permaneceu puro, não manchado pela crueldade, e o menino ergueu-se mais belo do que antes[246]. A espádua brilhava-lhe como marfim[247]. Contava-se que uma divindade lhe provara a carne de fato, no ponto que agora reluzia. A maioria dizia ter sido Deméter, que a morte da filha deixara desatenta[248], sendo isso também uma alusão ao fato de Deméter, como deusa da terra, ter direito ao corpo. Foi por isso que Pélope, a partir de então, teve um ombro de marfim, que os deuses colocaram no lugar do ombro devorado, e foi por isso também que os seus descendentes se distinguiam por uma marca de nascença, um ombro inusitadamente branco[249], ou uma estrela no mesmo lugar[250], Posídon apaixonou-se imediatamente por Pélope e raptou o formoso menino; colocou-o no seu carro e levou-o, com a sua parelha de ouro, ao palácio de Zeus. Supõe-se que isso aconteceu antes da chegada de Ganimedes[251]. Somente as más línguas alegariam que a criança fora devorada, quando não foi levada de volta à sua mãe[252]. Mas logo os deuses mandaram que o jovem regressasse à vida curta do gênero humano[253]; e, depois de Tântalo, o pecador, ele se tornaria um famoso soberano sobre a terra.

Vários pecados foram largados à porta de Tântalo; pecados sim, mas que talvez não passassem de narrativas veladas da sua grande tentativa, a execução demasiado à justa de um desempenho ritual, na forma de um feito horrível, que se repetiria entre os descendentes de Pélope. Contavam-se dos pecados de Tântalo histórias como as seguintes: como hóspede dos deuses, não fora capaz de manter a boca fechada[254], mas revelara a mortais o que devera ter silenciado[255], os segredos dos Imortais[256]. Em outra narrativa, deixara os amigos partilharem do prazer da comida e da bebida dos deuses, o seu néctar e a sua ambrosia[257], o que também figurava um roubo, não diverso do de Prometeu.

Viu-se igualmente envolvido nos malfeitos de outros. Entre os Contos Cretenses inclui-se um a respeito de um cachorro de ouro pertencente a Zeus[258]. Pandaréu, filho de Mérope, um dos antepassados do gênero humano[259], roubou a maravilhosa criatura, levou-a a Sípilo e entregou-a a Tântalo para que tomasse conta dela[260]. Mas o receptor fez o papel do ladrão desleal. Quando o cachorro de ouro foi reclamado de Tântalo, este negou tê-lo em seu poder e confirmou a negativa mediante um juramento falso. Zeus castigou os dois; transformou Pandaréu em pedra e atirou Tântalo debaixo do Sípilo. No entender de outros, não foi Zeus, mas Tântalo, quem raptou Ganimedes[261] ou, pelo menos, representou algum papel no desaparecimento do menino[262]. Mas não foi punido por isso. Uma canção antiga também o acusava de um crime que se resumia nisto[263]: quando Zeus estava pronto para realizar qualquer desejo seu, como seu hóspede muito amado, pedira para si a vida que os deuses viviam. Agastado, o Olimpiano concedeu-lhe, de fato, a satisfação do desejo, mas deixou uma pedra pendendo acima da cabeça de Tântalo, de modo que este não pudesse fruir nenhum prazer de tudo o que estava ao seu alcance.

Para começar a cena de punição foi, decerto, todo o espaço do mundo, não só porque se conta dele a mesma história que a de Prometeu, que precisava ficar suspenso com as mãos atadas a uma rocha[264], ou que precisava suportar o céu, como Atlas[265], mas também porque ficamos sabendo que ele flutuava entre o céu e a terra[266] e recebeu o epíteto de "peregrino do ar"[267]. Nessas condições, e assim o entendeu Eurípides, tinha o sol sobre a cabeça como uma pedra ardente[268]. Mas havia também outras punições muito antigas que ocorriam nos espaços do universo e só foram transferidas para o mundo subterrâneo em contos ulteriores; por exemplo, o castigo de Íxion[269] ou Títio[270], para não falar outra vez de Prometeu, o único que foi libertado dos seus padecimentos. Tântalo pertencia àqueles cuja penitência era eterna.

Poetas e pintores pintaram-lhe a sina quando descreveram o mundo subterrâneo. Ele está, diz Homero[271], num charco cuja água lhe chega ao queixo. Atormentado pela sede, não pode beber, pois quando o velho se inclina para matar a sede a água desaparece como se tivesse sido sugada, e a terra preta lhe aparece aos pés. Os frutos de árvores altas lhe pendem sobre a cabeça, mas se o ancião faz menção de agarrá-los com a mão, uma rajada de vento atira-os para cima, para as nuvens. O pintor Polignoto acrescentou a rocha ameaçadora[272]. A pintura do mundo subterrâneo num vaso tarentino mostra-nos o rei com suas longas vestes fugindo da pedra. Ele é a representação dos demasiado ousados e dos demasiado ávidos de todos os tempos.

VI
Pélope e Hipodâmia

A porção do continente europeu e grego nomeada em homenagem a Pélope, filho de Tântalo, está ligada ao resto da Grécia por uma única e estreita faixa de terra, o Istmo. Como podemos dar a volta pelo mar, saindo de Corinto e chegando de novo à mesma cidade, embora num porto diferente, sempre nos deu a impressão de ser uma grande ilha, um país separado. Ela é, no entanto, cortada por muitas cordilheiras e, na Antiguidade, era dividida entre tantas tribos que devíamos pensar: "Não deve ter havido nenhum herói nem governante comum de algo tão variado que pudesse ser considerado uma unidade sob esse nome!" A sua nomeada subsistiu, mas não substituiu a memória de nenhum povo singular cujo epônimo ela pudesse ter sido. O cetro que o mestre artífice Hefesto forjou tão habilidosamente para Zeus, e que mais tarde Atreu, Tiestes e Agamênon, os príncipes da segunda dinastia micênica, traziam como marca da sua suserania sobre Argos e muitas ilhas, foi enviado pelo Olimpiano para Pélope por meio de Hermes[273]. Ele foi considerado o primeiro soberano desse grande reino; acreditava-se até que Hermes fosse seu pai, sendo sua mãe Cálice, "o botão", ninfa da região de Élida[274].

Mas qual foi a proeza que ele executou como fundador que se pudesse comparar à morte do dragão executada por Cadmo, à música da lira de Anfião ou ainda à construção dos muros de Tirinto e Micenas? Nenhum muro que se devesse a alguma ação sua foi mostrado; em lugar disso, contou-se a história de uma fundação que reuniria mais povos gregos habitantes do Peloponeso, de quatro em quatro anos, num festival comum. A história dessa fundação tem início com Enômao, rei de Pisa, senhor de uma área fértil na borda ocidental da península, na parte inferior do vale do Rio Alfeu. A julgar pelo nome, ele deve ter sido um monarca gentil, como "rei do vinho". O rei da Etólia, Eneu, cujo nome era semelhante ao seu, tinha um irmão diferente dele, Ágrio, "o selvagem", ao passo que a selvageria de Enômao estava em si mesmo. Até esse Eneu, ou Enópion, mencionado na história dos deuses[275], mostrou-se mais cruel do que gentil em relação a Oríon. Enômao era reconhecido como filho de Ares, o deus da guerra[276]. No seu tempo caía neve em abundância sobre a colina que os visitantes de Olímpia conheciam como a Colina de Crono. Héracles deu-lhe o nome, pois, durante o reinado de Enômao, ela ainda era inominada[277].

Consoante a história[278], o Rei Enômao, filho de Ares, tinha uma filha chamada Hipodâmia, "a que doma corcéis", que homem nenhum conseguia ter por esposa. Duas razões se atribuíram à associação entre pai e filha, que eram desnaturais no terreno das relações humanas. De acordo com uma delas, o próprio Enômao estava apaixonado por Hipodâmia; de acordo com a outra, um oráculo predissera que ele seria morto pelo genro. Fosse porque a paixão de Enômao continuava insatisfeita ou, como querem outros[279], fosse porque ele já estava unido à filha como marido, o fato é que lhe matava os pretendentes. Recebera suas armas e cavalos de Ares, duas éguas chamadas Psila, "a Pulga", e Harpina, "a que agarra", tendo esta última o mesmo nome da mãe de Enômao[280]. Eram ambas tão ligeiras quanto as Harpias[281], mais ligeiras que o vento[282]. Enômao fingiu estar pronto para dar a filha em casamento a quem vingasse vencê-lo numa corrida de carros[283], cujo ponto de chegada era o altar de Posídon no Istmo[284] e cuja pista de corrida incluía o país inteiro; acrescente-se que a soberania sobre o país estava tanto em jogo quanto a conquista de Hipodâmia. Era, ao mesmo tempo, um caso de roubo da noiva, como o de Perséfone, só que ao contrário, pois Hipodâmia deveria ser libertada do pai e marido, semelhante a Hades. O pretendente teria de levá-la no carro, enquanto Enômao perseguia o par fugitivo. Se o pretendente não fosse apanhado, teria a donzela por esposa; do contrário, seria morto pelo pai perseguidor. Dessa maneira, Enômao já matara muitos pretendentes. Cortava-lhes a cabeça e pendurava-a no palácio; o número de mortos já ascendia a doze. Também se menciona o total não menos significativo de treze[285] (há doze meses num ano, mas treze num ano bissexto), e parece que o tempo de

Enômao se havia esgotado. Muitos narradores não se ativeram a esse limite, mas acrescentaram à lista o nome de outros infortunados[286].

O limite foi fixado pelo filho de Tântalo, o príncipe de "rosto escuro", como o seu nome pode ser entendido. Pélope apenas voltara do convívio dos deuses e o buço escuro mal lhe brotava do queixo[287], quando ele desejou Hipodâmia por esposa. Ouvimos dizer que se dirigiu, no escuro, à praia do mar cinzento e chamou o seu divino amante[288]. Posídon apareceu sem demora e ouviu-lhe a prece: "Se os queridos presentes dela de Chipre merecem agradecimento, detém a lança de bronze de Enômao, traze-me a Élida o mais ligeiro dos carros e deixa-me conseguir a vitória. Ele matou treze homens e adiou o casamento da filha. Mas esse grande perigo não terá pela frente nenhum covarde; visto que é preciso morrer, por que viveríamos em vão uma velhice sem nome, sentados na sombra, alheios a tudo quanto é nobre? Não, esse feito será meu quinhão, basta que me concedas a desejada realização!"

O deus deu-lhe um carro de ouro com corcéis alados e nele viajou Pélope sobre o mar desde a sua residência oriental em Sípilo até o seu futuro país no ocidente[289]. Suas palavras revelam o herói que fazia jus à vitória, e assim a teve em sorte, visto que, como já ficou dito, o tempo de Enômao expirava. A própria Hipodâmia estava pronta para uma verdadeira viagem de núpcias, e ao lado dela via-se o seu ajudante. Os vasos pintados mostram-no jovem, o fautor do casamento, de acordo com o seu nome, pois esse era Mírtilo, derivado de *myrtos*, murta, a planta amada de Afrodite, mas odiada pelas deusas virginais. Reza a história que Pélope, em sua terra natal asiática[290], prometera uma estátua de madeira de murta a Afrodite se ele pudesse casar com Hipodâmia; e agora Mírtilo estava presente, filho de Hermes[291], que serviu a Enômao como cocheiro e propiciou a vitória do noivo.

A história é digna de um filho de Hermes, posto que seja contada com acréscimos que mais se ajustam a um servo desleal vulgar. Somos, assim, informados de que Pélope prometeu a Mírtilo, que estava apaixonado por Hipodâmia, a noite de núpcias em troca da sua ajuda[292], ao passo que outros colocam a promessa na boca da própria noiva[293], pois Hipodâmia apaixonou-se imediatamente por Pélope quando o viu e quis assegurar-lhe a vitória a todo custo. Presume-se também que a metade do reino foi prometida a Mírtilo[294].

Mas ele parece ter sido muito mais o *daimon* do casamento, a quem a primeira noite pertencia de um modo especial e, como o seu duplo Himeneu[295], que não sobreviveu ao enlace, morreu durante a jornada ovante do casal, lançado, segundo se diz, do carro por Pélope[296].

Mas aqui nos antecipamos em demasia. De uma tragédia de Sófocles intitulada *Enômao* foram-nos preservadas as palavras de Hipodâmia, descrevendo a formosura de Pélope, a magia que se desprendia da sua pessoa e o brilho abrasador dos seus olhos[297]. Descrevendo a chegada de Pélope em seu *Enômao*, Eurípides representa-o lamentando a própria decisão ao ver as cabeças decepadas sobre a porta do palácio[298]. A partir desse ponto os melhores contadores da história são os pintores de vasos, que retomam o fio e mostram-nos o curso ulterior dos acontecimentos em pinturas.

Enômao estabeleceu o acordo com o novo pretendente, como sempre o fazia, com uma libação no altar de Zeus Hércio, no pátio do palácio. As cabeças dos candidatos assassinados, Pelargo e Perifante, olhavam de cima para o rito solene. Segundo o acordo feito também com Hipodâmia, ela só pertenceria ao noivo se este não fosse apanhado. Nisso, entraram ambos no carro. Enômao ficara para trás, a fim de fazer o sacrifício de um carneiro; costumava dar ao pretendente o tempo necessário à oferenda, a título de lambujem[299]. Uma pintura de vaso mostra-nos que o carneiro de cor clara não se destinava a Zeus, como creram alguns, mas a uma deusa que se agradava dos sacrifícios humanos, pois o ídolo rígido de Ártemis vigiava os procedimentos que, ao mesmo tempo, antecipavam o sacrifício do mancebo. Completado o ritual, o rei subiu no carro, que Mírtilo preparara para ele.

Os cavalos de Ares talvez tivessem podido alcançar até os que Pélope ganhara de Posídon, pois a perseguição se fez através de todo o país, mas a astúcia de Mírtilo decidira a vitória de antemão. Em vez de colocar cavilhas de segurança nas rodas do carro, colocara apenas cavilhas de cera[300]. Depois, quando as rodas principiaram a soltar-se, Mírtilo saltou fora e Enômao, enredado nas rédeas, foi arrastado para a morte[301]. Mas também se disse[302] que ele recebera o *coup de grâce* de Pélope, num gesto supérfluo de sangue, ao qual se ajuntou algo ainda pior, o assassínio de Mírtilo, que foi um pecado contra Hermes e de terríveis consequências para a Casa de Pélope[303]. Alegou-se como motivo para o assassínio que Mírtilo reclamara com violência o preço da sua ajuda[304]. A sua queda do carro em que corriam Pélope e Hipodâmia só se vê num vaso pintado, e os pintores de vasos atestam também que o casal vitorioso, atingido o seu objetivo no Istmo, deu toda a volta da terra de Pélope, pairando sobre o mar. Assim se pôde asseverar[305] que o Mar de Mirto, que banha a costa oriental do Peloponeso, houve o seu nome da queda do cocheiro.

Consoante outra história[306], Zeus destruiu o detestável palácio de Enômao com um raio. O único pilar que ficou de pé após o incêndio permaneceu, assinalado por uma lâmina de bronze, por muito tempo depois, no recinto sagrado que, dali por diante, reuniria as corridas dos gregos em disputas festivas, o recinto do Rei dos Deuses, no Áltis, em Olímpia. Também se contaram histórias de disputas mais antigas, as corridas dos cinco Dáctilos do Monte Ida, o mais velho dos quais foi chamado Héracles e instituiu o esporte[307], assim como de uma luta entre Zeus e Crono pela suserania e da vitória de Apolo sobre Hermes e Ares[308]. Mas não é sem razão que os poetas celebram a "corrida de Pélope"[309] e *suas* disputas[310]. Pois após a vitória do seu carro sobre o de Enômao ele se tornou Senhor de Olímpia e foi reverenciado como herói em todos os santuários que ali surgiriam.

O túmulo de herói que lhe foi exigido depois da morte no meio do Áltis[311] não passou de um "túmulo de emergência", um cenotáfio em que era possível adorá-lo. Preservaram-se os ossos de Pélope em vinhedos do território da cidade desaparecida de Pisa, perto do templo de Ártemis Cordaca[312]. Nesse túmulo "de emergência", entretanto, perto do templo de Hera, sacrificava-se anualmente um carneiro preto[313]. Ninguém que comesse da carne dessa criatura podia entrar no templo de Zeus[314], mas, antes de cada sacrifício a Zeus, o herói era lembrado com uma oferenda da qual nada se comia[315]. Depois, quando se construiu o templo de Zeus, cujas colunas hoje abatidas contemplamos pasmados, sua empena oriental ostentava figuras que imortalizaram a cena antes da corrida de carros de Pélope e Enômao. De um lado estavam o rei e a rainha, Estérope, do outro Pélope e Hipodâmia e, no meio, o Olimpiano. Completavam a cena os dois carros e seus assistentes, incluindo Mírtilo[316], nos preliminares do feito da fundação.

De sua parte, Hipodâmia fundou, por gratidão à Rainha dos Deuses, um festival de Hera que também se realizava de quatro em quatro anos e incluía uma corrida para moças. Clóris é lembrada como a primeira a vencê-la[317]; filha de Anfião e Níobe, a única poupada, veio a tornar-se mãe do longevo Nestor. Mas o nome de Hipodâmia denota que ela, pessoalmente, preferia haver-se com cavalos e carros. E esse nome, pelo menos, preservou-se, na extremidade ocidental da empena do templo de Zeus, numa cena tirada da história de uma Hipodâmia que se dizia não ser a mesma, senão a noiva do herói tessálio Pirítoo, cujo consórcio ensejou a luta, reproduzida no frontão, entre lápitas e Centauros. Havia aqui, por certo, Centauros na vizinha cadeia de montanhas de Fóloe, e talvez lápitas também, a ser esse o nome dos habitantes da Cordilheira Lápito, que se erguia defronte de Fóloe. Mas se alguma coisa desse gênero aconteceu no casamento de Pélope e Hipodâmia, já estava esquecida nos fins da Antiguidade.

A história nos fala de seis filhos do casal heroico[318], entre os quais Atreu e Tiestes, que herdaram o cetro proveniente de Zeus. Também se nomeiam duas filhas, Lisídice, futura mãe de Anfitrião, e Nícipe, mais tarde mãe de Euristeu. Ouvimos falar novamente de treze filhos[319], que fundaram cidades, países e famílias reais no Peloponeso e no Istmo. Só um deles não teve descendência, Crisipo, "o dos corcéis de ouro", como o seu nome significa, duplo de Pélope. Sua história nos leva de volta a Tebas. Diz-se que Hipodâmia o tratava como enteado[320], mandou Atreu e Tiestes matá-lo, e foi, portanto, obrigada[321] a fugir de Pélope para a cidadela de Mideia. Dali foram seus casos transportados para Olímpia e sepultados em seu santuário, onde somente mulheres podiam entrar e, mesmo assim, só uma vez por ano. Não era fácil a ninguém aproximar-se dela e saber mais de sua augusta figura.

VII
Salmoneu, Melanipa e Tiro

Como já falamos de Enômao e de sua esposa Estérope, cujo nome significa "raio", precisamos agora falar de Salmoneu, fundador da cidade de Salmone, às margens do Rio Alfeu, cerca de Pisa, que queria manejar o raio de maneira pecaminosa. Salmoneu pertence à mesma série de reis escuros das histórias dos heróis, como Enômao, e até passou para as fileiras dos sofredores exemplares de castigos, como Tântalo e Sísifo, seu irmão, cuja história logo será contada. Sua progênie remonta a Deucalião, filho de Prometeu, e Pirra, filha de Epimeteu, os dois sobreviventes do mais famoso dilúvio[322], a menos que seu avô Hélen, em homenagem ao qual os helenos foram chamados, não fosse filho de Deucalião, e sim de Zeus e Pirra[323]. Nesse caso, Salmoneu descenderia também de Zeus.

Seu pai trazia o nome do rei dos ventos, com a diferença de que o outro Éolo se chama Hipótades[324], e este, simplesmente Éolo. Diz-se que ele deu o nome à raça dos eólios. Mas seu neto tinha o mesmo nome, e ou a Eólia na Propôntida, ou as Ilhas Eólias no ocidente, assim se chamavam em sua honra. Esse Éolo mais moço era sobrinho de Salmoneu, cuja irmã, que deu a Posídon Éolo e seu irmão gêmeo Beócio, epônimo das habitantes da Beócia, era Melanipa. Sua história tornou-se famosa em virtude de duas tragédias de Eurípides e precisa ser contada antes da história de Salmoneu, tanto mais que a sua filha Tiro ocorreu o mesmo que a Melanipa: a antiga narrativa dos gêmeos divinos expostos, heróis fundadores, como também o foram os Dioscuros tebanos.

O rei mais velho Éolo da Tessália tornou-se, como Bóreas, o vento do norte e amante de éguas[325], amante de uma filha de Quíron, o Centauro. Seu nome era Hipo ou Hipe, palavra que significa égua. Segundo reza a história, sua forma era a princípio a de uma rapariga, com outro nome. Envergonhada da gravidez, fugiu para o ermo e, a fim de que o pai não a visse grávida, os deuses a mudaram numa égua[326]. Essa filha de Quíron distinguia-se pelo dom da vidência e excedia-se no contar o que previa[327], a morte de Asclépio, criado por Quíron[328], e até o destino do próprio pai[329]. Diz-se que, em razão da sua garrulice, foi mudada por Zeus em um animal, ou melhor, numa raposa[330].

Asseguram-nos[331] que ela foi mudada no mesmo momento em que deu à luz uma filha. A menina recebeu o nome de Melanipa, "égua preta", o que sem dúvida nos permite ver que, em sua família, a forma cavalar era mais original que a humana. Ela encontrou um amante em Posídon, que gostava de assumir a forma equina e de casar como garanhão[332]. Ela lhe deu dois gêmeos, Éolo e Beócio. Uma das duas tragédias de Eurípides, *Melanipa, a Sábia* (peça outrora famosa, mas agora perdida com a sua companheira *Melanipe, a Cativa*), fez um relato completo do assunto[333]. Na ocasião em que Éolo, em consequência de um homicídio, foi obrigado a passar um ano em exílio voluntário, aconteceu o seguinte a sua filha: Quando o pai voltou para casa, Melanipa escondeu os gêmeos num estábulo, onde o touro guardava os filhotes e uma vaca os amamentava. Vendo o espetáculo maravilhoso, os boieiros deram parte dele ao rei, pois acreditavam que uma vaca parira filhos humanos. Éolo, horrorizado, perguntou ao seu velho pai Hélen o que devia fazer.

Hélen aconselhou-o a queimar as crianças desnaturais, e logo em seguida Éolo ordenou à filha que as preparasse para o sacrifício, pois ela gozava de uma reputação de sabedoria e entendia de todos os procedimentos sacros. Em consequência disso, Melanipa, a Sábia, ergueu-se diante dos homens e, num discurso astuto, falou-lhes do começo das coisas, tal como lhas ensinava sua mãe, filha do Centauro. Proclamou a origem comum das plantas, animais e homens, doutrina preservada pelos seguidores e devotos de Orfeu[334] e que aqui, através do apelo à filha do sábio Centauro, remonta ao próprio Quíron. De acordo com essa doutrina, não pode haver nascimentos desnaturais. Supondo (Melanipa não omitiu sequer essa possibilidade) que uma rapariga seduzida houvesse enjeitado os filhos; mesmo nesse caso, queimá-los teria sido cometer um assassínio, e não um sacrifício[335]. Assim, ou mais ou menos assim, falou a encarnação da esperteza feminina no palco. Aparentemente, porém, não foi ela, senão sua profética mãe, quem salvou os gêmeos; apresentou-se em forma de Centauro feminino e predisse o futuro das crianças como heróis fundadores. Na outra tragédia, Melanipe, prisioneira, chegara a Metaponto, cidade do sul da Itália onde seus filhos estavam sendo educados para ser homens de valor. Já não se podem referir os pormenores, mesmo porque eles nos levariam muito longe de Salmoneu, em cuja casa se daria um evento semelhante. Este foi encenado por Sófocles, mas o trágico se mantinha tão próximo da velha história dos gêmeos divinos enjeitados que os romanos, se lessem a tragédia, reconheceriam nela a infância dos seus próprios heróis fundadores, Rômulo e Remo. E talvez houvesse até escritores que, reconhecendo realmente o elemento comum, lhe deram ênfase ao recontar a lenda da fundação de Roma ainda mais do que ela mesma revela. O moderno recontador da história de Tiro, a filha de Salmoneu, alva como o leite, precisa, pelo contrário, resistir à tentação de vir parar nas margens do Tibre, o qual, de acordo com a tradição bem-informada[336], foi o marido amoroso da mãe da estirpe romana. Cumpre-lhe permanecer no Enipeu.

Esse era o nome do rio à beira do qual se situava o reino de Salmoneu, primeiro na Tessália, no país de seu pai Éolo, depois no Peloponeso, na região de Élida, onde ele fundou sua própria cidade. Enipeu quer dizer "o que ruge", nome que quadra a qualquer curso de água barulhento e até ao mar. Posídon tinha-o como epíteto[337]. Tiro estava apaixonada pelo Rio Enipeu, o mais venusto rio da terra[338]. Caminhava com frequência pelas margens da água formosa, que Posídon escolhera como forma de sua epifania, para amar a donzela. Uma onda purpúrea se ergueu, à semelhança de uma montanha, para fora do rio e escondeu o deus e a rapariga; ele afrouxou-lhe o cinto virginal e verteu sono sobre ela. Mas depois que realizou os trabalhos do amor, pegou-a pela mão e pronunciou-lhe o nome, dizendo: "Alegra-te, mulher, com este nosso jogo de amor, pois no correr do ano darás à luz filhos gloriosos, visto que o leito dos imortais não é sem fruto, trata deles e educa-os; mas agora volta para casa e abstém-te de pronunciar o meu nome, pois sou Posídon, o que faz tremer a Terra". Assim falou, e mergulhou nas ondas do mar.

Tiro teve gêmeos e não se atreveu a ficar com eles. Colocou-os numa caixa de madeira, que tanto poderia servir de berço quanto flutuar sobre a água; era um tronco escavado que se tornou famoso[339]. Nele foram as crianças confiadas às águas paternas, pois a mãe, em vez de alimentá-los, entregou-os a Enipeu. Eles flutuaram sobre a água, que os levou para um lugar na margem onde pascia um bando de cavalos. Os animais salvaram as crianças; uma delas, que recebeu o nome de Neleu, foi alimentada por uma cadela pertencente aos pastores[340], e a outra por uma égua[341]. Tendo o animal pisado em seu rosto e feito uma mancha preta, que ele depois exibiu durante o resto da vida, o menino foi chamado Pélias, "Rosto Cinzento"[342]. Afinal, um dos pastores encontrou os dois, criou-os e também preservou o tronco escavado e tudo o mais que a mãe dera aos filhos enjeitados.

O rosto de Tiro era branco, como se ela vivesse apenas de leite[343]. O seu próprio nome dizia isso, pois é a palavra pela qual até hoje o queijo é conhecido na Grécia – a dádiva branca e suave do carneiro. O corpo da princesa era macio[344], e seus formosos cabelos, cheios do encanto do amor[345]. Dura madrasta era a sua, na pessoa de Sídero, "a mulher de ferro", como se chamava a segunda mulher de Salmoneu. Sofrendo sob sua dureza, ela apareceu na tragédia *Tiro*, de Sófocles. Vinte anos haviam passado desde o enjeitamento dos gêmeos, e o rosto lácteo estava cheio de manchas pretas, em consequência dos golpes da madrasta[346]. Os formosos cabelos tinham sido cortados, de modo que a desditosa princesa se sentia ainda mais aviltada, qual poldra de crina tosqueada[347]. De manhã cedo, era obrigada a ir buscar água na fonte. Ali a encontraram dois moços, não distante dos quais estava o pastor, carregando-lhes a escassa propriedade num saco, e também um tronco escavado. Mas o companheiro de ambos só apareceu no fim, para tornar possível o reconhecimento[348]. Sídero, a perseguidora da enteada, já havia chegado, mas viu-se obrigada a fugir para o templo de Hera, acossada pelos dois rapazes, que tomaram a atormentada Tiro sob sua proteção. Neleu repeliu Salmoneu, que acorrera em socorro da mulher, e Pélias matou a rainha malvada no altar de Hera[349].

Que ele não fosse imediatamente punido por isso pela Rainha dos Deuses deveu-se sem dúvida ao pai, Posídon, que, no derradeiro momento, estendeu sobre Tiro e seus filhos, a mão protetora. Só muito mais tarde o castigo se abateu sobre Pélias, no correr da história dos Argonautas. Mas Sídero estava longe de ser uma favorita de Hera, visto que procedia em relação à deusa do mesmo jeito que Salmoneu em relação a Zeus. Como eram os bons reis nos dias das lendas dos heróis, e o que faziam, foi-nos contado com as palavras de Ulisses, quando compara a fama de Penélope à de um rei assim[350]:

> Que reina sobre muitos homens poderosos,
> Expedindo decretos justos. Para ele, a terra escura
> Produz trigo e cevada; árvores de frutas carregadas,
> E ovelhas que parem e não falham, e o mar
> Que fervilha de peixes porque ele governa bem,
> E debaixo dele o povo prospera tranquilo.

Tais reis tinham consciência da posição exaltada para a qual os deuses os haviam chamado, mas também do poder maior que pairava acima deles. Claro está que havia outros, que "forcejavam por ser Zeus"[351], e um deles era Salmoneu.

Este reivindicava para si os sacrifícios devidos ao Rei dos Deuses[352] e tentava, dirigindo o carro sobre as margens do Alfeu, emitir realmente raios e trovões[353]. Arremessava tochas sobre as pessoas, que o odiavam[354], mas as tochas também caíam nos campos[355]. Dirigia a parelha sobre pontes de bronze, para imitar a voz do trovão[356]. Ou mandava amarrar caldeirões de bronze ao carro e os arrastava por toda parte[357]. Isso, pelo menos, ajustava-se à peça satírica que Sófocles pôs em cena. Numa pintura de vaso vemos o rei sandeu acorrentado e libertando-se de novo das correntes. Finalmente, Zeus derrubou-o com seu raio, e Salmoneu passou a ser um dos eternamente punidos na Casa de Hades. De acordo com a mais célebre menção que se fez dele, na descrição do mundo subterrâneo que devemos a Virgílio, temos a impressão de que, mesmo ali embaixo, ele ainda se precipitava em seu carro com as tochas, sem nunca poder parar, como Héracles, no mundo subterrâneo, tinha de fazer pontaria eternamente com o arco[358]. Mas esse não era o verdadeiro Héracles, senão um fantasma seu, pois ele mesmo chegara ao Olimpo, ao passo que, para Salmoneu, não restou outra coisa no futuro além da imagem de sua carreira selvagem.

Depois de libertada, Tiro tornou-se esposa do tio, Creteu, filho de Éolo, e deu-lhe três filhos, Éson, Feres e Amitáon. Foi mãe, assim, de cinco heróis fundadores e antecessora de grandes famílias. É verdade que os seus gêmeos não se entendiam muito bem[359]. Pélias era rei de Iolco na Tessália, Neleu fundou a cidade de Pilo, no extremo sudoeste do Peloponeso, e tomou por esposa Clóris, filha de Níobe e vencedora do primeiro festival de Hera em Olímpia[360]. Assim veio a ser pai de Nestor, o mais velho dos heróis que lutaram na Guerra de Troia. Filho de Feres foi Admeto, a quem Apolo serviu como pastor[361]. Éson foi pai de Jasão, que dirigiu a expedição dos Argonautas desde a cidade de Pélias, Iolco, até a Cólquida. Os filhos de Amitáon incluíam Melampo, "pé negro", que purificou as filhas de Preto, avô de Dânae, de sua loucura[362]. Mas a história de Belerofonte nos reconduzirá também a Preto em seu forte castelo de Tirinto.

VIII
Sísifo e Belerofonte

Assim como a raça das folhas, assim a raça dos homens.
Das folhas, o vento espalha algumas sobre a terra,
Outras a floresta faz brotar no tempo da primavera,
E assim os homens, estes crescem e aqueles declinam.

É em Homero[363] que o mais moço Glauco principia a história da sua linguagem com estas palavras. Ele descendia de Sísifo, filho de Éolo, avô de Belerofonte, cujo bisneto era. Por isso nos convém iniciar a história com Sísifo, que nos conduzirá rapidamente (pois não há muito mais que contar acerca do Glauco mais velho, filho de Sísifo) à história de Belerofonte, o maior herói e matador de monstros, juntamente com Cadmo e Perseu, antes de Héracles. Havia até uma tragédia que fazia de Sísifo o marido violento de Tiro[364]; mas ele era mais homem de astúcia que de violência, o mais sutil de todo o gênero humano[365].

Pertencia aos habitantes primevos da terra que ainda podiam olhar para as primeiras proezas dos deuses, como o velho notável de Onquesto, na Beócia, que cultivava uma vinha e espiava o pequeno Hermes com o seu gado roubado. E delatou-o ao irmão, Apolo, como ficamos sabendo pela história dos deuses[366]. Sísifo vivia em Éfira, no canto do Istmo em que se ergueria Corinto, cidade que se supõe tenha sido fundada por ele[367]. Se alguém quisesse ir de Fliunte, sítio mais para o interior, escondido atrás de grandes colinas, ao Golfo Sarônico, poderia ser facilmente espiado desde as rochas elevadas que traziam o nome de Acrocorinto, e foi o que aconteceu a Zeus. Em Fliunte ele raptou Egina[368], filha do deus-rio Ásopo e futura mãe de Éaco, para quem o Rei dos Deuses transformaria em homens as formigas da ilha de que ela se tornou epônima[369]. A ilha situava-se no Golfo Sarônico e, naqueles dias, ainda era chamada Ilha do Vinho, Enone. Ásopo procurava a filha e chegou ao ninho de águia de Sísifo, entre as rochas. Sísifo poderia ter-lhe dado a informação, mas não quis dizer nada enquanto o deus-rio não fizesse uma fonte jorrar para ele entre as rochas altaneiras[370]. O poço fundo em seu velho parapeito é o único que chegou até nós proveniente da Antiguidade. Por esse preço Sísifo traiu o raptor.

Com isso, o indesejável espia atraiu a cólera dos deuses sobre si[371]. Zeus mandou Tânato, a Morte, contra ele, e Sísifo também foi espiado por seu turno. Gostaríamos de saber como Sísifo enganou a Morte, mas a história perdeu-se para nós. O certo é que conseguiu fazê-lo e acorrentou-a. A partir desse momento, ninguém mais morreu na terra, até que Ares, o deus da guerra, libertou a Morte e entregou-lhe Sísifo. O homem astuto conseguiu impor uma condição antes de partir para o outro mundo, a saber, falar uma vez mais com a esposa, a Rainha Mérope. Em segredo, ordenou-lhe que não oferecesse mais nenhum sacrifício ao rei e à rainha do reino dos mortos. Estes, então, no mundo subterrâneo, ficaram surpresos por não receberem mais libações vindas de cima. Depreende-se da história que Sísifo não era apenas um homem primevo, mas também um rei primevo, senhor de quase toda a terra. Conseguiu, assim, enganar Perséfone, rainha do outro mundo[372], persuadindo-a, com palavras hábeis, a deixá-lo sair para poder fazer que os presentes sacrificiais, a carne e o sangue das vítimas, chegassem de novo em abundância. Dessarte, Sísifo despediu-se da casa de Hades, de Zagreu, filho do Zeus infernal, de Perséfone[373] e de todos os segredos do mundo inferior. Disse-lhes adeus para sempre, com palavras que podiam ser ouvidas na peça satírica de Ésquilo, *Sísifo fugitivo*[374].

Agora que ele escapou da Morte pela segunda vez, podemos inserir aqui a famosa história de como se houveram um com o outro o malandro-mor e o mestre dos ladrões, Sísifo e Autólico. Autólico era filho de Hermes. O deus dos ladrões gerou-o numa das amadas de Apolo. Ele assumira o lugar do irmão mais velho, à noite, junto de Quíone, a "Donzela da Neve", num esconderijo do Monte Parnaso, onde a neve cai com frequência[375]. Assim, o "próprio Lobo" (pois tal é o significado de Autólico) nasceu e reverenciou seu pai Hermes acima de todos os deuses. Dele houve o talento para o roubo e para o perjúrio ardiloso[376]. Poderia tornar invisível qualquer coisa que tocasse com a mão[377]. Sabia fazer os animais brancos ficarem pretos, e os pretos, brancos; arrancava os chifres de animais chifrudos e colocava-os nos que não os tinham[378].

Naquele tempo, e deve ter sido no tempo dos homens primevos, quando a população era escassa, os rebanhos dos dois patifes pastavam na ampla região que se estendia entre o Parnaso e o Istmo. Autólico nunca era apanhado quando saía para roubar; Sísifo via apenas que os seus rebanhos iam diminuindo e os do outro aumentando. Forjou então um estratagema. Tendo sido um dos primevos a senhorear a arte das letras, gravou as iniciais do seu nome nos cascos das reses. Autólico, porém, achou um jeito de alterar isso também[379], porque podia alterar tudo o que pertencesse aos animais. Sísifo, então, derramou chumbo na parte oca dos cascos em forma de letras que produziam, nas passadas do gado, a sentença "Autólico me roubou"[380].

Só depois dessa prova o mestre dos ladrões se confessou derrotado. Foi uma disputa de astúcias, e Autólico tinha o vencedor em tão grande conta que firmou imediatamente com ele um acordo de amizade e hospitalidade. Não se sabe hoje com clareza quem ficou responsável pelo que acontecia na casa hospitaleira. Uma taça de beber "homérica" mostra, de maneira indisfarçável, Sísifo no quarto de dormir da filha do hospedeiro, o velhaco-mor sentado na cama e a rapariga com o seu fuso. Manteria ele secretamente relações com a bela Anticleia? Eis aí uma atitude que teria sido bem digna dele. Mas teria sido também uma ideia digna de Autólico oferecer a própria filha ao homem que o sobrepujara em astúcia, de modo que pudessem ambos produzir o mais esperto de todos[381]. Dessa forma, Anticleia veio a ser mãe de Ulisses; não foi através de Laerte, que conhecemos como o pai na *Odisseia*, mas através de Sísifo, que ela concebeu o homem de muitas manhas, a acreditarmos nessa história; Laerte desposou-a quando ela já estava grávida[382]. Um pintor de vasos da Magna Grécia preservou-nos a cena em que o mancebo apresenta a noiva, em estado interessante, aos seguidores espantados. Pois ele não foi sequer enganado; nessa cena, Autólico mostra-lhe o nome de Sísifo numa folha, pouco maior que uma folha de loureiro. Era a prova que o hóspede, amante das letras e responsável pela gravidez, deixara para trás.

A vitória final no assunto coube a Afrodite, que também está no quadro e entrega Ulisses aos cuidados do padrasto, o ainda jovem Laerte.

Sísifo também tinha um filho com sua Rainha Mérope; Glauco, o mais antigo portador desse nome, que significa "o verde-mar" e se ajustaria a uma divindade do mar tanto quanto os seus gostos posidônicos, pois o senhor do mar apreciava os cavalos e a forma cavalar. A meio caminho entre o Istmo e a região do Parnaso, na Pótnia, Glauco possuía uma criação de cavalos cuja raça mostrava plenamente a relação deles com as Harpias e as Górgonas, pois precisavam alimentar-se de carne humana e acabaram fazendo em pedaços o próprio dono nos jogos funerários de Pélias, rei de Iolco[383]. A história foi contada numa tragédia de Ésquilo, *Glauco Potneu*[384].

Sísifo também acabou morrendo, de fraqueza e velhice[385]. A essa forma de morte não poderia escapar. A propósito do seu túmulo diz-se[386] que jazia no Istmo, mas apenas uns poucos coríntios sabiam disso. Era um dos heróis honrados no Istmo, e afirma-se ter sido ele o fundador dos Jogos Ístmicos[387], em memória do falecido Melicerta[388]. O herói Sísifo tinha uma estátua erguida ali em sua homenagem; podemos ler-lhe o nome no pedestal. Por outro lado, seu famoso castigo retrata o esforço eternamente vão de afastar de si a sorte de todos os mortais. No mundo subterrâneo ele rola sem parar a rocha:

> Com mãos e pés que empurram ele empurrava sempre
> A pedra para a crista do morro, mas toda vez
> Que o cume era quase ultrapassado, a pedra cruel,
> Impelida pela força, rolava de novo para a terra[389].

As pinturas de vasos mostram-nos o topo do morro, parecido com as rochas do Acrocorinto. Sísifo recomeça a eterna tarefa inútil, ao passo que o suor lhe escorre dos membros e a poeira lhe suja a cabeça.

O único sobrevivente de sua linhagem foi o filho do mais velho dos Glaucos, avô do mais moço, que a ele se refere na *Ilíada*: Belerofonte. Se essa genealogia, de acordo com a qual seu avô era Sísifo, não tivesse sido imortalizada pelos belos versos de Homero, ele teria sido simplesmente considerado filho de deus do mar e seu nome seria Glauco ou Posídon. Sua mãe trazia o nome da deusa Eurínome[390], deusa do mar[391] e grande consorte de Zeus nos tempos primevos[392] ou, na realidade, Eurímeda[393], forma feminina de Eurimedonte, "que impera amplamente", também significando o senhor do mar[394]. Ele parece ser uma criança heroica saída do mar como filho de Glauco, o "verde-mar"[395]. Logo se tornou matador de um inimigo original chamado Belero e, portanto, Belerofonte ou Belerofontes, entendido como "matador de belero".

Nada mais há a dizer desse inimigo, senão que deve ter estado ali desde o princípio e deve ter tido esse nome, se Belerofonte conseguiu a apelação universalmente famosa por sua vitória sobre ele, tal como Hermes obteve o sobrenome de Argifonte depois de matar Argos de muitos olhos. Antes dessa vitória diz-se que o jovem herói tinha outro nome[396], como, por exemplo, Hipônoo, que o liga ao nobre corcel, *hippos*. Ou trazia o nome do irmão do seu famoso Monte Pégaso, filho de Posídon, que não está ligado a nenhuma história, fora das genealogias e da narrativa de seu nascimento. Não admira que fosse assim, já que o nome original logo seria substituído pelo de Belerofonte e o herói em sua infância e jovem virilidade era ainda chamado Crisaor. Esse nome, que significa "com espada de ouro", aparece na genealogia no lugar que costuma pertencer a Belerofonte[397], pois Crisaor era também filho de Glauco, filho de Sísifo.

Conhecemos a história do seu nascimento. Quando Perseu cortou a cabeça da Medusa, ela, engravidada por Posídon, trazia no ventre um herói e um garanhão alado, Crisaor e Pégaso. Os dois saltaram para fora, através do pescoço da mãe decapitada. A partir desse momento, não tornamos a ouvir falar em Crisaor, pois o resto da história só diz respeito ao garanhão. Pégaso bebeu da Fonte Pirene[398], como era chamada a fonte dupla de Corinto que jorrava das rochas de Acrocorinto, por cima e por baixo, no início da estrada de Licáon, porto no Golfo de Corinto, e do templo de Posídon. No próprio nome de Pégaso está expressa a conexão com uma fonte, *pege*. Hipocrene, a "fonte do cavalo" no Hélicon, segundo se supunha, jorrara debaixo dos seus cascos[399], e a mesma história se contava de Pirene[400]. Era fácil associar tais narrativas a ele, filho de Posídon. Parece que Belerofonte gostava muito de visitar Pirene, por sua proximidade do santuário do pai e talvez também por amor do irmão, que, no fim, se deixou pegar, o cavalo imortal pelo irmão mortal.

Belerofonte era o irmão mortal, fosse ou não o mesmo Crisaor, também filho de Posídon, um dos muitos nascidos na terra para o deus. E pediu ao pai um cavalo alado, que Posídon lhe prometeu[401]. Mas não era fácil pegar e segurar o animal enquanto ele bebia, pois o freio ainda não fora inventado. Por isso o herói sofreu muito em seu desejo, até que a virgem Palas lhe trouxe o freio de ouro, num sonho que logo se mudou em verdade ao despertar. E ela disse: "Dormes, príncipe da casa de Éolo? Vamos, pega este encantamento para o garanhão e mostra-o ao Domador, teu pai, quando lhe sacrificares um touro branco"[402]. Ergueu-se o moço de um salto; estivera dormindo no altar da deusa, a fim de receber-lhe o conselho em suas tribulações. Sua mão agarrou o prodígio de ouro, que lá estava. Correu com ele ao encontro de Políido, o profeta, o mesmo que encontrara a semelhança do maravilhoso bezerro nos rebanhos de Minos e revivera a criancinha, Glauco de Creta, no jarro de mel[403]. Agora, por ordem dele, depois de fazer um sacrifício a Posídon, Belerofonte ergueu um altar para Atena Hípia. Dessa maneira, Pégaso passou a ser propriedade sua, mandado por Posídon, mas conduzido ele, enfreado, por Atena[404]. O herói cavalgou o divino garanhão e dançou com ele a dança da guerra com sua armadura completa, em honra da deusa[405].

Com certeza foi logo depois disso que ele se tornou "Belerofonte", "o matador de Belero", e esse nome fez o anterior cair no esquecimento. Ainda assim, como Apolo depois de matar o dragão Délfines[406], teve de fazer penitência e precisou purificar-se. Não se preservou a história do modo com que praticou o assassínio e assim se maculou, mas sabemos[407] que o herói, à guisa de penitência, saiu de Corinto e dirigiu-se para Tirinto, cujo trono era ocupado pelo Rei Preto, que o purificou.

Preto deveria ser, a essa altura, um rei velho, pois era tio-avô de Perseu, matador da Medusa. Foi por isso, sem dúvida, que alguns acreditaram[408] existir outro com o mesmo nome, cuja esposa era Anteia, da qual teremos mais que falar daqui a pouco. Mas as lendas dos heróis raro se preocupam com a idade dos personagens, e uma mocidade quase eterna caracterizava as heroínas. Esse Preto era, sem dúvida, o Preto de Argos, o mesmo que lutara com o irmão Acrísio no ventre da mãe e depois, abandonando o reino disputado, emigrara para a Ásia Menor. Dali, da terra da Lícia, voltara para casa com uma princesa, que desposara, e sete Ciclopes, para construir o forte castelo de Tirinto. E como Acrísio se recolhera a Larissa, na Tessália, Preto, como rei principal, ficara com a soberania de toda a terra de Argos, da qual suas três filhas e seu filho Megapentes tentaram, mais tarde, expulsar Dioniso. Mas essa história ainda não chegou tão longe; Preto ainda reinava com toda a força e poder.

Em sua capacidade de grande rei, purificou Belerofonte do homicídio e conservou consigo, em Tirinto, o descendente real de Corinto. Mas não por muito tempo; sua esposa Anteia (ou Estenebeia, como os tragediógrafos lhe chamam), a princesa da Ásia Menor[409], apaixonou-se pelo formoso ginete de Pégaso. A história se desenrolaria também na família de Teseu, e não apenas ali, para grande alegria e renome imortal de um narrador, mesmo nos dias mais recentes, que juntara os fios familiais depois de quase três mil anos. A rainha tentou seduzir o rapaz, mas, sendo malsucedida, disse ao marido: "Preto, morre ou mata Belerofonte, que quis desfrutar-me, contra a minha vontade". Zangou-se o rei, mas não se atreveu a matar pessoalmente o hóspede; enviou-o à Lícia, à casa do sogro, que, de acordo com todos os trágicos, chamava-se Iobates, mas que, de acordo com outros narradores, provavelmente mais antigos do que os primeiros, era o mesmo Amisodoro[410] que criou a Quimera[411]. Preto enviou-lhe Belerofonte com palavras fatídicas escritas numa lâmina selada.

Durante nove dias o rei da Lícia festejou-o, e nove touros foram mortos para o festival. No décimo dia, o rei leu a carta do genro e verificou que devia mandar matar Belerofonte. Por isso cometeu-lhe a tarefa de matar o monstro que tinha no meio do seu gado. Presumivelmente, a exemplo do maravilhoso bezerro colorido dos rebanhos de Minos, com o qual teve de haver-se o profeta Políido[412], o monstro fora parido por um dos seus próprios animais[413]. A criatura era um bode; o bode novo que tinha visto apenas um inverno chamava-se *chimaira* em grego. Sob esse nome também era lembrado o monstruoso animal liciano que só tinha corpo e cabeça de bode no meio, sendo leão na frente e serpente atrás, uma criatura tricéfala que soprava fogo[414]. Belerofonte cavalgou o maravilhoso corcel Pégaso, ergueu-se bem alto no ar e, de cima, flechou a Quimera[415]. Os vasos pintados, no entanto, mostram-no antes armado de uma lança ou com o tridente de Posídon na mão.

• 85

Em consequência disso, o rei mandou-o pela segunda vez para a morte, contra um povo amado dos deuses, os Solimos[416]. Mas Belerofonte derrotou-os. Na terceira vez, foi mandado contra as Amazonas e, quando retornava vitorioso dessa luta também, os melhores campeões licianos o esperavam emboscados. Nenhum deles voltou para casa, pois foram todos mortos por Belerofonte. O rei, então, reconheceu nele a estirpe dos deuses, conservou-o consigo, deu-lhe a filha por esposa e cedeu-lhe metade do reino. Belerofonte teve dois filhos e uma filha com essa irmã mais moça de Anteia; a filha era Laodamia, que daria Sarpédon a Zeus, embora em outros lugares se diga que Sarpédon, como os cretenses Minos e Radamanto, era filho de Zeus e Europa[417]. Assim como Lícia estava ligada a Creta, e como a pessoa de Pélope, o herói de Olímpia, ligara a Lídia ao Peloponeso, assim Belerofonte ligara outro país asiático, ou melhor, dois, a Lícia e a Cária, ao reino de Argos, que também incluía Corinto.

Cavalgando o corcel alado, ele tinha sua casa aqui e ali. Na tragédia *Estenebeia*, de Eurípides, descrevia-se o herói, depois de matar a Quimera, voando para Tilinto a fim de vingar-se da esposa de Preto. Ela estava na iminência de fazer uma oferenda a Belerofonte, como se ele estivesse morto, pois ainda o amava[418]. O herói fingiu ceder à pressão da rainha, pô-la na garupa de Pégaso como se fosse voar com ela até o reino de Cária e deixou-a cair no mar perto da Ilha de Melo[419]. Ou se reconciliara realmente com ela e agora só tinha raiva do aleivoso Preto? Numa pintura de vaso que mostra a queda de Estenobeia, Belerofonte cobre o rosto com as mãos. Uma queda de Pégaso, como a queda de Faetonte, fosse ele culpado ou não do tombo da mulher apaixonada, logo seria a sua sina também.

De acordo com a história[420], ele desejava alçar-se ao céu em seu garanhão e invadir o conselho dos deuses. O modo como chegou a esse propósito é mostrado no palco em outra tragédia de Eurípides, intitulada *Belerofonte*. Suas experiências tinham-no convencido da veracidade do velho ditado segundo o qual o melhor de tudo é nunca ter nascido[421].

E existirão deuses[422], afinal de contas? Possuindo, como ele possuía, o maravilhoso corcel, queria investigar o assunto por conta própria. Dessa maneira, desiludido e presa da dúvida, era visto no lombo de Pégaso no voo para o céu, erguido acima do palco[423]. Mas precisava Belerofonte da desilusão e das dúvidas para arriscar-se à aventura de um voo para o céu? O garanhão divino lançou de si o atrevido cavaleiro[424], que caiu, como os velhos narradores já sabiam, sobre a planície de Ale, a Planície da Peregrinação, na Ásia Menor, onde evitou a companhia dos homens[425]. Coxeando, deplorava a sorte dos mortais, ao passo que o imortal Pégaso carrega o raio e o trovão para o Rei dos Deuses[426] ou serve a deusa Éos[427], que traz a manhã e rapta mancebos. E foi levado para o Olimpo, para as antigas manjedouras dos corcéis divinos[428].

IX
Frixo e Hele

Atamante foi outro filho do grande progenitor com o nome do deus do vento, Éolo. A história desse irmão de Salmoneu e Sísifo pertence, em parte, às lendas respeitantes a Dioniso. Como segunda esposa teve ele a filha de Cadmo, Ino, tia do deus do qual se disse[429] ter sido criado como uma menina em casa de Atamante. Por essas narrativas se sabe que a história terminou com a loucura de Atamante e sua rainha, a qual, com o filho pequeno, Melicerta ou Palêmon, atirou-se ao mar e tornou-se a deusa Leucoteia. Sabemos também que Ino, como segunda esposa de Atamante, foi péssima madrasta para Frixo e Hele, filhos do rei com a primeira mulher. Essa história dispensa maiores minúncias, tanto mais que a imagem do irmão e da irmã viajando pelo ar no dorso de um carneiro, segundo a qual um salvou a vida e a outra caiu, está mais de acordo com a narrativa da viagem de Pégaso.

Atamante, epônimo dos Atamantes, fundou a cidade de Halo, na Tessália[430], mas foi também considerado rei da Beócia[431]. De maneira semelhante, Salmoneu se sentia à vontade em duas regiões, na Tessália e no Peloponeso. Na Tessália, contava-se a história[432] de uma deusa chamada Néfele, "a Nuvem", que se aproximou do Rei Atamante e escolheu-o por marido. Mas não era a nuvem da qual se diz que Zeus teria mandado em forma de Hera para Íxion[433] que nela engendrou Centauro, pai dos Centauros. Consoante essa lenda, Néfele deu a Atamante dois filhos, Frixo, "o Crespo", e Hele, que poderia ser também o nome de uma corça ou de uma cerva nova. Mas o rei afastou-se da deusa e escolheu uma esposa terrena. Néfele, então, voltou para o céu e castigou toda a região com uma seca. Atamante enviou mensageiros ao Oráculo de Apolo, a fim de saber o que se poderia fazer a respeito. Essa história é também contada de outra maneira[434]: a Rainha Ino teria persuadido as mulheres do país a torrar secretamente as sementes de trigo e, assim, foi responsável pela infertilidade dos campos; e, ainda de acordo com essa versão, ela teria subornado os mensageiros mandados para Delfos para que dissessem que o oráculo ordenara o sacrifício dos filhos de Néfele.

Eurípides, em particular, encenou a história dessa forma na tragédia intitulada *Frixo*[435]. É provável que, segundo a crônica original, o jovem Frixo se tivesse oferecido como vítima, com a intenção de afastar a estiagem da região[436]. Na cidade de Halo era costume, havia muito tempo, sacrificar o primogênito da família de Atamante a Zeus Lafístio, se ele entrasse num determinado edifício sagrado, ponto de encontro dos homens principais[437]. Ora, sabemos pela história de Pélope que o sacrifício humano era completado pelo oferecimento simultâneo de um carneiro. Aqui o carneiro, não apenas de cor clara, como no caso de Pélope, mas com o tosão de ouro, acudiu em socorro dos irmãos. Assim como Pégaso era fruto de uma das uniões de Posídon em forma de garanhão, assim essa maravilhosa criatura resultava de um casamento da mesma divindade em forma de carneiro[438]. Zeus mandou-o para salvar o irmão e a irmã[439], pois Hele devia ser sacrificada com o irmão, possivelmente por sua própria vontade, visto que Frixo se oferecera espontaneamente; ou seria o caso de que nenhum dos dois tinha a menor suspeita quando Atamante, já com a intenção de sacrificá-los, mandara chamá-los? Eles viviam com os pastores do rei, e o rei ordenou-lhes que pegassem para vítima o primeiro carneiro que se lhes antolhasse[440]. Mas esse carneiro era o animal maravilhoso que informou o irmão e a irmã das intenções de Atamante e salvou-os.

Conforme outra história[441], a mãe celeste de ambos, Néfele, recebera o carneiro com o tosão de ouro como presente de Hera e mandou-o para ajudar os filhos. Estes montaram no dorso do animal inteligente, que os levou, voando, pelo ar, na direção da distante terra oriental da Cólquida. Foi o destino de a moça chegar apenas até o estreito mar que divide o nosso continente da Ásia Menor e que até o dia de hoje é conhecido como o Helesponto, o Mar de Hele, porque a irmã de Frixo caiu nessas águas. Foi o seu casamento com Posídon ou, pelo menos, é assim que o representam os pintores de vasos.

O carneiro falou com o irmão horrorizado e insuflou-lhe coragem[442]. Frixo atingiu a Cólquida, terra de Eeta, filho de Hélio, que o recebeu de braços abertos e deu-lhe por esposa sua filha Calcíope, a de "rosto de bronze". Mas o carneiro estava destinado, desde o princípio, a ser sacrificado; Frixo ofereceu-o a Zeus Fíxio, salvador de fugitivos. Deu de presente o tosão de ouro ao Rei Eeta, irmão de Circe e Pasífae, que conhecemos na história dos deuses em conexão com a família do deus do Sol. Outra filha sua foi Medeia, cujo nome se tornou famoso e notório, famoso em virtude do velo de ouro, notório por seus feitos homicidas e bruxarias. O tosão foi pendurado num carvalho no santuário de Ares; por sua causa, Jasão e os Argonautas levaram a cabo a temerária jornada à Cólquida.

Isso aconteceu após a morte de Frixo, que faleceu em idade madura no palácio de Eeta[443]. Calcíope deu-lhe quatro filhos, um dos quais entrou na posse da casa de seu pai, em Halo, depois que Atamante e Ino foram castigados com a loucura.

X
ÉDIPO

Que restou em Tebas depois de Cadmo, quando ele e Harmônia assumiram a forma colubrina e entraram no reino do Além? Lá ficara o caramanchão carbonizado de Sêmele no que fora o seu palácio e viria a tornar-se um templo de Deméter[444]. Naquele caramanchão mostrara Zeus a força dos seus raios[445] e ali tirara Dioniso para si do corpo queimado da mãe. Naquele lugar, um pedaço de pau caído do céu substituíra a criança para os mortais[446]. Polidoro, filho e sucessor de Cadmo, deu-lhe uma caixa de bronze e chamou-lhe Dioniso Cadmo. Uma vinha cercava o lugar inatingível com suas gavinhas[447]. A hera, a outra planta sagrada do deus, engrinaldava o infante Dioniso[448] e o que representava. De acordo com o nome, "o de muitos dons", Polidoro poderia ter sido igualmente um pequeno Dioniso; mas era também chamado Pínaco[449], "o homem que escreve em lâminas", porque seu pai Cadmo trouxera da Fenícia as letras gregas. Seu filho Lábdaco[450], na verdade, tinha o nome de uma letra, Lambda, que se segue ao K no alfabeto. Mas há pouco que dizer tanto dele quanto do filho, especialmente porque o seu tempo era ocupado pela história dos Dioscuros tebanos.

E que restou deles, de Anfião e Zeto, filhos de Zeus e Antíope, exceto a tumba de herói, da qual os homens de Titoreia tentavam, todos os anos, roubar terra? Níobe unira-se a Anfião, e a história da mãe indefesa e de seus filhos é assaz conhecida. Não menos dolorosa foi a história da família de Zeto; mas esta pertence a outra forma de narrativa, separada, que se funda na posse comum, havida por seres humanos e pássaros, de uma dádiva das Musas, pois ambos cantam. A forma dos pássaros não era estranha nem mesmo às Musas[451]. Dizia-se da esposa de Zeto[452] que era filha de Pandaréu, como os dois raptados pelas Harpias[453]. Mas ela, que se chamava Aédon, "Rouxinol", matara acidentalmente Ítilo, o filho que dera a Zeto[454]. Um vaso pintado ático mostra-nos a cena em que ela, em estado de desequilíbrio mental, assassinou o filho no berço; segundo outra história, a mulher mal guiada queria matar, não o filho, mas um sobrinhozinho, por ciúme da cunhada[455]. Na agonia que se seguiu ao crime, ela quis deixar o mundo do gênero humano e foi transformada em rouxinol. É ela quem pranteia Ítilo, se o nome dele não fosse Ítis e ele não fosse filho de Procne, sobre a qual falaremos na história de Tereu.

Zeto morreu de dor e os tebanos chamaram Laio, filho de Lábdaco, para ocupar o trono[456]. O nome Laio significa, em forma abreviada, o mesmo que Laomedonte, vale dizer, "rei do povo". Como fosse uma criancinha de um ano de idade quando Lábdaco morreu, os dois irmãos escuros, Nicteu e Lico, que desempenharam sua parte na história de Antíope, lograram a posse do reino[457]. No tempo de Anfião e Zeto, Laio ainda vivia com Pélope, e assim as histórias tebanas se ligaram aos eventos que transpiraram em Pisa. Ali aparece Crisipo como filho de Pélope, na verdade o seu duplo, um filho real do Sol, cujo nome significa "o dos cavalos de ouro" e que partilhou do destino do pai. Como Pélope, também foi raptado, e seu raptor foi Laio.

Ambos se viram expostos a intenções homicidas, o príncipe lidiano em casa de seu pai Tântalo, que o serviu aos deuses como alimento, e Crisipo em virtude da crueldade da madrasta, Hipodâmia, e de seus próprios irmãos Atreu e Tiestes, que, segundo se diz, o assassinaram[458]. As histórias só o conhecem como menino que nunca viveu o suficiente para casar, mas foi raptado cedo – pelo próprio Zeus, de acordo com uma poetisa[459] – qual outro Ganimedes. Mas o seu rapto, executado por Laio, era mais bem conhecido através de uma tragédia de Eurípides; o filho de Lábdaco, como o poeta o representou no palco em *Crisipo*, foi o "inventor" da paixão homoerótica[460]. Como hóspede amigo de Pélope, estava ensinando o formoso menino a dirigir, carros[461]. Havia também uma história segundo a qual Laio não o raptou em Olímpia, mas em Nemeia, e levou-o de carro para Tebas[462]. É claro que isso não seria possível, visto que os Jogos Nemeus só foram fundados no tempo dos netos de Laio. Pélope, reza a crônica, obteve o filho de volta pela força das armas. Um pintor de vasos mostra-nos a cena do rapto. Crisipo, na quadriga de Laio, estende os braços para o pai. Outro artista retrata até Hipodâmia em segundo plano, gritando desesperadamente por socorro, como se não fosse a madrasta do menino. A crermos nisso, o rapto ocorreu em casa de Pélope. Outra tradição[463] nos diz que Laio fez uma viagem de cinco dias ao estrangeiro para apaixonar-se por Crisipo e raptá-lo; essa era a distância de Pisa, e do solo sagrado de Olímpia, a Tebas.

A maldição de Pélope acompanhou o raptor; este nunca poderia ter um filho ou, se o tivesse, seria morto por ele[464]. Dizia-se também[465] que Crisipo, envergonhado, deu cabo da própria vida. Há, contudo, outra maneira de contar a história[466]; Atreu e Tiestes, os irmãos mais velhos, agarraram o raptor e trouxeram-no de volta com o menino. Pélope, então, apiedou-se do amor de Laio a Crisipo; somente Hipodâmia desejava convencer os filhos mais velhos a matarem o mais moço, que não era seu filho. Quando estes se negaram a obedecer-lhe, ela dirigiu-se, à noite, ao quarto de Laio, onde ele dormia com Crisipo, sacou a espada do amante, feriu o menino com ela e deixou a arma na ferida. Crisipo viveu o suficiente para salvar Laio com o seu testemunho e denunciar a assassina. Diante disso, Pélope divorciou-se de Hipodâmia e baniu-a. O leitor já conhece a outra versão da história, segundo a qual Atreu e Tiestes cometeram o assassínio. A maldição de Pélope seguiu-os também[467], e sua raça não foi muito mais feliz que a de Laio.

Um trágico transportou o suicídio de Crisipo para Tebas[468], numa ocasião em que o filho de Laio já reinava ali havia muito tempo. Como rei de Tebas, Laio escolhera para consorte a filha de um trisneto de Equíon, o "homem-cobra", da semente do dragão e neto de Penteu, o "homem da desgraça", filho de Agave "a Augusta". O nome dela era Epicasta ou, como é muito mais comumente chamada, Jocasta. Foi sob esse último nome que alcançou uma notoriedade, até mesmo nos últimos tempos, que nenhuma outra rainha que foi mãe e esposa de heróis conseguiu. Diz-se que ela combinou as duas relações, de mãe e esposa, com o mesmo herói. Através dela, outrossim, seu irmão Creonte ganhou a soberania sobre Tebas por algum tempo. Aqui também existe um relato[469] segundo o qual Laio matou o sogro, Meneceu. Era destino de Jocasta tornar-se a fonte do poder real em Tebas.

Mas Laio não devia ter feito um filho nela. Por três vezes o Oráculo de Delfos o advertiu[470] de que Tebas só seria salva se ele morresse sem descendência. Laio era incapaz de tomar uma resolução firme[471], e a consumação do casamento ocorreu quando o casal de noivos estava, por assim dizer, atormentado pela loucura[472]. É o que ficamos sabendo pela tragédia de Ésquilo, *Os Sete contra Tebas*, precedida de duas peças, ora perdidas, *Laio* e *Édipo*. Na primeira, presumivelmente, contava-se a história de Laio, que não levara a sério o aviso do oráculo e, mais tarde, enjeitara o filho por ele gerado em Jocasta[473], chamando assim sobre si a cólera de Hera e, por fim, do deus de Delfos[474]. Apolo deixava sempre seus consulentes com liberdade para seguir o melhor caminho, que lhes indicava, ou o pior, se assim o quisessem. Era preciso mais do que isso para despertar a ira do deus; mas a morte violenta de Crisipo na casa de Laio, em Tebas, pode ter dado origem à sua execração, pois ele era o protetor de meninos e jovens frágeis. Para encolerizar Hera, bastava que o menino, raptado e retido à força, devesse substituir-lhe a esposa casada pelo rei. Ela mandou da Etiópia a Esfinge, o monstro do qual falaremos daqui a pouco, contra os tebanos. Crisipo matou-se e, diante disso, Laio decidiu procurar o deus em Delfos, a fim de interrogá-lo pela quarta vez; essa é uma versão da história[475], e talvez deva ser ligada a *Os Sete contra Tebas*, e assim atribuída, pelo menos em parte, a Ésquilo. Para ele, Laio não foi o "inventor" da paixão homoerótica, mas o amante perverso em cujo poder o menino bem-amado conheceu um mau fim. Tirésias, sábio profeta tebano, que sabia ser o rei odiado pelo deus, advertiu-o contra a viagem e ordenou-lhe que fizesse antes um sacrifício a Hera, deusa do casamento. Laio não quis ouvi-lo, mas partiu em viagem pelo caminho que precisava seguir, a princípio para o sul[476], através de estreita encruzilhada entre Citéron e Pótnia[477].

A história do oráculo e da jornada de Laio é contada de outra forma também, com as palavras de Jocasta no princípio de *As Fenícias*, de Eurípides, com as quais ele continuou o seu *Crisipo*. Laio vivera muitos anos com Jocasta num casamento sem filhos[478] quando decidiu inquirir o oráculo sobre a sua descendência. O deus replicou-lhe:

> Não geres nenhum filho contra a vontade do céu;
> Pois, se o tiveres, esse filho te matará,
> E toda a tua casa trilhará a estrada do sangue[479].

Laio deveria ter-se contentado com isso e renunciado a todas as ideias de descendência; mas, subjugado pela luxúria e pelo vinho, acabou gerando um filho[480], que imediatamente enjeitou. Longos anos depois, compelido por sinistras apreensões, decidiu perguntar ao oráculo se a criança enjeitada ainda vivia; tomou o caminho mais curto para Delfos, através da região da Fócida[481], e chegou a uma estreita encruzilhada.

A terceira, e a mais simples, narrativa do oráculo está contida na tragédia cuja grandeza ofuscou todas as outras, escritas antes ou depois dela, sobre o assunto e deixou-as quase completamente esquecidas, o *Édipo Rei* de Sófocles. O rei e a rainha de Tebas, Laio e Jocasta, receberam um aviso de Delfos de que o filho deles mataria o pai[482] e que por isso a criança fora enjeitada. Mais tarde se imaginou ser possível apresentar um oráculo nos próprios versos da Pítia, conquanto, na realidade, ele não tivesse um tom tão arcaicamente singelo, mas encerrasse toda a história preliminar[483]. Essa é a única razão por que o transcrevemos aqui, antes que a nossa história chegue ao destino da criança exposta:

> Laio, filho de Lábdaco, pedes a bênção da prole.
> Dar-te-ei um filho teu, mas o destino quer
> Que morras às mãos de teu filho, pois assim o permitiu
> Zeus, filho de Crono, que ouviu as amargas maldições de Pélope,
> Roubado por ti de seu filho, que invocou esses males sobre ti.

Os narradores mais antigos prestaram mais atenção, provavelmente, à pessoa de Édipo e menos aos preliminares do seu enjeitamento. A julgar pelo nome, o herói era "pé-inchado", e os contadores da história deram-se ao trabalho de explicar o nome notável e tornar realmente crível que ele tivesse, de fato, alguma relação com os pés da criança enjeitada. De outro modo, poderíamos facilmente pensar num dos Dáctilos, um dos filhos nascidos da terra da grande Mãe dos Deuses. Nos tempos antigos estavam em uso nomes próprios que não continham sequer a perífrase "pé-inchado", quando se fazia alusão à peculiaridade dos Dáctilos, em consequência do que um deles poderia ter-se chamado simplesmente Edífalo[484]; mas nos dias em que a história de Édipo nos é contada, parece que isso já deixara de ser costumeiro.

A criança foi enjeitada no inverno, num pote de barro; essa é a história que se lê no *Laio* de Ésquilo[485]. Um vaso pintado nô-lo mostra nos braços de

• 95

Euforbo, que o encontrou. Só mais tarde se fez alusão aos seus cueiros[486] e, para aumentar-lhe o desamparo, seus pés são representados furados por um alfinete de ouro[487] ou por um cravo de ferro[488], de modo que ele foi "pé-incha-do" durante a vida inteira. Uma crueldade supérflua dos narradores oculta aquilo a que não davam crédito e que fora anteriormente indicado, a saber, a antiga natureza dactílica do homem de cabeça vermelha[489], de cujos acessos de cólera furiosa logo ouviremos falar.

Mas a sua história principia exatamente como a de outros heróis enjeitados e crianças divinas. Afirmou-se até[490] que ele era filho de Hélio. Dele se disse qualquer coisa semelhante às histórias contadas de Perseu e, de uma feita, do próprio Dioniso[491], ou seja, que foi atirado à água dentro de uma arca[492], no Golfo de Corinto ou no Euripo, o estreito que separa a Eubeia da Beócia. A arca flutuou sobre o mar e foi carregada tão longe que a própria Hipodâmia poderia ter pegado e criado o exposto, como se, à semelhança de Crisipo, ele fosse filho de Pélope[493]; pois, nessa versão, ele matou Laio para proteger ou vingar seu suposto irmão e apoderou-se de Jocasta quando ela foi a Pisa a fim de assistir ao enterro do marido. Ele é até representado como rival de Laio, e o teria matado por causa disso. Existem ramificações da história que vão muito longe, nas quais se misturam o antigo e o novo, tendo-se perdido o fio original.

Segundo uma velha crônica, a arca com a criancinha não foi além das imediações da cidade em que Pólibo, filho de Hermes, governava[494]. Seria essa cidade Sícion, Corinto ou Antédon?[495] A Rainha Peribeia estava lavando suas roupas na praia quando a arca lá chegou[496]. Numa taça "homérica", como é chamada, vemos Hermes dando a criança à rainha e Peribeia fazendo-a sentar no colo do rei. Édipo cresceu na casa de Pólibo, crente de que ele e Peribeia, ou Mérope, como também é chamada[497], fossem seus pais. Mas a história mais conhecida reza que ele foi exposto, não no mar, mas no Monte Citéron, onde os pastores de Tebas, de um lado, e os de Sícion, de outro, podiam encontrar-se. Os pastores de Laio abandonaram a criança, os de Pólibo podem tê-la achado, e assim aconteceu, no prado de Hera, como o representa Eurípides[498].

Ou, com efeito, a criança nunca foi enjeitada – é o que nos dizem no *Édipo Rei* –[499], mas o pastor tebano entregou-o a um pastor de Corinto para que o educasse como seu próprio filho. Este ofereceu-o ao seu rei sem filhos[500]; o próprio Édipo conta a história, nessa tragédia[501], dizendo que, ao tornar-se o primeiro cidadão de Corinto, um conviva bêbado, num banquete, censurou--o por não ser filho do rei, que seus pais adotivos, quando os interpelou nesse sentido, repudiaram a calúnia e que, em segredo, ele partiu para interrogar o deus em Delfos; e também que o deus não respondeu à sua pergunta, mas ameaçou-o com a sina medonha de tornar-se amante da própria mãe e assassino do próprio pai. Daí que, não ousando voltar a Corinto, tomou por outro caminho, através da Fócida, e passou por uma estreita encruzilhada, onde mataria um homem desconhecido.

E assim a história, quer a iniciemos por Laio, quer por Édipo, nos traz a uma estreita encruzilhada, aonde quer que ela pudesse levar, entre Tebas e Delfos, na Fócida, ou ao sul de Tebas, entre Citéron e Pótnia. Ali pai e filho deveriam encontrar-se sem se reconhecerem, um pai mal-afortunado e um filho não menos infeliz que deveriam ter-se evitado e tinham feito tudo o que era possível para fugir ao encontro. Não exigia a história que eles conhecessem o fado que os esperava, igualmente concebível sem a intervenção de um oráculo. Os narradores, que acreditavam em oráculos, senhorearam ali alguma coisa que desde o princípio formara o núcleo dessa história de parricídio não intencional, mas perpetrado. Édipo não tinha ideia alguma da história de que em seu percurso através da estreita encruzilhada cruzaria com o pai. A ansiedade de Laio, motivada pelo medo de ser destronado pelo filho, tampouco necessitava de um oráculo, pois o seu protótipo se achava na história dos deuses, na narrativa de Urano e Crono, tradição antiquíssima, comum aos gregos e asiáticos desde remota data. Por intermédio da profecia, os narradores deram forma a um medo muito antigo, e o enjeitamento resultou desse medo, e não da predição de Apolo, embora, naturalmente, com o seu conhecimento, se ele já era o deus do oráculo de Delfos. O homem, não raro, se lança a uma coisa terrível por medo do terrível.

E assim ocorreu este sucesso muito humano; o caminho do filho cruzou com o caminho do pai numa passagem estreita, onde não era possível deixar espaço. "Viajante, dá passagem ao rei!", gritou o arauto de Laio ao estrangeiro[502], enquanto Laio passava pelo sítio acanhado em seu carro. A fúria de Édipo ferveu; ele prosseguiu em seu caminho sem dizer uma palavra[503]. Um dos cavalos do rei pisou-lhe no pé[504], e o velho rei também lhe golpeou a cabeça, de cima do carro, com o aguilhão aforquilhado que usava para dirigir. Assim se encheram as medidas[505]. Enfuriado, e sem saber em quem estava batendo, como nos afiançam explicitamente[506], Édipo matou o pai a pancadas[507], com o seu cajado[508], e o arauto também[509]. Ésquilo preserva outro pormenor da imagem da fúria que o possuiu; ele mordeu o cadáver da vítima e cuspiu-lhe o sangue[510].

Uma versão muito antiga da história é relatada por um narrador mais recente, que nos informa[511] ter Édipo saído para roubar cavalos e estar Laio, quando o encontrou, acompanhado da esposa, Epicasta. Mas ele se abstém de tocar no ponto principal da história e alega que, após o assassínio, Édipo refugiou-se nas colinas, como é comum até hoje na Grécia, e não tocou em Epicasta. Como, então, teria podido ela, no correr da narrativa, ter tomado de bom grado o assassino por marido, depois de ter testemunhado o crime, se não tivesse sido, ali e naquele instante, presa do salteador? Na versão antiga da história, tudo aconteceu na mesma explosão de fúria; o filho matou o pai e possuiu a mãe, alcançando assim, através dela, o reino de Tebas também.

O poeta da *Odisseia* devia conhecê-la também, pois nos conta a história da seguinte maneira: Epicasta tornou-se esposa do filho, que a possuiu depois de haver matado o pai e arrebatado os seus despojos, mas os deuses sem demora informaram os homens de tudo quando ele, atribulado, ainda era rei dos Cadmeus na venusta Tebas, através das cruéis deliberações dos deuses. Mas ela, vencida pela dor, foi para a casa de Hades, o poderoso guarda da porta, prendendo uma corda a prumo no alto telhado e deixando para ele, após si, muitas atribulações, até as que os espíritos vingadores de uma mãe executam[512]. Os filhos de Édipo também devem tê-lo descoberto; no dizer dos narradores mais velhos, eles não eram filhos de Epicasta, mas de uma segunda esposa, que tinha o belo nome de Eurigânia, "a que brilha alegremente em toda parte"[513]. Na verdade, mais outro nome era tradicionalmente ostentado por uma esposa de Édipo, Astimedusa[514], apropriado a qualquer rainha. É muito possível que os dois nomes se referissem à mesma mulher. Como nos conta a *Ilíada*, Édipo tombou heroicamente no campo de batalha[515].

Homero não diz uma única palavra sobre a sabedoria com que Édipo conquistou o trono de Tebas depois do assassínio de Laio, na forma mais conhecida da história, mas fala como se os Cadmeus nunca tivessem sido atormentados pelo monstro na colina vizinha de Fícion, a Fix ou, na forma mais inteligível do nome, a Esfinge, a Estranguladora. Se Édipo, como entendia o contador da velha história de sua expedição para roubar cavalos[516], voltou para o pai adotivo Pólibo, com os cavalos ou mulas roubados, e não possuiu imediatamente a rainha nem se apoderou do reino, deve ter jornadeado para Tebas mais tarde, a fim de livrar a cidade da Esfinge. Após a morte de Laio, Creonte, irmão de Jocasta, ali reinou. Ele e os anciãos da cidade estavam possuídos de grande aflição desde que a leoa ou cadela alada com cabeça de virgem invadira os arredores da cidade.

Como já se mencionou, diz-se que ela já visitara Tebas durante a vida de Laio. Hera enviara a Esfinge da Etiópia contra os Cadmeus, porque estes toleraram a paixão do seu rei por Crisipo. Ou Dioniso pode ter enviado a virgem-leoa voraz contra sua cidade natal, que não queria prestar-lhe homenagem. Parece ter sido isso que Eurípides realmente alegou[517], se bem afirme alhures[518], abundando na opinião dos próprios sofredores, que o mundo subterrâneo mandara a Esfinge contra Tebas. Para desgraça de Tebas, mãe de tantos monstros, a deusa-serpente Equidna dera-lhe[519], depois de acasalar-se com o próprio filho, o cão Ortro[520]. A Esfinge instalou-se na colina, que foi chamada Fícion por sua causa, se é que não se encarapitou num pilar na praça do mercado dos Cadmeus, a fim de pegar suas vítimas. Ela aparece não só nessa posição, mas também sobre a colina. Vemo-la ainda raptando moços e estrangulando-os, e assim teria sido vista no trono de Zeus, lavrado por Fídias[521]. Como reza uma velha história, ela raptou Hêmon, filho de Creonte, o jovem mais belo e delicado de toda Tebas[522]. Por isso Creonte emitiu uma proclamação na qual dizia que Jocasta e o reino pertenceriam a quem levasse a Esfinge de vencida.

Originalmente, sem dúvida, o herói, para matá-la, teria de atacá-la no Monte Fícion. Assim, um vaso nos mostra Édipo erguendo a maça para golpeá-la, sem refletir sobre nenhum enigma, diante da virgem-leoa. Segundo a versão mais conhecida, os tebanos costumavam reunir-se para meditar profundamente sobre o enigma que a Esfinge lhes propusera e, quando não conseguiam decifrá-lo, ela sempre pegava um deles[523]. A Esfinge recebera o enigma das Musas[524], mas aqui ela se parecia mais com as Sereias do que com as Musas; não era, por certo, no início, a "virgem sábia"[525], senão antes a virgem ardilosa que aprendera o próprio ardil. Numa pedra gravada, da melhor data clássica, vemo-la recebendo a sua sabedoria de um livro em forma de rolo, ou lendo-o em voz alta. Ela entoava o seu enigma como um oráculo[526]:

> Sobre dois pés, e no entanto sobre quatro, caminha sobre a terra,
> E também sobre três, uma criatura de um nome só.
> Sozinha, muda a forma de tudo o que anda
> No chão, voa no ar ou nada no mar.
> Mas quando é sustentada por quatro pés,
> A velocidade é mais fraca em seus membros.

A Esfinge bem pode ter-se orgulhado do seu enigma, que também confundia as pessoas; pois elas tampouco entendiam o enigma gravado, como a advertência de um sábio, no pórtico do templo de Apolo em Delfos: "Conhece-te a ti mesmo", cuja resposta é: "Conhece que és homem". Vemos Édipo (como mais de um pintor de vasos o representa) sentado diante da Esfinge e ponderando. "Que é que ela quer dizer com 'é também sobre três'?" E gritou[527]:

> Estás falando do Homem. Quando sai do molde
> Sobre quatro pés primeiro se arrasta, bebê recém-nascido;
> Na velhice uma bengala, o terceiro pé, tem de sustentá-lo,
> O pescoço pesado, e a velhice curva sem esperança.

Ao ouvi-lo, a Esfinge fez o que faziam as Sereias quando alguém deixava de sucumbir ao seu canto. E assim como elas se atiravam ao mar, embora fossem criaturas aladas, e se suicidassem, assim se lançou a virgem-leoa alada de cima de suas rochas[528] ou da coluna na acrópole tebana[529]. Vemos também, numa pintura de vaso, Édipo pondo termo ao seu sofrimento com uma lança curta.

Dessa maneira, Édipo tornou-se um sábio e também o mais tolo de todos os reis do mundo. Recebeu como prêmio da vitória (como quer a melhor versão, na qual Jocasta não está presente ao assassínio de Laio), a própria mãe por esposa e teve com ela quatro filhos, os meninos Etéocles e Polínice, e as meninas Antígona e Ismênia, todos famosos mercê dos infortúnios da Casa dos Labdácidas. Édipo, que só era sábio na aparência, não tinha ideia disso. Reconhecia-se, sem dúvida, na estranha criatura a que a Esfinge se referia no enigma, mas não sabia o que é o homem, nem conhecia as trapaças que lhe arma o destino a que ele é entregue, à diferença dos deuses sem destino. Era o destino humano que se cumpria nele, e esse destino tornou-se claro com o tempo. Pois nem todos os que haviam enjeitado a criança, ou se supunha erradamente que o houvessem feito, estavam mortos.

Havia também o único homem realmente sábio de Tebas, o adivinho Tirésias, cujos olhos cegos viam através dos erros de Édipo, como anteriormente tinham visto através dos de Laio. Mas quando foi obrigado a falar pelo próprio rei, muitos anos se haviam passado sob o governo do néscio casal, mãe e filho, e uma peste levara os tebanos a sentir que nem tudo andava bem no seu Estado[530]. Tirésias tinha alguma coisa em comum com Édipo (seu nome significa o que interpreta *teirea*, isto é, sinais). Ficara cego na mocidade, como cego se tornaria na primavera da vida o herói que tomara a mãe por esposa. Dizia-se dele também[531] que descendia de um dos *spartoi*, Udaio, o "homem do solo". Sua mãe chamava-se Cáriclo, como a esposa do sábio Centauro Quíron, e pertencia ao séquito de Palas Atena. Desse modo Tirésias, na mocidade, viu o que não devia ter visto. A deusa, que gostava de cavalos, viajava pela Beócia e tirou as roupas para refrescar-se com um banho. Estava ela em Hipocrene, a "fonte do cavalo" no Hélicon, no silêncio do meio-dia e no ermo[532]. Tirésias, em cujas faces despontava o primeiro buço, caçava ali, sozinho, com seus cães, no local sagrado. Impelido por uma sede insuportável, o desgraçado correu para a fonte e, sem querer, viu o que não era lícito ver, avistara os seios e os flancos de Atena, mas talvez nunca mais tornasse a avistar o sol; a deusa colocou as mãos nos olhos dele e cegou-o[533]. Mas, por amor da sua lamentosa servidora Cáriclo, fê-lo profeta, purificou-lhe os ouvidos para que ele entendesse as vozes dos pássaros e deu-lhe um cajado de abrunheiro com o qual podia caminhar como um homem dotado de visão.

Outra história do cegamento de Tirésias tinha um significado semelhante; nela, mais uma vez, avistou alguma coisa que não podia ser contemplada. Quando era ainda um jovem pastor[534], reza a história, numa encruzilhada[535] no Citéron[536], ou no Monte Cilene, região que Hermes, com o par de cobras em seu cajado, costumava frequentar[537], viu duas serpentes se acasalando. Essa aventura, que julgaríamos pouco importante na vida de um pastor na Grécia, deve ter tido um significado especial para os tempos antigos, visto que logo se tornou o ponto de partida de um verdadeiro chiste divino. Segundo nos dizem, Tirésias matara a serpente fêmea quando ela estava copulando[538] e, nesse instante, foi transformado em mulher. Como tal viveu os sete anos seguintes e experimentou o amor do homem[539]. Volvidos os sete anos, tornou a ver um casal de cobras no ato do amor; desta feita sua pancada atingiu o macho e ele foi logo transformado em homem outra vez. Nessa ocasião, Zeus e Hera andavam discutindo entre si sobre quem, o macho ou a fêmea, experimentava maior prazer no amor. Escolheram Tirésias por árbitro, e sua decisão foi deste teor[540]:

> De dez, o homem goza apenas uma parte,
> Nove partes preenche a mulher, com jubiloso coração.

Diante desse pronunciamento, Hera, furiosa, puniu-o com a cegueira. Em compensação, Zeus concedeu-lhe o dom da profecia e fê-lo viver por sete gerações de homens. Mas não nos contam se o presente tornou o sábio feliz. Diz-se[541] que ele suspirou:

> Ah, Zeus pai, uma concessão menor de vida
> Fora melhor que me concedesses, e não mais engenho
> Que o dos outros homens. Nenhuma honra me fizeste,
> Não, nem a menor, com esta minha extensão de dias
> Assim prolongada por sete gerações.

Cego e dotado de sabedoria divina, foi obrigado a viver os destinos de Cadmo e seus descendentes, seis gerações deles, e foi o único entre todos os homens que manteve sua inteligência até no mundo subterrâneo. Este dom concedeu-lhe Perséfone[542]. Ulisses visitou-o mais tarde no reino dos mortos, ainda carregando um cajado de ouro de profeta, e deixou-o ser o primeiro a beber do sangue que enchia o poço sacrificial. Tirésias reconheceu-o, dirigiu-se a ele sem ter bebido o sangue[543] e, depois de fazê-lo, predisse-lhe todo o seu destino futuro.

Também viu a sina de Édipo, que se cumpriu precisamente no momento em que Tirésias o profetizava[544]. Quando o desventurado percebeu que se tornara marido da própria mãe e irmão de seus filhos, privou-se da vista[545].

Essa era a pena para os que tinham visto o que não lhes era permitido ver; assim como Tirésias vira a deusa, ou as cobras em seu ato natural, assim Édipo vira a mãe. Dizia-se também[546] que ele não se cegara, mas que o velho irmão de armas de Laio o fizera quando pretendia punir o matador do seu senhor, sem saber que ele era também filho de Laio. As pessoas tentavam dar feições sempre novas à velha narrativa. Em *As Fenícias* de Eurípides, a própria Jocasta aparece como uma rainha-mãe idosa, trôpega[547], muitos anos depois da exposição da sua vergonha, e mata-se sobre os cadáveres dos filhos, que se tinham entrematado[548], bebendo assim até às fezes as dores da maternidade agonizante. De acordo com todas as primeiras versões da história, ela se enforcou assim que se revelou a sua vergonha.

Édipo, cego, desapareceu da vista dos tebanos. A fim de que a luz pura do sol não fosse conspurcada pela sua presença[549], foi mantido num esconderijo, por assim dizer numa masmorra, pela família, ou por Creonte[550] ou pelos filhos[551]. Já não estando de posse do seu juízo perfeito[552], e mais do que nunca sujeito a furiosas explosões de cólera, Édipo submeteu-se. Proibiu os filhos de colocar os talheres reais à sua frente, continua a história[553]; e quando o louro Polínice lhe desobedeceu, colocando diante dele a mesa de prata do piedoso Cadmo e enchendo a taça de ouro de vinho doce, o cego percebeu-o; tomou aquilo por um insulto, subjugou-lhe a alma um mal atroz e ele amaldiçoou os filhos, de modo que dividissem entre si a herança paterna com o ferro[554]. Quando, de outra feita, eles se esqueceram[555] de enviar ao pai a porção real de uma vítima, o pedaço do ombro e, em vez disso, lhe mandaram a anca, ele o percebeu também, arrojou o pedaço ao chão e tornou a amaldiçoar os filhos; orou a Zeus e aos outros deuses para que os dois entrassem juntos no mundo subterrâneo, mortos um pela mão do outro.

Em *As Fenícias*, Édipo aparece saindo da prisão-palácio, como um fantasma[556], para assistir ao cumprimento das suas maldições. A prisão numa câmara subterrânea do próprio palácio onde, no dizer de um relato recente, ele morreu[557] foi apenas uma forma dos seus sofrimentos. Nessa tragédia de Eurípides, Antígona, a mais velha e a mais forte das filhas, condu-lo para longe do campo de batalha onde, pela derradeira vez, ele acariciara os três corpos amados, os cadáveres de Jocasta, Etéocles e Polínice[558]. Foi seu destino

• **103**

tornar-se também um vagabundo[559], e ela o levou, pela estrada, a Colona, no monte rochoso de Posídon, e ao limiar de Atenas e do mundo subterrâneo, o sítio sagrado em que, de acordo com um pronunciamento do Oráculo de Delfos, ele daria cabo da vida[560].

Na última tragédia de Sófocles, obra da velhice, *Édipo em Colona*, encontramos o par. A filha mais moça, Ismênia, não tardaria a juntar-se a eles no caminho que haviam palmilhado por tanto tempo, antes mesmo da luta dos irmãos. Vaguearam esmolando por toda a região, pois o idoso Édipo deixará de ser o homem de índole violenta que fora; pedia pouco e contentava-se com menos ainda quando o pouco lhe era dado[561]. Estava-se convertendo no herói sofredor que, depois da morte, seria o tesouro e a defesa daqueles em cujas terras encontrara o repouso. Isso aconteceria ali, na *petite patrie* de Sófocles, no território dos habitantes de Colona, numa colina rochosa. Ali as deusas que vingaram uma mãe, as Erínias – também chamadas Eumênides, as Benevolentes, pelo povo ateniense – tinham o seu bosque inviolável. Essa era a meta da jornada lastimável de Édipo, e lá ele encontrou o perdão[562].

Entrou confiante no bosque, que não devia ser penetrado. Sabia que ali teria de esperar o anúncio da sua chegada, desaparecimento por terremoto, trovões e raios[563]. Entregou-se a si mesmo e o segredo do seu túmulo, que não seria um túmulo comum, mas, dali por diante, protegeria os atenienses, ao senhor da região, Teseu. Teseu mandou chamá-lo a toda pressa, quando Zeus deu o primeiro sinal com o trovão[564]. Este rugiu como uma tempestade acompanhada de trovoada incessante, estrondo sobre estrondo, clarão sobre clarão, e o cego passou a ser o guia de Teseu e das duas filhas, que o tinham seguido até ali. Com passo que não hesitava, seguiu o Guia das Almas, a quem parecia ver, pois o chamou pelo nome, Hermes, e também a deusa do reino dos mortos, que não se atreveu a nomear[565]. À beira do abismo sobresteve[566]; através dele, degraus de bronze formavam o acesso às próprias raízes das rochas. Ali se encontravam as estradas sem conta que conduziam ao mundo subterrâneo; e ali, entre uma pereira oca e uma lápide, Édipo sentou-se, lançou de si as roupas sujas e as filhas o lavaram e vestiram, como os mortos devem ser lavados e vestidos. E, com elas, ergueu o lamento pela partida, quando soou o trovão de Zeus do mundo inferior. O trovão também passou e todos se quedaram em silêncio. Com um estremecimento ouviram a voz de um deus: "Olá, olá, Édipo, por que devemos esperar por ti?"[567] Só Teseu pôde ver o que então aconteceu[568]; permaneceu ali, de pé, por muito tempo e cobriu o rosto; Édipo desaparecera.

Ésquilo, provavelmente, contou uma história muito parecida; dizia-se dele[569] que divulgara em seu *Édipo* algo pertencente aos Mistérios de Deméter. Esses Mistérios eram também os Mistérios da filha, a deusa do reino dos mortos. Consoante os antigos narradores, Édipo não chegou a Colona; errou, atribulado, depois de se haver privado da luz dos próprios olhos, por muito tempo, no cenário montanhoso e selvagem de Citéron[570], onde fora enjeitado e onde, em sua cólera, matara sem querer o pai. Nessa região também se mostrava o seu túmulo. Sua família, como reza a história, desejava enterrá-lo em Tebas[571], mas os tebanos não o permitiram; ele fora, por assim dizer, marcado pelo infortúnio. Por isso o enterro realizou-se em outro lugar da Beócia, chamado Ceos. Mas caíram desgraças sobre a aldeia e seus habitantes atribuíram-lhes a causa ao túmulo de Édipo. Finalmente, enterraram-no em Eteono, outra aldeia da Beócia, mais tarde chamada Escarfeia. Era noite quando ali o sepultaram, em segredo, sem saber que o lugar ficava num recinto sagrado de Deméter. Quando isso de tornou manifesto, os eteonenses perguntaram ao deus de Delfos o que deviam fazer e Apolo replicou: "Não perturbeis o suplicante da deusa". Por isso o deixaram enterrado ali, e por isso o lugar se denomina santuário de Édipo.

Em pinturas de vasos vemos rapazes e raparigas aproximando-se do monumento. Referem-se os artistas aos filhos e filhas de Édipo, ou seriam estes outros moços, talvez até jovens maridos e esposas, que traziam uma oferenda ao herói cujos sofrimentos confeririam bênçãos, não aos seus descendentes, mas a estranhos que o honravam? Assinalada por uma coluna, a sepultura trazia a inscrição[572]:

> Malva em cima e asfódelo trago,
> Meu colo encerra Édipo, herdeiro do Rei Laio.

XI
Os Dioscuros espartanos e seus primos

Castor e Polideuces (mais conhecidos talvez em sua forma latina, Castor e Pólux) são os nomes de um par que até hoje significa para nós a união inseparável entre irmãos. Não foram os únicos conhecidos como *Diòs kûroi*, "filhos de Zeus"; Tebas conhecia e reverenciava os Dioscuros entre os heróis que a fundaram, gêmeos cujo pai era o Rei dos Deuses, e a mãe, Antíope. No entanto, quando falamos *nos* Dioscuros, referimo-nos especialmente aos irmãos gêmeos, filhos de Leda. Sabemos deles e de sua mãe pela história dos deuses[573]. Também foram chamados Tindáridas, segundo se afirma, em virtude de um pai terreno chamado Tíndaro. A apelação "filhos de Zeus" pode estar oculta nesse nome também, expressa numa língua falada antes disso na Grécia.

A história de Castor e Polideuces, na medida em que pertence às lendas dos heróis, precisa começar, portanto, com o Rei Tíndaro. Pois essas lendas têm uma predileção pela árvore genealógica que liga os heróis uns aos outros através de pais e mães terrenos e de um círculo sempre maior de parentes. Diz-se, portanto[574], que Gorgófona, filha de Perseu, "a que matou a Górgona", assim chamada em memória da vitória do pai, foi casada primeiro com Perieres, filho de Éolo, rei da Messênia, na Ecália, nome que então se dava a Andânia, sítio dos mistérios recentes. Ela deu a Perieres Afareu e Leucipo, cujo nome transparente significa "o que tem um cavalo branco". Diz-se, contudo, que foi a primeira esposa[575] a receber outro marido após a morte do primeiro. No segundo casamento, tornou-se esposa de Ébalo, que, a julgar pelo nome, era um ser primevo semelhante aos Dáctilos da Lacônia, o "copulador", que teve por pai, segundo alguns, Cinortas, "despertador de cachorros", irmão de Jacinto[576]. Tíndaro era filho de Ébalo e Gorgófona ou, consoante outra tradição que desconhece toda essa genealogia[577], de uma ninfa das fontes, Bateia, "a mata".

Depois disso, a genealogia dos Dioscuros deita raízes, através de Tíndaro, no solo da Lacônia, e assim devia ser para um rei de Esparta, que Tíndaro viria a ser, e para os Dioscuros espartanos, que sua esposa deu à luz. Não se diz, é verdade, que ele reinou na Lacônia sem ser perturbado[578]. Foi expulso de lá pelo seu meio-irmão Hipocoonte; Héracles, mais tarde, restituiu-lhe o trono. Refugiou-se na parte ocidental do continente grego, cujo rei, de acordo com a maioria dos relatos, era Téstio, descendente de Plêuron, fundador da cidade do mesmo nome entre os curetes da Etólia. Mas é muito possível que, consoante outros relatos, Téstio tivesse igualmente fundado cidades, Téstia na Etólia e, antes disso, Téstia na Lacônia[579]. No entender dos espartanos, Tíndaro nunca se mudou para a Etólia nem para Téstia, mas para a cidade lacônia de Pelana[580]. Na Etólia, Téstio já era pai de uma filha famosa, Alteia, da qual falaremos na história de Meléagro. Sua outra filha renomada, ao que se diz, foi Leda, conquanto se conte que a esposa de Téstio, Pantídia, "a que tudo sabe", não a concebeu através de Téstio, mas de Glauco, filho de Sísifo[581]. Não era fácil encontrar um pai e uma árvore genealógica para uma mulher primeva, como Leda deve ter sido, a julgar pelo nome.

Todos conhecemos a famosa história[582] de Leda, que concebeu os Tindáridas na Lacônia; Zeus amou-a na forma de um cisne, no sopé do Taígeto, sobre o qual voavam esses grandes pássaros brancos. No Golfo de Messena, fronteira à costa lacônia, ergue-se a ilhazinha rochosa de Pefno; ali vieram ao mundo os gêmeos Castor e Polideuces. Não se acreditava que a ilha tivesse sido o local de nascimento de suas irmãs Helena e Clitemnestra. Podemos recordar aqui a pintura de vaso[583] que representa os filhos de Leda ainda jovens, ao passo que o ovo de que devia nascer Helena jaz entre eles sobre o altar, numa cena que se passa na residência real de Tíndaro, em Pelana, ou em Esparta. Pefno, por outro lado, é pouco mais que um recife, e apenas crianças divinas poderiam encontrar ali o seu local de nascimento; certamente nenhuma mulher visitaria aquela ilha rochosa para dar à luz um filho.

• 107

A mãe que o fizesse devia ter asas e pôr ovos, como os pássaros marinhos e o duplo celeste de Leda, a deusa Nêmesis. A filha da noite, seja qual for um dos dois nomes que lhe dermos, sem dúvida trouxe os filhos ao mundo naquela forma e, como veremos mais tarde, nem mesmo as asas deles estavam de todo esquecidas.

Na Antiguidade, explicava-se[584] o gorro redondo, *pilos*, que os Dioscuros usavam quando andavam a cavalo ou seguravam seus corcéis pelo freio, dizendo que eles o tinham ganho no ovo do qual haviam saído. De acordo com relatos ulteriores[585], Hermes levou as crianças divinas de Pefno para Pelana. Nas ilhotas eram mostradas as suas estátuas de bronze, de apenas um pé de altura, posto que eles, como os cabiros, fossem também chamados Grandes Deuses e se contasse a história[586] de que a cheia que passava por cima das rochas, na época do inverno, nunca arrastava consigo essas imagens. Os espartanos se contentavam com duas hastes, ligadas uma à outra em forma de H, ou duas ânforas esguias, quando desejavam lembrar-se dos seus adorados Tindáridas.

Messênia, país vizinho da Lacônia, também tinha seus gêmeos divinos. Eram os primos dos Dioscuros espartanos. Em seu primeiro casamento, Gorgófona deu à luz Afareu, que tomou por esposa Arene, irmã do seu meio-irmão Tíndaro[587]. Mas ele era tão pai de seus filhos quanto Tíndaro era pai dos Dioscuros. Atribuía-se a verdadeira paternidade dos gêmeos de Arene a Posídon[588]; especialmente o gigantesco Idas, gerado, segundo se diz, pelo senhor do mar. Mas Linceu, "olhos de lince", também era um ser extraordinário, pois sua vista aguda penetrava até as profundezas da terra[589]. A história dos Dioscuros da Lacônia precisa incluir os primos da Messênia, pois eles não tardaram a chegar às vias de fato uns com os outros.

Dizia-se de Idas[590] que era o homem mais forte da terra. Lutou com o próprio Apolo por uma formosa donzela, Marpessa, filha de Eveno, rei da Etólia[591], do qual se dizia o mesmo que se dizia de Enômao, pois ambos eram filhos de Ares, ou seja, que só daria a filha a quem o vencesse numa corrida de carros. Mas Eveno sempre vencia, decapitava os homens que derrotava e ornamentava o palácio com suas cabeças. Idas, porém, raptou Marpessa do meio das danças que as virgens estavam executando em honra de Ártemis, num prado; o prado chamava-se Ortígia, "prado das codornizes", como o lugar de nascimento da deusa. Idas recebera do pai, Posídon, o mais ligeiro dos cavalos, e Eveno perseguiu-o em vão. Quando o rei viu escapar o raptor da donzela com o seu butim junto ao Rio Licormas, matou a própria parelha de cavalos e mergulhou no rio, que dali por diante foi chamado Eveno, "bem-freado".

Depois disso, o robusto noivo quase perdeu Marpessa, pois alguém ainda mais poderoso apareceu e tirou-lhe a noiva. A donzela lamentou-se como a Alcione nos braços de Apolo[592]. Isso aconteceu depois que Idas chegou à Messênia com o produto do saque[593]. Não sendo remisso, retesou o arco contra o deus[594]; dizia-se que as flechas de Idas nunca erravam o alvo[595]. Mas Zeus não permitiu que a seta fosse disparada; mandou Hermes[596] ou, de acordo com a representação de um pintor de vasos, sua mensageira Íris e ordenou que deixassem a escolha a cargo da rapariga. Marpessa escolheu o noivo terreno, pois tinha medo de que Apolo a abandonasse quando ela envelhecesse. Foi assim que narradores ulteriores lhe explicaram a escolha[597], já não levando em conta o quão aniquilador para uma donzela mortal deveria parecer o abraço de Apolo. Marpessa não teria procedido de outro modo se a própria Morte a tivesse em seu poder. A filha que ela deu a Idas tinha o apelido de Alcione[598], em memória dos amargos lamentos da mãe quando estava nos braços do deus. Ela era, aliás, conhecida como Cleópatra, "famosa por seu pai", e casou com Meléagro.

O furto da esposa era uma forma definida de casamento, consagrada pelo rapto de Perséfone nos tempos primevos, mas particularmente usual na Lacônia. Nesse sentido, os Dioscuros espartanos deram o exemplo a todos os mortais. Consta que tinham por primos não somente um par de gêmeos masculinos, mas também um par feminino, as filhas de Leucipo, outro meio-irmão de Tíndaro. É possível, porém, que as moças não tivessem pai mortal e fossem chamadas Leucípides no sentido de "poldras brancas" celestes. Supunha-se que o pai delas era Apolo[599], e elas receberam nomes que se ajustavam a duas fases da lua, Febe, "a pura", e Hilaíra, "a serena", apropriadas, respectivamente, à lua nova e à lua cheia. Dizia-se também que Febe tinha sido sacerdotisa de Atena, e Hilaíra, de Ártemis[600]. Mais tarde tiveram santuário em Esparta, perto da casa que se imaginava ser o domicílio sagrado dos Dioscuros[601]. As Leucípides foram raptadas do recinto sagrado de Afrodite, onde brincavam com as companheiras, quando Castor e Polideuces as levaram para o carro. De acordo com a representação de um pintor ático de vasos, a deusa do amor e Zeus, presentes, aprovaram o rapto, pelo qual dois pares divinos concluíram um casamento à feição espartana.

Isso deu início à inimizade entre os dois pares divinos de irmãos. As Leucípides, reza a história[602], estavam originalmente prometidas aos primos messênicos sob juramento; mas os Dioscuros peitaram Leucipo com presentes maiores para poderem raptar as primas. Idas e Linceu perseguiram os raptores, alcançaram-nos no túmulo de Afareu e desse modo chegou a história ao seu tráfico fim. De acordo com os narradores mais antigos[603], a inimizade começou de maneira diferente. Os quatro primos empreenderam um assalto em comum ao território dos árcades, que confinava com o deles ao norte; Castor e Polideuces saíram da Lacônia, Idas e Linceu de Messênia, para roubar gado. Voltaram com uma presa abundante, cuja divisão foi cometida a Idas. Este partiu uma vaca em quatro pedaços e propôs que quem comesse o seu quarto primeiro ficaria com a metade dos despojos, e o segundo a terminar o seu ganharia a outra metade. Em seguida, o gigantesco Idas engoliu primeiro o seu quarto e depois também o de Linceu e, assim, os de Messênia levaram para casa todo o rebanho capturado; tinham pregado uma peça suja nos Dioscuros.

Os filhos de Leda tomaram parte também em muitas outras aventuras, nunca se separando um do outro, Castor como cavaleiro e Polideuces como pugilista[604]. Tornaremos a encontrá-lo quando tratarmos da viagem dos Argonautas. Mas a imagem dos Tindáridas só será completa se entre eles estiver a figura brilhante de uma mulher, sua bela irmã ou, na realidade, a grande deusa, mãe de todos os deuses. Esculturas de rochas na cidade de Acras, na Sicília, são testemunhas do serviço prestado pelos Dioscuros à grande mãe, Reia-Cibele. Eles serviram sua irmã Helena, libertando-a da rapidez de Afidna na Ática. Isso pertence à história de Teseu, que raptou a filha de Zeus. O fim da história da inimizade entre os primos e, ao mesmo tempo, da vida terrena dos Tindáridas[605] veio muito depois, após o casamento de Peleu e Tétis.

Páris já tinha saído de casa, animado e protegido por Afrodite e acompanhado por Eneias, filho da deusa, para raptar Helena de novo. Tíndaro já não era rei de Esparta, governada então pelo seu genro Menelau. Este, muito descuidado, deixara a bela esposa sozinha com os hóspedes asiáticos. Chegados à Lacônia, a primeira coisa que Páris e Eneias fizeram foi visitar os Dioscuros, os sempre prontos guardiões da irmã. Tal era a vontade de Zeus, o qual, sem dúvida, determinara que os irmãos se afastassem de tudo o que estava acontecendo em Esparta e na Lacônia. Na festa organizada para receber os hóspedes, Idas e Linceu, que também se achavam presentes, fizeram piadinhas grosseiras, referindo-se ao casamento por rapto dos Dioscuros, como se eles só o tivessem levado a efeito para não pagar a Leucipo o dote das filhas.

"Muito bem", replicaram os Tindáridas, "nós o compensaremos disso agora, e dar-lhe-emos um rico presente de gado fino". E dali se foram para pegar os rebanhos de Idas e Linceu em Messênia. Polideuces foi na frente para levar o gado, enquanto Castor se escondia num carvalho oco para emboscar os primos, que não deixariam, supunham eles, de ir-lhes no encalço. Tinham deixado a irmã desprotegida e entregue às artes sedutoras do príncipe troiano, que, na ausência dos irmãos, atingiu o seu objetivo.

Os gêmeos messênicos também não ficaram muito tempo na festa. Linceu voltou correndo para casa, no topo do Taígeto, que divide a Lacônia da Messênia. Desde o cume do monte sua visão, que tudo penetrava, avistou Castor escondido na árvore. Contou o que vira ao irmão e Idas, surpreendendo Castor desprevenido, transfixou-o com a lança. Após o assassínio, os primos abriram no pé, mas Polideuces estava por perto (em uma versão da história, ele também se escondera no carvalho) e saiu em perseguição aos dois. Alcançou-os na tumba de Afareu, onde ocorreu o fim. Os messênios arrancaram da terra a pedra tumular do pai; a lança de Polideuces produziu em Linceu uma ferida mortal, mas a lápide, arremessada, atingiu-o; depois da pedra veio também Idas, enquanto ele ainda estava atordoado. Mas Zeus lançou o seu raio entre os dois e derrubou o gigante.

Ali, sem ninguém para chorá-los, os corpos dos filhos de Afareu se queimaram. Polideuces correu para o irmão e encontrou-o exalando o último suspiro. Ergueu a voz a Zeus e implorou ao pai que também o deixasse morrer. Zeus aproximou-se dele e disse[606]: "És meu filho; este homem foi gerado mais tarde em tua mãe pelo marido, com semente mortal, quando aquele herói a abraçou". E sugeriu a Polideuces que escolhesse entre viver, dali por diante, no Olimpo e passar num dia debaixo da terra com o irmão, e o dia seguinte com Castor no palácio celestial, entre os deuses. Polideuces escolheu partilhar a luz e a treva também, para sempre. E assim ambos habitam um dia com Zeus e o dia seguinte no túmulo dos heróis em Terapne, do outro lado do Eurotas, onde se construiu um santuário para Helena também. Ambos habitam[607] a escura mansão subterrânea quando não fruem da luz do céu.

Falou-se[608], e também se acreditou, que eles vivem no céu como estrelas brilhantes, e foram reconhecidos[609] na constelação dos Gêmeos. Uma estrela decora amiúde a coroa do seu *pilos*; muitas vezes ela é até circundada pela lua, como se os dois Dioscuros representassem os dois hemisférios do céu, ou, pelo menos, como se o fizessem os seus gorros redondos[610]. Em todos os tempos, sem dúvida alguma, eles se tornaram para os adoradores mais do que heróis; eram divindades dos céus, pondo-se como as estrelas, porém, não confinados a nenhum túmulo, mas cavaleiros velozes, que cruzam o ar e intervêm sempre que invocados pelos homens em dificuldades, como auxiliadores e libertadores nas emergências do campo de batalha, mas ainda com mais frequência nos riscos do mar.

Quando levam socorro a um navio em perigo, durante os temporais de inverno, não aparecem como cavaleiros, senão como os deuses de outros tempos se revelavam, em forma de seres celestiais alados. Os marinheiros, pelo menos assim nos contam[611], choram e rezam para os filhos do grande Zeus, com o sacrifício de cordeiros brancos, quando tomam suas posições na parte mais à ré da popa, inundada pelo grande vento e pela onda do mar; e eles logo aparecem, de inopino, brilhando através do ar em suas asas ligeiras, e fazem cessar sem demora as rajadas do vento cruel e apaziguam as alvas ondas espumosas de água salgada dos mares, favoráveis presságios da cessação dos trabalhos. E os marinheiros se rejubilam ao vê-los, pois eles lhes trazem o descanso da faina penosa.

XII
Meléagro e Atalanta

A irmã de Leda, ou melhor, aquela que, dentre todas as etólias, era a mais digna de passar por irmã da mulher primeva[612], Alteia, tirou seu nome da malva que cresce nos pântanos. Seu marido foi Eneu, rei de Cálidon, que houve o próprio nome do vinho, *oitanos*. Reis com nomes como esse tinham traços muito reminiscentes do mundo subterrâneo, particularmente Enômao, que decorou seu palácio com as cabeças decepadas dos pretendentes à mão de Hipodâmia. Diz-se de Enópion, rei de Quio, que depois de embebedar e cegar o caçador Oríon[613], escondeu-se debaixo da terra numa câmara de bronze. Era considerado também filho de Dioniso[614] ou de um notável beberrão chamado Enômao[615]. Eneu não exibia nenhum desses traços, mas tinha um irmão chamado Ágrio, "o selvagem", do qual se dizia[616] que mais tarde o expulsou; e do próprio Eneu se contava ter matado o filho, Toxeu, "o homem do arco", por haver descurado as vinhas do pai e saltado sobre as suas valas.

Segundo uma das genealogias[617], Eneu descendia de Etolo, epônimo dos etolos. Este, por seu turno, era considerado filho de Endimião e de uma ninfa das fontes[618], posto que em outros lugares só se fale nos amores de Endimião e Selene. O amor da rainha da lua por um ser primevo parece ter sido um relato muito antigo da origem da raça humana. De acordo com outra genealogia[619], Eneu descendia de Deucalião, cujo filho, Oresteu, era seu avô. Oresteu, "homem da montanha", possuía uma cadela da qual se dizia ter parido um pedaço de pau. Oresteu enterrou-o e logo se tornou claro que o pedaço de pau foi a primeira videira. Por esse motivo, a cadela não poderia ser outra senão a canícula, Sírio, que amadurece as videiras. O filho de Oresteu (Oresteu não era chamado o Homem da Montanha para denotar que vivia no interior das montanhas, mas provavelmente porque, com a cadela, levava vida de caçador) chamava-se Fítio, "plantador", e seu filho, por sua vez, foi Eneu.

Conforme outros narradores[620], o vinho só foi conhecido dos homens no reinado de Eneu. Um bode costumava desaparecer por momentos dos seus rebanhos e parecia saciado quando voltava. O cabreiro saiu atrás dele e encontrou-o numa vinha, cujo doce fruto devorava. Dá-se ao cabreiro, tradicionalmente, o nome de Orista[621], malformação de Oresteu ou de Orestes; chamam-no também de Estáfilo, e dizem que o cacho de uvas se chama *staphyle* em sua honra[622]. Eneu fez vinho das uvas e deu-lhe o próprio nome. A água misturada ao vinho pela primeira vez foi tirada do Rio Aqueloo, e os poetas nunca se esqueceram disso[623].

Mas quem ensinara Eneu a usar com acerto a bebida embriagadora? Conta-se[624] que Dioniso entrou na casa do rei, não para visitá-lo, mas para visitar a Rainha Alteia. Eneu fingiu não dar tento das intenções do deus e saiu da cidade para fazer um sacrifício fora dela. Em Atenas o costume era idêntico; a rainha, esposa do arconte que usava o epíteto de rei, separava-se do marido enquanto esperava a visita de Dioniso. A vinha e as instruções sobre o que fazer com ela e com o vinho foram o presente da divindade agradecida a Eneu. Não nos contam nessas histórias se o bode que devorou a vinha foi sacrificado, mas sabemos que o foi pelas muitas tradições concernentes à religião de Dioniso.

Do *affaire* com Dioniso, dizem, Alteia teve uma filha, Dejanira, que, a julgar pelo nome, devia ser uma donzela hostil a homens e uma esposa perigosa; ouviremos falar mais a seu respeito na história de Héracles. Alteia deu a Eneu diversos filhos[625], e diz-se do mais famoso que seu pai era Ares, que Alteia recebera na mesma noite que Eneu; pois não era fácil acreditar que Meléagro não fosse de origem divina[626]. A partir do seu nascimento, outro pedaço de pau representaria um papel na Casa de Eneu, mas era muito diferente do pedaço cuja dádiva abençoada foi o vinho.

Reza a história[627] que as três Moiras compareceram ao nascimento de Meléagro. Entraram na câmara em que Alteia havia dado à luz o filho. A primeira, Cloto, cantou: "Será um homem de espírito nobre"; Láquesis, a segunda, cantou o herói em que ele haveria de tornar-se; Átropo, a terceira, olhou para o lume na lareira, em que ardia um tronco, e cantou: "Ele viverá até que o tição seja inteiramente consumido". Ouvindo isso, Alteia saltou da cama, tirou o tição do fogo e escondeu-o num cofre[628], ninguém sabe onde, no palácio. Mas o menino recebeu o nome de Meléagro, que quer dizer aquele cujos pensamentos estão na caça, na fala grega mais antiga, que ainda não juntava as vogais umas às outras.

No reino de Eneu, a divina caçadora Ártemis era uma grande divindade. Entretanto, Eneu, o homem do vinho, de uma feita a esquecera[629]. Contam-nos[630] que por ocasião de um festival da colheita ele fez as honras da casa a todos os deuses, mas não ofereceu a ela nenhum animal na grande festa sacrificial. Com isso causou a si mesmo um grande mal, pois a deusa, enraivecida, soltara um javali selvagem nos campos férteis do rei. O animal era tão enorme[631] que nenhum caçador sozinho, nem mesmo Meléagro, podia dar cabo dele. Foi preciso reunir homens de inúmeras cidades e, ainda assim, o javali mandou muitos para a pira funerária. Por fim, Ártemis fez que os caçadores lutassem entre si, de modo que a caçada calidônia passou a ser apenas o início do castigo que a deusa infligiu à Casa de Eneu.

Para caçar o javali vieram a Cálidon, primeiro que todos os outros, os tios de Meléagro, irmãos de Alteia, de Plêuron, a cidade vizinha dos curetes. Na Etólia, estes formavam um povo inteiro, ao passo que em Creta só três jovens divinos, que tinham dançado a dança de guerra em torno do infante Zeus, levavam o nome de curetes[632]. Diz-se até que heróis de toda a Grécia vieram participar da caçada calidônia[633]. De todos os heróis então vivos, nenhum ficou em casa, com exceção de Héracles, que tinha seus trabalhos a fazer; afirmou-se mais tarde[634] que ele estava então servindo Ônfale. Vieram os Dioscuros, Castor e Polideuces, com seus primos messênios, Idas e Linceu; Teseu veio de Atenas, Íficlo, meio-irmão de Héracles, de Tebas, Jasão, Admeto, Perítoo, Peleu e seu sogro Euritião da Tessália, Télamon de Salamina, Anfiarau de Argos, Anceu e Atalanta da Arcádia, e outros mais. Os dois últimos nomeados foram os que trouxeram consigo a desgraça.

Anceu trouxe-a para si. A julgar pelo nome, era um lutador que quebrava as costelas do adversário com o seu poderoso abraço; juntamente com outro do mesmo nome, tomara parte na viagem dos Argonautas. Contava-se a história do outro Anceu[635], avisado de que nunca devia tomar o suco da sua vinha. Naquela ocasião ele estava em casa, em Samos, já plantara uma vinha e o primeiro granjeio estava sendo feito naquele momento. Mandou vir um adivinho, premiu com a mão o suco de um punhado de uvas na sua taça e ergueu-a à altura dos lábios. O adivinho enunciou então o famoso adágio: "Muita coisa existe entre a taça e a borda do lábio". Os lábios de Anceu ainda não se tinham umedecido quando se ouviu um grito anunciando que um javali estava destroçando o vinhedo. Ele depôs na mesa a taça com o suco da uva, saiu disparado para liquidar o javali e foi morto por ele. O Anceu arcádico também parece ter tido um mau augúrio, pois suas armas estavam escondidas em casa[636]. Saiu envolto numa pele de urso, armado apenas com um machado duplo, e encontrou a morte nos dentes do javali calidônio. Sangrando por muitas feridas[637], caiu aos pés do gigantesco animal. Nos sarcófagos romanos, o machado duplo é carregado na caçada calidônia pelo deus da morte, debaixo de cujo signo essa aventura seguramente se desenrolou.

A participação na aventura da formosa caçadora Atalanta seria fatal para Meléagro e para a Casa de Eneu. Em sua pessoa, a própria Ártemis apareceu na caçada do javali, pois ninguém que não pertencesse a ela poderia tê-lo abatido. Até como despojo continuou sendo propriedade dela. Atalanta era tudo menos uma mortal comum. Mais tarde, ninguém ficou sabendo onde foi enterrada; um epigramatista diz apenas que foi "à parte"[638]. Havia até a história de que ela viveu para sempre em forma de fera, uma leoa, como Ártemis era "um leão para mulheres"[639]. Assim como seu pai era ali chamado Iásio[640], ou Iasião[641], o caçador cretense[642], ou ainda Esqueneu[643], "o homem dos juncos"; Atalanta não se restringia a nenhuma parte especial do país ou, pelo menos, às frequentadas por Ártemis. Ora, os lugares que ela visitava habitualmente, além das montanhas, eram os pântanos. Um pântano circunda Cálidon, e havia pântanos em toda a parte onde Esqueneu fundou uma cidade com o nome de Esquena, "cidade dos juncos"[644].

Dizia-se que[645] o pai de Atalanta esperava um filho homem antes do nascimento dela e, quando verificou ser o nenezinho uma menina, não percebeu que sua filha era tão boa quanto um filho, mas abandonou-a no Monte Partênio, de acordo com uma história[646]. Uma ursa adotou a criança; isto se apropriava ao círculo de Ártemis[647], onde a grande deusa e seus pequenos duplos eram considerados ursas e assim se chamavam. Caçadores encontraram a criança e criaram-na. Consoante outra história, ela deixou espontaneamente a casa paterna, a fim de evitar que a forçassem a casar[648], e refugiou-se no ermo, onde caçava sozinha. Certa feita, teve uma experiência semelhante à de Ártemis, que foi perseguida por dois meninos gigantescos, filhos de Aloeu[649]; Atalanta foi atacada por dois centauros e matou-os a flechadas[650].

Mesmo assim, não foi poupada pelo amor, como a própria Ártemis não o foi de todo[651]. A beleza[652] da caçadora de cabelos loiros atraiu pretendentes, que a seguiam até no meio do mato[653], embora ela tivesse imposto uma condição severa. Sendo a melhor corredora do mundo, ofereceu-se para disputar uma corrida com os candidatos, cujo resultado seria o casamento ou a morte. Ela oferecia uma vantagem ao adversário e prometia desposá-lo se ele chegasse à meta antes dela; de outro modo, teria o direito de matá-lo com suas setas quando o alcançasse[654]. Não ficou registrado o número de homens que ela matou; despia-se inteiramente para a corrida, como faziam os moços, e ninguém conseguia resistir à tentação[655]. Mas Hipêmenes também era belo, descendia de Posídon, como Hipólito, e tinha um nome semelhante, que significa "impetuosidade do garanhão" como o amor de Ártemis se chamava "garanhão à solta". Hipômenes, que era esperto, correu, mas levava três maçãs de ouro na mão, e isso decidiu a corrida.

As maçãs de ouro vinham da grinalda de Dioniso, e Afrodite as trouxera para o rapaz[656]; delas emanava uma magia irresistível de amor[657]. Quando Atalanta as avistou, foi tomada de loucura amorosa[658]. Hipômenes atirou-lhe aos pés as maçãs de ouro. Ter-se-ia ela realmente encantado com o seu brilho, como uma menininha? Procurou deitar-lhes a mão, pegou-as e, enquanto isso, o noivo chegava à meta. Atalanta acompanhou-o a um bosque escuro[659], em que havia um santuário oculto da floresta, como o do Bosque Nemorense, no Lago de Nemi para o qual Ártemis carregou o seu amado Hipólito e onde os caçadores, em tempos menos remotos, costumavam levar-lhe um sarmento carregado de maçãs, à guisa de oferenda[660]. O santuário em que Atalanta se uniu a Hipômenes pertencia à Grande Mãe dos Deuses[661], a qual, como sabemos, também se chamava a Grande Ártemis[662]. Afirma-se que ela puniu os dois amantes transformando-os num leão e numa leoa e atrelando-os ao seu carro; essa história é mais recente, mas ainda confere a imortalidade aos amantes, pois eles participam eternamente do progresso triunfal da Mãe dos Deuses. É sabido e ressabido, como as pessoas declaravam naqueles tempos, que os leões vivem castamente um com o outro e só se acasalam com leopardos, de modo que, mercê da sua transformação, Hipômenes e Atalanta foram condenados à castidade eterna[663].

Antes disso, contava-se a história de outra corte a Atalanta, a corte que lhe fez seu primo Melaneu[664], que chegou a ser confundido com Hipômenes[665], e talvez não sem razão. É a mesma história de amor, só que nessa versão a donzela divina tem um aspecto mais compreensivo. O nome do moço também parece ser mais velho do que Hipômenes ou Hipólito; escreve-se ora Melaneu, ora Meilaneu, de modo que não se pode traduzi-lo com exatidão. Corria a voz de que se cantava para as crianças de Atenas, no tempo de Aristófanes, esta canção[666]:

Era uma vez um rapaz,
Chamado Melaneu,
Que não queria casar,
Por isso foi para o mato,
E viveu entre as montanhas,
Caçando lebres,
Tinha um cão ao pé de si,
Entrançava cobras espertas
E não queria voltar para casa.

A história continua, provavelmente, contando que ele avistou Atalanta nas montanhas e cortejou-a, dando-lhe de presente uma cria de cerva[667]. Requestou-a por muito tempo; seu galanteio foi famoso pela persistência. Nessa versão ele também tinha rivais[668], mas acabou vencendo, pois se esforçou por mais tempo para conquistar a donzela, suportando todas as agruras da vida de caçador[669]. Foi possível também relatar sua união com ela[670], assim como nomear um filho que Atalanta deu a Melaneu; chamava-se Partenopeu[671], "filho da donzela", e ao depois seguiu para Tebas com os Sete.

Quando Atalanta apareceu em Cálidon para a caçada, houve muito alvoroço entre os homens. Eneu entreteve os heróis reunidos por nove dias[672], mas eles não queriam a companhia de uma mulher quando empreendessem a perigosa aventura. Era talvez um velho costume sacral caçarem os homens inteiramente sós. Meléagro, porém, no dizer de Eurípides, cortejou Atalanta desde o primeiro momento em que pôs os olhos nela[673] e compeliu os heróis a encetar a caçada no décimo dia[674]. Anceu, um dos que mais se opuseram a ele, tombou vítima do javali. Mas não foi esse o único caso de má sorte acontecido na caçada; Peleu feriu acidentalmente o sogro com a lança, e outro caçador, além de Anceu, foi morto pelo javali. Finalmente ocorreu o maior desastre.

A caçada durou seis dias[675] e, no sexto, Atalanta e Meléagro, juntos, deram cabo do javali. Ela foi a primeira a atingir a fera com uma seta e ele desferiu-lhe o golpe mortal. Depois disso, era preciso dividir a carne, ao que se seguiria uma grande festa, como costumavam fazer os homens quando saíam à caça. A cabeça e a pele do javali pertenciam àquele que o matara[676], mas Meléagro deu-as a Atalanta. Isso era mais do que os tios, irmãos de Alteia, podiam tolerar. Inculcando-se como defensores dos direitos da família que representavam[677], deram azo a uma briga; os despojos foram arrancados de Atalanta, a briga transmudou-se em luta e Meléagro matou os tios. Alteia recebeu a informação de que seus irmãos tinham sido mortos por seu filho e que a rapariga estranha estava na posse triunfante dos despojos.

A luta entre Meléagro e os irmãos de sua mãe foi descrita mais cedo. Contou-se a história de uma guerra entre os etólios de Cálidon e os curetes de Plêuron[678] e, quanto mais o contador da história era, ao mesmo tempo, poeta épico, tanto mais se esquecia de Atalanta como a origem da briga e nada dizia sobre o tição, ainda não queimado, que estava em poder de Alteia, mulher de Plêuron. Tal como ouvimos na *Ilíada* a história contada pelo velho Fênix[679], a mãe irada caiu de joelhos no chão, com o colo ensopado de lágrimas, bateu na terra com as mãos e chamou os soberanos do mundo subterrâneo, Hades e Perséfone, desejando assim a morte do próprio filho.

Quando Meléagro soube disso, continua o poeta épico[680], irou-se contra a mãe, retirou-se da guerra e deitou-se ao lado da esposa, a bela Cleópatra, filha de Idas e Marpessa. Até nessa versão, que não faz referência alguma a Atalanta e ao tição, ele era suscetível aos encantos femininos. Debalde os anciãos de Cádidon[681] lhe suplicaram que saísse contra o inimigo, debalde fizeram o mesmo seu pai, sua mãe e seus irmãos. Ele deixou os curetes entrarem na cidade e abrir caminho, à força, até sua casa. E só quando as suas pedras começaram a cair sobre o telhado do quarto de dormir em que Meléagro jazia ao lado da formosa Cleópatra e a esposa lhe suplicou, banhada em lágrimas, que a preservasse da degradação da escravatura, ele vestiu a armadura e expulsou o inimigo da cidade.

Mas as Erínias, no Érebo, tinham ouvido a maldição da mãe[682]. Apolo, com suas flechas mortais, enfrentou o herói na batalha[683]. A mão do deus tornou inútil e supérfluo o poder mágico do tição. No início não foi assim; mas dessa maneira ela é contada desde tempos imemoriais, e dessa maneira um velho trágico a proclamou no palco[684]: "Pois ele não escapou ao frio da morte, mas a chama ligeira o devorou quando o tição foi destruído pela maquinação perversa de sua terrível mãe". Eis o que Alteia fizera: tirara do cofre o tição meticulosamente guardado e o lançara ao lume do fogão. Quando ele se desfez em cinzas, Meléagro sucumbiu no campo de batalha[685] ou, na versão mais antiga[686], quando ainda estava cortando em pedaços o javali, aos pés dos cadáveres dos irmãos de sua mãe.

As mulheres de Cálidon não se cansavam de prantear o herói morto na primavera da vida. Em suas incessantes lamentações, transformaram-se nas aves que os homens chamavam *meleágrides*, aliás conhecidas pelo nome de galinhas-da-índia[687]. Onde quer que se veja um homem morto cedo, numa lápide ática, como um caçador sonhador, de certo modo Meléagro ainda está lá; sua história é rememorada, não em sua minúcias, mas como a história de uma morte prematura e imerecida. No mundo subterrâneo, foi ele o único diante de cuja sombra o próprio Héracles sentiu medo[688], e quando Meléagro contou, lastimoso, a história da caçada calidônia, as lágrimas assomaram, pela primeira e única vez, aos olhos do maior de todos os heróis, o filho de Zeus e Alcmena.

LIVRO DOIS: HÉRACLES

O herói entre os deuses foi Dioniso. Sua concepção e nascimento na casa do Rei Cadmo de Tebas, como filho de Zeus e da Princesa Sêmele, foram a concepção e o nascimento verdadeiros de um herói. Poderiam ter levado a uma biografia heroica de Dioniso, não tivesse sido ele, afinal de contas, um deus, um deus que dessa maneira entrou, através da mãe, numa relação mais íntima com os mortais do que todas as outras divindades, exceto Asclépio. Esse, aliás, foi por muitos considerado um dos seus três nascimentos, figurando entre o primeiro, de Perséfone, e o terceiro, da coxa de Zeus; Dioniso, portanto, é conhecido entre os informados como "o três vezes nascido"[689]. Os demais nascimentos fizeram-no muito maior do que um herói. Como deus, nasceu de Perséfone e foi elevado ao *status* de um novo deus pelo próprio Zeus. Tais acontecimentos foram únicos na história dos deuses.

No caso de Héracles, aconteceu coisa parecida. Ele entrou na vida mortal gerado por Zeus numa mãe mortal. Tinha de passar por um longo curso na terra antes de poder celebrar seu ingresso no Olimpo. Sombras negras caíram sobre ele antes da glória final. Foram provavelmente melhor avisados os gregos que, à semelhança dos habitantes da Ilha de Cós[690], queimavam um carneiro à noite como oferenda ao herói e na manhã seguinte sacrificavam um touro como oferenda ao deus. De acordo com as inscrições e traços de sacrifícios encontrados na escavação do seu santuário em Tasos, os habitantes daquela outra grande ilha procediam de maneira muito parecida. Heródoto, o historiador, acreditava ter encontrado ali o mesmo deus com que topara na Fenícia, entre os tírios[691]. E aprovava com veemência, por conseguinte, o duplo sacrifício. Mas dificilmente teria acertado quando tentou separar o deus do herói, como se fossem pessoas diferentes; nesse caso, teríamos de distinguir entre Dioniso, filho de Perséfone, e Dioniso, filho de Sêmele. Mas aqui temos de reconhecer novamente um no outro.

Afirma-se[692] que os siciônios, a princípio, ofereciam um sacrifício apenas ao herói; mas logo caíram em si e lhe trouxeram as duas espécies de oferendas. A informação de que Héracles era um deus houveram eles de alguém que se achava em condições de decidir, o Festo que se chegou a eles como estrangeiro, provavelmente de Creta e, tornando-se rei em Sícion, jornadeou para a grande ilha meridional e assumiu-lhe a suserania[693]. Supunha-se que fosse filho ou neto do próprio Héracles como um dos Dáctilos do Monte Ida em Creta, um Clímeno da cidade cretense da Cidônia[694]. E foi como Dáctilo, e não como filho de Zeus e Alcmena, que, segundo se diz[695], Héracles veio de Creta e, com os irmãos, deu origem à primeira raça em Olímpia, antigo sítio do culto de Hera.

Na capacidade de Dáctilo, foi adorado pelos lírios, pelos jônios da Ásia Menor[696], pelos de Cós e, com certeza, também pelos de Tasos. Consoante a tradição[697], a primeira metade dos ritos de Cós honrava Héracles, o Dáctilo. Ajustava-se também ao Dáctilo que fosse servido em Cós como divindade do casamento[698]. As peculiaridades de um Dáctilo assinalaram o princípio da estrada que ele palmilhou. Consideravam-no pertencente à irmandade de seres dos dias primevos, nascidos da terra e fálicos, como um dos filhos da Mãe dos Deuses, mas um filho especial, o servo único, singular, incomparável e divino de uma deusa. Não foi, contudo, muito correto fazer dele o poeta Onomácrito[699] um servo dáctilo de Deméter. Isso descrevia antes o início da história da vida de Édipo, uma biografia que, como sabemos, acabou num recinto sagrado de Deméter no mundo subterrâneo. Héracles elevou-se à condição de filho de Zeus pelos serviços prestados a Hera, a grande deusa do casamento.

A divindade desse servo de uma deusa é atestada pelos ritos que em Cós e Sícion formam uma unidade, embora em duas fases. Mostra-se-lhe a conexão com Hera, não somente pelo seu ofício de deus do casamento em Cós, senão também pelo próprio nome, Héracles, com o seu sentido óbvio de "aquele a quem Hera deu glória". O modo como essa glória se tornou seu quinhão vai narrado em seguida. Ele também trouxe divindade consigo nas histórias do filho de Zeus e Alcmena, como o mundo inteiro viria a conhecê--lo. O poeta sábio que o intitulou *heros theos*, "o herói-deus", tinha certamente razão[700]. É provável que também se contassem histórias heroicas de outros deuses anteriores, mas nenhum foi tão manifestamente o deus entre os heróis quanto Héracles.

I

Os heróis tebanos

1 Histórias da ascendência de Héracles

Talvez não seja exagero dizer[701] que os tebanos não honravam a nenhum deus com tantas procissões e sacrifícios quanto a Héracles. Eles se orgulhavam muito de que tanto Dioniso quanto Héracles tivessem nascido entre eles. A crermos no cálculo dos genealogistas, isso aconteceu no reinado de Creonte, tio de Édipo. Herói tebano, como Édipo, era também Anfitrião, pai terreno de Héracles; e Alcmena, mãe do filho de Zeus, também tinha adoradores como heroína da Beócia. Segundo os genealogistas, ambos descendem de Perseu, visto que Héracles era igualmente conhecido como herói tiríntio, pertencente ao reino de Argos e Micenas.

Os filhos de Perseu reinaram sobre três cidadelas na terra de Argos, Micenas, Tirinto e Mideia. Um desses filhos chamou-se Alceu. Filho de Alceu foi o supracitado Anfitrião, mais uma vez de acordo com os genealogistas. Diz-se que Héracles era conhecido pelo nome de Alcides por causa do avô, mas o nome alude antes ao valor, *alké*, do herói. Alguns também afirmavam saber que o próprio Héracles tinha sido anteriormente chamado Alceu[702], ou simplesmente Alcides[703], e só mais tarde rebatizado pelo oráculo de Delfos[704]. Sua mãe Alcmena tinha no nome igualmente a palavra "valor". Eléctrion, tido por pai dela, era o segundo filho de Perseu; daí que se falasse dela como "a donzela de Mideia" por causa da terceira cidadela familial dos Perseidas[705]. Ao filho de Alcmena foi dado o nome de "o tiríntio", em virtude da cidade de Tirinto[706]. Diz-se que seu marido Anfitrião só se mudou de Tirinto para Tebas após o nascimento de Héracles[707]. Isso ocorreu depois da morte de Eléctrion, quando o terceiro filho de Perseu, Estênelo, adquiriu a soberania sobre Micenas e Tirinto e deixou a de Mideia para os filhos de Pélope, Atreu e Tiestes. Depois de Estênelo, seu filho Euristeu tornou-se rei de Micenas e Tirinto[708], o que fez dele também um tiríntio e suserano de Héracles[709], ainda que este último, como depois se afiançou de um modo geral, tivesse nascido em Tebas. Os acontecimentos que levaram ao nascimento do herói, entretanto, apenas começaram no reino dos filhos de Perseu.

Diante do continente grego, no rumo do oeste, defronte do distrito da Acarnânia, estão as ilhas dos táfios ou teléboas, "aqueles cujo grito é ouvido longe". Sobre eles reinava Ptérela, o qual, graças a Posídon, não poderia ser vencido enquanto permanecesse de posse de um fio de cabelo de ouro[710]. O rei do mar era seu avô, e seu bisavô por parte de mãe era Mestor, filho de Perseu. Os seis filhos de Ptérela, piratas selvagens[711], em certa ocasião apareceram diante de Micenas e exigiram o trono de Eléctrion, que tinha oito filhos, além de sua filha Alcmena. Foi assim que ele rejeitou os filhos de seu irmão Mestor. Em consequência disso, eles roubaram-lhe o gado e, como acontecia com tanta frequência nos tempo heroicos, iniciou-se uma luta por causa das vacas. Nessa luta tombaram sete filhos de Eléctrion (o oitavo era demasiado pequeno) e cinco filhos de Ptérela. Os táfios restantes recolheram-se aos seus navios, que tinham deixado surtos ao lado da Costa Ocidental do Peloponeso. Deixaram o gado com o rei de Élida, Polixeno, de quem Anfitrião tornou a comprá-lo. Eléctrion confiara o reino e a filha a ele, seu sobrinho, e estava a pique de sair contra os táfios, a fim de vingar os filhos. Ocorreu então novo infortúnio, mais uma vez em conexão com as vacas que Anfitrião resgatara e trouxera de volta. Não se transmitiram os pormenores, mas sabe-se que Anfitrião ficou zangadíssimo[712]. Ou foi por puro acaso que ele atirou o seu bumerangue a uma das vacas? Ao bater, a arma ricocheteou no chifre do animal e matou Eléctrion. Anfitrião, portanto, precisava empreender a campanha contra os táfios e não podia tocar em Alcmena, a noiva que lhe fora confiada, enquanto os sete irmãos dela não fossem vingados. Essa foi a condição que ela mesma impôs depois da morte do pai. A concepção de Héracles, filho do Rei dos Deuses, por essa princesa virgem estava assim preparada.

Primeiro que tudo, porém, como esses narradores sabiam quem situara a concepção e o nascimento em Tebas, Anfitrião precisava descobrir uma nova pátria para si e Alcmena. Seu tio Estênelo banira-o do reino[713] depois de haver ele matado Eléctrion, fosse num assomo de cólera, fosse por pura fatalidade. Dessarte, o jovem casal foi para Tebas, onde Creonte purificou Anfitrião do homicídio. Alcmena continuou sendo sua esposa virgem enquanto não se cumpria o seu voto de vingança. Mas isso poderia demorar algum tempo. Tebas era então atormentada por uma raposa[714], perigosa criatura que tinha a sua toca no Monte Teumeso; e como ela corria tão depressa que não podia ser apanhada, roubava o que queria da cidade. Todos os meses os tebanos deixavam uma criança para ela, a fim de induzir o animal a poupá-los[715]. Anfitrião também não poderia tê-la matado, pois estava empenhado em reunir um exército contra os teléboas. Por isso recorreu a Céfalo, o herói ático, cuja esposa, Prócris, como presente de Zeus a Europa[716], tinha trazido de Creta[717] o cão de caça de Minos. Assim como ninguém conseguia alcançar a raposa de Teumeso, assim também nada conseguia escapar desse sabujo. Ele seguia a raposa pela planície de Tebas e Zeus converteu os dois em pedra. Anfitrião partiu então com Céfalo, Panopeu da Fócida e Heleio, o mais moço dos filhos de Perseu, contra os táfios. Tiveram a boa fortuna de Cometo, filha de Ptérela, apaixonar-se por um dos comandantes, Anfitrião ou o formoso Céfalo[718], e furtar do pai o fio de cabelo de ouro que o tornava invencível. Tendo isso para ajudá-lo, Anfitrião conseguiu vingar os irmãos de Alcmena e assim voltou vitorioso para ela.

Mas a noite de núpcias com a esposa virgem, bisneta de Dânae, não estava reservada para ele. Zeus aproximou-se dela na forma de Anfitrião. Com uma taça de ouro na mão e um colar semelhante ao que dera a Europa[719], o Rei dos Deuses entrou na alcova[720]. Ela interrogou-o acerca da sua vitória sobre os teléboas e o deus, na forma do marido, contou-lhe como a vingança fora obtida; a taça era penhor disso, pois fora presente de Posídon ao primeiro rei dos táfios[721]. Consumou-se o casamento, tomando Zeus o lugar do vencedor mortal[722], numa noite da qual se disse ter sido três vezes mais longa do que as noites comuns. Assim como se disse da primeira noite em que Hermes saiu para roubar que a lua se ergueu duas vezes[723], assim teria parecido que ela se ergueu três vezes nessa ocasião; em razão disso, Héracles, fruto da noite de Zeus e Alcmena, foi chamado *triselenos*, filho da lua tríplice[724].

Tivesse Anfitrião voltado na mesma noite[725], ou só na noite seguinte[726], o fato é que Alcmena concebeu gêmeos um filho de Zeus e outro de Anfitrião, chamado Íficlo, "famoso por sua força". Mas também se aventou que o vencedor não foi recebido pela esposa, como esperara sê-lo, pois ela lhe disse: "Vieste ontem, fizeste amor comigo e contaste-me os teus feitos"[727], e mostrou-lhe a taça para prová-lo. Conheceu então Anfitrião quem havia tomado o seu lugar (dizem que o adivinho Tirésias o ajudou a decifrar o enigma)[728] e não tocou na noiva do deus.

2 O nascimento do herói

Não é fácil, à medida que progride a narrativa, atermo-nos à velha história de que Hera, como implica o nome de Héracles, o glorificou. Mas como artistas antigos, por exemplo em Pesto, onde o Sele deságua no mar, enfeitaram o templo da Rainha dos Deuses com as façanhas de Héracles, precisamos, afinal de contas, acreditar que ela também poderia deleitar-se com os feitos do herói. Nas narrativas, tem-se a impressão de que em quase todas as ocasiões ela se mostrava a sua mais acerba inimiga. Esse estado de coisas começou pouco antes do nascimento do herói, quando a gravidez de Alcmena já estava chegando ao termo. No dia em que ela devia dar Héracles à luz, Zeus, vítima de Ate, a paixão, proclamou em voz alta a todas as divindades[729]: "Ouvi-me, todos os deuses e todas as deusas, para que eu possa enunciar o que me dita o coração em meu peito. Neste dia, Ilícia, a dos trabalhos do parto, trará à luz uma criança do sexo masculino, que dominará todos os que vivem por aí, pois será do sangue dos homens que provêm de mim". Mas Hera fingiu não acreditar nele e induziu-o a jurar: "Que verdadeiramente ele dominará todos os que vivem por aí que neste dia caírem entre os pés de uma mulher, pois será do sangue dos homens que são da tua raça". Zeus não reparou na falácia da mente dela, mas fez um grande juramento. Hera saltou à frente e deixou o pico do Olimpo, chegando à pressa a Argos, onde sabia que a poderosa consorte de Estênelo, filho de Perseu, estava grávida e que o sétimo mês já chegara. E fez a criança nascer, embora prematuramente, detendo o parto de Alcmena e obrigando Ilícia a esperar. Feito tudo isso, mandou dizer a Zeus que nascera o homem que haveria de imperar sobre todos os argivos – Euristeu, filho de Estênelo. Debalde Zeus agarrou Ate, a deusa da paixão, pelos cabelos e a lançou para muito longe do Olimpo, de volta ao gênero humano. Não poderia desdizer o que jurara.

Parece que Héracles, apesar de tudo, viu a luz nesse mesmo dia, mas foi Euristeu, cujo nome significa "o amplamente poderoso" – nome que poderia ter adornado o rei do mundo subterrâneo, e não a ele – que se tornou grande rei do reino de Argos e Micenas, permanecendo Héracles como seu vassalo, embora, de acordo com essa versão, ele tivesse nascido em Tebas. Ilícia sentou-se no vestíbulo do palácio em que Alcmena sofria os trabalhos de parto[730]. Estavam com ela as três Moiras, com os joelhos cruzados e as mãos firmemente dobradas sobre eles. Nisso uma doninha passou por elas[731]; as deusas, espantadas, ergueram as mãos para o alto, e o que tinha sido atado desatou-se. Ou talvez não fosse uma doninha, mas a "rapariga-doninha", Galíntia ou Galântis (*gale* é uma doninha), companheira de folguedos de Alcmena, que foi a própria inventora desse truque. Foi ela quem saiu correndo da sala de parto na direção das deusas no vestíbulo e gritou: "Segundo a vontade de Zeus, Alcmena deu à luz um menino e não tendes mais nada que fazer aqui". As deusas, atônitas, abriram as mãos e nesse instante Alcmena deu à luz Héracles. Então as deusas, assim enganadas, transformaram a astuta rapariga na criatura que, conforme se acreditou por muito tempo depois, concebe pelo ouvido e pare pela boca. Hécate tomou-a como sua atendente sagrada. Héracles estabeleceu o culto de Galântis em sua casa, e todos os anos os tebanos faziam sacrifícios em sua honra antes de cada festival do herói. Alegou-se também[732] que as vítimas do seu engodo não eram deusas, senão bruxas perversas, vencidas em estratégia por Históris, "a sabedora", filha de Tirésias, com a falsa notícia de que Alcmena tinha dado à luz o filho. Mas a doninha, em virtude dos poderes que lhe atribuem de conceber pelo ouvido, tornar-se-ia uma alegoria da Virgem Maria.

Héracles nasceu no segundo dia da lua[733], e depois dele (uma noite mais tarde, como muitos declararam)[734] nasceu seu irmão gêmeo Íficlo, que só era duplo do irmão no nome, Héracles como ele, até que o último ficou famoso não somente pela força, mas com a ajuda de Hera. Quase não existe uma história de Íficlo, a não ser que ele, como se Zeus o tivesse privado do entendimento, deixou a casa e os pais e entregou-se de boa mente ao serviço de Euristeu[735]. Diz-se que, depois, lamentou muito o que fizera, mas não soubemos mais nada a esse respeito. Não foi ele o companheiro favorito de Héracles, porém Iolau, que se diz ter sido filho de Íficlo e a quem os tebanos honravam não menos que os argivos honravam Perseu[736]. No que dizia respeito a Héracles, Zeus e Hera estavam de acordo[737]; Euristeu teria, na verdade, soberania sobre Tirinto e Micenas e Héracles ficaria a seu serviço até levar a cabo doze trabalhos que lhe haviam sido cometidos, mas depois disso o filho de Zeus conquistaria a imortalidade que lhe era devida após os seus feitos.

Mas a história ainda está muito longe disso. Há também a lenda de Alcmena, que, temendo o ciúme de Hera, teria abandonado o pequeno Héracles imediatamente após o nascimento, num lugar que depois veio a chamar-se Planície de Héracles[738]. Palas Atena e Hera passaram por lá, ostensivamente por acaso, mas premeditadamente da parte da deusa virgem, a quem o *alké*, a coragem guerreira, do filho de Alcmena o aliava estreitamente. Atena expressou sua admiração pelo menino robusto e persuadiu Hera a oferecer-lhe o seio. Ele, contudo, sugou-o com tanta força que a deusa, não suportando a dor, lançou de si a criança, mas o leite da Rainha dos Deuses já a havia tornado imortal. Atena, muito satisfeita, levou a criança de volta à mãe. Consoante outro relato[739], porém, aconteceu que, enquanto Hera dormia, Hermes levou o menino Héracles à sua residência celestial e fê-lo mamar no seio da deusa, e quando ela o lançou de si, desesperada de dor, o leite continuou a correr e assim passou a existir a Via Láctea.

Tais eram os acontecimentos no céu, mas, no palácio de Anfitrião, outras coisas estavam ocorrendo. De acordo com uma velha historia[740], imediatamente depois que os gêmeos nasceram; de acordo com uma história subsequente, quando ambos já tinham dez meses de vida[741]. A imagem de uma criança divina entre duas serpentes podia ser familiar, havia muito tempo, aos tebanos, que adoravam os cabiros, embora não representada como a primeira proeza de um herói, como na história seguinte. A porta do quarto de Alcmena, no qual as crianças recém-nascidas se achavam deitadas sobre os cueiros tintos de açafrão, estava aberta. Cruzaram-na duas serpentes enviadas pela Rainha dos Deuses e, com as fauces abertas, ameaçavam devorar os bebês. Mas o que devia granjear renome através de Hera, o filho de Zeus, ergueu a cabeça e experimentou as forças numa luta pela primeira vez. Com as duas mãos agarrou as duas serpentes e pôs-se a estrangulá-las, até que a vida lhes deixou os corpos terríveis. As ajudantes à cabeceira de Alcmena estavam paralisadas de medo, mas a mãe ergueu-se de um salto, querendo, ela mesma, repelir a violência dos monstros. Os cadmeus acorreram armados, e à frente deles vinha Anfitrião, empunhando a espada; mas sobresteve, tomado de surpresa, horror e alegria, ao ver a coragem e a força inéditas da criança. Imediatamente mandou chamar o distinto adivinho de Zeus, o profeta Tirésias, no palácio vizinho, que revelou a ele e a toda a gente o futuro destino do menino, as muitas feras insubmissas que mataria por terra e por mar, a luta que travaria ao lado dos deuses contra os Gigantes e a recompensa que seria a sua no fim.

Nada seria mais fácil do que continuar aqui com a lista dos instrutores de Héracles, como os contadores mais recentes da história costumavam fazer[742], declarando que ele aprendeu com Anfitrião o modo de dirigir um carro, com Êurito a arte de manejar o arco, com Castor a ciência de combater com armas, com Autólico a arte de lutar e assim por diante, como se Héracles não fosse mais que um príncipe, de origem divina sim, mas não um ser divino, não um ser que só na aparência semelhasse outros heróis, que nunca foram alçados ao Olimpo, mas, como Édipo, passavam, ao morrer, para uma sepultura no seio da Mãe Terra. Mas nem nos contos de sua vida como filho de Anfitrião e, mais tarde, como genro de Creonte, as explosões da sua natureza sobre-humanamente selvagem poderiam ser mantidas em segredo.

Ele aprenderia as letras com Lino, do qual se dizia haver sido o primeiro a introduzi-las na Grécia. A respeito desse Lino, toda a gente sabia que era filho de Apolo[743], ou da Musa Urânia[744], e que morreu moço de morte violenta; por esse motivo, todos os cantores e harpistas o choravam nos banquetes ou nas danças[745]. Segundo uma versão da sua morte violenta, Cadmo matou-o porque ele, Cadmo, queria ser o primeiro a introduzir a escrita entre os helenos[746]. De acordo com outra narrativa, ulterior à primeira, Lino tinha de ensinar a Héracles a arte da escrita e a de tocar harpa e chegou tão longe que acabou batendo no menino-herói, avesso ao ensino[747]. Um pintor de vasos desenhou-nos a cena; o jovem herói está quebrando a cadeira em que estivera sentado na cabeça do professor. Por essa razão, contam-nos mais[748], Anfitrião mandou-o para as invernadas; ali, entre os pastores, cresceu ele, até que aos dezoito anos já tinha quatro côvados de altura. O fogo dos olhos revelava-lhe a natureza divina. Nunca errava o alvo quando atirava com o arco ou arremessava a lança. Um grande pedaço de carne assada e uma cesta cheia de pães pretos era a sua ração diária[749]. Vivia ao ar livre e dormia ao relento[750]. Mas isso já se refere às peregrinações do herói, e não à sua vida entre os pastores no Citéron, onde talvez fosse a coisa mais natural para se fazer.

No santuário de Apolo Ismeno em Tebas, mostrava-se uma trípode que se diz ter sido dedicada por Anfitrião[751] para comemorar o fato de haver sido seu filho Alceu[752] nomeado para o posto de jovem sacerdote coroado de louros, cargo anual em Tebas. A luta de Héracles com o irmão por essa trípode délfica, por outro lado, preservou-se em monumentos de arte muito anteriores a essa história. A briga fraterna, no entanto, ocorreu muito mais tarde, no curso da vida do herói, e será então contada. Temos de passar agora à história dos eventos da sua mocidade, em Tebas ou nas montanhas que cercavam a cidade, onde ele estava destinado a realizar seu primeiro feito heroico e exibir pela primeira vez sua natureza dactílica.

3 As histórias da mocidade

Citéron, em cujas abas os pastores tebanos apascentavam seus animais, foi o cenário de muitas histórias de deuses e heróis. Ali, Zeus e Hera se encontraram para o seu casamento sagrado; ali as irmãs de Sêmele vaguearam em busca de Dioniso; ali Anfião e Zeto, além do infante Édipo, foram abandonados; ali erraram Antíope e o velho e sofrido Édipo. Entre Citéron e a outra montanha dos deuses na Beócia, Hélicon, erguia-se a cidade de Téspias, onde mais tarde Héracles, asseguram-nos[753], possuía um santuário muito antiquado como Ideu Dáctilo. Nos dias em que o jovem herói vivia com os pastores, ali reinava o Rei Téspio. A tradição não diz com exatidão se o leão que devastou seus rebanhos e os de Anfitrião vinha de Citéron[754] ou de Hélicon[755]. Nos tempos históricos já ali não havia leões; Héracles livraria a região daquele flagelo.

Ele andava desarmado por entre as montanhas; mas, no que tange à sua famosa maça, sem a qual a posteridade mal pode concebê-lo, quer a tradição[756] que ele a tinha arrancado do chão, uma oliveira selvagem com raízes e tudo. Os pastores carregavam amiúde tais bordões, semelhantes a maças, quando andavam pelos arredores; estes eram para eles o tipo mais simples de armas para caçar, tanto quanto o conhecido cajado curvo do pastor, que atiravam às lebres. Héracles dedicou sua primeira maça, ou a segunda ou a terceira, pois aqui, mais uma vez, há diversas tradições[757], a Hermes Políglio, "o dos muitos membros", sinal de que um cajado tão poderoso se adequava especialmente a um ser dáctilo como o era Hermes quando trazia esse epíteto.

Héracles saiu à procura do leão e chegou à casa do Rei Téspio. O rei recebeu-o hospitaleira e alegremente e manifestou o desejo de ter netos gerados pelo herói, como Autólico os tivera gerados por Sísifo[758]. Ele tinha cinquenta filhas e fez que todas, uma depois da outra, dormissem com o hóspede. Só uma resistiu ao herói, e por isso foi a que mais estreitamente se ligou a ele. As outras tiveram filhos, uma ou duas delas até gêmeos[759] (esses filhos de Héracles, mais tarde, colonizaram a Ilha da Sardenha)[760], mas ela, tendo-lhe resistido, tornou-se sua sacerdotisa para o resto da vida[761], a primeira sacerdotisa virgem do templo de Héracles em Téspias, e as sacerdotisas virgens são sempre as esposas do deus a que servem. Mais tarde, ele também matou o leão com cuja pele cobriu a cabeça e os ombros[762]; conhecemos esse costume característico, a cujo respeito, na verdade, existe outra tradição[763], tirada do leão de Nemeia. Mas essa é outra história, e dela falaremos depois.

Após suas aventuras entre Citéron e Hélicon, Héracles voltou para Tebas. Completara dezoito anos de idade – assim, pelo menos, calculam os narradores mais recentes, praticamente incapazes de conceber ainda o herói sempre jovem de antanho[764] munido da clava e da pele de leão. No caminho, encontrou embaixadores[765] procedentes da cidade Beócia de Orcômeno, cidade mínia, governada naquele tempo pelo Rei Ergino. Anos antes, os tebanos lhe haviam matado o pai, enraivecidos por alguma ninharia, no festival de Posídon em Onquesto[766]. Recaindo sobre Ergino o dever da vingança, ele assediou os tebanos e impôs-lhes pesado tributo; teriam de enviar aos mínios cem vacas por ano durante vinte anos. Os vinte anos ainda não haviam terminado; Tebas era praticamente indefensável[767], e nela reinava o fraco Creonte. Os embaixadores vinham recolher o tributo quando Héracles os encontrou, e eles, por certo, não se mostraram conciliantes.

Não nos dizem como se deu o encontro entre eles e o jovem herói, mas tão somente quais foram as suas consequências; Héracles cortou-lhes o nariz e as orelhas, pendurou-os em torno do pescoço de cada um e enviou o tributo a Ergino. Em vista disso, os mínios tornaram a sair de Orcômeno em busca de vingança; Héracles saiu sozinho contra eles – ou, pelo menos, assim o diz a mais antiga versão da história[768]. Com armas fornecidas por Palas Atena[769], ele derrotou os mínios e libertou Tebas. Em troca, deu-lhe Creonte a filha Mégara por esposa[770] e Héracles levou-a, ao som de flautas[771], para o palácio de Anfitrião. Ninguém poderia adivinhar o modo horrível com que isso acabaria. Creonte entregou-lhe a soberania de Tebas[772].

De acordo com uma versão[773], Anfitrião tombara na batalha contra os mínios que avançavam, mas, segundo outra, viveu em seu palácio com Mégara e os netos, depois que o herói os deixou[774]. Os tebanos, mais tarde, lhe prestaram honras em seu túmulo de herói, a par com Iolau[775], filho de Íficlo, seu neto e favorito de Héracles; foi ele também, reza outra tradição, quem conduziu os cinquenta filhos de Héracles à Sardenha. Mostravam-se igualmente os remanescentes do seu palácio em Tebas, que os heróis-arquitetos, Agamedes e Trofônio, filhos de Ergino, construíram para ele[776]. Imaginou-se até que a câmara nupcial de Alcmena ainda poderia ser reconstruída no meio das ruínas. Com efeito, os beócios afirmavam possuir a tumba de Alcmena em Haliarto até que os espartanos, tendo capturado a Cadmeia, abriram-na e transportaram-lhe o modesto conteúdo, incluindo uma lâmina em que se viam gravados caracteres micênicos, para sua própria cidade[777]. Estes eram seguramente velhos túmulos de heróis de data micênica que os tebanos e os seus vizinhos atribuíam aos parentes de Héracles.

Mas os contadores da história, de um modo ou de outro, tinham de levar Héracles a Tirinto, depois de o haverem ligado com tantos laços a Tebas;

cumpria que fosse para o reino micênico, onde era vassalo do Rei Euristeu. Ali imperava a deusa conhecida como Hera de Argos, cujo nome abrangia todo o distrito. Seu templo, no terraço de uma montanha imponente, entre Tirinto e Micenas, não pertencia a nenhuma cidade isolada, mas ela também tinha um templo em Tirinto, onde a consideravam, e não a Palas Atena, a senhora do castelo. Com esse castelo, o criado da deusa, Héracles de Tirinto, também era súdito de Euristeu. Já ouvimos falar do estratagema por cujo intermédio, ao qual se diz, ela conseguiu provocar a sujeição. Essa era uma velha história, mas não tão velha quanto a conexão entre Hera e Héracles, que talvez fosse até mais velha do que a conexão entre a Rainha e o Rei dos Deuses. Numa época em que Zeus ainda não conquistara a grande deusa de Argos para esposa, ela poderia ter posto o seu divino criado, a quem desejava glorificar, à disposição do rei de seu país, sem que para isso precisasse valer--se de estratagema algum. O Rei Admeto da Tessália conseguiu um criado divino na própria pessoa de Apolo[778], e também era um potentado terrestre com um nome que poderia ajustar-se ao rei do mundo subterrâneo.

Diz-se que Euristeu mandou buscar Héracles[779] em Tebas, ou que o próprio Héracles teve a fantasia de habitar os muros ciclópicos de Tirinto[780] e precisou pagar por isso com os seus trabalhos. As histórias tebanas ainda não terminaram, mas agora precisamos encetar as de Tirinto, ou de Micenas, pois Euristeu tinha sua residência em Micenas, e para lá Héracles precisava voltar depois de cumprir cada uma das tarefas impostas pelo rei, a fim de receber novo encargo.

II
Os doze trabalhos

1 O leão de Nemeia

Na borda setentrional da planície de Argos, a uma distância não muito grande de Tirinto e Micenas, erguem-se as montanhas sobre as quais passa a estrada de Corinto. A mais alta, que se parece estranhamente com uma mesa virada a meio, é Apesa, sobre a qual Perseu sacrificou a Zeus pela primeira vez[781]; as águas de um dilúvio em que ele flutuara ainda atingiam essa altura, de acordo com um velho conto. Debaixo do Monte Apesa estende-se o amplo vale de Nemeia, com inúmeras cavernas próximas. Uma montanha era ali chamada Treto, "a perfurada"[782]. Nessa região, um leão tinha o seu covil e deixava insegura toda a zona montanhosa. Um deus o mandara, a modo de punição, contra os habitantes do lugar, descendentes do homem primevo Foroneu. Assim nos contam numa história mais simples[783], e até isso parece mais do que o necessário. Não seria um leão apenas, mesmo sem ter sido mandado por deuses, tarefa suficiente para um herói?

Os pormenores dos doze trabalhos de Héracles foram contados desde tempos antigos por tanto poetas, nomeados e inominados, e tão enfeitados, que não admira ouvirmos uma história diferente também acerca da origem dessa criatura selvagem. No dizer de alguns[784], a mãe do leão era a deusa-serpente Equidna[785], que o tivera com o próprio filho, o cão Ortro. O leão de Nemeia seria, assim, irmão da Esfinge tebana. Hera trouxera-o da terra oriental dos arimos para o seu próprio país. De acordo com outra versão[786], a fera estava originalmente com Selene, a deusa da lua; esta, porém, desfez-se dela e o leão foi cair sobre o Monte Apesa. As narrativas da luta entre Héracles e o maravilhoso animal deixam claro que arma nenhuma vingaria feri-lo.

Tais minúcias, que podem ser consideradas meras decorações, foram ainda mais pormenorizadas; não obstante, o leão, contra o qual só um Héracles poderia prevalecer, tinha em si, evidentemente, algo especial. Ele pode ter corporificado particularmente a morte e o mundo subterrâneo. Os leões que os artistas antigos colocavam sobre os túmulos nos recordam a sua capacidade representativa, mesmo que não houvesse a intenção de retratar o leão de Nemeia. Conta-se que o próprio Héracles, depois da vitória sobre os orcomênios, colocou um leão defronte do templo de Ártemis Eucleia[787], nome que dá a entender ser a deusa, ela mesma "leoa para as mulheres"[788], uma divindade do mundo subterrâneo. Ao caçar, Héracles não exterminava animais comuns da terra, como Oríon[789], nem aparecia no papel de senhor do mundo subterrâneo como deus-caçador; o que ele caçava estava aparentemente morto. Vencia e capturava animais estranhos, que pertenciam aos deuses, até a deuses do mundo subterrâneo. Quando, após a vitória sobre o leão de Nemeia, colocou-lhe a pele e a cabeça sobre sua própria cabeça e ombros, o que antes ameaçara os mortais com a morte passou a ser uma promessa de libertação.

Reza a história[790] que Héracles, quando saiu contra o leão, entrou na cidadezinha de Cleona, na orla da floresta de Nemeia. Consoante a versão mais recente, Molorco, seu hospedeiro, era um pobre camponês, trabalhador diarista[791], mas, na história original, provavelmente um homem primevo, fundador da cidade de Molórquia[792]. O leão matara-lhe o filho, e ele queria oferecer seu único carneiro em honra do hóspede. Héracles ordenou-lhe que esperasse trinta dias; se, no trigésimo dia, ele não tivesse voltado do combate com o leão, o carneiro deveria ser-lhe sacrificado como a um herói, mas, de outro modo, a Zeus, o Libertador. Com Molorco, aprendeu o modo de atacar o leão; seria uma luta corpo a corpo, ainda que Héracles, como as gravuras o mostram, usasse espada e lança ou, como se afirmou depois[793], primeiro houvesse atordoado o animal com um golpe de maça. Foi-lhe preciso forçar a entrada no antro, o qual, segundo se afirmava, tinha duas saídas, uma das quais Héracles bloqueou[794]. Levou os trinta dias para fazer tudo isso, não para ir de Cleona a Nemeia, que ficam próximas uma da outra, mas, presumivelmente, para chegar às profundezas onde o monstro tinha o seu covil. Ou

• **137**

teria sido apenas o sono que o subjugou, depois de haver estrangulado o leão, que durou tanto tempo? Conta-se a história desse sono[795], e não deveríamos esquecer que o Sono é irmão da Morte. As esculturas nas métopas do templo de Zeus em Olímpia, que representam os trabalhos de Hércules, mostram o herói ainda meio sonolento, em memória daquele perigoso sono. Mas quando, afinal, ele despertou no trigésimo dia, engrinaldou-se de aipo selvagem, como alguém que viesse do túmulo, pois os túmulos eram enfeitados com essa planta[796]. Mais tarde, os vencedores dos Jogos Nemeus e, depois deles, dos jogos que se realizavam no Istmo, usavam a mesma grinalda[797].

Molorco, prossegue a história, estava a pique de sacrificar o carneiro ao herói, como oferenda fúnebre, quando Héracles apareceu. Carregava o leão às costas. O carneiro, de acordo com essa versão, foi sacrificado a Zeus Soter, o deus que socorre, mas poderia ter sido a vítima que Héracles recebeu ali mais tarde. Héracles ficou em casa de Molorco mais uma noite e no dia seguinte cedo tomou a estrada que demandava o sul e viajou, pelo passo, no rumo de Argos. Dali, enviou ao seu hospedeiro uma mula, que lhe havia prometido, e prestou-lhe tantas honras quantas lhe prestaria se fossem ligados por algum casamento[798]. Dirigiu-se com o leão a Micenas, residência de Euristeu[799], e o rei ficou tão horrorizado com a estranha façanha do herói que o proibiu, no futuro, de entrar na cidade com os seus despojos. Bastar-lhe-ia apresentar-se diante das portas. Conforme essa história, Euristeu, já então, tinha um vaso de bronze fixado debaixo da terra e se enfiava dentro dele toda vez que Héracles se aproximava. Comunicava-se com ele unicamente através do seu arauto Copreu, o "homem-esterco".

O herói despiu o leão de sua pele invulnerável, depois de cortá-la com as garras da própria criatura[800], mas Zeus, para fazer honra ao filho, transportou o monstro para os céus como um monumento comemorativo, onde ele passou a ser o Leão do Zodíaco[801].

2 A hidra de Lerna

Ao sul da cidade de Argos, mas também não longe de Micenas e Tirinto, na estreita faixa de terra entre o Monte Pontino[802] e o mar, existem verdadeiros abismos cobertos pela água fresca originária das muitas fontes que brotam do sopé da cordilheira de calcário. A história das Danaides tem ligação com essas fontes, mas as profundezas debaixo delas estão ligadas ao destino de Dioniso, o qual, quando foi morto por Perseu, chegou através delas ao mundo subterrâneo para ali reinar e, quando foi chamado de volta, voltou também através delas. O mundo subterrâneo era o vizinho próximo da terra de Argos nas águas sem fundo de Lerna. A sentinela na margem, à entrada do reino dos mortos, era a serpente que Héracles teria de vencer depois do leão nemeu.

Diz-se que a mãe da deusa-serpente era a deusa-serpente Equidna[803], mas como ela não tinha nenhum nome especial, a palavra Hidra, que quer dizer "cobra-d'água", passou a referir-se a ela e a nenhuma outra. Ela, a assassina "cadela de Lerna" (pois era chamada assim também)[804], tinha em comum com o irmão mais velho, Cérbero, o outro monstro do mundo subterrâneo, uma pluralidade de cabeças. Ele só era irmão mais velho dela na genealogia[805], mas seu ofício de vigia dos mortos permaneceu na memória dos homens por muito mais tempo que o da Hidra; essa peculiaridade da cobra-d'água de Lerna foi logo esquecida. Dizia-se, com efeito, que o seu hálito matava homens[806]. Acreditava-se também que ela poderia ser exatamente localizada, nas raízes do plátano ao pé da fonte tripla Amimone[807]. Plátanos gigantescos e buracos gigantescos crescem nesses lugares na Grécia. A gigantesca cobra-d'água, assim se contava a história[808], crescida no pântano, dizimava rebanhos e o interior.

Assim como Cérbero é chamado ora tricéfalo, ora quinquecéfalo[809], assim é igualmente difícil dar um número fixo às cabeças da Hidra. As cinco ou as doze mostradas nas gravuras representam as nove[810], as cinquenta[811] ou as cem[812] de que fala o poeta. Afirma-se também que somente uma cabeça, no meio das outras oito, era imortal[813], e artistas mais recentes chegaram a dar a uma cabeça da Hidra a forma humana. Nisso se afastaram de uma tradição muito antiga, em que a figura das inúmeras cabeças de serpente saindo de um corpo só, sem forma, entra na história de Héracles vinda de velhíssima mitologia. Para os antigos fazedores de imagens da Mesopotâmia, os primeiros a fixar o tipo, o seu significado, por certo, não estava em dúvida. Eles expressavam dessa maneira a dificuldade de vencer o inimigo com quem faziam os seus heróis pelejar, e esse inimigo, fosse qual fosse o nome que lhe dessem, só poderia ser a morte. A característica desesperada da luta, exceto para Héracles, o único, também se expressava na narrativa grega com duas cabeças crescendo em lugar da que fosse cortada. O próprio Héracles precisava de um ajudante para liquidar o monstro e, nesse Trabalho, teve ao seu lado um herói mais jovem, seu sobrinho tebano Iolau.

Somente isso se preservou da história da aventura[814]. O herói chegou com Iolau, dirigindo o carro de guerra, à vizinhança da antiquíssima cidade de Lerna e encontrou a serpente infernal em sua cova, ao pé da Fonte Amimone. Disparou cinco setas no interior da cova, obrigando-a a sair. Ela mal se arrastara para a frente quando ele a atacou. A Hidra enrolou-se em torno de um dos pés do herói. Nas velhas gravuras vemos Héracles atacando a serpente, não com a maça, mas com uma espada em forma de foice. Mas toda vez que ele lhe arrancava uma cabeça, duas cabeças vivas cresciam no lugar dela. Além disso, havia naquele local um caranguejo gigante que mordeu o pé do herói. Era-lhe preciso começar matando o guardião do lugar, e só então chamou Iolau para ajudá-lo. O jovem herói usou quase uma floresta inteira para cauterizar as feridas da cobra com tições ardentes, de modo que não lhe pudessem nascer cabeças novas. Só então pôde Héracles cortar também a cabeça imortal. Enterrou-a à beira da estrada que vai de Lerna a Eleunte. Embebeu suas setas no veneno do corpo da serpente. O caranguejo gigante foi para o céu como o signo do Zodíaco que é seguido imediatamente pelo de Leão. Hera exaltou-o nessa direção[815]. É o ponto em que, de acordo com a doutrina dos astrólogos, as almas dos homens descem para as regiões inferiores[816], pois a metade subterrânea do céu começa no signo de Câncer.

Dir-se-ia que a incerteza prevalecia entre os contadores da história sobre se Héracles estava destinado a realizar doze trabalhos para Euristeu ou a despender doze anos na realização de suas obras, dez trabalhos bastando para isso[817]. Para os deuses, o tempo de purificação e de serviço importava num ano grande, isto é, oito anos comuns. Assim aconteceu com Apolo[818], assim também, afirma-se, com Cadmo, e assim, de acordo com um cálculo, com o próprio Héracles, pois diz-se que ele completou os dez primeiros trabalhos em oito anos e um mês[819]. Doze é o número dos meses e dos signos do Zodíaco; e já ficamos sabendo que o próprio Héracles fixou antecipadamente em trinta dias o tempo necessário para lidar com o leão nemeu. Esta pode ter sido uma concepção mais antiga e oriental, da qual nos lembram ainda os equivalentes celestes do caranguejo e do leão. O número doze revelou-se suficientemente forte para acabar com a lista de dez trabalhos que, indubitavelmente, foi canônica em outro tempo.

Euristeu, reza a história, não quis reconhecer dois dos doze trabalhos e, para começar, não reconheceu como tal a vitória sobre a serpente de Lerna, porque nela o herói fora ajudado por Iolau[820]. Colocaram-se tais desculpas na boca de Euristeu mais tarde, e assim mesmo sem muita coerência; mas o fato é que dois trabalhos não tinham o mesmo objetivo dos dois já narrados e de outros oito, a saber, a luta contra a Morte. Nessa luta desejava Euristeu que Héracles sucumbisse; mas, nesse caso, o trabalho de Lerna era um dos que contavam.

3 A corça de Cerineia

Altas cadeias de montanhas separam a terra de Argos da Arcádia a oeste, o Partênio e o Artemísio. Os seus nomes (respectivamente "Montanha Virgem" e "Montanha de Ártemis") nos recordam a grande deusa virgem que ali imperava. O templo do Ártemis ficava num pico do maciço do Artemísio e ali tinha ela o título de Enéade, "ela, de Ênoe" ("a aldeia do vinho"), proveniente da última cidadezinha e da região mais afastada ainda pertencente a Argos. Para lá devia Héracles viajar agora, porque Euristeu o enviara para a sua terceira tarefa[821], qual fosse, a de trazer viva para Micenas a corça de chifres de ouro. Ela pertencia à deusa de Ênoe, mas procurava esconder-se até de Ártemis no monte rochoso de Cerineia, na Arcádia[822]. Vagueava por toda a região selvagem da Arcádia e pelas montanhas da deusa nas vizinhanças de Argos. Diz-se que, dali, visitara e talara as terras dos camponeses[823], mas por certo não foi só por essa razão que figurou como o terceiro na série dos monstros caçados por Héracles, depois do leão de Nemeia e da hidra de Lerna.

• 141

As corças não tinham chifres nem mesmo naqueles dias, e se uma delas ostentava realmente chifres de ouro não era um animal comum, mas um ser divino. Dizia-se também[824] que uma companheira de Ártemis, a Titânida Taígeta, em honra da qual o Monte Taígeto recebeu o seu nome, foi obrigada a assumir a forma dessa corça porque aceitara o amor de Zeus. Assim a puniu Ártemis. De acordo com outros[825], ela pretendia salvá-la. Mas quando Taígeta, ao depois, se comprouve nas atenções de Zeus, à guisa de expiação, ela dedicou a corça, em que deveria ter-se transformado, a Ártemis Ortósia[826]. Não é fácil estabelecer a diferença entre o animal divino, a heroína e a deusa. Quando Ártemis foi perseguida pelos furiosos gigantes gêmeos, os Alóades, era ela mesma a corça caçada[827]. Uma criatura divina de chifres de ouro, a corça de Cerineia, deixou-se caçar por Héracles – esta é a verdadeira expressão aqui. O difícil, o perigoso e o misterioso em relação à corça não era o seu inusitado estado selvagem[828], que lhe permitiria oferecer resistência ao caçador, como muitos acreditavam, senão que ela fugia e o perseguidor não podia deixar de tentar converter em sua presa a caça singular. O perigo residia na perseguição, que o levou, além da região conhecida dos caçadores, para outro país, do qual ninguém jamais regressou. Por essa razão, Héracles devia pegar a corça, e não abatê-la, o que teria sido fácil para tão grande arqueiro, e foi o que ele realmente fez, consoante uma variante demasiado estranha[829]. Era numa caçada incomum em que ele tinha de empenhar-se.

A corça começou fugindo de Ênoe para o monte Artemísio e, em seguida, através de toda a Arcádia, até o Rio Ládon. Como o herói não podia matá-la nem feri-la, perseguiu-a durante um ano inteiro[830]. Para onde a criatura perseguida o conduziu durante todo esse tempo ficamos sabendo pela ode de Píndaro acerca do ramo de oliveira selvagem que Héracles levou a Olímpia para ser a grinalda dos vencedores, e disso nos informa antiga pintura de vaso. Na Ístria, diz o poema[831], Ártemis encontrou o perseguidor; ali, na extremidade mais setentrional do Mar Adriático, ao pé da foz do Timavo, a deusa tinha um bosque sagrado onde, segundo se diz, viviam pacificamente veados e lobos[832]. Era chamado Rícia pelos habitantes do lugar, os vênetos, o que pode ser uma tradução de Órcia ou Ortósia. Perseguidor e perseguida ali chegaram através do país dos Hiperbóreos[833], o povo sagrado de Apolo, que o nome Ístria designava para os gregos, assim como a Península do Timavo. Dessa região do outro mundo trouxe Héracles o ramo de oliveira selvagem para Olímpia, até então sem árvores. Um antigo vaso pintado, todavia, mostra-nos que, em sua perseguição, ele foi o ainda além do fim do mundo, até o Jardim das Hespérides. A corça está debaixo da árvore de pomos de ouro, guardada por duas mulheres, as Hespérides. A crermos nessa figura, o herói retomou o rumo de casa, escapando aos perigos de permanecer no outro mundo; de acordo com outra, seu troféu eram os chifres de ouro.

O Jardim das Hespérides ficava muito longe do Rio Ládon, na Arcádia, e, no entanto, confinava com ele, como o mundo subterrâneo em Lerna confinava com Argos; estas regiões ficavam fora do mundo em que vivemos, e os narradores apenas aos poucos as trouxeram para o nosso mundo. Ládon era o nome não só do rio, mas também da serpente que vigiava a árvore dos pomos de ouro[834]. A corça quis nadar nas águas do Ládon e assim, consoante esse relato, ainda não chegara além do mundo[835] quando Héracles a alcançou e pegou. Somente narradores muito posteriores acreditavam que ele a tivesse seteado. O herói amarrou os pés da presa, como mostra um grupo de estátuas do templo de Apolo em Veios, colocou-a nos ombros e atravessou de volta a Arcádia com ela. Eli encontrou o irmão e a irmã divinos, Apolo e Ártemis, o deus do outro mundo e a deusa das terras de montanhas e pântanos, que condiziam ao outro mundo. Os irmãos, ambos filhos de Zeus, quase se engalfinharam, como também aconteceu mais tarde, por causa da trípode délfica. Vemos pelos monumentos de arte que Apolo tentou tirar a corça do herói à força. Ártemis acusou-o de ter matado o animal sagrado, mas Héracles desculpou-se declarando que fora obrigado a fazê-lo, e mostrou-lhe que estava levando a corça viva para Micenas ou, de acordo com certas imagens, apenas os chifres; diante disso, a deusa perdoou-o.

4 O javali de Erimanto

O local mais original pertencente a Ártemis, local de suas danças na crista das montanhas majestosas, e tão caro e ela quanto o Taígeto[836], era o Monte Erimanto, no canto noroeste da Arcádia, que ali confina com as regiões da Acaia e da Élida. Para lá foi mandado Héracles a fim de realizar a quarta tarefa, pegar o javali. Quando a deusa voltava o semblante irado para um país, como na história de Meléagro, mandava para lá um javali raivoso, que devastava os campos dos lavradores. Nada desse gênero nos é contado aqui, senão que os habitantes de Psófis tinham razão de queixar-se do javali de Erimanto[837]. Mas não era por isso que Héracles ia pegá-lo e trazê-lo vivo para Micenas; o povo do campo teria ficado satisfeito se ele se limitasse a destruir o animal.

Mais uma vez o herói percorreu toda a Arcádia, e chegou primeiro às florestas de Fóloe, as terras altas entre o vale do Alfeu e o Erimanto. Esse lugar era habitado por Centauros, de natureza e hábitos iguais aos dos vizinhos semianimais dos lápitas da Tessália. Havia também lápitas nas imediações, mas Héracles não tinha nada que ver com eles. Foi hospitaleiramente recebido pelo Centauro Folo, que ali vivia numa caverna[838]. O hospedeiro estendeu carne assada diante do herói, ao mesmo tempo que ele mesmo comia carne crua. Numa versão, também se achava presente o sábio Quíron[839], o mais justo dos Centauros[840], que se retirara diante dos lápitas da Tessália para o Peloponeso e agora vivia no Cabo Maleia, em vez de habitar no Monte Pélion. Teria Héracles pedido vinho, ou era essa também parte da hospitalidade de Folo?[841] Este abriu o depósito comum de vinho dos Centauros, conservado num grande *pithos*, ou jarro de guardar mantimentos. Dizia-se até que esse vinho era um presente de Dioniso[842], destinado pelo deus ao próprio herói[843]; presente perigoso, pois os Centauros, evidentemente, não lhe conheciam a natureza. Velhos vasos pintados parecem comprazer-se à cena em que Héracles tira vinho do grande vaso, ainda não tocado.

O cheiro do vinho atraiu os demais Centauros, cuja bebedeira logo se transformou em batalha com eles, outro tema favorito de artistas e narradores. Afirma-se que a luta se estendeu das alturas de Fóloe à caverna de Quíron, no Cabo Maleia, pois até ali Héracles perseguiu os Centauros com suas setas envenenadas. Uma flecha, apontada para Élato, atravessou-lhe o corpo e feriu o divino Quíron. Debalde o herói tentou curá-lo com medicamentos quironianos; o veneno da Hidra era demasiado forte. Ferido no joelho, o sábio Centauro não podia nem sarar nem morrer; por isso retirou-se, com a ferida incurável, para a sua caverna e ali sofreu até poder ser oferecido a Zeus em lugar do atormentado Prometeu[844]. Finalmente, Quíron morreu e Prometeu foi libertado. O bom Folo também morreu, atingido por outra seta de Héracles. Tendo arrancado o míssil envenenado do cadáver de um Centauro, maravilhou-se da coisa minúscula que era capaz de destruir um ser tão grande; a seta caiu-lhe no pé e matou-o também. Héracles enterrou o amigo e seguiu caminho até o Monte Erimanto.

Ali provocou o javali, fazendo-o sair da sua furna, empurrou-o para a neve que cobria as alturas, aprisionou-o numa armadilha e viajou de volta com ele a Micenas, quando ocorreu a cena, havia muito preparada, que os pintores de vasos gostam tanto de representar. O herói, com o javali selvagem nas costas, põe um pé na borda do jarro enterrado, dentro do qual Euristeu se enfiara; só se enxergam a cabeça e o braço do covarde, que tinha tanto medo do javali quanto da morte.

5 Os pássaros do Lago Estinfalo

No canto nordeste da Arcádia estende-se o lago pantanoso de Estinfalo, cercado outrora de matas umbrosas[845]. O número de pássaros que o habitavam ia além de todos os cálculos[846]; assustados, escureciam o sol[847]. No mundo subterrâneo, as almas, tão inumeráveis quanto eles, chegavam ao alagadiço Aqueronte "em tão grande número quanto o das aves que afluem em bandos à costa, vindos de alto-mar, quando a estação fria as expulsa para o outro lado das águas e as manda para as terras ensolaradas..."[848]. "Uma depois da outra podes vê-las, como um pássaro de asas fortes, mais velozes que o fogo colérico, apressando-se a chegar à praia do deus do poente"[849]. Nessas palavras de um poeta trágico, a praia ocidental em que se põe o deus-Sol significa o reino dos mortos. Aqui os pássaros nos lembram disso.

Suas imagens decoravam o templo de Ártemis Estinfália[850], que reinava sobre aqueles pauis. Donzelas com pés de pássaro eram ali pintadas também, e significavam as aves estinfálicas como as sereias mortais do brejo. Aves devoradoras de homens, a crermos na história desses habitantes do pântano[851], Ares as criara[852]. Suas asas eram tão afiadas que feriam qualquer um em que caíssem[853]. Dizer que causavam estragos em campos férteis[854] é aqui, de novo, uma atenuação da verdade. Mais uma vez, cometeu-se a Héracles a tarefa de enfrentar alguma coisa mortal e assustá-la para que fugisse. Cumpria-lhe expulsar os pássaros do Lago Estinfalo.

Héracles subiu numa elevação à beira do pântano[855] e assustou as aves fazendo um estardalhaço. Reza a história[856] que ele usou para isso uma matraca de bronze, o que, por si só, foi suficiente para afugentar os pássaros do lago. Em antigas pinturas de vasos vê-se o herói visando-os com uma funda ou combatendo-os com uma vara, mas sua arma contra eles era, acima de tudo, o arco[857]. Os pássaros que não atingiu fugiram para a Ilha de Ares, no Mar Negro, onde os Argonautas, por sua vez, tiveram de haver-se com eles[858]. Esculpido numa métopa em Olímpia, vê-se Héracles mostrando o seu troféu a Palas Atena, a qual, segundo uma narrativa, precisava aconselhá-lo em relação a essa aventura. Presumivelmente ele então trouxera as aves mortas a Micenas, como prova do seu feito.

6 As estrebarias de Áugias

A tarefa seguinte estava à espera de Héracles na costa ocidental do Peloponeso. Áugias, rei da Élida, filho de Hélio, ali governava. Seu nome significa "radiante", e se dizia dele também[859] que seus olhos despediam raios de sol. Em seus rebanhos de gado, parece ter possuído a riqueza do deus-Sol, mas seu reino, na costa ocidental, era mais um reino do sol poente, uma suserania sobre o mundo subterrâneo, do que sobre a terra da Élida. Euristeu mandou-lhe o herói[860], e a tarefa que lhe foi confiada lembra-nos o outro lado do reino subterrâneo, sua sujeira ao lado das suas riquezas. A bosta do gado enchia os estábulos, e afiançava-se[861], também nesse caso, que a pestilência gerada por ela se espalhava por todo o país. Héracles teria de limpar a sujeira. E a tarefa se tornava ainda mais pesada porque ele era obrigado a completar o trabalho num dia.

Mas dele se diz também que não tinha apenas Euristeu por capataz, mas o próprio Áugias[862]. Numa versão[863], Áugias prometeu-lhe parte do reino em pagamento do trabalho. Parece que o herói levaria igualmente a filha do rei com a parte do reino. Mas se o trabalho não se completasse num dia, ele se tornaria escravo de Áugias para sempre, como removedor dos excrementos dos estábulos. Uma filha de Áugias, chamada Epicasta, é incluída entre as esposas de Héracles[864]. A velha versão da história, segundo a qual ele foi enganado, sendo-lhe recusada a mão da moça, razão pela qual combateu Áugias mais tarde, está perdida para nós; no entender de outros narradores[865], Héracles não disse ao rei que a tarefa lhe fora imposta por Euristeu e negociou por conta própria um décimo do gado se conseguisse limpar as estrebarias. A testemunha do contrato foi Fileu, filho do rei. Numa métopa em Olímpia podemos admirar o vigor com que Héracles maneja a vassoura ou a pá, mas, de acordo com narradores mais recentes, ele fez um corte nos alicerces do edifício e desviou as águas de um rio, ou melhor, de dois rios, Alfeu e Peneu, de modo que atravessassem os estábulos. A tarefa impossível, em que Áugias não queria acreditar, estava completada. Quando, depois, soube que o trabalho tinha sido imposto a Héracles por Euristeu, recusou-se a manter a palavra dada. Consoante essa versão, que não é a mais antiga, o rei negou que tivesse prometido alguma coisa, e um certo Lepreu, "sarnento", realmente o aconselhou a atirar o herói num calabouço[866]. A desavença seria decidida diante de um tribunal[867]; Fileu apresentou-se como testemunha contra o pai. Áugias zangou-se e expulsou o filho e Héracles do país antes de decidir-se o caso, um *casus belli* que depois levou o herói a atacar a Élida.

No caminho de volta a Micenas, visitou o Rei Dexâmeno na cidade de Oleno. O nome do rei, "recebedor", pode igualmente indicar um mortal hospitaleiro como rei do mundo subterrâneo, o qual, aliás, é conhecido como Polidectes ou Polidêmon, "o que recebe muitos". De mais a mais, de acordo com todos os relatos antigos, Dexâmeno não era um ser humano e pai da moça que Héracles haveria de libertar, mas um Centauro que tencionava raptá-la[868]. Esse Centauro, com quem o herói tinha de haver-se agora, também se chamava Euritião[869], nome que, como Êurito, significa um bom tiro e assinala, claramente, um ser do reino dos mortos, o pastor de Gerião. Artistas orientais representavam os Centauros como arqueiros e, assim, expressavam a conexão dessas criaturas selvagens e violentas com a morte. Dizia-se na Grécia[870] que nenhum Centauro empregava o arco.

· 147

O Centauro Euritião, prossegue a história, também não possuía arco. O herói entrou na casa do rei de Oleno no momento exato em que estava sendo realizado o casamento da princesa com Euritião, que se lhes impusera como noivo dela[871]. Ora, o casamento estava sendo celebrado com um noivo apropriado, mas Euritião, um dos convidados, tentou raptar a noiva[872]. Héracles matou o Centauro e salvou a moça, mas não para ficar com ela. É só nessa versão, que dá à noiva o nome de Dejanira até em referência a isso, que ele, como hóspede de Dexâmeno, já a possuíra[873]. Héracles, porém, prometeu voltar e levá-la para casa como esposa. Em sua ausência, Euritião forçou-os a aceitá-lo por noivo; no momento em que o Centauro e seus irmãos queriam levar a noiva, Héracles apareceu, como prometera, e mais uma vez se mostrou um matador de Centauros, como já aconteceu na história de Folo e Quíron.

Em Micenas, contou que realizara o trabalho para o rei da Élida, mas em vão; Euristeu não quis aceitá-lo, e censurou o herói por haver empreendido a tarefa não só para ele, mas também para Áugias.

7 Os cavalos do trácio Diomedes

A ordem em que os doze trabalhos foram reproduzidos não era sempre igual. Mesmo assim os narradores, pelo menos nesse sentido, parecem concordar em que a primeira tarefa de Héracles foi a luta com o leão de Nemeia e em que, para os seus primeiros trabalhos, foi-lhe indicada, em cada ocasião, uma região do Peloponeso em torno da terra de Argos, o reino de Micenas e Tirinto. Somente depois do sétimo trabalho exigiu dele Euristeu viagens cada vez mais longas por terras distantes. Quanto ao que aconteceu em todas as viagens, além da designação das tarefas, mais e mais histórias se contaram. Dessarte, para começar, a viagem à Trácia, que tinha por objetivo trazer os perigosos cavalos do Rei Diomedes para Micenas. Esse empreendimento inaugura a segunda série dos doze trabalhos.

Os cavalos de Diomedes comiam carne humana, e foi dito mais tarde[874] serem eles os mesmos que tinham feito em pedaços Glauco, filho de Sísifo, nos jogos fúnebres de Pélias. É, de fato, difícil determinar se os quatro cavalos, aos quais, numa gema, dá-se um homem para comerem – na "sangrenta manjedoura", como escreveu um poeta trágico[875] – pertenciam a Glauco de Pótnia ou ao rei trácio. Antiga pintura de vaso mostra-os alados. Tinham, sem dúvida, alguma relação com as Harpias, as Górgonas e as Erínias, e se sentiam melhor na Trácia, terra de Bóreas, o vento norte, que se acasalava com éguas[876], do que em qualquer outro lugar. Mas o rei do mundo subterrâneo era também *klytópolos*, "famoso pelos seus corcéis"[877], e os cavalos lhe traziam os heróis. Assim, quando alguém aparece sentado num trono ou deitado num divã e, ao mesmo tempo, uma cabeça de cavalo espia pela janela, não podemos duvidar de que estamos diante da homenagem prestada a um homem morto. Quer estejam solenemente atrelados à essa do herói, em vasos sepulcrais muito antigos, quer o estejam despedaçando, furiosos, nas histórias dos contadores subsequentes, são sempre os cavalos da morte, e assim também deve ser compreendida a estranha história dos corcéis comedores de homens.

Diomedes, dono dos cavalos da morte, era filho de Ares, deus da guerra, senhor da tribo trácia dos bistônios. Euristeu mandou-lhe Héracles a fim de obter dele os cavalos. O herói seguiu o seu caminho através da Tessália e visitou o Rei Admeto em Feres; a história é imortalizada por Eurípides em sua peça *Alceste*. Admeto, o "indomável", usava ele próprio um nome do rei do mundo subterrâneo e fora o governante a quem Apolo serviu por um ano. O deus guardava os rebanhos de Admeto[878] e dava água aos seus famosos cavalos[879], os melhores do mundo[880]. Também o ajudara a conquistar Alceste, a mais bela das filhas de Pélias, rei de Iolco[881]. Pélias estipulara como condição aos pretendentes[882] jungirem um leão e um javali ao carro nupcial. Apolo já o fizera na festa de casamento de Cadmo e Harmônia e tornou a fazê-lo para Admeto[883]. Contava-se também[884] que, ao abrir a câmara nupcial, o noivo encontrou-a cheia de cobras, o que era, segundo se dizia, um castigo mandado por Ártemis, a quem o rei se esquecera de oferecer um sacrifício. Talvez seja este um traço de uma história mais antiga, em que Admeto e Alceste celebraram suas núpcias em forma de serpentes, como convinha a um casal real do mundo subterrâneo.

Mas na história, cuja continuação é composta pela chegada de Héracles a Feres, Apolo prometeu aplacar Ártemis; com efeito, enganou as Moiras, presentes às bodas. Deu-lhes vinho até embebedá-las[885] e pediu-lhes um mimo de casamento. As avinhadas Moiras dobraram a vida breve de Admeto, com uma condição – a de que[886], no dia em que ele deveria ter morrido, outra pessoa, digamos, seu pai, sua mãe ou sua esposa, partisse voluntariamente desta vida em seu lugar. O dia não tardou, e é ele que Eurípides nos descreve.

Nesse dia, quando Apolo saiu da casa de Admeto, Tânato, a Morte, entrou[887]. Viera buscar a Rainha Alceste, pois ninguém mais, nem mesmo o idoso pai ou a velha mãe, consentira em morrer por Admeto, mas apenas a jovem esposa. Ela agora se despede do marido e dos dois filhinhos. Enche-se o palácio de tristeza e lamentações. Nesse momento, chega Héracles[888]. O rei não consente que o convidado saiba quem morreu, mas deixa-o beber à vontade. Alceste já tinha sido levada para enterrar, e Tânato, a Morte, estava à sua espera atrás do sepulcro[889], para levar consigo a rainha morta. Só então ficou sabendo o herói o que acontecera. Corre atrás da procissão fúnebre e, numa luta corpo a corpo, consegue arrancar da Morte a sua presa[890]. Na famosa conversação em casa de Agatão, o trágico, que o grande Platão imortalizou[891], menciona-se uma versão de acordo com a qual os próprios deuses do mundo subterrâneo deixaram partir Alceste, tão abismados ficaram com sua chegada voluntária a Hades. Mas o velho trágico Frínico[892] descreveu a luta, corpo a corpo, do herói com a Morte.

De Admeto, Héracles viajou até o reino do cruel Diomedes, filho de Ares, um dos mais terríveis deuses da morte, do qual se dizia que conservava presos seus cavalos selvagens, com correntes de ferro, à manjedoura de bronze, e alimentava-os com a carne de estrangeiros desafortunados[893]. A fim de acalmá-los, Héracles atirou-lhes o próprio dono para que o devorassem e levou-os consigo a Micenas. Diz-se que Euristeu dedicou os cavalos a Hera e que sua linhagem persistiu até o tempo de Alexandre, o Grande[894].

Outros narradores ligam essa história à fundação da cidade grega de Abdera, na Trácia. Segundo eles, Héracles viajou de navio em companhia de toda uma hoste de seguidores[895], tirou os corcéis dos seus guardas e levou-os do país dos bistônios até o mar. Diomedes e os bistônios perseguiram-no; em vista disso, o herói deixou os cavalos a cargo do seu favorito, Abdero, travou batalha com os perseguidores e pôs os bistônios em fuga. Entrementes, Abdero caiu vítima dos cavalos, que o arrastaram até matá-lo ou o fizeram em pedaços, como era seu costume. Héracles enterrou Abdero e fundou a cidade de Abdera em seu túmulo de herói.

Vemos que, dessa maneira, a história dos heróis se transforma nas narrativas de campanhas de grupos inteiros deles. Contou-se também que Héracles, depois da façanha na Trácia, juntou-se aos Argonautas[896]; mas não ficou muito tempo com eles, pois assim que ancoraram numa baía no Mar de Mármara, ele perdeu o seu seguidor, o amado jovem Hilas, para as ninfas das fontes[897]. Enquanto o herói procurava desesperadamente por ele, o navio Argo fez-se à vela com vento favorável[898]. Em seguida, de acordo com uma história, Héracles fez a pé o percurso até a Cólquida e participou da conquista do Velo de Ouro[899]; mas, de acordo com outra[900], voltou dali para os trabalhos que o destino o obrigava a realizar para Euristeu.

Ajusta-se muito mais a Héracles (em Eurípides ele diz que é o seu *daimon*, isto é, o seu destino pessoal)[901] combater os três filhos do mortífero Ares, na Trácia, na Macedônia e na Tessália – Licáon e Cicno, bem como Diomedes – do que participar da expedição argonáutica, que tornaria famoso o nome de outro herói, Jasão. Não se preservou o relato da sua vitória sobre Licáon, mas um continuador de Hesíodo cantou a luta com Cicno[902]. A julgar pelo nome, Cicno, "o cisne", devia pertencer ao grupo de servidores e favoritos de Apolo. Vivia num bosque de Apolo em Págasa, na Tessália[903], e assaltava os adoradores do deus que passavam pelo caminho de Delfos com suas hecatombes[904]. Nesse relato, portanto, ele nada mais era do que um servidor de Apolo. Seu pai, Ares, achava-se fisicamente presente para ajudá-lo, com seus cocheiros Deimos e Fobos, Medo e Confusão. Héracles lutou com Cicno, acompanhado em seu carro de guerra por Palas Atena, que mantinha a vitória e o renome nas mãos[905]. Seu destemido cocheiro era o herói Iolau, mas o cavalo atrelado ao carro era o corcel divino Aríon[906], que Posídon gerara em Deméter[907]. Héracles não o roubara, mas ganhara-o de presente[908] ou por empréstimo[909], e devolveu-o a Ádrasto.

O resultado da luta costuma ser contado desta maneira: Ares, na verdade, ajudou Cicno, e um raio de Zeus separou os combatentes[910]. De acordo, porém, com a maioria dos narradores, Cicno foi morto pelo herói e Zeus só interveio com os seus raios quando seus dois filhos, Ares e Héracles, lutavam um com o outro[911]. Num antigo vaso pintado, o Velho do Mar e Posídon, de um lado, Apolo e Dioniso, do outro, assistem à luta, que irrompia em chamas sobre o cadáver de Cicno e foi interrompida pelo próprio Zeus. Na história contada pelo continuador de Hesíodo, o Rei dos Deuses não intervém. Héracles, advertido antecipadamente por Atena de que Ares entrará na luta em favor do filho, fere o deus na coxa com a lança; os cocheiros levam Ares, ferido, para o Olimpo. Héracles tira as armas de Cicno, que seu sogro Ceix mais tarde enterrou, mas Apolo manda o Rio Anauro[912] levar embora o túmulo.

Cicno pertence antes aos pássaros, como acontece com o sogro Ceix, e a esposa deste último, Alcione. *Keyx* e *alkyone*, ao que tudo indica, significam em grego, respectivamente, o macho e a fêmea do alcião. Diz-se que, no princípio, eles formavam um casal humano e tinham com Héracles uma associação amistosa. Eram, todavia, tão presunçosos que se chamavam um ao outro Zeus e Hera, e por castigo foram transformados em pássaros[913]. Os contadores da história também conseguiram transformar o cisne, ave sagrada de Apolo, cujo canto, ao que se acreditava, só podia ser ouvido quando ele percebia a aproximação da morte[914], no filho assassino do deus da guerra. Mas não poderiam ter encontrado melhor oponente para ele do que Héracles, que também se apossou dos funestos corcéis de Diomedes e levou-os consigo para Argos.

8 O touro de Minos

De acordo com a maioria dos relatos, Euristeu mandou Héracles primeiro a Creta buscar o touro e só depois à Trácia pegar os cavalos. Segundo se pretende, Minos estava de posse do touro, mas indevidamente, pois era o mesmíssimo touro do qual já falamos nos Contos Cretenses[915] e pelo qual Pasífae se apaixonou. Na história que nos foi transmitida[916], só existe essa diferença a respeito dele – que já não desempenha o papel de amante da rainha. Surdiu das ondas, reza a história, e Minos já havia prometido oferecer em sacrifício a Posídon o que saísse do mar[917]. Mas o animal era tão belo que Minos sacrificou outro touro em lugar dele e mandou-o para os seus rebanhos de vacas.

Até esse ponto, a narrativa é idêntica à história de Pasífae, a levou ao palco Eurípides tal como na peça *Os Cretenses*. Nela, entretanto, o castigo de Minos consiste no mórbido desejo pelo touro que Posídon despertou na rainha[918]. Mas conta-se que Posídon lhe infligiu ainda outro castigo[919]; o touro ficou louco e foi necessário Héracles para dar cabo dele. Por esse motivo, Euristeu mandou o herói a Creta a fim de trazer o touro vivo a Micenas. Aqui o próprio Minos o ajudou[920]. Antigas pinturas de vasos mostram como o touro foi pego, com uma corda que Héracles lhe atira em torno do focinho e das patas dianteiras, ou sem corda, quando ele se encontra com o touro de frente. Por fim, tonteou-o com a maça e levou-o para Micenas, onde o soltou. Por muito tempo o animal, indomado, errou através do Peloponeso, mas acabou cruzando o Istmo e chegando a Maratona, onde Teseu o pegou de novo e, finalmente, o ofereceu em sacrifício a Apolo[921].

Essa foi uma façanha e tanto para Teseu. A ser verdade que, nos primeiros dias, só se contavam dez trabalhos de Héracles, com certeza este e o próximo constituíram as últimas adições.

9 O cinturão da rainha das Amazonas

Admetes, filha de Euristeu[922], queria o cinturão de Hipólita, rainha das Amazonas. Em vista disso, Héracles foi mandado para a terra do Ponto, na Ásia Menor, no Mar Negro, onde viviam as Amazonas, perto do Rio Termodonte. Era um povo formado de mulheres guerreiras. Dos filhos que tinham só criavam as meninas, e cortavam o seio direito para que não as atrapalhasse quando atiravam com o arco e arremessavam a lança; amamentavam as filhas com o esquerdo. Hipólita, a rainha, a mais corajosa de todas, recebera por isso o cinturão de seu pai Ares. Héracles levou uma companhia inteira quando partiu para realizar a empresa, e[923] entre seus seguidores se incluíam Teseu, a cujo respeito teremos mais que falar daqui a pouco, e Télamon[924], herói dos salamínios e dos eginetas. Dir-se-ia outra viagem do Argo, e afirmava-se que os Argonautas tomaram parte nela[925]. Consoante alguns relatos, essa viagem

• **153**

envolveu até uma guerra troiana, a que Héracles moveu contra Laomedonte, rei de Troia, com uma hoste de tiríntios e com Iolau e Télamon[926].

Repetia-se um velho conto[927] a respeito do traiçoeiro Laomedonte, que possuía cavalos famosos, presente de Zeus[928]. Dele se contava uma história muito parecida com a de Admeto. Também ele, o "senhor do povo" – pois é o que o seu nome quer dizer, e o rei do mundo subterrâneo governa um grande povo –, tinha Apolo a seu serviço como pastor[929] e com ele Posídon, que ergueu os muros de Troia[930]. Os deuses o serviam em forma humana[931] e competiam[932] entre si na fundação da cidade, mas Laomedonte os enganou no tocante aos salários, e acrescentou a ameaça[933] de amarrar-lhe os pés e as mãos, vendê-los no estrangeiro e até cortar-lhes as orelhas. O que ele prometera como recompensa a ambos ou, provavelmente, ao vencedor da competição, foram, sem dúvida, os famosos corcéis, e para resgatá-los Héracles também chegou a Troia com seus seis navios[934].

Pois, reza a história[935], vendo-se logrado depois de construir a fortaleza, Posídon mandou um monstro marinho contra a terra dos troianos, e Apolo mandou uma peste. O oráculo de Laomedonte aconselhou-o[936] a entregar Hesíone, sua filha, ao monstro. Em trajes reais[937], ela foi deixada na praia e Laomedonte prometeu, a quem a salvasse, os cavalos divinos que negara a Posídon, enganando-o. Héracles empreendeu a tarefa; os troianos, com a ajuda de Palas Atena, construíram para ele um abrigo na praia onde pudesse recolher-se quando a pressão fosse muita[938]. Um antigo vaso pintado mostra o monstro, peixe gigantesco de fauces abertas, pelas quais entra o herói com a espada curva na mão direita, para cortar a língua imensa. Hesíone assiste a tudo em todo o seu grande aparato. Afiançou-se também que Héracles entrou, de um salto, na garganta da criatura[939] e que, na verdade, morou por três dias na sua barriga e dali voltou careca[940]. Dessa maneira ele matou o monstro.

Mas Laomedonte tampouco quis dar-lhe os cavalos, e xingou o herói.[941] O resultado foi a primeira destruição de Troia; as ruas da cidade estavam vazias quando Héracles entrou por elas[942]. Dentre os seus homens, Télamon distinguiu-se de modo especial[943] e obteve Hesíone por esposa, à guisa de presente de honra[944]. Laomedonte e os filhos foram alvejados e mortos por Héracles,[945] exceto o caçula, que Hesíone salvou, trocando-o com o herói pelo seu véu bordado de ouro. Até então o jovem fora chamado Podarces, "pé-ligeiro", ou, pelo menos, é o que nos contam[946], mas, ao depois, Príamo, de *priamai*, "Eu resgato". Tornou-se rei e, na velhice, assistiu à segunda queda de Troia.

De acordo com histórias mais antigas[947], a viagem contra as Amazonas seguiu-se a essa vitória, mas as subsequentes[948] invertem a ordem. Para cumprir a tarefa imposta por Euristeu, Héracles desembarcou com sua hoste em Temiscira, na foz do Termodonte. As Amazonas não se mostraram hostis aos homens, e Hipólita sentiu-se inclinada a fazer presente do cinturão a Héracles[949]. Um pintor de vasos mostra a cena entre o herói, calmamente sentado, e a Amazona em suas calças citas; ela lhe estende o cinturão amistosamente. Ou já teria ocorrido a captura de sua irmã Melanipa[950], que seria libertada em troca do cinto?[951] O que se conta é que Hera, então, apareceu em pessoa, disfarçada de Amazona[952], e despertou desconfiança contra Héracles e seus seguidores na nação feminina, afirmando que os estrangeiros tencionavam raptar Hipólita. Conforme essa história, os herói e as Amazonas chegaram às vias de fato e, na luta, Héracles matou a rainha e tirou-lhe o cinturão do corpo morto. É assim que a mostra o relevo na métopa de Olímpia, morrendo no chão.

De acordo com os narradores que sustentam ter sido Héracles o primeiro herói a combater as Amazonas, e Teseu um dos seus seguidores, a este último foi dada, como galardão de honra, a Amazona Antíope[953], visto que Hesíone havia sido dada a Télamon. Segundo outros, Teseu aprisionou a rainha das Amazonas[954], tirou-lhe o cinto[955] e deu-o de presente a Héracles. Mas afirma-se também que a Amazona que ele raptou para si e da qual teve seu filho Hipólito foi Hipólita, e não Antíope[956]. Mas esse pormenor tem seu lugar apropriado na história de Teseu. Preservou-se o cinturão em Micenas[957], se não foi no templo de Hera, a quem Admetes servia como sacerdotisa[958].

Havia relatos também da viagem de regresso dos heróis, um deles muito antigo e ligado, não à fácil tarefa contra as Amazonas, mas à tarefa pesada em Troia[959]. Contava-se que[960] no mesmo dia em que Héracles virou as costas para Troia, Hera induziu Hipno, o deus do sono, a embalar Zeus até que este pegasse num sono profundo. Ela mesma provocou uma grande tempestade e empurrou o herói para a Ilha de Cós, longe de todos os amigos. Dos seus seis navios ele perdeu cinco[961]. Os habitantes da ilha receberam-no a pedradas[962]. Héracles desembarcou à noite e teve de lidar com o Rei Eurípilo, "o da porta ampla", obviamente um nome para o senhor do mundo subterrâneo. Tendo-o matado[963], ainda precisou brigar com o filho de Eurípilo, Calcódon, "o dos dentes de bronze"[964], e foi ferido por ele. Só Zeus, agora, poderia salvar o filho[965], de quem? O nome já nos revelou o Deus da Morte.

Os habitantes da cidade de Antimaqueia, em Cós, contavam a história com maiores minúcias[966]. Depois que Héracles desembarcou no Cabo Lace-ter, do único navio que lhe restava, salvando apenas os homens e suas armas, encontrou um rebanho de carneiros e seu pastor, Antágoras. Diz-se que ele foi irmão de Calcódon[967]. Antágoras, que talvez originalmente fosse Anteu, "o que encontra" é, seguramente, outro nome seu menos transparente. Héracles pediu ao pastor desconhecido um carneiro, mas o filho de Eurípilo desafiou--o para lutar. A luta logo se converteu em batalha, pois os méropes, habitan-tes de Cós, ajudaram Antágoras, ao mesmo passo que os companheiros de Héracles defendiam o chefe. E foram os primeiros a ser derrotados; o próprio herói teve de desistir. Refugiou-se junto de uma escrava trácia e disfarçou-se com roupas de mulher até poder vencer os méropes. Trajando roupas femini-nas multicoloridas, celebrou seu enlace com a filha do rei, Calcíope, "rosto de bronze". A partir de então, o sacerdote de Héracles em Antimaqueia passou a usar roupas de mulher e um toucado feminino no sacrifício, e o mesmo fazia cada noivo em seu casamento. Essa não foi a última vez que Héracles se vestiu de mulher; uma história a esse respeito será contada mais tarde, pois ele estava assim disfarçado quando serviu à Rainha Ônfale; roupas femininas e tarefas de mulher ajustam-se ao servidor de uma deusa, que nas histórias mais antigas, provavelmente, não era perseguido por Hera nem precisava da ajuda de Zeus.

O fim desta história é contado por Homero[968]: o Rei dos Deuses desper-tou e viu o filho em dificuldades. Teria lançado Hipno ao mar e dado cabo dele, se o deus alado não se tivesse refugiado junto de sua mãe, a Noite, que coage todos os deuses. Zeus a respeitava e não queria agravá-la. Mas suspen-deu Hera numa corda de ouro no ar, com duas bigornas nos pés. Nenhum deus poderia libertá-la e, quando um deles, Hefesto, tentou fazê-lo, o Olímpio arrojou-o do limiar do palácio celeste à terra[969]. Quanto ao filho, salvou-o e guiou-o de volta a casa, em Argos, a dos pastos de cavalos.

10 O gado de Gerião

A fim de pegar o gado de Gerião, Héracles foi mandado para o extremo--oeste. Era-lhe preciso cruzar Oceano e chegar à Ilha de Eriteia[970], a ilha do pôr do sol vermelho, onde o pastor Euritião e o cão Ortro, bicéfalo, irmão de Cérbero e da Hidra de Lerna[971], guardavam o gado em seus enevoados estábulos. Era um gado cor de púrpura[972], pertencente a Gerião, do qual Héracles devia arrancá-lo e conduzi-lo por todo o longo trajeto até Argos. Dizia-se que Gerião era filho de Crisaor e da oceânide Calírroe[973]. Crisaor, "o herói da espada de ouro" que saltou, juntamente com Pégaso, do pescoço da Medusa quando ela foi degolada[974].

Tal pai se ajustava a ele, pois não era nenhum pastor, mas sim, como o mostram os monumentos de arte, um guerreiro munido de elmo e armadura, escudo e lança. Seu nome, Gerião ou Gerionte, significa "o berrador", e o berrar e o lutar andavam juntos[975]. Quando Ares, ferido, berra, o seu berro é como o grito de guerra de dez mil combatentes[976]. Seu pastor Euritião, com nome de arqueiro, gerado também pelo Centauro na aventura em casa de Dexâmeno, era filho de Ares[977]. Descreve-se Gerião como tendo três cabeças[978], mas tanto os poetas quanto os pintores de vasos[979] concordam em dar-lhe três corpos, pelo menos do tronco para cima; ele combatia com os braços e possuía asas também[980], de modo que, à semelhança das Harpias, das Erínias ou de algum pássaro de presa, podia precipitar-se sobre a vítima. O emblema do seu escudo era uma águia. Seu gado vermelho pastava ao pôr do sol. Ali se mantinha ele, vigilante, talvez gritando ao declinar o sol e chamando para a morte homens desejosos de batalhas e capturar rebanhos.

De acordo com as narrativas mais antigas, Héracles por certo não precisou ir muito longe, não mais longe do que a Costa Ocidental do Peloponeso, para embarcar no único navio com que podia alcançar a Ilha Vermelha de Gerião. Talvez fosse em Pilo, na costa sudoeste, onde governava Neleu com seu nome significativo, "o impiedoso"; ele era filho de Posídon e Tiro, cuja

• **157**

história já foi contada. Relatos posteriores[981] nos dão conta de que Neleu e seus filhos, exceto apenas Nestor, tentaram apoderar-se do gado de Gerião quando Héracles o levava para casa e que, por isso, o herói deu a Nestor a suserania de Pilo. Mas, segundo outra história, a porta da cidade estava fechada quando Héracles chegou diante de Pilo, sem o gado e não, como se, afirmou mais tarde[982], com a intenção de purificar-se, pois nesse caso os deuses não se teriam dado pessoalmente ao trabalho de barrar-lhe a entrada. O nome Pilo, de que partilha outra cidade na mesma costa – e que possuía, efetivamente, um santuário de Hades[983] –, significava para os narradores, que já não tinham diante de si o esplendor do palácio de Nestor, a porta de Hades, *Hadu pylai*. Consoante uma história antiga, a que Homero[984] já aludiu, Posídon, Hera e Hades[985] (outros poetas lhes acrescentam Ares e Apolo)[986] ficaram ao lado de Neleu quando Héracles atacou Pilo; Zeus e Palas Atena ajudaram o herói. Ele feriu Hera no seio direito com a sua seta de três farpas e causou-lhe uma dor incurável[987]. Derrubou Ares três vezes com a lança e na terceira transfixou-lhe a coxa[988]. Também feriu Hades no ombro com uma flecha, "em Pilo entre os mortos", como está expressamente referido[989]. Péon, médico dos deuses, curou-o no Olimpo[990]. Neleu e onze dos doze filhos morreram[991].

Segundo outra versão, talvez até mais antiga do que a anterior[992], Héracles só teve de lidar com um filho de Neleu em Pilo, Periclimeno, "o muito famoso". Sobre ele também nada mais se quer dizer do que o que disseram os filhos de Eurípilo sobre Cós. Reza a história que ele era realmente filho de Posídon e recebera do pai o dom de assumir variadas formas. Às vezes aparecia como águia, às vezes como formiga, às vezes ainda como abelha seguida de todo um enxame, às vezes como cobra. Assumira a forma de uma abelha quando pousou no bojo da canga da parelha de Héracles. De acordo com a última versão da história, Héracles reconheceu-o com a ajuda de Atena e matou a abelha. Na versão original, esse perito em transformações talvez não tivesse morrido coisa nenhuma, mas se afastado na forma de uma águia[993]. Héracles ainda tinha muito que andar antes de chegar a Gerião e seu gado, mesmo depois de haver forçado a Porta, Pilo.

No dizer dos últimos contadores da história, a jornada levou-o através das regiões do Norte da África até os famosos Pilares de Héracles, que erigiu nessa ocasião. Declararam também alguns[994] que foi nessa viagem, quando ele atravessava a Líbia, que o gigante Anteu o encontrou. Anteu, como diz o nome, era simplesmente "o que encontra" e, falando em aparecimentos de fantasmas, dir-se-ia que eles "encontraram" alguém. Deméter, em sua capacidade de senhora dos mortos, chamados Demetríades, era conhecida como Mãe Anteia[995], e acima de todos, Hécate, a rainha dos espectros que ela costumava mandar[996], era assim chamada; também podia "encontrar". Em relação a Anteu, corriam dois relatos diversos. Num deles[997], Anteu era rei da cidade de Irasa, na África. Como Dânao, instituiu uma corrida para os pretendentes à sua belíssima filha e foi assim que Alexidamo de Cirene se tornou seu genro. No outro[998], era um gigante que tinha por hábito lutar com estrangeiros, como Antágoras, cujo nome é uma pequena variação do seu. Mais forte do que qualquer outro, costumava decorar o templo do pai, Posídon, com os crânios dos derrotados.

Mas a origem de sua força era o fato de ser também filho da Terra; e, assim que o seu corpo tocava o solo, sua mãe lhe incutia uma força ainda maior[999]. Héracles dispôs-se a lutar com ele; já lutara de idêntica maneira em Cós ou no túmulo de Alceste. Não o deixou cair ao chão ou, quando isso acontecia, voltava a erguê-lo. Exauriu-se, dessarte, a força do gigante, que foi derrotado e morto. Mas o herói também estava exausto e deitou-se para dormir. Vieram, então, os pigmeus, os ridículos anões do território egípcio, que tão frequentemente fazem suas travessuras nas pinturas de parede de Pompeia e que tentaram, a crermos numa versão mais recente[1000], vingar seu irmão Anteu. Pois também tinham nascido da terra. Para eles, Héracles era um verdadeiro gigante. Prepararam um ataque contra o herói com engenhos de guerra, como se tencionassem saltear uma praça, e forneceram o modelo de uma história muito menos antiga, não contada na Grécia, mas numa ilha enevoada do outro lado do Mar dos Mortos Setentrional. Quando Héracles despertou, soltou uma gargalhada e juntou os anões em sua pele de leão a fim de levá-los a Euristeu, como troféu condigno.

Não foi apenas este relato que colocou Héracles em contato com o Egito em suas viagens para chegar a Gerião; existe também a história de Busíris[1], rei da cidade no Delta do Nilo que tem o mesmo nome, ou de outra nos arredores de Mênfis. Chamava-se "Casa de Osíris" em egípcio, e a palavra Busíris reproduz mais ou menos esse nome. Os contadores da história transformaram Osíris, deus dos mortos, no tirano Busíris. O rei tinha o hábito de sacrificar estrangeiros a Zeus[2] e ele mesmo devorava carne humana[3]. Para tornar a história mais plausível, afiançava-se[4] que o Egito tinha sido visitado por nove anos de seca, e um adivinho de Chipre, em vista disso, explicara um oráculo obscuro, segundo o qual esse horrível sacrifício devia ser oferecido todos os anos. Busíris começou sacrificando o adivinho. Quando Héracles chegou a Mênfis, foi aprisionado; ele deixou que isso acontecesse. Diz-se também[5] que foi obrigado a lutar com o rei. Na luta ou, como os pintores de vasos gostam de mostrá-lo, no momento em que ia ser sacrificado no altar, derrubou Busíris e deu cabo dele e de todos os seus negros. Mas ainda nos resta alguma coisa para dizer acerca de Héracles e Anteu.

A crermos nos últimos relatos, não foi na Líbia, senão na Mauritânia, nos estreitos que separam a África da Europa, que Anteu e Héracles se encontraram. Ali o gigante fundara a cidade de Tinge, a moderna Tânger, onde seu túmulo foi mostrado mais tarde, uma elevação tumular na forma de um homem deitado de costas[6]. Ali o mar se abre para o ocidente muito mais amplamente do que em Pilo, e bem longe dali, e bem mais adiante, na Costa Ibérica, ergue-se Cádis. Nesse ponto Héracles ergueu seus pilares com a inscrição que dizia que além de Gades não havia mais passagem para o oeste[7]. Mais longe ainda, o Guadalquivir precipita-se no Atlântico. O poeta Estesícoro dá-nos a posição da Ilha de Eriteia: situa-se quase exatamente defronte desse curso de água, o Tartesso dos antigos[8]. A distância até Eriteia não era tão longa quanto o caminho que o sol percorre para os etíopes orientais, mas a direção era a mesma.

Os narradores obrigam o herói a fazer essa longa viagem por nada; ele não chegou aqui mais perto da sua meta do que já estivera "em Pilo entre os mortos", onde disparara suas flechas contra deuses. Teria de retesar de novo o arco contra deuses se quisesse forçar uma passagem cuja existência sua inscrição negava, ali ou aqui. A história prossegue como se fosse a continuação imediata dos acontecimentos de Pilo. Héracles entesou o arco contra o deus-Sol[9], e não por causa do seu forte calor[10]; Hélio ficou com medo e emprestou ao herói a grande taça de ouro em que ele embarcava todas as noites para chegar ao leste do outro lado do Oceano[11]. A taça[12] foi mandada e dirigida por Eriteia, uma das Hespérides, em honra da qual recebeu o seu nome a Ilha do Pôr do Sol[13]. Quando o herói já estava instalado nela, Oceano fez uma derradeira tentativa para impedi-lo de cruzar o mar, elevando as ondas e mostrando o seu semblante ameaçador[14]. Mas quando Héracles retesou o arco contra ele, deixou-o passar.

Na ilha vermelha, o herói instalou-se nos estábulos da Montanha Aba[15]. O cão Ortro percebeu-lhe imediatamente a presença pelo olfato e atacou-o, mas Héracles deu cabo do animal com a maça. Euritião correu em socorro do cão e foi morto. Outro pastor pastoreava seus animais nas cercanias; tratava-se do gado de Hades e seu guardião chamava-se Menetes. Ele contou o roubo a Gerião. O herói já estava conduzindo o gado ao longo do Rio Antemo, a "corrente de flores", quando Gerião o alcançou. Com três mãos brandiu três lanças contra Héracles e com as outras três segurou três escudos para proteger-se dele. Assemelhava-se a Ares quando saiu a passos largos para encontrá-lo[16]. Héracles combateu o monstro de três corpos e abateu-o, levou o gado consigo para a taça e logo abicou no Rio Tartesso. O deus-Sol entrou no vaso de ouro e o filho de Zeus desapareceu no escuro bosque de loureiros[17].

Circularam muitas histórias acerca do seu regresso a Argos ao longo das praias do Mediterrâneo com o formoso gado. Havia salteadores emboscados em toda parte com o sentido na presa rara; e entre todas as pessoas e em cada cidade que tocava e em virtude das quais precisava dar voltas cada vez mais compridas, da Mauritânia[18] à distante Cítia[19], os genealogistas se dispunham a falar nas uniões de Héracles de que as famílias reinantes poderiam gabar--se de descender. Nem todas as histórias devem ser repetidas aqui, visto que nada têm a ver com as lendas de heróis gregos. Uma delas, por exemplo, era a predita por Prometeu ao herói[20]; pois a jornada para as Hespérides, na qual se diz que Héracles se encontrou com o Titã, não ocorreu em todos os relatos depois das peregrinações com o gado de Gerião. Na costa da Ligúria dois filhos de Posídon tentaram roubar-lhe o gado[21]. Ele matou-os, e por isso teve de lutar com a nação dos lígures. Héracles arremessou todas as suas flechas contra os atacantes, e a seguir, ainda ajoelhado, tateou o chão à cata de pedras, mas o solo estava fofo e ele, sem dúvida, teria sido derrotado se Zeus não tivesse vindo em seu auxílio com uma chuva de pedras[22], que lhe permitiu enxotar os lígures apedrejando-os. O lugar veio a ser a pedregosa *Plaine de la Crau*.

Héracles continuou a guiar o gado através de toda a Tirrênia, o país dos etruscos, até o lugar, no Tibre, onde mais tarde se ergueria Roma. Naqueles dias, um filho de Vulcano (era esse o nome dado pelos habitantes da região a Hefesto) tinha sua morada no Aventino; tratava-se de Caco, de forma apenas semi-humana[23]; um assassino que respirava fogo, bem digno do pai, cujo poder era sentido não longe do Aventino nas piras em que se queimavam cadáveres. Dizia-se também que Caco era tricéfalo[24], como Gerião; e, segundo a história, sentiu um grande desejo de possuir o gado. Roubou quatro touros e quatro vacas de Héracles e, agarrando-os pela cauda, arrastou-os às arrecuas para a caverna. O herói nunca se teria dado conta do roubo se os animais aprisionados não tivessem mugido quando o rebanho, farto de pastar, se pôs em movimento. Héracles voltou-se, irado, para trás e correu na direção do Aventino, seguindo o mugir do gado. Caco, aterrorizado, abaixou um bloco de pedra, por meio de correntes, até a entrada da caverna. Héracles não poderia forçar uma porta como essa, mas, arrancando uma grande rocha da montanha, deixou a caverna, de repente, sem teto. O que ali se revelou parecia-se com o reino dos que haviam partido[25]. Debalde vomitou Caco seus fogos contra Héracles, que o prendeu em seu famoso aperto de lutador, o "nó de Hércules"[26], e comprimiu-o até matá-lo. Libertou o gado e arrastou o cadáver semibestial para a luz do dia. Ali perto ergueram-lhe um altar, à guisa de agradecimento; os romanos chamavam-lhe a *Ara maxima*, e o seu culto de herói durou por muito tempo.

Na ponta mais meridional da Itália, um jovem touro libertou-se[27] do rebanho e, nadando, chegou à Sicília. Diz-se que foi por isso que a cidade de Rhegion, hoje Régio, veio a ser assim chamada, de *rhegnynai*, "soltar-se", e o país recebeu o nome do jovem touro, originalmente Vitalia (*vitulus* é o nome nativo do novilho), mais tarde Itália[28]. Érix, filho de Posídon, acrescentou o touro ao seu próprio rebanho; esse salteador deu o seu nome ao Monte Érix. Quando Héracles, logo depois, cruzou os estreitos, Cila também lhe roubou touros[29], mas ele a matou, e desafiou Érix, um dos elimeus, para um combate nas seguintes condições: a terra dos elimeus lhe pertenceria se ele vencesse, mas se perdesse, Érix ficaria com todo o rebanho[30]. Mais uma vez teria de ser uma luta corpo a corpo. Héracles derrotou Érix três vezes na luta; quando vieram de Esparta e tomaram posse da terra, os gregos apelaram para isso.

Finalmente o herói, com o seu gado, chegou ao Istmo de Corinto, onde outro grande inimigo estava à sua espera, o gigante Alcioneu[31]. Tem sido dito entre as histórias dos deuses que dois homens, em parte mortais, precisavam participar da batalha entre os Olimpianos e os Gigantes, pois só assim se poderia alcançar a vitória sobre os filhos da Terra[32]. Os dois eram Dioniso e Héracles, os heróis entre os deuses. Héracles lutou com o gigante Alcioneu e matou-o. Consoante a versão mais recente[33], os Gigantes atacaram Héracles em sua viagem pela Itália, nos Campos Flegreus, perto de Cumas, e os deuses acudiram em seu auxílio. Dessa maneira ele se sagrou vencedor dos Gigantes, entre os quais figurava Alcioneu[34]. De acordo com outra versão, os Campos Flegreus e Palene, onde Héracles pelejou com Alcioneu, ficavam na Península Calcídica, que se estende defronte da Macedônia, e Héracles lá chegou com os seus seguidores vindo de Cós. Existe ainda outra variante da história, que será igualmente contada aqui.

Alcioneu era um renomado dono de gado, como Gerião[35]; dizia-se que seu gado tinha sido originalmente o gado do sol, que pascia em Eriteia, de onde o gigante o roubara[36], e que fora essa a razão da luta entre deuses e gigantes[37]. Mas quando Héracles e seus seguidores acometem os Gigantes nessa versão, a história já é outra. Alcioneu não se deixou pegar de surpresa, mas arrebentou doze carros de guerra, seus cocheiros e guerreiros, arremessando uma única pedra sobre eles[38]. A sorte só mudou quando Hipno, instigado por Palas Atena, fez o gigante dormir. Só sabemos disso por intermédio dos pintores de vasos, que nos mostram o gigante adormecido, o deus alado do sono pairando sobre ele; Héracles, com a maça e o arco, seguido de Télamon, aproxima-se dele de um lado, ao passo que a deusa pode ser vista do outro. Em outras pinturas de vasos, Hermes assiste o herói, mas, seja como for, trata-se de uma gigantomaquia em miniatura, determinada pela astúcia, que causa a morte de Alcioneu nesta versão da história.

Ou, ainda uma vez, a coisa toda foi representada no Istmo; aqui o gigante não era um boieiro; sua presença no Golfo Alciônico, o "mar dos alciões", indica antes que era um ser parecido com Cicno. Entre as muitas razões aduzidas para explicar as lamentações dos alciões naqueles dias ainda hibernais, e conhecidos por essa razão como "dias de alcíone"[39], uma é o choro das filhas de Alcioneu pelo pai que Héracles matara. Mostrava-se no Istmo a pedra que o gigante jogou no herói[40]; Héracles aparou-a com a maça e arremessou-a de volta ao atirador. Depois disso chegou a Micenas com o gado de Gerião, e Euristeu ofereceu as reses em sacrifício a Hera[41].

11 Os pomos das Hespérides

Héracles também tinha de pegar os pomos de ouro do Jardim das Hespérides. Ele já estivera lá ao perseguir a corça do Monte Cerineu e pode ter chegado ao jardim vindo da Líbia[42] ou de algum outro ponto de sua viagem para Eriteia. Mas por si mesmo, e sem a orientação e a permissão divinas, isso era claramente impossível. Contava-se[43] que, para começar, ele precisava procurar as filhas de Zeus e Têmis no Erídano, presumivelmente na caverna em que o rio divino brota além do mundo. Os narradores chamam-lhes apenas ninfas, mas supunha-se que as Moiras também fossem filhas de Zeus e Têmis[44], assim como as Hespérides[45]. Essas deusas enigmáticas eram, pois, as conselheiras apropriadas. Sabedoras da imortalidade de Héracles, sabiam, portanto, que o acesso ao Jardim das Hespérides não lhe era vedado. Aconselharam-no a procurar Nereu e utilizar a força contra ele, até o Velho do Mar mostrar-lhe o caminho.

Não sabemos onde Héracles o encontrou, naquela Baía do Mediterrâneo, mas pode ter sido na foz do Rio Tartesso, uma vez que também se diz que Héracles recebeu de Nereu[46] a taça de ouro na qual velejaria para Eriteia, e até que ele viajou para as Hespérides partindo do Tartesso[47] e, finalmente, que usou também a taça de ouro do sol nessa jornada[48]. Tampouco sabemos por que teve o herói de lutar com uma divindade mais jovem do mar, Tritão[49]. Havia histórias de Hércules lutando com Tritão ou com Nereu, que forneceram temas favoritos a artistas primitivos, mas se perderam. O Velho do Mar sabia transmudar-se em várias formas, serpente, água e fogo, mas o herói não quis deixá-lo ir e conseguiu a vitória. O vencedor da luta entre Héracles e Nereu receberia instruções sobre como chegar ao Jardim das Hespérides e, originalmente, o prêmio da jornada seria, com toda a certeza, a deificação.

Ésquilo também, em sua tragédia *A libertação de Prometeu*, proporcionou a Héracles um conselheiro e profeta na pessoa do Titã sofredor, o benfeitor da humanidade. Zeus, não obstante, reservara para seu filho[50] a tarefa de livrar Prometeu dos seus tormentos, depois de Héracles haver oferecido Quíron para sofrer eternamente em seu lugar. Ao que tudo indica, o sábio Velho do Mar dirigira de tal modo a viagem do herói que este começou chegando às terras quentes do sul. Diz-se[51] também que ele passou pela Arábia e ali matou um filho de Éos e Titono, Emátion, que tentou impedi-lo de colher os pomos da Hespérides[52]. Dessa forma, talvez tenha alcançado o sagrado Mar Vermelho com suas areias purpúreas, o mar que cintila como o bronze e a todos nutre, o mar dos etíopes no Oceano, onde Hélio, que a tudo vê, banha o corpo imortal e os cavalos cansados na cálida corrente das suas águas mensais[53].

Foi dali que os Titãs também chegaram a Prometeu, cujos tormentos principiaram no Cáucaso Cítico[54], onde, preso a um pilar, que alguns dizem ter-lhe atravessado o meio do corpo, como se fosse uma estaca[55], ele ficava exposto à águia que durante o dia lhe devorava o fígado imortal, órgão destinado a crescer de novo durante a noite. Certa manhã, quando a águia vinha vindo, Héracles matou-a com uma flechada; um antigo pintor de vasos descreve a cena[56], ao passo que em outro vaso pintado, à frente de Prometeu, aparece Atlas com o dragão das Hespérides atrás de si[57]. Nessa versão eles talvez não estivessem defronte um do outro, como a cordilheira do Atlas e o Cáucaso, um na borda oriental e outro na borda ocidental do mundo, mas um no sul e outro no norte. É no norte que Atlas carrega o eixo em torno do qual gira o céu estrelado; está ali o polo sobre o qual as duas Ursas do céu mantêm vigilância[58]. Assim sendo, parece que havia diversos caminhos para chegar ao Jardim das Hespérides. Emátion guardara um deles no sul. Diante disso, Prometeu enviou o herói a Atlas, o vizinho das Hespérides, e aconselhou-o a não forçar o caminho para o Jardim, mas a pedir a Atlas os pomos

• **165**

de ouro[59]. Consoante o relato geralmente aceito, é possível que Héracles nunca tivesse podido regressar das Hespérides.

Nessas condições, de acordo com o relato, Héracles tinha ainda um longo trajeto para percorrer rumo ao norte. Prometeu forneceu-lhe instruções exatas[60]; era uma estrada reta pelo continente, como se o herói, afinal de contas, tivesse partido do Cáucaso e chegado primeiro ali, como talvez tivesse ido também para o extremo sul em algum veículo maravilhoso. Além da história da taça do Sol, havia outra, em conexão com a jornada a Eriteia, de um navio de bronze no qual, em lugar de vela, Héracles usou a pele de leão[61]. Mas ele podia também vadear o mar quando necessário[62]. Na verdade, uma pintura de vaso mostra-o fazendo isso num carro, tendo Hermes a guiá-lo.

Ele chegaria, predisse-lhe o Titã, primeiro ao reino do vento norte e precisava tomar cuidado para não ser atirado ao ar pelo torvelinho da tempestade eterna. Depois, o caminho o conduziria através das terras dos citas, que se alimentavam de queijo feito de leite de éguas, e, entre eles, através do povo mais justo e hospitaleiro da terra, os gábios, que não tinham necessidade de lavrar os campos porque o solo lhes dava tudo espontaneamente. Por ali chegaria logo aos hiperbóreos, do outro lado dos montes Ripeus, onde nasce o grande Rio Istro (conhecemo-lo como Danúbio). Na história da corça cerineia ele também chegou aos hiperbóreos e de lá foi até as Hespérides, mas sem premeditação.

Nem todos os narradores, porém, fizeram o herói percorrer esse caminho comprido e cheio de rodeios. Para muitos, o Jardim das Hespérides situa-se onde termina a viagem de Atlas através das águas vermelhas no ocidente[63]. Zeus tinha ali um palácio e Hera o leito nupcial, ao pé de fontes imortais, onde a fertilidade do solo beatificava os próprios deuses[64]. A árvore dos pomos de ouro era o presente de casamento da Mãe Terra à Rainha dos Deuses[65] e, por isso, alguma coisa tinha de ser dito dela, da sua serpente tutelar e das ninfas que a guardavam, nas lendas dos deuses[66]. A primeira tinha sido posta ali por Hera; era a serpente chamada Ládon, que nunca fechava os olhos[67]. Os genealogistas afirmaram ser ela irmã de Equidna, mãe dos cães letais Cérbero e Ortro e da Hidra de Lerna. Ládon também tinha muitas cabeças, como a Hidra de Lerna, e muitas vozes[68], horríveis sem dúvida e por certo sem os tons claros das Hespérides, as filhas noturnas da Noite, pois o seu canto mais atraía os outros para aquilo que elas guardavam do que os repelia.

As três Hespérides, ou quatro, ou mais, eram até equiparadas às deusas da morte que raptavam suas presas, as Harpias[69]; mas nunca saíam do jardim ao redor da árvore, nem cantavam, como as Sereias, nas esteiras dos navegantes. Quem quer que se acercasse delas chegava, por assim dizer, à Ilha dos Bem-aventurados; nenhum mortal encontrou jamais o caminho para lá. Mas se alguém conseguisse alcançá-las e também se atrevesse a botar as mãos na propriedade da Rainha dos Deuses, os pomos de ouro, isso teria representado morte dupla para ele, ou teria significado a perturbação e a destruição de uma luxuriante região sagrada, tão remota que não dizia respeito aos homens.

Atlas, o vizinho das Hespérides, era considerado um deus astuto, um Titã falaz e traiçoeiro, que foi punido com a obrigação de ficar segurando o eixo do céu[70]. Ele mostrou-se disposto a colher os pomos de ouro, mas impôs como condição que o herói ficasse segurando os céus nesse comenos. Nada nos dizem acerca da astúcia que empregou para colher os pomos, mas sabemos alguma coisa da peça que ele pregou em Héracles[71]. Atlas trouxe os pomos de ouro, mas não para dá-los ao herói, que devia continuar a sustentar o céu em seu lugar. Uma cômica história antiga conta que Héracles concordou, mas pediu apenas mais um favorzinho a Atlas, a saber, que o Titã voltasse a colocar o céu nos ombros enquanto ele, Héracles, arranjava uma almofada para a cabeça. E o Titã esperto revelou-se então um Titã estúpido, pois deixou os pomos no chão e tomou sobre si o peso do céu, enquanto Héracles fugia com o seu troféu para Euristeu. Uma escultura numa métopa em Olímpia mostra-o com a almofada no pescoço. Nela Palas Atena ajuda o herói, e Atlas, calmo e sábio, traz-lhe os pomos.

Mas existe outra forma da história, segundo a qual Héracles forçou o caminho para as Hespérides, atacou a serpente tutelar e, finalmente, matou-a[72]. Em pinturas de vasos vemo-lo também pacificamente em companhia das Hespérides; de acordo com essa versão, ele realizou a tarefa com a anuência e a ajuda das deusas. Esta é a última forma da história, contada muito mais por pintores de vasos do que por poetas. Diz-se outrossim, é verdade[73], que

Ládon, a serpente que nunca dormia, também protegia os pomos de ouro contra as fantasias das Hespérides, que teriam colhido alegremente o que pertencia a Hera ou, em outra tradição, a Afrodite[74]. Elas, portanto, teriam ajudado Héracles adormecendo a serpente. O mestre pintor ático Mídias, que introduziu uma companhia inteira de heróis, como uma expedição de Argonautas, no Jardim das Hespérides, faz a feiticeira Medeia, com sua caixa de ervas mágicas, tomar parte na viagem. Asteas de Pesto retrata a cena ainda mais pormenorizadamente, pois inclui nela Calipso, cuja ilha, no umbigo do mar[75], pertencia ao mesmo reino, além do fim do mundo, do Jardim das Hespérides; ela oferece bebida, numa taça, ao dragão, que se limita a emborcá-la, sem notar que do outro lado uma Hespéride colhe um fruto, Héracles já pegou um pomo e duas Hespérides, na verdade, comem outros. A crermos num mestre, igualmente da Ática, que também pintou o Ônfalo, o umbigo da terra, no vaso[76], a bebida mágica era vinho. Ali está uma grande bacia de misturar, a serpente parece totalmente mansa, as três Hespérides transformaram-se em mênades, Faunos olham para elas desde o segundo plano, Iolau também está presente e Héracles, no meio do quadro, é engrinaldado por uma Nice voadora, pois a vitória é sua. Um terceiro mestre ático deixa de fora o dragão; já está morto. As Hespérides cercam Héracles e dois heróis mais moços; atrás do ombro dele, Eros colhe os pomos. O amor impera. Isso é muito diferente do que encontramos no poeta Apolônio[77], que traz os Argonautas para o Jardim das Hespérides no dia seguinte ao da morte da serpente. As deusas choram em altas vozes e, na sua dor, mudam-se em árvores, um choupo negro, um olmo e um salgueiro.

Outra cena não escapou aos artistas, ou melhor, somente eles a registraram: Héracles devolve os frutos de ouro roubados aos deuses, Zeus e Hera. Dizem-nos tão somente que ele apenas mostrou os pomos a Euristeu[78], mas o rei de Micenas não quis tomar posse[79] do troféu de maneira alguma e, em vez disso, deu-o de presente ao herói. De qualquer maneira, não teria sido legítimo ficar com ele, pois os pomos das Hespérides constituíam propriedade dos deuses, ainda mais sagrados do que os tesouros dos seus templos. Se alguém perguntasse a um narrador o que fora feito deles, sua única resposta possível teria sido que eles voltaram aos legítimos donos.

12 O cão de Hades

Muitos narradores seguiram uma sequência em que a captura de Cérbero ficou em penúltimo lugar e a história das maçãs das Hespérides, que equivale a uma apoteose, remata a lista. Nem todos, porém, fizeram o mesmo[80], pois a prova final da divindade do herói, a última tentativa de impeli-lo para a morte, foi a tarefa de capturar o cão de Hades do mundo subterrâneo. Euristeu nunca imaginou um trabalho mais duro para ele, como a sombra que representava Héracles no reino dos mortos mais tarde reconheceu[81]. Além disso, a tarefa tornava a envolver a violação de um reino sagrado. A Casa de Hades, por trás dos seus limites firmemente fixados, havia sido um reino desse tipo desde a divisão do universo entre os deuses mais altos. Sua violação era uma proeza inédita, à qual nem mesmo um herói poderia aventurar-se, muito menos um herói comum. Os heróis estavam tragicamente ligados a Hades, excetuado apenas o herói divino, o vitorioso lutador contra a morte. Mas nem mesmo ele permaneceu totalmente intocado em sua luta, como saberemos depois.

Os eleusinos contaram[82] que Héracles, para não violentar os deuses do mundo subterrâneo, primeiro se iniciou nos Mistérios; assim poderia chegar a eles como um dos seus. Mas já matara muitos, e estava poluído com o sangue dos inimigos derrotados; precisava especialmente de purificação pela morte dos Centauros. Dizia-se também[83] que, naquela época, quando Elêusis ainda não pertencia a Atenas, nenhum estrangeiro poderia receber iniciação. Daí ter precisado Héracles ser adotado por um eleusino chamado Pílio, o que quer dizer "homem de Pilo" ou "da porta de Hades", e assim se tornou filho "de Pílio". Essa história só conta, em outras palavras, o que o herói haveria de alcançar como iniciado. Eumolpo, o hierofante, sumo sacerdote dos Mistérios, empreendeu-lhe a purificação; ele recebera a iniciação secreta pessoalmente da fundadora e primeira iniciada do rito, a grande deusa Deméter[84]. As cerimônias de purificação que livraram Héracles da poluição não constituíam nenhum segredo; muito tempo depois que surgiu essa história, eram ainda representadas, por exemplo, num sarcófago e numa urna de mármore encontrados nos arredores de Roma. Héracles, ali, está sentado num trono, com a cabeça velada, depois de haverem sido realizadas nele as cerimônias sagradas

· **169**

que lhe devolveriam a pureza aos olhos dos deuses e dos homens. Atrás dele vê-se a fundadora e patrona dos Mistérios, sentada numa cesta fechada, que continha os objetos sagrados usados no culto. Numa das duas representações, Héracles, agora purificado, enverga trajos de iniciado e já se trava de amizade com a serpente da deusa. As iniciações propriamente ditas não podiam ser expostas a olhos profanos, e muito menos relatadas aos não iniciados.

Por outro lado, parece que certos versos do poeta Eufórion[85] se referiam a Euristeu, que acompanhou Héracles com suas maldições desde Elêusis, através do Istmo, até Tênaro, na extremidade meridional do Peloponeso. Euristeu tinha um medo horrível de que o herói voltasse vivo mais uma vez, ainda que fosse do mundo inferior. Por conseguinte, queria que Ártemis, para a qual era sagrada a extremidade mais meridional da península – pois ali se situava a entrada para o mundo dos mortos –, o abatesse e obrigasse a carregar, ele mesmo, a pedra de Ascálafo no mundo subterrâneo. Esses maus desejos fundam-se, sem dúvida, na história eleusina, mas esta não era, seguramente, a mais antiga.

Originalmente, Héracles não deu a volta por Elêusis para ir de Tirinto a Tênaro. A maneira como se conta a história numa velha *Descida de Héracles ao Hades* só nos é revelada pelos poucos traços que ficaram nas narrativas mais recentes e na descrição de Virgílio da visita de Eneias ao mundo subterrâneo. De Tênaro uma caverna conduzia ao reino dos mortos; Héracles forçou a passagem por ali, não como iniciado, mas, pelo que nos é dado conjeturar, com a espada na mão[86]. Em outro lugar desse empreendimento ele tentou de novo fazer uso da espada, mas em vão, pois parece que contra os deuses dos mortos e os fantasmas só davam resultado a luta corporal ou o arremesso de pedras. A força brutal, perene, de Caronte, o velho barqueiro dos mortos, é louvada pelo poeta romano[87], mas por certo, não com referência a Eneias, que se aproximou dele piamente, empunhando o ramo sagrado. Por outro lado, pode ter havido uma luta corpo a corpo entre Caronte e Héracles; mas ele deve ter ficado tão aterrorizado pelo herói[88] que o recebeu a bordo do seu velho barquinho, feito de cascas de árvores costuradas[89]. A frágil embarcação por pouco não afundou sob o peso de Héracles[90], visto que a mesma coisa quase aconteceu ao Argo, o navio bem-construído dos Argonautas[91]. Mais tarde, reza a história, Caronte não se agradou de tê-lo recebido a bordo[92], visto que teve de passar um ano acorrentado como castigo por havê-lo feito[93].

Dessarte, o herói cruza as águas do Hades. A corrente pantanosa era fundamentalmente a mesma do Rio Aqueronte, que forma a lagoa Aquerúsia, no noroeste da Grécia, lagoa pantanosa como a do Estinfalo. Dizia-se sobretudo do Aqueronte no Epiro e do Estige na Arcádia que ambos correm pelo mundo subterrâneo[94]. Na borda longínqua da região paludosa, Cérbero esperava os que estavam por chegar, como bom cão de guarda, sabendo a quem incluiria nos rebanhos do Hades e a quem manteria afastado. Saudava com abanos da cauda os que haveria de reter, mas se estes manifestassem a menor intenção de retroceder, devorava-os[95]. Era um animal que gostava de carne crua[96], e seus latidos tinham um som metálico. Ameaçava engolir tudo quando abria suas três[97], ou até cinquenta[98], bocas[99]. Não era sem motivo que se dizia ser a Hidra de Lerna sua irmã[100]. Os artistas mostram-nos o seu corpo feito, em parte, de cobras picantes que ou lhe formavam a cauda ou cresciam para fora dele. Mas quando Cérbero avistou Héracles, fugiu tremendo para junto do amo, o rei do mundo subterrâneo, e escondeu-se debaixo do trono de Hades[101].

Os fantasmas também fugiram diante do herói[102]; Meléagro foi o único cujo fantasma não arredou pé. Fazia pouco tempo que morrera e, tendo sido obrigado a deixar a irmã Dejanira solteira em casa do pai, suplicou a Héracles que a tomasse por esposa[103]. Conta-se que ele se encontrou com o futuro cunhado revestido de brilhante armadura e que Héracles retesou o arco contra ele. Meléagro, porém, explicou-lhe que os fantasmas não podiam ser feridos, como também não podiam ferir[104]. Héracles, contudo, continuava apreensivo, temendo que Hera houvesse mandado aquele herói reluzente contra ele; mas quando Meléagro lhe contou a sua triste história, assomaram lágrimas aos olhos do filho de Zeus, pela primeira e única vez. Ele mesmo perguntou a Meléagro se não tinha uma irmã que houvesse ficado em casa de seu pai Eneu, pois, a ser assim, teria muito gosto em desposá-la[105]. "Deixei Dejanira em casa, em todo o viço da mocidade, ainda estranha à áurea Afrodite, a encantadora", respondeu Meléagro. Desse modo, no mundo subterrâneo, Héracles escolheu para si uma desastrosa esposa.

Logo se encontrou com ele a cabeça da Górgona. Diante da visão terrível Ulisses, mais tarde, recuaria sem tê-la visto[106]; Héracles, por outro lado, sacou da espada[107]. Mais uma vez o informaram (acreditava-se que, dessa vez, fora Hermes o informante) de que no reino das sombras o rosto aterrador não era mais que uma aparência vazia. Mas ele talvez tenha atacado a imagem de Medusa. Não foi essa a única vez que infringiu as determinações de Hades, que pareciam tão inflexíveis. Debaixo de uma pedra, ou, melhor dizendo, num túmulo no próprio mundo subterrâneo, jazia Ascáfalo, demônio a serviço de Hades, assim punido por haver prestado depoimento contra Perséfone[108]. Héracles levantou a pedra e libertou o demônio; depois disso, no entanto, Ascálafo foi transformado por Deméter, que nunca lhe perdoara o que fizera, numa coruja. Héracles desejava festejar todos os fantasmas com sangue quente e, por isso, abateu uma rês do gado de Hades. O pastor desse gado era o mesmo Menetes que revelara a presença do herói a Gerião, Menetes filho de Ceutônimo, "o que esconde o nome"[109]. Ele desafiou o herói a lutar e Héracles deu-lhe um abraço tão forte que lhe quebrou as costelas e só o deixou ir para obsequiar Perséfone.

Pois agora ele abrira caminho para o trono do rei e da rainha do mundo subterrâneo. Um pintor de vasos nos mostra como continua a história original. Héracles ergueu uma pedra para atirar contra o casal entronizado; Hades deu um prisco e saiu correndo numa direção, o cão em outra, mas Perséfone ficou onde estava, face a face com o herói. Narradores mais recentes declararam[110] que a rainha recebeu o filho de Zeus cortesmente; afinal de contas, eram irmãos. Isso teria sido ainda mais apropriado se Héracles já fosse iniciado nos Mistérios de Elêusis quando chegou ao reino dos mortos[111]. E, prossegue a história[112], o rei do mundo subterrâneo deu-lhe permissão pessoalmente para levar o cão consigo, se conseguisse pegá-lo sem armas, equipado apenas com o corselete e a pele de leão. A crermos nessa versão, Héracles voltou à porta de Hades no Aqueronte, onde Cérbero estava de guarda, e sufocou-o até que ele cedeu. O animal tentou mordê-lo com a cauda, mas afinal deixou-se prender a uma corrente, e assim o herói o levou atrelado.

Perto da porta viu dois cativos, Teseu e Perítoo, que estavam de castigo por haverem tentado raptar a rainha do mundo subterrâneo[113], história que também será contada mais adiante. Os dois heróis estavam sentados numa pedra[114], condenados a ficar ali, naquela posição, para sempre[115]. Estenderam-lhe as mãos quando ele passou, pois tinham o resto do corpo paralisado; Héracles foi capaz de libertar, pelo menos, Teseu da sua rigidez; pegou-o pela mão e ergueu-o de novo para a vida. Quando ia fazer o mesmo por Perítoo, a terra tremeu e ele deixou-o ficar como estava[116].

Héracles viu a luz do dia outra vez em Trezena, defronte de Atenas, na extremidade oriental de Argos[117], ou então em Hermíone[118], no lado sul da mesma península. Dali, ainda levando Cérbero na trela, tomou o caminho de Tirinto e Micenas. Gotas caíam livremente da boca espumante do cão trêmulo[119]. Arrastando-se atrás dele, as cobras silvavam debaixo da barriga hirsuta do monstro, à direita e à esquerda. Em seus olhos cintilavam luzes azuis, como as faíscas que saltam numa forja de ferreiro quando o prego é batido e a bigorna ressoa debaixo dos golpes. Mas ele chegou vivo a Tirinto, resultado do derradeiro trabalho para o hostil Euristeu. Na encruzilhada perto de Mideia, mulheres e crianças horrorizadas viram com os próprios olhos a criatura.

Antigo pintor de vasos perpetuou a cena do rei de Micenas fugindo do monstro acorrentado, que saltava sobre ele, para o vaso debaixo da terra, como o fizera à vista do javali de Erimanto. Numa narrativa, o próprio Héracles conduziu o cão de volta ao Hades[120]; em outra, porém, o animal afastou-se dele na fonte entre Micenas e o templo de Hera, que depois disso ficou conhecida como *eleutheron hydor*, "a água da libertação"[121]. Héracles, contudo, voltou ao reino dos mortos tão formidavelmente mudado que recebeu um epíteto ligado ao nome de Caronte; na Beócia era adorado como Cárope[122].

III
Feitos e sofrimentos após os doze trabalhos

1 Calinico

Depois de voltar do mundo subterrâneo, Héracles passou a usar com toda a justiça o seu mais famoso epíteto, Calinico, "glorioso vencedor". A vitória gloriosa entre todas as vitórias era, sem dúvida, a que obtivera sobre a morte, e Héracles, quase o único no meio de todos os deuses e heróis, foi assim chamado[123]. Tornou-se costumeiro, entre a gente mais simples, antes da Antiguidade mais recente, escrever acima da porta de suas casas[124]:

> Aqui mora o Glorioso Vencedor, Héracles,
> Filho de Zeus; que não entre nada de mal.

"Mal" significava, acima de tudo, a morte, que as pessoas preferiam não mencionar abertamente nem escrever sobre suas portas. Somente Héracles era capaz de enxotar esse mal quando este já estava na casa e ele chegava quase tarde demais e por acaso. A pobre e estúpida Morte, por seu turno, acreditava que o herói ali chegara antes dela.

O primeiro altar a ser erguido em honra de Héracles Calinico[125], ou Héracles Alexicaco, outro nome muito parecido com os versos que acabamos de citar, "Héracles, afastador do mal"[126], pelo que se diz, foi-lhe dedicado por Télamon por ocasião da captura de Troia, quando o mesmo Télamon foi ameaçado de morte pelo ciumento Héracles; seu apelo à característica do herói salvou-o. E a vitória sobre Troia nos leva agora à história das campanhas bem-sucedidas de Héracles. Os dórios, em particular, insistiam em que o herói, por três vezes, socorrera o seu rei mais antigo, Egímio[127], sob o qual ainda não tinham emigrado para o Peloponeso; primeiro contra os lápitas, depois contra os dríopes e, finalmente, contra o Rei Amintor de Ormênio, todos habitantes da Tessália e de Traquine, na vizinhança do malfadado Monte Eta. Na própria Esparta, onde ainda não viviam os dórios foi Héracles quem derrotou Hipocoonte, irmão de Tíndaro, e seus vinte filhos, e trouxe de volta o pai terreno dos Dioscuros ao seu trono hereditário[128].

Também devia a si mesmo outra campanha, a expedição punitiva contra Áugias, que o enganara deixando de pagá-lo pela limpeza das estrebarias. O rei da Élida foi ajudado pelos gêmeos que Molíone, a esposa de Áctor dera a Posídon. Áctor era irmão de Áugias, e os gêmeos eram chamados Actórides segundo o nome do pai terreno, e Moliônides por causa da mãe[129]. Esses filhos de Posídon, Ctéato e Êurito[130], tinham saído de um ovo, como os Dioscuros espartanos; era um ovo de prata[131], e os dois irmãos formavam uma unidade ainda mais inseparável do que Castor e Polideuces. Se um deles empunhasse as rédeas dos cavalos que puxavam o carro de guerra, o outro manejava o chicote[132]. Diz-se[133] que eram gêmeos num sentido especial, dois irmãos que tinham crescido juntos e que deram a Héracles mais trabalho do que as estrebarias de Áugias.

Nem Héracles pode vencer dois, dizia o velho provérbio[134], e os maravilhosos filhos do deus derrotaram-lhe o exército quando ele se emboscara com os soldados na Élida[135]. Diz-se que o seu meio-irmão Íficlo morreu na batalha[136]. Pois, reza a história, no correr da campanha, Héracles foi acometido de uma moléstia[137]; falaremos dentro em pouco desse padecimento, durante o qual o seu desejo de vingança poderia crescer. Nessa ocasião ele celebrara uma trégua com os Actórides, mas quando eles lhe souberam da doença romperam a trégua e a guerra continuou aniquiladoramente, até ser interrompida pela estação festiva dos Jogos Ístmicos. Os gêmeos partiram para os jogos e foram aleivosamente atacados por Héracles em Cleona; só assim vieram a sofrer uma derrota e a cair nas mãos do herói[138], e esse acontecimento não lhe trouxe renome algum. Dessa maneira melancólica chegou ao fim a sua luta contra o astuto Áugias e seus aliados sobre-humanos. Debalde tentou Molíone, através de maldições, vingar os filhos assassinados[139]. Na Élida, Héracles colocou Fileu, filho de Áugias, que anteriormente depusera em seu favor, no trono em lugar do pai[140].

• 175

Depois disso, voltou a fundar os Jogos Olímpicos e tornou-se o originador das mais belas vitórias que a Antiguidade conheceu[141]. O vencedor em Olímpia recebeu a grinalda de raminhos de oliveira que Héracles trouxera consigo da terra dos hiperbóreos[142]. Havia outra árvore sagrada que Héracles transplantara do Aqueronte para Olímpia, o choupo branco[143]; somente com a sua madeira poderia acender-se o fogo do altar de Zeus em Olímpia. Héracles também construiu a grande pira para as oferendas heroicas a Pélope[144], erigiu doze altares para os doze deuses[145] e celebrou os Jogos Olímpicos do modo como, depois disso, sempre foram celebrados. Ajunta-se[146] que ele logrou a vitória em todas as provas; quem, na verdade, poderia desejar seriamente competir com ele, o Calinico?

2 O louco

Durante o tempo de seu serviço com Euristeu, Héracles esteve, por longo espaço, ausente da família que fundara em Tebas. O destino dessa família pertence propriamente às lendas tebanas e muitos narradores o colocam antes dos doze trabalhos, afirmando que Héracles aceitou para si a servidão em Tirinto a modo de expiação pela sorte dos filhos[147]. Entretanto, a tradição dos beócios, segundo a qual Héracles voltou do reino dos mortos como Cárope – ou seja, sinistramente alterado –, parece justificar Eurípides, que levou ao palco a sua história trágica e fê-la ocorrer imediatamente após o regresso do mundo subterrâneo.

Os tebanos sabiam de oito filhos que Mégara dera a Héracles[148]. Prestavam-lhes honras em seus túmulos como jovens heróis e chamavam-lhes os Calcoares, "aqueles sobre os quais caiu uma maldição de bronze", mas não gostavam de contar a história da morte desses infelizes às mãos do próprio pai. De acordo com Eurípides eram apenas três, mas as possibilidades do palco restringiam-lhe a representação. Em seu *Héracles* ele apresenta um Rei Lico, como na "Antíopa", desta vez filho do outro Lico, que o persegue e deseja destruir-lhe a família, formada pelo velho padrasto Anfitrião, por Mégara, sua esposa, e pelos três filhos. Sabem que Héracles forçou a entrada no mundo subterrâneo e ainda não regressou de lá, razão pela qual pertence agora aos mortos. Nem Anfitrião nem Mégara conseguem encontrar uma saída para sua difícil situação, além da morte em companhia dos filhos. Os três pequeninos já estão arrumados como para o enterro[149] quando Héracles entra, de volta do mundo subterrâneo. Ele não foi procurar Euristeu, mas deixou Cérbero no recinto da infernal Deméter, Deméter Ctônia, em Hermíone[150], e seguiu à pressa para Tebas. Entretanto, está meio confuso. Não reconhece de pronto o velho Anfitrião, ou o nome lhe fugiu da memória[151]. Ameaça os ingratos cadmeus com uma chacina[152]. Agora, com Mégara e as crianças, a que logo se junta Anfitrião, encontra no palácio Lico e seus satélites, que não faziam a menor ideia da sua chegada e são mortos num momento. Mas a loucura já se instalou na casa. Eurípides fá-la também subir ao palco na pessoa de Lissa, "insanidade", mandada por Hera e guiada por Íris. Héracles, ensandecido, imagina estar-se apressando para chegar à casa de Euristeu, ou melhor, que já está em casa dele e que seus próprios filhos são filhos do outro. Caça-os, mata um deles com um golpe de maça, despacha os outros dois a flechadas, derruba Mégara com uma seta e teria matado Anfitrião também se Palas Atena não lhe tivesse atirado uma "pedra de sobriedade", *lithos sophronister*[153], contra o peito. A pedrada derruba-o, ele cai num sono profundo e desperta pesadamente, nada sabendo do que fizera.

O próprio Eurípides alude à forma anterior da lenda, quando Héracles fala no fogo purificador[154]. Na história original, parece que ele acendeu uma fogueira depois de voltar para casa. O pintor de vasos Asteia o retrata, mostrando-o no momento de levar o primeiro filho ao fogo, depois de já ter atirado a mobília e as guarnições da casa às chamas. Iolau, Alcmena e Mania, "loucura", observam-no do segundo plano, como se estivessem no andar superior do palácio, e Mégara, lamentando-se, escapa pela porta aberta. Contava-se, na verdade, que Héracles jogou os filhos no fogo[155]. Outro relato afirma[156] que, ao recobrar os sentidos, ele casou Mégara com Iolau e saiu de Tebas para sempre, a fim de fundar uma família em outro lugar. Pois Héracles não era raptor de mulheres como Teseu, filho de Posídon; isso não aconteceu nem no caso de Augeia, história peculiar que será contada em conexão com seu filho Télefo. Mesmo depois desse infortúnio, ele continuou servidor de Hera.

Entretanto, os narradores das histórias que dizem respeito à nova requesta de Héracles têm apenas de adiar o momento em que o fogo purificador, originalmente pretendido para ele mesmo, mas ao qual atirou primeiro os filhos, acabaria flamejando para ele. Requesta que, afinal de contas, redundou no rapto de uma moça, envolveu-o no pecado de assassinar um hóspede amigo e o levou, vivo, à pira.

3 O pecador

Héracles não houve glória alguma da façanha anterior, em que emboscou e matou os dois Moliônides a caminho dos Jogos Ístmicos, mas isso foi o resultado da fraude que Áugias, tio dos gêmeos divinos, perpetrara contra o herói. Pertencia à história das estrebarias do rei da Élida e, sem dúvida, à de sua filha, prometida a Héracles. Existe certa semelhança entre essa história e a aventura de Héracles com Êurito, senhor da Ecália, que o levou primeiro a assassinar um hóspede amigo e, mais tarde, a raptar uma donzela.

Ninguém sabe ao certo onde se localizava a cidade de Êurito. Cinco cidades gregas reivindicam a honra de ter sido essa Ecália, uma em Messena, outras na Tessália, na Etólia, na Eubeia e em Traquine. Talvez tenham razão, contudo, os que ouviram no nome de Ecália, o dos *oichomenoi*, os que partiram. Êurito quer dizer "bom arqueiro", o que retesa o arco e atinge o alvo, como Apolo, o *rhytor toxon*[157]. Era filho de Melas ou Melaneu, "o negro"[158]. Diz-se também que[159] desafiou o próprio Apolo a uma prova de arco e foi morto pelo deus. Apolo em pessoa dera-lhe o seu arco[160] e o instruíra no uso dele[161]; assim expressam os narradores sua íntima relação com o deus, que fazia Êurito quase parecer um segundo Apolo. Seja como for, diz-se que Apolo foi seu avô[162]. O arco que dele recebera, Êurito deixou-o para seu filho Ífito[163], o qual, por sua vez, o deu a Ulisses quando este o encontrou na desastrosa busca das éguas de seu pai em Messena[164]. E os pretendentes de Penélope encontraram a morte, no dia de Apolo, pelo presente do deus[165], como será contado mais tarde.

Como outros reis cruéis, todos imagens fiéis do deus da morte, Êurito prometia dar a filha, a bela Íole com nome de flor (sua forma mais antiga é

Viola, que quer dizer violeta), em casamento a quem o derrotasse nessa especialidade[166]. Dizia-se dele, como se dizia de Enômao, que, apaixonado pela filha, queria conservá-la para si[167], razão pela qual impunha por condição a vitória numa prova de tiro. Héracles, depois de despertar de sua loucura e separar-se de Mégara, foi à Ecália competir; uma história[168] subsequente quer que ele tenha sido discípulo de Êurito na arte de atirar com arco, ao passo que, no entender de outros, seu professor foi um cita[169] ou um cretense, Radamanto[170], que, segundo nos contam alguns narradores[171], chegou à Beócia e tomou Alcmena por esposa após a morte de Anfitrião. Ninguém era oponente tão apropriado de Héracles quanto o "arqueiro invencível". Ou que outro nome se ajusta tão bem a Êurito?

Pormenores da prova de manejo do arco na Ecália só nos são fornecidos por pintores de vasos, e nem mesmo eles estão suficientemente de acordo. Num, vemos quatro setas já pregadas no alvo, mas Héracles, que em todas as histórias vence a prova, matou dois filhos de Êurito também, um dos quais era Ífito. Ele está agora apontando para a moça, como se quisesse mandar para o mundo subterrâneo até o prêmio da prova de arco; Êurito e um irmão da jovem tentam impedir o herói de atirar. Todas as histórias concordam em que, embora ele tenha vencido a prova, foi-lhe recusado o prêmio; mas agora eles se veem coagidos a entregar-lhe Íole. O lado oposto do vaso mostra-o deitado num divã, enquanto Dioniso entra na casa e a noiva coroa a vencedor com uma grinalda. Em outro vaso pintado, Íole está entre os homens deitados, Héracles de um lado, o pai e os irmãos do lado contrário. Outros pintores de vasos representam um ataque a Héracles desferido pelos filhos de Êurito, depois de lhe haverem furtado o arco e a maça num banquete. Somos apenas inteirados[172] da fala insultante com que Êurito e os irmãos de Íole justificam a quebra da promessa. Censuram ao herói o assassínio dos filhos, que ele consumara quando estava louco, e, tendo-o desarmado e enfraquecido, expulsaram-no desdenhosamente de casa[173].

Tal foi a causa da captura da Ecália, que, como a expedição punitiva contra Áugias, deve seguir-se inevitavelmente ao dolo e à vergonha. Ífito, filho mais velho de Êurito, tivera a infelicidade de cair nas mãos de Héracles antes disso. Procurando doze éguas[174], que ainda amamentavam os filhos,

Ífito chegou a Tirinto, residência de Héracles. Héracles estava de posse das éguas, ou porque as tirara pessoalmente à guisa de represália[175], ou porque Autólico as roubara de Êurito para ele[176]; Héracles, porém, meditava maiores planos de vingança[177]. Recebeu hospitaleiramente o filho de Êurito, chegando a convidá-lo como se nada tivesse acontecido[178]. E, sem respeitar os olhos vigilantes dos deuses, nem a mesa que mandara colocar diante do hóspede, assassinou-o[179]. O ato criminoso é variamente descrito, mas todos os narradores estão de acordo em que[180] o hospedeiro arrastou o conviva ao cimo dos muros ciclópicos de Tirinto e o arrojou ao chão do alto de uma torre.

Falou-se depois[181] que Héracles teve dois ataques de insanidade, o primeiro quando assassinou os filhos e o segundo quando assassinou o hóspede. Assim o crime como a loucura exigiam que o agente fosse purificado e absolvido. Héracles encontrou alguém que o purificasse em Amiclas, perto de Esparta; seu nome era Deífobo, filho de Hipólito; nada mais nos disseram a respeito da purificação[182], mas pelo menos ela deu aos contadores de histórias a oportunidade de ligar a esse ponto a narrativa de outra inimizade. Tamanha hostilidade, que fez de Héracles um pecador ainda maior, verificou-se entre ele e alguém ainda maior do que o grande Êurito[183], o mais fatal de todos os arqueiros. Reza a história que o herói forçou a entrada do santuário de Apolo em Delfos e tentou pilhar o mais sagrado objeto que ali se achava preservado, a trípode com o caldeirão.

Apolo opusera-se duas vezes a ele durante a realização dos doze trabalhos. Apoiou a irmã quando Héracles se adentrou demasiado no reino de Ártemis para pegar a corça da Cerineia. E também se juntou aos outros deuses na defesa de Pilo, a porta pela qual irrompeu Héracles a fim de chegar ao outro mundo. Mas agora ele precisava defender o próprio templo contra Héracles, que penetrou no santuário dos santuários para apossar-se da coisa mais sagrada que seu irmão possuía. Esse pecado teria sido a proeza por excelência de Héracles, tanto maior quanto Apolo era o grande nome do inimigo que ele combatia perpetuamente, maior do que todos os outros. Entretanto, a aventura foi apenas o limite dos seus feitos; era a sua condensação significativa para os que se lembravam de que as setas do deus em sua cólera eram potentíssimas para levar à morte animais e homens[184].

O roubo da trípode explicou-se[185] mais tarde quando se disse que Héracles tencionava fundar um oráculo próprio com os instrumentos sagrados e os levou até Fêneo, na Arcádia; razão pela qual Apolo ainda conservava ressentimentos contra o povo do lugar mil anos depois. Contava-se que a briga entre os dois filhos de Zeus começou quando[186] Héracles decidiu consultar o Oráculo de Delfos a respeito de alguma coisa e a pítia lhe respondeu que o deus não estava lá e não lhe daria resposta alguma. Consoante outra versão, todavia, o herói chegou a Delfos em busca de purificação e foi repulsado[187]. O assassínio de Ífito era razão suficiente para negar a Héracles o oráculo, se ele entrasse em pessoa no templo, pois os homicidas não podiam penetrar no santuário[188], embora lhes fosse permitido obter conselhos sobre a expiação por intermédio de um terceiro.

Os artistas gostavam de imortalizar a cena da briga no seu auge, pois nela não viam mais que uma porfia entre irmãos, um jogo entre deuses. Fizeram-no na própria Delfos, e os tebanos até gravavam suas moedas com a figura de Héracles fugindo com a trípode após o sacrilégio. Aqui os escultores e pintores de vasos retomam o fio da história. O herói já deixou o templo e parece estar a uma boa distância com a trípode, ao longo de certa estrada, quando Apolo o alcança, em companhia de Ártemis. Atena participa do saque ao lado do herói. A deusa tenta retê-lo ou separar o par; o deus segura um pé do objeto sagrado, Héracles ergue a maça. Se as deusas não tinham conseguido, somente Zeus poderia pôr termo à briga dos filhos; dizia-se que ele arremessara o raio entre os combatentes[189]. Diante disso, eles se separaram e concluíram a paz. Isso talvez tenha acontecido a uma distância de Delfos como a que existe entre Delfos e Giteu, na Costa da Lacônia, pois afirma-se que essa cidade foi fundada por eles em comum, após a reconciliação[190].

Depois disso, Héracles precisou expiar, se não o sacrilégio, de acordo com alguns[191], pelo menos o assassínio do convidado. Tal era a vontade de Zeus[192], e Apolo aconselhou-o a obedecer[193]. Cumpria-lhe pagar o preço do sangue, de acordo com uma versão[194], não ao pai de Ífito, mas a seus irmãos; o que dá a entender que ele já tinha matado Êurito na prova de manejo do arco na Ecália e que foram os irmãos que não quiseram dar-lhe Íole, mas mandaram-no embora com o desejo de vingança no coração. E agora ele precisava expiar ainda mais, assumindo o serviço de escravo pelo prazo de três anos. Hermes conduziu-o ao mercado de escravos e vendeu-o por três talentos[195]; a rainha lídia que o comprou chamava-se Ônfale.

4 O servidor de mulheres

Nem todos os contadores da história acreditavam que a servidão de Héracles à Rainha Ônfale das sandálias de ouro[196] precisava de atenção especial; a natureza dactílica do servidor de Hera bastava. A escravidão a mulheres naquela terra do ouro, onde outrora reinou Tântalo, estava ligada às outras aventuras do herói; ele pode, por exemplo, ter desertado os Argonautas por amor da formosa rainha[197]. Foram talvez os próprios lídios, ou os gregos das vizinhanças, que deram início à lenda[198] de que o eixo duplo, emblema dos reis lídios antes de Candaules, foi um presente de Héracles a Ônfale; ele tirara essa arma sagrada de Hipólita, rainha das Amazonas, e a levara para Sardes. Outra velha fábula corria entre os habitantes da Ilha de Cós, fronteira às praias da Ásia; eles adoravam Héracles como sua divindade do casamento[199], punham roupas de mulheres nos noivos e afirmavam[200] que Héracles fora o primeiro a fazer o mesmo na casa de uma escrava trácia. Diz-se que era idêntica a sua sorte agora com Ônfale.

Em outra história[201], a progenitora dos reis lídios com o seu machado duplo, descendentes de Héracles, foi uma escrava, filha de Iárdano. Iárdano é o nome de um rio da Lídia[202], e dizia-se que Ônfale tinha sido sua filha, destinada a fundar uma dinastia com Héracles[203]. Seu nome é a forma feminina de *omphalos*, "umbigo", e poderíamos acreditar que escravas usassem esse nome. Mas não apenas o deus-rio Iárdano aparece como seu pai, mas o deus-montanha Tmolo como seu primeiro marido[204], e em todas histórias ela era a senhora e Héracles o servo. O que os narradores gregos estavam tentando dizer ao chamarem-na de escrava, ou de viúva, coonestando o assunto ou negando-o completamente, era a coisa mais natural do mundo na Lídia, onde as raparigas não viviam como virgens, senão como cortesãs[205]. Faziam-no para casar; por esse modo reuniam o seu dote e arrumavam seus próprios matrimônios como senhoras de si mesma[206]. *Omphalos* também significa não só o umbigo do corpo humano, mas também uma pedra objeto de culto, o umbigo da terra, com o qual também estava ligado o culto de uma deusa, Têmis em Delfos, Afrodite em Pafo.

É verdade que nenhuma história se refere a Ônfale como a uma deusa; os narradores, todos gregos, retratam-na antes [207] como libertina, conquanto Héracles não se porte com ela de maneira diferente da que se portou o noivo Coan em seu casamento. Conta-se amiúde, e mostram-no artistas menos antigos, que o herói, para agradar à ama, envergava trajes femininos, geralmente pintados como os trajes e ornamentos da própria Ônfale. Ainda existe alguma coisa cerimonial a esse respeito quando, numa narrativa mais recente[208], Héracles segura o guarda-sol de ouro sobre a cabeça da rainha no momento em que ambos se dirigem ao festival de Dioniso nas vinhas de Tmolo e depois, na véspera do dia da festa, castos e continentes, trocam de roupas, ele vestindo os trajos e atavios delicados e custosos de Ônfale, ela ostentando a pele de leão e sopesando a maça.

Os últimos narradores também transformaram o serviço de Héracles para uma mulher em trabalhos femininos, ou numa tarefa imposta a ele, como as que executou a serviço de Euristeu. Colocou-se um fuso em suas mãos e a ele cabia preparar a lã com as escravas[209]. Dos inúmeros feitos atribuídos a Héracles, procuraram-se os que poderiam parecer insignificantes ao lado dos doze grandes trabalhos e representavam as tarefas dadas ao seu servo pela rainha lídia[210]. Alguns contaram a história[211] de uma serpente que tudo destruía no rio lídio Sangário, que Héracles matou como matara a Hidra de Lerna, e viam nesse fato a razão por que ele surgiu entre as constelações como Serpentário, o homem que segura uma serpente.

Uma tarefa que cumpriu, segundo dizem, a pedido de Ônfale foi apanhar os rabudos Cercopes[212]. "Dotados de rabos" é o que o seu nome significa, e tanto podem ser considerados Cabiros quanto macacos. Antigos narradores atribuíam-lhes designações como[213]:

> Mentirosos e trapaceiros, maléficos,
> Embusteiros; enquanto jornadeavam por toda a parte,
> Vagabundos todos os dias, tapeavam a humanidade.

Entre eles figurava um par de irmãos chamados Olo e Euríbato. O nome Euríbato acabou significando "trapaceiro"[214]. Dizia-se que ambos tinham vindo da "Ecália" (sabemos o que esse lugar podia significar), vagueavam pelas encruzilhadas e assaltavam os beócios. O serem também conhecidos por outros nomes revela que eram, de fato, os irmãos cabíricos. Um desses irmãos chamava-se Ácmon[215], que quer dizer "bigorna", e Ácmon e Passalo, "bigorna" e "cavilha", foram também nomes de Cercopes[216], ao passo que se dizia que sua mãe era Teia, "a divina", filha de Oceano[217], alhures uma Titânida[218], e nome da divina Grande Mãe.

Na Ásia Menor os Cercopes se instalaram nas vizinhanças de Éfeso[219]; no continente grego o seu valhacouto eram as Termópilas, a parte mais estreita do passo através das "portas quentes" (isso é o que o nome significa)[220], cujas fontes curativas, de acordo com uma crença subsequente, Palas Atena, de um feita, fez brotarem para Héracles quando ele estava cansado[221]. Era um lugar de salteadores, mas, por causa das fontes de água quente, de Cabiros também. Ali adormeceu Héracles numa de suas muitas jornadas. A mãe dos Cercopes advertira-os para tomar cuidado com o *melampygos*, o "homem de bunda preta"[222], mas o herói estava dormindo de costas com as armas ao lado do corpo[223]. Os irmãos tentaram tomá-las, mas como o sono de Héracles não fosse suficientemente profundo, ele despertou, pegou os dois com as mãos nuas, amarrou uma à outra as absurdas criaturas, pendurou-as pelos pés numa vara de carregar, como dois baldes, e levou-os consigo. Estando com a cabeça para baixo, os sujeitos riam-se às gargalhadas nas costas do herói, em que pese terem ficado muito assustados a princípio, porque a advertência materna condizia com a verdade. Surpreso, Héracles perguntou-lhes por que estavam rindo, e acabou rindo com eles. A título de recompensa, desatou--lhes os laços. Conforme outra história, Zeus os transformara em macacos e mandara-os povoar a Pitecusa, Ilha dos Macacos, na Ísquia[224]. Na Itália Meridional representava-se uma farsa, que uma pintura de vaso preserva, em que Héracles os leva, como dois macacos, numa gaiola dupla para o Rei Euristeu e se diverte à custa dele.

Outra tarefa, que se diz novamente ter sido ordenada por Ônfale, consistia em trabalhar para Sileu, salteador que possuía um vinhedo. "Salteador" é uma tradução muito polida do seu nome, pois *syleus* é o que tira tudo, até deixar o corpo nu, e depois o vende também. Nessa história, Sileu obrigava

184 •

o estrangeiro a trabalhar como escravo em seu vinhedo[225]. Mas ele tinha um irmão chamado Diqueu, "o justo"[226], e uma filha chamada Xenodique, "a que é justa com os estrangeiros"[227]. Só Sileu parece ter maltratado cruelmente os estrangeiros que passavam. Se o fez realmente é um ponto controvertido entre os narradores, pois havia uma Planície de Sileu na Macedônia[228], mas os que contaram a história em que Ônfale manda o herói acabar com o assaltante fazem de Sileu um lídio[229].

Eurípides contava a história no palco, em sua sátira *Sileu*, de outro jeito; no seu entender foi Hermes quem vendeu o herói ao salteador. Não era uma venda fácil, pois Héracles não tinha, de maneira alguma, cara de escravo[230], e quem compraria um amo para sua casa[231], cujo próprio semblante incutia medo? Seus olhos flamejantes pareciam os de um touro quando vê um leão. Não lhe era preciso sequer abrir a boca[232] para dar a entender que era alguém que dava ordens, e não as recebia. Somente Sileu teve coragem suficiente para comprar o escravo do mensageiro dos deuses e, tendo-o comprado, mandou-o para o vinhedo a fim de cavar ao redor de cada vide. Era isso que Héracles estava esperando, ter nas mãos um alvião. Xenodique podia fugir com a maça e a pele de leão, que roubara do herói – um vaso pintado mostra-a fazendo isso, e narradores subsequentes afirmam que ela foi punida, como o pai[233] –, mas o herói usava o alvião como ninguém.

Começou arrancando todas as vides, com raiz e tudo[234], depois carregou-as para a casa de Sileu e acendeu uma grande fogueira para cozer o pão e assar a carne. Sacrificou o melhor touro a Zeus[235], arrombou a porta da adega e tirou a capa dos mais finos jarros de vinho. Arrancou dos gonzos a porta da casa, usou-a como mesa e, para apagar o fogo, conduziu outra vez um rio para o jardim. Aí, então, começou a festejar. Quando Sileu apareceu, de repente, furioso com os estragos feitos em sua propriedade, Héracles convidou-o a sentar-se à mesa também[236]. Em razão disso, ao que parece, o mal-avisado selvagem prorrompeu em impropérios e não escapou à morte. A maça, de um jeito ou de outro, apareceu na mão do herói[237]. Ele ordenou a Xenodique que secasse as lágrimas e empurrou-a para dentro de casa, mas não o fez, decerto, para castigá-la.

• **185**

De acordo com uma versão mais recente, a história de amor dos dois desenrolou-se na casa de Diqueu, no Monte Pélion[238]. Depois da morte do irmão, ele tornou-se pai adotivo da rapariga e hospedeiro de Héracles, e Xenodique passou a ser esposa de Héracles. Quando ele partiu, ela morreu de saudade, mas ele não havia deixado a querida esposa para sempre e voltou para junto dela. Encontrou-a morta, estendida sobre a pira funerária, e desejou escolher uma morte ardente por amor dela, mas foi contido, e construiu-se um santuário de Héracles sobre o túmulo de Xenodique.

A cena de outro feito do herói foi a terra da Frígia, que confina com a Lídia. Mas, a respeito desse mesmo feito, não se diz em parte alguma que foi executado por ordem de Ônfale. Pertence, todavia, às aventuras asiáticas de Héracles, tanto quanto a sua servidão em relação à rainha da Lídia. É a história do ceifeiro frígio Litierses, também ceifeiro de homens. A canção que despertava as pessoas para o trabalho, no tempo da colheita, também se chamava Litierse em localidades gregas[239], segundo o nome do divino segador que a cantara pela primeira vez[240]. No início, sem dúvida, a canção contava como ele forçava a execução do trabalho da colheita, ainda que isso fosse esquecido ou suprimido, ao depois, por cantores mais delicados. Litierses vivia em Celenas, o "lugar escuro", e obrigava os estrangeiros que passavam por lá a competir com ele no manejo da foice[241]. E flagelava os derrotados, como consta da versão mais amena da história, ouvida, sem dúvida, na maioria das canções dos ceifeiros. Mas dizia-se também[242] que ele costumava segar a cabeça dos derrotados (e ninguém poderia avantajar-se a um segador divino) e atar-lhes os troncos com os seus feixes. Diziam-no filho do Rei Midas[243], mas nenhum rei terreno levaria para casa tais colheitas, senão o senhor do mundo subterrâneo.

De mais a mais, supunha-se que Litierses fosse um grande comilão[244]. Consumia, sozinho, diariamente, três carregamentos de pão e chamava à sua taça de vinho, que equivalia a três ânforas, uma "medidazinha". Isso vem referido numa sátira que contou[245] como Dáfnis, o terno e amado pastor, caiu nas garras desse ogro frígio e quase foi sua vítima. Mas nos asseguram mais[246], que Litierses não ficava de cara feia quando outros comiam com ele e divertia suas vítimas. Héracles apareceu na festa e começou aceitando o desafio do rei para uma corrida de sega. Segaram nas margens férteis do Meandro, onde o trigo crescia até a altura de um homem. Para rematar, Héracles segou a cabeça de Litierses e atirou-lhe o corpo sem cabeça, qual um disco, no rio[247].

Conta-se, além disso[248], que Héracles recuperou a saúde graças às águas quentes dos rios lídios Hilo e Aquelos, o último tributário do primeiro. As ninfas, filhas de Aquelos, banharam-no na água quente; e ele deu o nome de Hilo a um dos seus filhos havidos de Dejanira, e a outro, que lhe dera Ônfale, o nome de Aquelos.

5 O salvador de Hera e Dejanira

Héracles foi positivamente um servidor de mulheres com Ônfale; mas foi também um servidor de mulheres na capacidade de salvador – salvando Heríone do monstro marinho, Alceste da Morte, a filha de Dexâmeno do Centauro. Em todos esses salvamentos aparece como servidor de Hera. Conforme a história, ele havia salvo a própria Rainha dos Deuses de um perigo semelhante.

Deve ter sido notável o fabulista que contou essa história aos artistas, que a reproduziram e foram os únicos a preservá-la. Não se deixou levar, de maneira alguma, pela inimizade que, a crermos nos poetas, existia entre Hera e Héracles. Nas métopas do templo de Hera, onde o Sele desemboca no mar, em Pesto, mas também num vaso ático pintado, vemos como ocorreu o ataque. Desta vez, o agressor não foi um Centauro, mas Silenos impudentes. No próprio céu, nas representações gregas do Zodíaco, um Sileno substitui o Arqueiro semelhante a um Centauro. Eram Silenos os que detiveram a deusa no meio do caminho quando ela viajava pela Terra[249]. Héracles apareceu de repente para salvá-la. O pintor de vasos ático acrescentou Hermes à escolta da Rainha dos Deuses, mas o verdadeiro salvador, junto do qual Hera se refugia visivelmente, é o herói que trazia o nome dela no seu, e lá está ele, com a espada na métopa e a maça no vaso.

De maneira parecida, Héracles salvou Dejanira. Esse era um dos vários nomes dados também à filha de Dexâmeno, que por um triz não foi vítima do Centauro. Mas a verdadeira Dejanira era filha de Eneu ou, como querem outros[250], do próprio Dioniso, que visitara a Rainha Alteia em Cálidon. A julgar pelo nome, ela devia ser uma virgem hostil a homens, e não apenas guerreira[251]. E havia de ter hesitado muito antes de aceitar um marido, razão pela qual seu irmão Meléagro implorou a Héracles, no mundo subterrâneo, que a tomasse por esposa, visto que somente eles pareciam dignos um do outro.

Mas quando o herói partiu na viagem para a Etólia, onde Eneu era senhor de Plêuron e Cálidon, entre os rios Aqueloo e Eveno, fazia muito tempo que um poderoso pretendente a estivera perturbando, requestando-a de muitas formas[252]: o deus-rio Aqueloo, que a cortejava como touro, serpente ou homem com cabeça de touro, qual outro Minotauro[253]. Os artistas antigos mostravam-no como touro, com a cabeça chifruda e barbuda, ou até como Centauro-Touro, exceto quando queriam expressar-lhe a semelhança com Tritão, o Centauro do mar[254]. Que ele não tinha pouco que haver com o reino dos mortos deixam claro as histórias que o ligam às Sereias, não só as primeiras[255], de acordo com as quais ele era pai delas, mas também as outras[256], que as dizem nascidas das gotas do sangue que ele derramou quando Héracles lhe quebrou o chifre.

Pois este havia de ser o desfecho[257]. Dejanira olhava do alto da margem do rio[258], assustada demais para ver os dois pretendentes lutando um com o outro[259]. Era uma verdadeira competição, um *agón*, que tinha por prêmio a noiva[260]. Narradores subsequentes dão destaque especial ao fato de Héracles conquistar tanto a noiva quanto o chifre de Aqueloo, que equiparavam ao chifre de Amalteia, o vaso inexaurível de abundância que em muitas obras de arte o herói carrega em lugar da maça ou recebe de Dioniso[261]. Dizia-se também[262] que Aqueloo recebeu de volta de Héracles o seu corno, trocando-o com o herói pelo de Amalteia. Assim o deus-rio retirou-se derrotado, mas não sem deixar um valioso presente para trás.

Com essa vitória sobre um deus começou a história do regresso à casa de Dejanira, mas não terminou aí. Já ouvimos falar, na história de Meléagro, no velho Rei Eneu[263], monarca bondoso, hospitaleiro e, a julgar pelo nome, imagem exata do deus do vinho; mas assim como o perverso e bárbaro Sileu, dono da vinha, tinha um irmão virtuoso no digno Diqueu, assim Eneu tinha um irmão selvagem. Os pais desse par de irmãos dessemelhantes eram

Porteu[264], "o saqueador", e Êuritis[265]. Entre os filhos de Eneu havia, além de Meléagro, Toxeu, "o arqueiro", Tireu, "o porteiro", e Clímeno, "o famoso" – todos nomes pertencentes a Hades. Quem desejasse deixar o reino de Eneu em direção ao oeste, embora o próprio país ficasse no oeste, precisava atravessar o Aqueloo; os que desejavam seguir no rumo do leste, precisavam cruzar o Eveno. Nesse rio, anteriormente conhecido como Licormo[266], Héracles e Dejanira toparam com o Centauro Nesso, quando a jovem esposa estava sendo levada para casa. O nome Nesso era também usado por um deus-rio, um dos filhos de Oceano[267]. Era o barqueiro que vadeava o rio com as pessoas nas costas e exigia pagamento pelo transporte.[268]

Nesso anunciou que recebera o ofício de barqueiro dos deuses em recompensa pela sua justiça[269] e não pediu outro pagamento a Héracles senão transportar primeiro a jovem esposa para o outro lado do rio. Mas mal instalara Dejanira nas costas quando começou a molestá-la. As pinturas de vasos nos mostram o herói correndo atrás dele, ou porque o Centauro ainda trazia a vítima nas costas, ou porque o marido já a havia recuperado, transfixando-lhe o corpo com a espada ou derrubando-o com a maça. Em seguida, teve de transportá-la pessoalmente de um lado a outro do rio, o que sem dúvida fez, embora essa versão da história não nos tenha chegado. Segundo uma variante, Nesso só molestou Dejanira quando alcançou a margem oposta[270]. O poeta Arquíloco contou que a jovem esposa, ao perceber o que o Centauro pretendia, rompeu em longas lamentações e pediu socorro ao marido[271].

Héracles precisou então exibir sua habilidade de arqueiro; sua seta, desferida da outra margem, atingiu o violentador e salvou-lhe a esposa.

Sófocles, que levou à cena a história de Dejanira em sua tragédia *As mulheres de Traquine*, faz a própria heroína contar como a desgraça ocorreu no Eveno. Héracles parece haver transposto em segurança o rio, como o faz também em outras versões[272]. Dejanira sentiu a mão insolente de Nesso quando estava no meio do rio[273]. Ela gritou e o filho de Zeus, que acabara de chegar à outra margem, virou-se e asseteou o peito do Centauro. Este, enquanto morria, ainda teve tempo de enganar a esposa de Héracles. Desejava, declarou o mentiroso, prestar-lhe um derradeiro favor. O sangue que escorria da sua ferida empeçonhada tinha grandes poderes mágicos, e ela deveria coletá-lo. Dejanira, sem dúvida, carregava um frasco com água de beber, à maneira usual dos viajantes gregos, Héracles, disse o Centauro moribundo, não se apaixonaria por nenhuma outra mulher se usasse uma túnica embebida em seu sangue. Dejanira seguiu o conselho fatal, recolheu o sangue de Nesso quando este chegou à margem antes de morrer e conservou-o em casa, escondido num caldeirão de bronze[274].

Assim foi a volta ao lar de Dejanira. De acordo com a maioria dos contadores da história, toda a aventura aconteceu pouco após o regresso do herói do outro mundo, antes de receber o insulto em Ecália e tornar-se escravo de Ônfale, à guisa de expiação por haver matado Ífito. Dessarte, Dejanira foi uma esposa que teve de esperar muito, como Mégara o fora antes dela, mas deu ao marido Hilo e outros filhos também[275].

6 O fim da vida terrena de Héracles

O insulto em Ecália ainda não fora vingado, de modo que Héracles deixou Dejanira no castelo do seu amigo-hospedeiro Ceix em Traquine. Para lá se retirara com a família, depois do assassínio do seu hóspede em Tirinto[276], na região situada em torno do Monte Eta. Guiou um exército[277] contra a cidade fortificada de Êurito[278], e Ecália caiu. O senhor da praça forte e seus filhos foram mortos e Íole tornou-se presa de Héracles. Os que ligaram sua história à de Dejanira afirmaram[279] que Héracles a queria como concubina e a preferia à esposa. Mas não existe uma tradição separada de um caso de amor entre ele e Íole. Todavia, o próprio fato de se haver o servidor de mulheres tornado raptor de uma mulher levou a esse fim.

Dejanira julgou chegado o momento de fazer uso do presente de Nesso. O Centauro dera-lhe o seu sangue a fim de destruir Héracles; previa que a oportunidade surgiria. Sua dádiva e o logro de Dejanira eram o presente do Centauro. Ouvimos falar também de um oráculo[280] que predissera ao herói que nenhum ser humano, mas apenas um habitante do mundo subterrâneo, seria o causador de sua morte. Agora, sem desconfiança alguma, ele aceitou a esplêndida túnica envenenada que Dejanira, também sem nenhuma suspeita, lhe mandara para usar quando fizesse sua oferenda de agradecimento a Zeus[281]. Mas quando a túnica principiou a causticar-lhe a pele e ele não conseguiu arrancar do corpo o material envenenado[282], logo reconheceu o sinal[283] e mandou construir sua pira no Monte Eta.

Mais tarde se disse que ele tomou essa decisão a conselho de Apolo[284]. Em seu sofrimento, causado pelo presente de Nesso, enviara um mensageiro a Delfos e recebera a resposta de que deveria ir com todo o equipamento ao Eta e mandar construir ali uma grande pira; Zeus se encarregaria do resto. Mas até nessa versão Héracles subiu na pira por sua própria decisão. Antes dela, conta-nos a tragédia *As mulheres de Traquine*, sacudiu-o terrível explosão de cólera. As dores do corpo que sentia juntaram-se à doença dos heróis, seus acessos de raiva, que, na realidade, nunca estão muito longe da loucura. Atirou ao mar, do Ceneu[285], e pico noroeste da Ilha de Eubeia[286], o mensageiro que lhe havia trazido a túnica mortal. Levado para casa, em Traquine, o sofredor queria vingar-se de Dejanira, mas esta já tirara a própria vida com a espada[287] quando soube do resultado da sua obra. E agora que Héracles também tinha ciência da causa dos próprios padecimentos, o ardil do Centauro, comunicou seus últimos desejos a Hilo, o filho mais velho com Dejanira. O primeiro era[288] a construção da pira, e o segundo[289], o casamento de Íole com Hilo, núpcias que nunca veria.

Mandou então que o transportassem para o majestoso prado na montanha de Zeus no Eta[290], onde a relva nunca era ceifada[291]. Desde então, a pira de Héracles ardeu pela primeira vez e, cercada de um parapeito de pedra, que preservou as cinzas até os nossos dias, foi acesa muitas e muitas vezes em seus festivais; ao lugar chamou-se "Frígia", "sítio queimado"[292]. Segundo uma história[293], o Rio Diro, hoje Gorgopótamo, jorrou então da montanha para apagar a fogueira imensa em que se consumia o corpo de Héracles. O rio jorrou em vão, pois o próprio Héracles queria ser queimado. Hilo construíra a pira consoante as suas instruções, mas hesitava em atear-lhe fogo[294]. O sofrido Héracles sentou-se na grande pilha de madeira e ficou à espera de algum amigo, algum viajante que percorresse a estrada que liga o Monte Eta a Delfos. Apareceu Filoctetes, filho de Peante[295], aquele que, um dia, torturado pelas mesmas dores, gritaria as mesmas palavras: "Acende o fogo, bom homem, acende o fogo!"[296] De acordo com outros, foi o próprio Peante[297], que procurava um carneiro desgarrado na montanha, quem acendeu a pira. A recompensa que recebeu por isso foi grande, nada menos que o arco de Héracles[298]. Ele mesmo o deu de presente, em troca do ato que o libertou, a Filoctetes ou a seu pai Peante, de quem o filho o herdou. Somente por meio desse arco poderia Troia, um dia, ser tomada.

Mas o fogo ali acendido não foi uma queima dolorosa. Quando quer que os gregos o acendiam em memória de Héracles[299], era um alegre festival, em que imperava a aura do amor, a lembrança do grande Dáctilo[300]. Entre as chamas purificadoras, seus membros se divinizaram[301]; não é verdade, como muitos supuseram, que o corpo mortal do deus foi consumido como o cadáver de um mortal[302]. Reza uma história[303] que ele se ergueu da pira ardente numa nuvem, entre ribombos de trovão, e subiu para o céu. Quando os amigos tentaram reunir-lhes os ossos, tirando-os do meio das cinzas, como era costume numa cremação[304], nada encontraram[305]. Um mestre pintor de vasos – e provavelmente, antes dele, o autor de uma sátira – imortalizou a procura dos ossos de Héracles; representou-a feita por sátiros, que pularam para trás, amedrontados, ao darem com a armadura do herói vazia sobre a pira, não de todo queimada. Entrementes, Héracles, voltando a ser jovem, quase uma criança, passou com Palas Atena por cima do pico do Eta numa quadriga. Os astrólogos sabiam[306] que ele transpôs a porta do céu, que está em Escorpião, perto do Arqueiro, o Centauro transportado para os céus.

Muitos artistas retrataram a ascensão de Héracles. Um belo quadro, pintado numa ânfora ática de data remota, estava ao lado do divã sagrado, colocado em honra de Hera num templozinho subterrâneo em Pesto e ali emparedado. Héracles está subindo no carro, com Atena, na presença dos antigos adversários, o irmão e a irmã, Apolo e Ártemis. Hermes está pronto para guiar o carro. O vaso não teria podido estar lá com um desenho desses se não se acreditasse que a Rainha dos Deuses se agradou da subida do herói ao Olimpo. Daí por diante ele passou a pertencer à companhia dos deuses; naquela deslumbrante assembleia, mestre Sósia mostra-o gritando: "Querido Zeus". Em seguida, é conduzido à presença de Zeus por Atena, e Hera, no trono ao lado de Zeus, o recebe.

Os que acreditavam que havia, de fato, inimizade entre Hera e Héracles falaram numa reconciliação[307]; segundo eles, Zeus convenceu-a[308] realmente a aceitar a cerimônia do segundo nascimento de Héracles. Na posição de uma mulher em trabalhos de parto, ela aconchegou-o do corpo sagrado e deixou-o cair, através das vestes, ao chão. De acordo com uma das histórias contadas na Itália a respeito de Héracles, e que não podem ser repetidas aqui (teriam encontrado menos crédito na Grécia), ela, em seguida, ofereceu-lhe o seio, como a uma criança de peito. A cena foi representada no reverso de um espelho etrusco. Desse modo, Héracles tornou-se completamente filho de Hera.

Em sua capacidade de Hera Teleia, a grande deusa do casamento[309], ela mesma foi buscar a filha Hebe para Héracles. O casamento foi celebrado pelo par, o enteado de Hera e seu jovem duplo[310], entre os Olímpicos em sua montanha[311]. O genro de Hera reina no seu palácio de ouro[312] e a esse respeito cantou o poeta[313]: "Ele agora é um deus, suas desgraças e trabalhos acabaram, vive onde vivem os outros habitantes do Olimpo, imortal e eterno, e possui Hebe, filha de Zeus e Hera". O fantasma do Héracles terreno – pois não havia esquecer o peregrino na terra com os seus trabalhos –, seu *eidolon*, foi para o mundo subterrâneo e ali o encontrou Ulisses. Ao redor dele se ouviam os clamores dos mortos, como o grito dos pássaros escorraçados para toda a parte pelo medo; e ele, semelhante à noite negra, segurava um arco desembalado e uma seta na corda, e era terrível o seu olhar inquieto, e ele parecia estar sempre na iminência de atirar[314]. Seria visto em forma semelhante até no céu, pois a constelação Ergonasim[315], o homem que se ajoelha sobre o joelho direito e está sempre trabalhando[316], era considerado uma lembrança dos trabalhos do filho, que Zeus ali colocara.

No que tange aos amigos, seus trabalhos aqui na Terra foram todos baldados. Conquanto muitos reis e muitos povos atribuíssem a ele suas origens[317], e conquanto muitos genealogistas fritassem os miolos sobre ele e induzissem em erro a posteridade, Héracles de acordo com sua natureza, não foi fundador de nenhuma dinastia nem herói ancestral de um clã. Mandara à sua frente os filhos que tivera de Mégara, sua esposa tebana, a caminho da morte pelo fogo, e escalara a sua pira vindo da hospitaleira praça forte de Ceix, pois não tinha sequer um lugar seu onde morar quando deixou a Terra. A respeito dos filhos que Dejanira lhe deu, contam-se várias histórias, mas todas concordam em que os descendentes de Héracles haviam desaparecido completamente do Peloponeso. Somente assim puderam os genealogistas falar do regresso dos seus descendentes e ligar a chegada dos dórios a Esparta com esse regresso[318].

Segundo todas as histórias, os filhos de Héracles fugiram de Euristeu, que os ameaçou de morte depois que o pai deles se tornou deus[319]. Ceix não poderia protegê-los contra o poder do rei de Micenas e ordenou-lhes que seguissem seu caminho[320]. Eles, portanto, fugiram de cidade para cidade até chegarem a Tebas, segundo uma das histórias. Os que sustentavam que Iolau não morrera na Sardenha, para onde emigrara com os filhos gerados por Héracles nas filhas de Téspio, mas permanecia sepultado na tumba do avô, Anfitrião, fizeram-no, depois de velho, sair ao encontro de Euristeu e cortar-lhe a cabeça[321]. Na realidade, existe uma narrativa segundo a qual Iolau já estava morto e se levantou do túmulo para castigar Euristeu. Depois morreu outra vez[322].

De acordo com outra versão[323], ele permaneceu como guarda dos filhos de Héracles, o que sempre fora desde o princípio, e fugiu com eles de Argos para a Ática. Os atenienses acolheram a turma toda e resistiram a Euristeu, que apareceu à testa de um grande exército. Hilo combateu ao lado de Iolau e foi ele quem arrebentou a cabeça do rei de Micenas[324].

Em outra variante do caso[325], o idoso Iolau rogou a Hebe e a Zeus que lhe devolvessem a mocidade por um dia apenas. Duas estrelas brilhavam sobre o seu carro de guerra e as pessoas gritavam: "Hebe e Héracles!" Esconderam-no em uma nuvem e Iolau emergiu do nevoeiro com a juventude renovada, capturou o rei de Micenas e levou-o com vida a Alcmena, que não quis perdoá-lo, de modo que Euristeu foi executado.

Dizia-se em Atenas[326], porém, que uma virgem precisa morrer para se obter a vitória; Perséfone teria a oferenda. Como veremos mais tarde, essa história era ouvida com frequência em Atenas. Juntamente com a velha Alcmena, as descendentes femininas de Héracles tinham-se asilado em Atenas e uma delas se ofereceu voluntariamente para o sacrifício, como verdadeira filha de Héracles[327]. No lugar em que foi oferecida nasceu uma fonte, que lhe preservou o nome para o futuro[328]; e como ela se chamava Macaria, a "bem-aventurada", assim também se chamou a fonte em Maratona, fonte de bem-aventuranças.

LIVRO TRÊS

I
Cécrope, Erecteu e Teseu

Se os atenienses quisessem ser chamados pelo nome do seu heroico fundador, deveriam chamar-se cecrópidas, descendentes, ou melhor, parentes, de Cécrope; pois conquanto tivessem esse nome, eram de opinião de que não descendiam de um ser masculino primevo, senão diretamente do solo úmido, avermelhado da Ática, que, no princípio, produzia seres humanos em lugar de animais selvagens[329]. De acordo com a forma original do seu nome, Cécrope, que quer dizer "rabudo"[330], Cécrope era meio serpente, meio homem[331]: serpente por ter saltado da terra, mas também com uma cota de forma humana e, portanto, *diphyes*, "de natureza dupla". Tendo saltado da terra e sendo criação da deusa donzela, Palas Atena, filha de seu pai e formada à feição da sua mente, o retrato do ateniense primitivo esteve presente, pela primeira vez, em Cécrope. Ficamos sabendo que ele descobriu, por assim dizer, a dupla descendência dos seres humanos[332], que não procedem apenas de uma mãe, mas também de um pai. Fundou a instituição do casamento entre homem e mulher[333], que ficaria sob a proteção da deusa Atena. Foi esse o seu ato de fundação, digno de um pai primevo e, embora não fosse pessoalmente o antepassado dos atenienses, estes deviam agradecer-lhe a descendência patrilinear. Historiadores[334], que poucas luzes emitiram sobre a questão da sua origem da terra, na verdade quiseram explicar-lhe o epíteto de *diphyes* supondo que ele expressava a dupla linha de descendência, em uso desde o tempo de Cécrope, quando não chegavam a imaginá-lo uma criatura primeva bissexual[335].

O seu reino foi retratado como o de um rei humano; os atenienses entendiam que o ato da criação propriamente dito consistia no *synoikisis* ou *synoikismos*, em cuja memória se realizava o festival da *synoikia*, isto é, junção das pessoas que viviam espalhadas pelas áreas litorâneas, conhecidas como Ática, numa grande comunidade. Essa realização foi creditada a Cécrope[336], e dizia-se também que ele dera o seu nome[337] à cidadela ateniense, a Acrópole, que se tornou tão famosa. Não se diz em parte alguma, porém, que ele mesmo a tenha construído; antes se depreende claramente das lendas de suas filhas[338] que Palas Atena se empenhou em fazer da Acrópole uma fortaleza inexpugnável com as próprias mãos. Com esse propósito, mandou buscar uma rocha ainda mais alta de Palene, mas, irada pela desobediência das filhas de Cécrope, deixou-a cair no lugar em que ela hoje se encontra e tem o nome de Licabeto. Dizia-se, porém, que desde Cécrope[339] existia um *laos*, um povo, em vez de uma multidão, pois, quando instituiu a primeira grande assembleia, ele mandou cada um trazer uma pedra, *laas*, para atirá-la no meio do povo. Em seguida, contou cada habitante original da Ática e deles havia vinte mil. Ligado também ao seu nome[340] estava o costume de sepultar os mortos na terra, de modo que eles, por assim dizer, fossem depostos no seio da grande Mãe. Semeava-se trigo nos sítios de enterramento, os quais, dessa maneira, em vez de serem reduzidos a cemitérios, eram devolvidos puros aos vivos. Comia-se o repasto fúnebre com grinaldas na cabeça e entoavam-se canções em louvor dos que haviam partido; não era lícito contar mentiras.

Tais foram as leis imputadas a Cécrope, o rei primevo. Se bem não fosse um ser humano, mas um ser semi-humano e semidivino, e durante todo o tempo herói protetor e senhor dos atenienses[341], supõe-se que a vida digna de seres humanos principiou com ele na Ática. Os que deram ênfase à instituição do casamento por Cécrope foram obrigados a acrescentar[342] que, antes desse tempo, homens e mulheres se acasalavam promiscuamente. A tradição de outra condição das mulheres que não a da Atenas histórica, onde eram excluídas da vida pública, persistiu por muito tempo. Desse modo a encontramos até na versão mais recente da tomada de posse da terra por Palas Atena. Nessa variante da história famosa[343], a oliveira nasceu da terra pela primeira vez enquanto Cécrope reinava e, ao mesmo tempo, nasceu uma fonte. Diz-se que o rei, diante disso, consultou o Oráculo de Delfos e em resposta lhe foi dito que a oliveira significava a deusa Atena, e a água, o deus Posídon; aos cidadãos competia decidir em honra de quem se daria o nome à cidade. Ora, naqueles dias as mulheres, que ainda tinham o direito de voto, venceram os homens por um voto; dessa maneira, venceu Atena, e a cidade foi chamada Atenas. Posídon, e muitos relatos no-lo confirmam, enraivecido, inundou as costas. Para pacificá-lo, as mulheres tiveram de renunciar ao seu direito anterior, e desde então os filhos não se distinguiram pelos nomes das mães, mas pelos dos pais.

Conforme a narrativa original do maior acontecimento que se verificou no reinado de Cécrope, as coisas passaram de maneira muito diferente. Os atenienses, e não eram eles os únicos entre os gregos, estavam perfeitamente cônscios de que os seus deuses não tinham governado cada localidade grega desde tempo imemoriais, nem todos da mesma forma. Dizia-se em Argos[344] que Hera tivera ali uma disputa com Posídon acerca do país. Os juízes do caso foram o homem primevo local, Foroneu, e os deuses-rios de Argos, que adjudicaram a terra à deusa. Não havia duvidar que Hera tinha sido senhora da terra desde os tempos antigos, e Posídon fora o último a chegar. Mas ele continuou a privar os argivos de água, e até hoje o Ínaco é, quase sempre, um rio seco. Sabe-se que Foroneu se destacava por ser devoto e protegido especial de Hera[345]. A posição de Cécrope em relação a Atena era semelhante, e é difícil dizer qual das histórias imitou a outra, ou se ambas existiram lado a lado desde o princípio.

Palas Atena e Posídon, reza a história, lutaram entre si pelo solo da Ática. Na briga, a deusa fez brotar a primeira oliveira da rocha sobre a qual haveriam de erguer-se os seus templos. O deus bateu no chão rochoso com o tridente no mesmo lugar e da rocha saltou também uma fonte de água salgada, mais tarde conhecida como "o mar de Erecteu"[346]. O Erecteion, santuário da padroeira da cidade, Atena Polias, conteria os dois sinais do poder divino, a oliveira e a fonte da água salgada. Mas naqueles tempos primevos Cécrope, rei do país (de acordo com essa versão, era o único ser sobre a terra), tendo de indicar o vencedor, decidiu que[347] a água salgada era encontrada em toda parte por quem estivesse olhando da terra seca, mas a oliveira, que acabara de nascer na Ática, era única[348]. Por isso concedeu a terra e a cidade a Atena, como prêmio da vitória. Entretanto, alguns atenienses acreditavam que um acontecimento tão grande quanto a aquisição da sua terra natal por Atena

• **199**

não seria bastantemente glorificado se um mero ser terreno como Cécrope houvesse decidido a questão e, por isso mesmo, fizeram dele uma simples testemunha, não o juiz. Assim Fídias representou a briga no meio do frontão ocidental do *Parthenon*. Cécrope limitava-se a olhar de um canto. No trabalho de um pintor de vasos, na realidade, ele é apenas representado por uma cobra enroscada numa oliveira. Nesse versão da narrativa, os juízes eram os doze grandes deuses[349]. A rigor, devia haver apenas dez, já que Atena e Posídon pertenciam ao seu número. Os narradores, mais uma vez, voltaram a discordar sobre se a disputa começou na presença dos deuses[350] ou se eles apareceram somente para decidi-la. Só neste caso precisariam da testemunha que, como único ser da terra, poderia testificar que Palas havia sido a primeira a criar a oliveira[351]. Mas parece que foi Posídon quem deu origem à disputa[352]; aqui, mais uma vez, foi o último a chegar. Os votos dos deuses dividiram-se igualmente entre os dois, e Zeus deu o seu voto de desempate em favor da filha[353]. Cécrope foi o primeiro a conceder-lhe o título de Hípato, "altíssimo"[354], ergueu o primeiro altar e nele colocou a primeira estátua de Palas[355].

A relação muito íntima entre Cécrope e a deusa perdurou para sempre. Era uma relação secreta, da qual muito pouco, ou nada, se falou. Mas temos ciência da sua dupla conexão com Aglauro, outro título de Atena[356], que ela usava em certos procedimentos escuros, também considerados mistérios[357]. No princípio, esse nome e epíteto talvez não fosse Aglauro, senão Agraulo[358], "aquela cuja morada está nos campos". Era a esposa de Cécrope[359], mas uma de suas três filhas tinha o mesmo nome[360], e isso desvela a dupla conexão. Aglauro, mãe das três filhas de Cécrope[361], deu-lhe também um filho, chamado Erisícton, "protetor da terra". Não nos contam como a protegia, mas somente que morreu sem descendência[362]; parece ter sido uma figura semelhante a Sosípole, o "salvador da cidade" em Olímpia[363]. Sosípole tampouco era herói, mas um menino divino em forma de serpente, que protegia o país. No tocante às filhas de Cécrope, ficamos sabendo[364] que Atena lhes confiara um menino de forma semelhante, encerrado num cesto. Era o pequeno Erictônio. Conhecemos a história; uma delas, ou até duas, era tão curiosa que olhou para dentro do cesto e assim se mostrou guardiã indigna da criança misteriosa.

Cécrope repetiu-se de certo modo sob os dois nomes, Erisícton e Erictônio. O lugar mostrado como seu túmulo não era túmulo coisíssima nenhuma, senão outro sinal de sua relação muito íntima com Atena. Ficava dentro do recinto mais sagrado da deusa, onde ficava também a primeira oliveira. Quando se ergueu sobre ele o formoso edifício que ainda hoje está de pé, o Erecteion, foi preciso colocar estátuas de moças em lugar de pilares para sustentar o teto do pretenso túmulo, o Cecrópion. Sem dúvida lá estava Cécrope na forma da cobra guardada no mesmo edifício e conhecida como "vigia da deusa"[365]. Mas os historiadores áticos, que tentavam dar a seu país uma lista de reis, chegaram à conclusão de que em Erictônio, o segundo ateniense primevo com a curiosa lenda de nascimento, que conhecemos das histórias relativas a Atena[366], reapareceu um Cécrope. Colocaram Erictônio em terceiro lugar depois do rei primevo e atribuíram-lhe a fundação das Panateneias[367] e dos outros grandes festivais atenienses. Afirma-se também que ele construiu o santuário de Atena Polias, já mencionado[368], colocou dentro dele a imagem de madeira da deusa[369] e foi enterrado naquele lugar. Estas não são histórias mitológicas genuínas, como as que dizem respeito à sua geração por Hefesto e ao que lhe aconteceu no cesto redondo. Parece antes que o seu nome significativo, que enfaticamente significa um ctônida, um ser do mundo subterrâneo, no início não indicava um governante, um rei deste nosso mundo superior, mas a misteriosa criança adorada em mistérios e mencionada em histórias raro contadas. O herói, nascido da terra, de quem ouvimos falar mais abertamente (sabemos por Homero que Atena o criou[370] e escolheu-o por companheiro de casa[371], ou seja, o templo que lhe recebeu o nome, Erecteion)[372] – esse herói chamava-se Erecteu.

Os atenienses intitulavam-se cecrópidas, em atenção a um ser primevo, mas também erectidas, em homenagem a esse seu rei e herói[373]. O nome Erecteu, na forma Ericteu[374], contém os mesmos elementos que o outro composto Erictônio, mas com a terminação dos velhos e autênticos nomes próprios. A tradição de um filho, que Hefesto teria gerado na deusa Terra, referia-se a ele tão explicitamente quanto se referia a Erictônio[375], e sua conexão com Atena também não era menos estreita e íntima. Não se dizia nem mesmo de Erictônio que a própria criancinha era mais uma cobra do que uma criança guardada por cobras[376]; quando o incluíram na lista dos reis atenienses, deram-lhe a forma humana plena. Na história de Erecteu não há prova certa que ainda o associe à forma de serpente. Por outro lado, contava-se uma história do seu trágico conflito com Posídon, em que ele acabou levando a pior; sob os golpes do tridente, desapareceu nas entranhas da terra[377]. Essa história diferia daquela em que o tridente do deus marinho apenas fez jorrar a fonte de água salgada da superfície rochosa da Acrópole. Contava que Posídon, tio, na família olímpica, da filha de Zeus, acabou, afinal, invadindo o próprio domínio e sítio sagrado da sobrinha. Entretanto, para ser adorado no templo comum da deusa e do seu companheiro de casa de muitos nomes (Erecteu era o seu nome de herói), bastava-lhe tomar esse mesmo nome, passando a chamar-se Posídon Erecteu[378]. Quando os atenienses já corriam o risco de esquecer o velho herói, que vivia no mundo subterrâneo ao lado do poderoso deus do mar, um oráculo lembrou-lhes que deviam também oferecer sacrifícios a Erecteu no altar de Posídon, no Erecteion[379]. A habitação e o culto comuns foram o sinal da reconciliação entre eles e do reconhecimento de um herói pelo deus como ainda autorizado a residir naquele santuário.

Mas contou-se por muito tempo a história da luta de Erecteu pelo menos com filhos de Posídon, vindos do norte e que permaneceram na lembrança ateniense como trácios. Um deles era Imarado[380], filho de Eumolpo ou, segundo o relato da luta por Eurípides na tragédia *Erecteu*, o próprio Eumolpo[381]. Ouviremos mais tarde algo mais sobre Eumolpo, o "bom cantor", herói dos eleusinos e antepassado dos seus hierofantes. Ligada, porém, a essa luta (se foi Eurípides o primeiro a ligá-la já não poderemos saber), estava a lembrança das donzelas atenienses que, à semelhança da filha de Deméter, precisavam morrer sacrificadas ao deus do mundo subterrâneo, famosas pelo heroísmo e cultuadas como heroínas em Atenas.

O local desse culto, não menos sagrado que o Erecteion ou o Teseion em Atenas, era, como eles, um *heroon*, o Leucórion[382] ou Leocoreion[383]; o que quer dizer, o santuário das *Leokoroi*, as "donzelas do povo", em outras palavras, as virgens sacrificadas em prol do povo. Foi dito mais tarde que um certo Leo (na Ática o seu nome soa exatamente como *leos*, povo) teve as três filhas sacrificadas para salvar os atenienses. Seus nomes, Praxiteia,

Téope e Eubule[384], poderiam ter sido também nomes de deusas no mundo subterrâneo. Contava-se a mesma história das Jacintíadas, as quatro filhas de Jacinto, do qual se disse mais tarde que era espartano[385]; sabemos que Jacinto tinha um culto em Amiclas, perto de Esparta. Afirma-se que as Jacintíadas foram sacrificadas em favor dos atenienses quando Minos ameaçava a cidade e o povo também sofria de peste e fome. O nome mais simples sob o qual todas essas vítimas voluntárias foram honradas era *Parthenoi*, e havia muita discussão quanto ao significado de "virgens". Mencionou-se Aglauro[386] como a primeira a oferecer-se por seu país, ela, a imagem viva de Atena em certas cerimônias secretas e sombrias. Além de Aglauro, filha de Cécrope, havia as filhas de Erecteu[387], especialmente uma, Ctônia, "a do mundo subterrâneo"[388].

Sem a evidência da história não mitológica, nunca seremos capazes de determinar se as mulheres de Atenas tiveram outrora realmente de morrer, como morreram suas heroínas, todas, em certo sentido, idênticas a Perséfone. São citadas amiúde como exemplo de patriotismo desde que Eurípides as levou ao palco. Quando Eumolpo marchou contra Atenas com uma grande exército trácio, assim declara a tragédia[389], o Rei Erecteu consultou o Oráculo de Delfos e recebeu a resposta de que teria de oferecer uma filha para obter a vitória. Ele tinha três, e sua própria esposa Praxiteia, "a que exige o sacrifício", falou em favor da oferenda[390]. Os pais ignoravam o juramento das três jovens[391], segundo o qual, se uma delas morresse, todas morreriam. Dessa maneira, a família de Erecteu chegou ao fim. Uma filha foi sacrificada, as outras se mataram. Erecteu venceu a batalha, matando Eumolpo, como o descreve Eurípides[392], mas também não continuou vivo. Atendendo a um desejo de Posídon, Zeus abateu-o com o raio[393]. No fim da tragédia apareceu Atena e informou aos espectadores de que as filhas de Erecteu tinham sido transformadas na constelação das Híades[394].

Os historiadores que se preocuparam com a lista dos reis atenienses deram filhos a Erecteu em adição às filhas, cujo número a tradição aumentou para seis. O primeiro foi um segundo Cécrope[395], cujo neto foi Egeu, pai mortal de Teseu; supunha-se que o pai divino desse famosíssimo herói ateniense, que os atenienses honravam como o verdadeiro fundador da cidade, fosse Posídon. Mas Egeu também, a julgar pelo nome, tinha alguma relação com o mar chamado Mar Egeu em sua honra, ou pelo menos foi o que se disse. *Aix*, uma cabra, era também uma apelação das ondas[396], e talvez fosse por isso que os homens chamavam Briareu, o mais velho deus de cem braços daquele mar, também de Egeu[397], e o duplo de Posídon em seu papel de pai de Teseu, Egeu. Agora, depois dos dois filhos da Terra, Cécrope e Erecteu, um filho do deus do mar assumia a tarefa de herói-fundador na história dos primeiros tempos do Estado ateniense.

De pé na Acrópole e olhando para o sul[398], podemos distinguir, na distância extrema, entre as montanhas da costa peloponésica, a cidadezinha de Trezena. Quando Egeu ascendeu ao trono de Atenas, o soberano ali era Pitéu, filho de Pélope e Hipodâmia[399]. Sua filha chamava-se Etra, como o céu despojado de nuvens. O herói Belerofonte pedira-lhe a mão em casamento[400]; entretanto, ela se tornou não esposa, porém mãe de um herói, e seria famosa por causa do filho. Nem o pai, Pitéu, foi contra a permanência dela em sua casa, como se fosse uma princesa virgem, e dando-lhe ali um herdeiro.

Diante de Trezena erguia-se uma ilhazinha, tão perto da costa[401] que se podia chegar a ela andando. Antigamente, fora chamada Esféria, "em forma de bola", mas, após o casamento sagrado de Etra, Híera, "a sagrada"; pois, a partir de então, sagrada foi a ilhota para Atena. Etra dedicara o templo que ali se ergue a Atena Apatúria, porque a deusa a persuadira com artifícios (*apate*) a visitar a ilha sem querer. O epíteto Apatúria, entretanto, indicava antes Atena em sua capacidade de levar virgens, como mães futuras, para a vida partilhada, governada pelos homens. Por conseguinte, as virgens de Trezena costumavam oferecer seus cintos naquele templo antes do casamento. Contava-se[402] que Etra, nessa ocasião, foi enganada por Atena em sonhos. Ela sonhou que precisava oferecer um sacrifício em Esféria ao fantasma de Esfero, cocheiro de Pélope. Esse cocheiro é também conhecido pelo nome de Mírtilo, mas uma bola, *sphaira*, significava igualmente a união de amantes, como o mirto. Afirmava-se que o túmulo do cocheiro, que conduziu Hipodâmia ao casamento, estava na ilha. Quando Etra despertou do sonho, dirigiu-se à ilha e lá encontrou o seu noivo divino, Posídon.

Em outra versão[403], o encontro verificou-se no próprio templo de Atena, na mesma noite em que Pitéu fez Etra dormir com Egeu[403a]. Este já tivera duas esposas, mas seus casamentos se haviam revelado inférteis[404], razão pela qual fez uma peregrinação a Delfos e ali recebeu a resposta oracular: "Não soltes o pé do odre de vinho enquanto não chegares a Atena"[405]. Egeu não entendeu a resposta e, em vez de ir direto para casa, seguiu o caminho desviado que o levaria a Pitéu, que tinha reputação de sábio[406], e assim teria condições de compreender a resposta do deus. Se Egeu tivesse voltado a Atenas, teria gerado o filho que desejava; mas Pitéu queria que sua filha se tornasse mãe dessa criança há tanto tempo esperada. Não se pode decidir agora se ele embebedou Egeu e assim o enganou[407] ou simplesmente o persuadiu[408], mas, antes que este saísse de volta para casa, Pitéu engenhou um modo de fazê-lo passar uma noite com Etra. Quando o herói com o nome de um deus marinho se ergueu do lado da moça que tinha o nome da luz do céu, deixou com ela a espada e as sandálias. Rolou uma pedra enorme sobre esses meios de reconhecimento[409] e deu a Etra as seguintes instruções: se ela tivesse um filho e esse filho, mais tarde, ficasse tão forte que pudesse afastar o penedo do lugar, deveria pegar a espada e as sandálias e ir com elas a Atenas. Por elas Egeu reconheceria o filho. Com tais palavras deixou a jovem em Trezena, que haveria de ser o primeiro lar de Teseu.

Mais tarde indicou-se, no portozinho trezeniano de Celendris, o lugar em que ele nasceu, que depois disso foi sempre chamado Genetlion, "lugar de nascimento"[410]. Numa velha narrativa, Pitéu não representa o papel de sábio e protetor, pois Etra, na realidade, foi instruída por Egeu para não dizer quem era o pai da criança[411]. Mas a maioria dos narradores retrata a infância de Teseu como a de um príncipe em casa de Pitéu. Quando ele tinha sete anos de idade[412], dizem que Héracles visitou o rei em Trezena e deixou a pele de leão sobre a mesa. Todos os filhos de nobres tinham vindo partilhar da hospitalidade de Pitéu, mas quando avistaram a pele, tornaram a fugir correndo com a única exceção de Teseu. As crianças acreditaram que um leão estava deitado ali, e o heroizinho acreditou também; arrancou um machado de um criado e quis matar o animal. Mais tarde, terminada a infância, fez uma peregrinação a Delfos para oferecer seus cabelos a Apolo. Não lhe cortaram, porém, todos os cabelos juvenis, apenas as madeixas na testa, moda de usar os cabelos que recebeu o nome de Teseio por sua causa[413]. Chegando ao dezesseis anos de idade[413a], fez girar sobre si mesmo a rocha debaixo da qual estavam a espada e as sandálias do pai e passou a usá-las.

Elas devem ter-lhe servido – era esse um significado do sinal. Não somente a espada devia ajustar-se a ele, mas também as sandálias de Egeu, com as quais se pôs a caminho de Atenas. Nas narrativas mais antigas ele era, por certo, um herói da envergadura de Egeu e Posídon, e posto que poetas e artistas se emulassem na descrição da sua juventude, não se esqueceram de todo as imagens que o mostravam barbado[414]. Numa pintura de vaso vemos o jovem ousado e imberbe (essa continuou sendo a imagem normal dele) tentando sacar pela primeira vez da espada, em cuja posse talvez tivesse acabado de entrar naquele momento, contra Etra, que o acaricia. Teria ele conhecido o segredo da rocha por intermédio de Pitéu e não por intermédio da mãe? Teria tentado demovê-lo da perigosa jornada no Istmo entre Corinto e Atenas? A morte ali ameaçava de muitas formas, como aquelas que Héracles venceu. Afirmou-se mais tarde que, naquele tempo, Héracles estava com Ônfale e, portanto, era mister que o herói mais moço aceitasse sua missão na Hélade.

O primeiro sujeito perigoso com que topou no solo vizinho de Epidauro foi Perifetes[415], "o amplamente notório" – nome que também se apropriaria ao senhor do mundo subterrâneo. Tinha por apelido Corinetes, "o que maneja a maça"[416]. Era filho de Hefesto e Anticleia; mas se esta era a mesma Anticleia, filha de Sísifo, que se tornou também mãe de Ulisses, a tradição não o diz[417]; ganhou do pai a clava de ferro, e dele também herdou, provavelmente, os pés fracos. Ficava à espera de passantes e atacava-os, até ser atacado por Teseu, que a partir de então carregou a maça[418] com a qual o mostram muitas figuras.

Em Cêncreas, um dos dois portos de Corinto[419], onde a estrada se desvia para o Istmo, segundo perigo o aguardava: Sínis, "o salteador", filho de Posídon[420], o deus para o qual toda aquela região de pinheiros era sagrada, ou de Polipêmon, "autor de muita desgraça"[421] (outro nome possível de Hades), e Sileia, "a que saqueia". Seu apelido era Pitiocampto, "curvador de pinheiros"[422], porque costumava amarrar os passantes em dois pinheiros que já curvara e depois deixava as árvores voltarem à posição natural, fazendo assim em pedaços os pobres coitados[423]. Era até preciso que o ajudassem a segurar um pinheiro enquanto ele curvava o outro. Isso fez Teseu, mas obrigou o próprio Sínis a encontrar o mesmo fim que dispensava aos outros. Em relação à sua filha, dizia-se[424] que era uma rapariga notavelmente bela e alta, chamada Perigune, "em torno do jardim". Ela fugiu de Teseu, escondeu-se debaixo do asparago e dos morriões e conjurou as plantas do jardim a salvarem sua senhora. O herói induziu-a com blandícias a chegar-se a ele e Perigune veio a ser a progenitora de uma família em que essas plantas eram reverenciadas.

No território de Corinto, num lugar chamado Crômion[425], cujo nome provém de *krommyon*, cebola, vivia uma velha com uma porca que tinha o nome da dona[426], Fea, "cinzenta" ou "escura". Assim se descrevia seguramente a cor dos fantasmas, e assim se mostrava que a porca, sobre ser um animal do mundo subterrâneo, era mortal[427]. Teseu teve de enfrentá-la com a lança e a espada ou, como os primeiros heróis, atirando pedras. As pinturas de vasos mostram-nos a velha (chamada, de uma feita, Crômio) tentando ajudar a fera implorando misericórdia.

No trecho mais perigoso da estrada que conduz do Istmo, sob a "Montanha Grou", Geraneio, através do território de Mégara, a Atenas, morava o senhor mortífero daquela região calcária (*skiron* em grego), com a qual seu nome, Quíron, condizia. Nos velhos tempos, a estrada ali se transformava em caminho de mulas. A direita ergue-se a encosta escarpada da montanha, tal como hoje; à esquerda há uma descida a prumo para a água, na qual, reza a história[428], nadava uma tartaruga marinha, criatura de Hades que apanhava e devorava homens. Se o caminho superior se tornasse intransitável, como acontecia amiúde até nos tempos históricos, o viajante precisava descer ao nível do mar e continuar a jornada ao longo da praia estreita; ou era obrigado a vadear ou nadar até chegar ao lugar onde poderia marinhar de novo montanha acima até o nível do caminho de mulas. Com mau tempo, era sempre perigosa essa faixa estreita, e sempre semelhante a uma porta de Hades, mesmo sem a tartaruga e mesmo depois de Teseu haver precipitado Quíron lá de cima.

Esse sujeito ficava sentado numa rocha e exigia dos que passavam que lhe lavassem os pés[429]; tal era, ostensivamente, o pagamento da permissão para passar. Se o passante se inclinasse para fazer o humilde serviço, Quíron lançava-o ao mar com um pontapé, a fim de alimentar a tartaruga. Mas Teseu jogou-lhe na cabeça a bacia de lavar os pés (era assim que os pintores de vasos mostravam os procedimentos e, sem dúvida, os comediógrafos também)[430] e arremessou o próprio Quíron ao mar, de modo que o assassino foi comido pela tartaruga[431]. Algumas raras obras de arte mostram o herói a cavalo nas costas da tartaruga; numa métopa, em Pesto, ele está sem barba; num antigo vaso pintado é um homem barbado – como de fato o pintaram com frequência – e é transportado dessa maneira de uma rocha para outra. Isso se harmonizava com um relato outrora prevalecente, que nenhum poeta nos transmitiu.

É verdade que em Mégara insistiam[432] em que Quíron não infestava a estrada, mas castigava os salteadores e era amigo dos homens de bem, genro do Cicreu e sogro de Éaco. Cicreu era o Cécrope dos habitantes de Salamina, a ilha fronteira; nascido da terra, meio homem e meio serpente[433], na Batalha de Salamina apareceu como serpente nos navios gregos[434], sinal da vitória e contribuinte dela e, em forma de serpente era servidor do templo de Deméter em Elêusis[435]. Éaco, genro de Quíron segundo a tradição megariana, filho de Zeus e da epônima da Ilha de Egina[436], guardava as chaves do mundo subter- râneo.[437] Todos os lugares nomeados – a região calcária de Mégara, Elêusis e Egina – podem ser vistos de Salamina, e é muito conveniente para ambos os heróis, Cicreu e Éaco[438], terem relações de parentescos com um deus do mundo subterrâneo, como Quíron.

Chegado ao território de Elêusis, Teseu encontrou um ser cujo nome, nas narrativas mais antigas, indica que pode ter-se parecido com Cécrope ou Cicreu em suas formas de serpente, pois era chamado Cércion, "o homem de rabo". De acordo com as versões mais conhecidas, tinha verdadeira paixão pela luta[439], como tantos outros adversários que Héracles precisou vencer. Como eles, Cércion compelia os passantes a lutar e, na luta, matava-os a to- dos. Mostrou-se o local na estrada entre Mégara e Elêusis em que ele disputa- va o seu jogo mortal[440]. Teseu ergueu-o no ar, como Héracles fez com Anteu, e arrojou-o ao chão com tanta força que o reduziu a pedaços[441]. Afirmou-se mais tarde[442] que Teseu foi o verdadeiro inventor da luta esportiva e venceu Cércion mais pela destreza do que pela força bruta.

A sexta forma com que a morte encontrou Teseu no caminho de Atenas tinha vários nomes, mas o mais conhecido é Procusto, "o esticador"[443], que esticava com golpes, como o ferreiro estica o ferro com marteladas. Consoante outros, Procusto era tão somente o seu apelido[444], como o seu sinônimo Procopta[445], e ele se chamava realmente Damastes, "o compelidor"[446]. Existe aqui uma alusão ao martelo, como no nome dáctil Dammameneu[447]. Afiançava-se que o martelo fora propriedade daquele Polipêmon, "autor de muita desgraça"[448], de quem dissemos há pouco que o supunham pai do bandido Sínis, ao passo que outros o querem pai de Quíron[449], e de Procusto[450], se é que este último não se chamava também Polipêmon[451]. Um deus do mundo subterrâneo, portador do martelo, como o que conhecemos através da arte etrusca, estava provavelmente na cabeça dos que declararam[452] que a sua morada ficava ao pé da figueira brava (*erineos*) onde, de acordo com a narrativa eleusina, Hades raptara Perséfone.

Outros sustentavam[453] que esse ferreiro mortífero habitava o Monte Coridalos, sobre o qual se estendia o Caminho Sagrado de Atenas a Elêusis. Ali trabalhava Procusto com os seus instrumentos[454], os quais, todavia, incluíam, não uma bigorna comum, senão uma cama talhada nas rochas ou feita pelo ferreiro, em que ele deitava os passantes a fim de trabalhar neles com o martelo; pois a cama era sempre grande demais e ele precisava esticar os que nela se deitavam. Afirmaram mais tarde[455], os que não curavam do significado dos nomes Procusto, Procopta e Damastes, que as camas eram duas, uma grande e uma pequena, e que ele deitava os homens pequenos na cama grande e os homens grandes na cama pequena; neste último caso, cortava-lhes as partes dos membros que se projetavam para fora da cama[456]. Teseu serviu-o da mesma maneira[457] e, tendo assim livrado a estrada dos seus perigos mortais[458], chegou a Atenas pelo Caminho Sagrado.

Precedera-o sua reputação. No lugar em que o Caminho Sagrado cruzava o Rio Cefiso, foi recebido pelo clã do herói Fítalo[459]. Aqui Fítalo, "o plantador", demonstrara hospitalidade à deusa Deméter e recebera, como presente dela, a primeira figueira[460]. Seus descendentes, os Fitálidas, fizeram-no passar por uma cerimônia de purificação, de que ele estava necessitado depois dos muitos homicídios necessários[461]. Levaram o sacrifício de purificação ao altar de Zeus Milíquio, o Zeus do mundo subterrâneo, para o qual a figueira era sagrada. Assim Teseu, pela primeira vez, ergueu-se da esfera da morte para ser imediatamente ameaçado outra vez. Era o oitavo dia do mês de Crono, que os atenienses mais tarde denominaram Hecatômbeon[462]; correspondia aproximadamente ao nosso mês de julho. Ora, o oitavo dia do mês pertencia a Posídon[463] e, assim, a chegada de Teseu caiu num dia sagrado para seu pai. Mas a ameaça para ele vinha da feiticeira Medeia, de acordo com os narradores que apresentam o pai terreno do herói, o Rei Egeu, já casado com ela.

Ela sabia de antemão que o conviva que se aproximava era herdeiro do trono[464], e foi obra sua fazer que Egeu, depois de tudo o que lhe fora contado de Teseu, concebesse dele um grande medo[465] e se deixasse persuadir pela esposa a oferecer ao hóspede uma taça envenenada. Em Atenas, era esse o método de execução; teria sido, acaso, ali introduzido por Medeia? A recepção ao hóspede verificou-se no templo de Apolo Delfínio, a cujo respeito se dizia que[466] o palácio de Egeu ali se erguera. Adiante uma versão ulterior[467] que o templo de Apolo ainda estava sendo construído, que os operários se achavam de pé sobre as paredes, que tinham sido rematadas, e que o teto vinha vindo, trazido por um carro de bois. A crermos nesse relato, Teseu, ainda imberbe, envergava a longa túnica jônia, que parecia um vestido de mulher, e trazia os cabelos entrançados. Os homens interpelavam-no de cima: "Como! uma rapariga casadoura vagueando extraviada, sozinha, sem companhia?" Ouvindo isso, Teseu desatrelou os bois, pegou a carroça com a carga de materiais do teto e atirou-a sobre os operários. Outros contadores da história, incluindo pintores de vasos, asseveravam o seguinte: o moço foi mandado primeiro contra o touro de Maratona e a sua recepção com a taça envenenada só ocorreu depois que ele regressou vitorioso[468].

Os boatos que precederam Teseu falavam dele como de um mancebo no primeiro florir da mocidade, acompanhado de dois criados[469]. Um gorro igual ao dos espartanos prendia-lhe os cabelos castanhos avermelhados e sobre o corpo vestia uma túnica purpúrea e uma capa macia de lã. Brilhavam-lhe os olhos com um fogo semelhante ao do ferreiro divino de Lemnos, e tinha a mente concentrada na batalha. Dessa maneira buscou o caminho de Atenas, dessa maneira chegou e encontrou um banquete sacrificial em meio, em que a taça empeçonhada o esperava. O pai estendeu-lha[470], mas ele desembainhou a espada com punho de marfim, como se intentasse cortar um pedaço da carne da vítima[471], porém, na realidade, para que Egeu pudesse reconhecê-lo. Chegou a estender a espada ao velho no momento em que pegou a taça[472]. "Detém-te, meu filho!" gritou Egeu[473], agora que seus olhos pousaram nas sandálias[474], "não bebas!" E derrubou a taça da mão do jovem[475]. O local em que o veneno se derramou no chão foi cercado de um muro no Delfínio e Medeia foi banida do país[476]. Sua própria história, à qual essa invenção originalmente não pertencia, logo será narrada com minúcias.

A tradição refere também os inimigos nativos de Teseu na Ática[477]: Palas e seus cinquenta filhos, que esperavam governar o país inteiro após a morte de Egeu. Moravam em Palene, na declividade meridional do Pentélico, e eram um povo de gigantes selvagens[478]. Supunha-se que o pai, Palas, fosse filho de Pândion e irmão de Egeu. Os filhos foram guerrear Teseu e dividiram-se em dois grupos. Um se moveu como se fosse atacar o herói partindo de Esfeto, ao mesmo tempo em que outro se emboscava em Gargeto. Mas um homem de Agnos, o mesmo Leo cujas filhas granjearam fama por sua morte sacrificial, revelou o estratagema a Teseu. Era o arauto dos Palancíades em Gargeto; estes o herói matou e os restantes se espalharam. Desde então houve inimizade entre os habitantes de Palene e os de Agnos (todos estes são nomes de aldeias da Ática, cuja localização é raro conhecida e, mesmo assim, só por acidente). Dizia-se que Teseu matou Palas[479] e todos os seus filhos[480], ou que matou apenas um, quando estavam caçando um javali selvagem[481], e teve de expiar o crime exilando-se voluntariamente[482]. O que fez retirando-se para Trezena por um ano; mas isso deve ter acontecido muito depois.

Talvez supusessem os narradores que os Palancíades estivessem atocaiados à espera de Teseu quando ele ia a caminho de Maratona para enfrentar o touro, pois a estrada ali conduz, sob as vertentes setentrionais do Himeto, à planície de Maratona, que o animal feroz talava. Consoante a narrativa mais famosa[483], Egeu, que tão inesperadamente recebera de volta o filho, tentou conservá-lo, por assim dizer, encerrado, a fim de que ele não viesse a expor-se ao perigo de nova aventura. A série de feitos que se poderiam comparar aos de Héracles já tinha sido completada pelo herói; seguem-se agora os que lhe revelam o próprio caráter: três tentativas temerárias, após a captura do touro de Maratona, de raptar mulheres e a guerra contra as Amazonas. No que se refere ao touro, afirmou-se, ao depois, que era o mesmo que Héracles trouxera de Creta para Argos e soltara[484], mas pode ser que essa aventura, como a luta contra as Amazonas, fosse contada primeiro de Teseu e só depois de Héracles. Um pormenor, o de que o touro cuspia fogo, deve ser inteiramente atribuído aos últimos contadores da história[485]. O combate contra um touro exigia uma habilidade especial, a mesma habilidade que os moços de Creta mostravam no tempo de Minos. Para Teseu, tratava-se de uma preparação para a sua expedição contra um touro muito mais perigoso, o morador do Labirinto, em Cnosso.

Deveria estar ainda raiando o dia quando ele, em secreto, deixou o palácio de Egeu. O céu tinha a transparência de um cristal[486], como só o céu da Ática pode ter. À tarde, as nuvens juntaram-se sobre o Monte Parnes e raios coruscaram sobre o Himeto, que Teseu deixara após si. No lugar em que foi alcançado pela tempestade, ergueu-se posteriormente um santuariozinho que semelhava o túmulo de uma heroína. Os habitantes do campo adoravam ali, com profunda afeição, uma habitante do mundo subterrâneo que chamavam de Hécale ou, ainda mais ternamente, Hecalina[487]. Deve ter sido uma grande deusa e particularmente amiga do rei dos céus, como o era Hécate[488]; assim o nome é mais conhecido. Dizia-se, contudo[489], que ela fora uma velha hospitaleira, cuja cabana não se fechava para nenhum viandante. Naquela noite de tempestade seu hóspede era o jovem Teseu, que, na manhã seguinte, saiu alegremente para defrontar o touro. Pegou-o pelas armas[490], segurou uma delas com a mão direita, agarrou com a esquerda as ventas da fera resfolegante e, assim, forçou-a a deitar-se no chão[491]. Ela viu-se obrigada a segui-lo[492] e o herói conduziu a famosa criatura a Atenas amarrada a uma corda. Muitos homens acorreram e ficaram à beira da estrada, e ele gritava para o povo[493]: "Ficai aqui, diverti-vos, mas que o mais célere dentre vós vá à cidade e leve a meu pai Egeu esta mensagem: 'Teseu está aqui, pertinho daqui, trazendo o touro vivo da bem-regada Maratona'". Todos ficaram e cantaram o peã, enquanto bombardeavam o jovem com folhas de árvores. Assim a vitória foi comemorada de todos os lados. Mas Teseu voltou correndo para Hécale e chegou no momento exato em que estavam preparando a velha para enterrar[494]. Sepultou-a com grandes honras e fundou o demo de Hécale[495] e o culto de Zeus Hecaleio – ou, pelo menos, essas fundações lhe foram imputadas mais tarde. O touro foi por ele sacrificado em honra de Apolo Delfínio.

Se Androgeu, filho de Mimos, caiu vítima do touro, como tinham caído muitos outros antes dele, isso aconteceu antes da chegada de Teseu[496]. Afirmava-se[497] que os culpados tinham sido os atenienses, pois Egeu mandara o príncipe estrangeiro contra a selvagem criatura[498]. Outras narrativas declararam que ele foi assassinado na Ática, a caminho de Tebas, onde pretendia participar dos jogos fúnebres de Laio[499]. Mas aqui se pode supor perfeitamente que o príncipe de Creta ansiava por experimentar sua habilidade contra o famoso touro. Minos estava em Paros[500] e oferecia sacrifícios às Cárites quando teve notícia do infortúnio do filho. Arrancou a grinalda da testa e ordenou às flautas que parassem de tocar; a partir de então, os pários sacrificam às Cárites sem grinaldas e sem música de flautas. A morte de Androgeu traria infortúnios para os atenienses.

Conhecemos o infortúnio do próprio Minos pelas histórias dos deuses[501] e também pela narrativa da aventura cretense de Héracles, o amor da Rainha Pasífae ao belo touro e o nascimento do Minotauro com cabeça de touro, que a maravilhosa construção de Dédalo, o Labirinto, uma prisão de caminhos divagantes, encerrava em seu interior. Minos era então senhor do mar[502] e partiu com suas naus contra Atenas, a fim de vingar o filho e exigir sacrifícios para o filho de Pasífae. Primeiro capturou Mégara, cujo soberano era Niso, outro irmão de Egeu. A este filho de Pândion era assegurada a imortalidade por um anel de cabelos cor de púrpura[503]. Se sua filha Cila não se tivesse apaixonado pelo monarca estrangeiro e cortado o anel, ele não teria sido derrotado. Minos não lhe foi grato; mandou amarrá-la ao seu navio e arrastou-a mar afora; e, enquanto Niso se transformou em águia do mar[504], Cila também se transformou no pássaro chamado *ciris*. Os habitantes dessas costas sabiam a que pássaro marinho se referiam, mas tudo o que ouvimos é que um pássaro, desde então, tem sempre perseguido o outro. Minos prosseguiu em sua marcha contra Atenas.

Ou o seu poder era suficiente, ou os golpes da divindade[505], a peste e a fome, pelo pecado contra Androgeu, subjugaram os atenienses; eles comprometeram-se a pagar um terrível tributo. Obrigaram-se a mandar para Creta,

• **213**

dali por diante, de nove em nove anos, sete moços e sete donzelas, que desapareceriam no Labirinto como vítimas para o Minotauro. Quando Teseu venceu o touro de Maratona, dezoito anos haviam decorrido e era preciso escolher o terceiro grupo de vítimas que encetassem a viagem para Cnosso. Todos foram escolhidos por sorteio, mas Teseu foi com eles por sua própria vontade[506], como um dos catorze ou como o décimo quinto[507]. Houve, de fato, quem dissesse que ele também foi escolhido por sorteio[508]. A versão mais antiga, entretanto, dá a entender que ele embarcou para Creta, como para uma aventura, no próprio navio ou num navio pertencente a seu pai Egeu; é, com certeza, uma das histórias menos antigas a que faz Minos ir pessoalmente a Atenas escolher as vítimas, incluindo Teseu, e levá-las em sua própria embarcação para Cnosso[509].

Os que contavam a história ou a pintaram em vasos acreditavam poder até dar os nomes dos sete donzéis e das sete donzelas[510]. A primeira destas últimas foi aquela Eribeia, lembrada também sob o nome de Peribeia[511], que mais tarde, como esposa de Télamon, tornou-se mãe de Ájax de Salamina[512]. Na versão segundo a qual o próprio rei de Creta coletava o seu lamentável tributo, Minos, durante a viagem, apaixonou-se pela formosa rapariga[513] e tocou-lhe as alvas faces com as mãos, como se ela fosse sua escrava. Eribeia gritou e chamou Teseu, que, vendo o que estava acontecendo, rolou ferozmente os olhos escuros debaixo das sobrancelhas, ao passo que uma dor cruel lhe alanceava o coração ao falar: "Ó filho do inigualável Zeus, o espírito em teu peito já não obedece a um justo império; contém, herói, tua força presunçosa. Seja qual for o destino inevitável que os deuses decretaram para nós, e a balança da justiça se inclina a ordenar, cumpriremos o fado determinado quando chegar o momento. Abstém-te, porém, do teu propósito atroz. Se a nobre filha de Fênix, a donzela de fama graciosa, levada ao leito de Zeus debaixo do cume do Ida, te deu à luz, inigualável entre os homens, eu também fui parido pela filha do rico Pitéu, casada com o deus do mar Posídon, a quem as Nereidas coroadas de violetas deram um véu de ouro. Portanto, ó senhor da guerra de Cnosso, ordeno-te que coíbas a tua libertinagem carregada de dor; pois eu não me inclinaria a olhar para a formosa luz da divina Éos depois que tiveres cometido violência contra alguém desta jovem companhia; antes disso disputaremos uma prova de força, e o Destino decidirá o resultado".

Até aí o herói. Os marinheiros ficaram assombrados com a soberba intrepidez do moço; e aquele cuja noiva era filha do deus do Sol sentiu raiva no coração; teceu um novo plano em sua mente. Rezou para Zeus pedindo-lhe que, se fosse realmente seu pai, o confirmasse com um raio. Como sinal de Posídon, ordenou que o rapaz lhe trouxesse de volta o anel que então atirou ao mar; dessa maneira conheceriam a quem seu pai atenderia. Zeus ouviu a prece imoderada e conferiu uma honra incomparável a Minos; mandou o raio. Agora era a vez de Posídon e Teseu. Mas a coragem de Teseu não recuou; tomando o seu lugar na popa bem-construída, dali saltou, e o domínio das profundezas recebeu-o com bondade. O filho de Zeus sentiu um terror secreto no coração, mas deixou que o navio zarpasse, rápido, diante do vento norte. Todos os moços e donzelas atenienses estremeceram quando o herói mergulhou nas profundezas; e lágrimas lhes assomaram aos olhos brilhantes, na perspectiva do seu destino enorme.

De acordo com Baquílides, o poeta cuja narrativa temos seguido quase palavra por palavra, os golfinhos transportaram Teseu à casa de seu pai. Pintores de vasos, que seguiram provavelmente alguma pintura famosa, mostraram Tritão, filho de Posídon e Anfitrite, recebendo o irmão mais moço. Com mãos delicadas, acompanhou-o ao palácio nas profundezas do mar. O rei do mar recebeu-o em seu divã, a rainha em seu trono, e ali[514] ele foi tomado de assombro; um esplendor como de fogo brilhava nas formas radiantes das Nereidas. Anfitrite vestiu-o de púrpura cintilante e colocou-lhe nos bastos cabelos uma grinalda maravilhosa, toda de rosas, que lhe dera a deusa do amor por ocasião do seu casamento. Rapazes e moças gritaram de alegria quando Teseu se ergueu perto do navio, em trajes reais, nem sequer molhado pela água, e entregou a Minos o anel de ouro[515]; e imagine-se o susto de Minos!

Mas, como já dissemos, em outra maneira de contar a história o herói empreendeu a jornada para Cnosso no navio do pai. Segundo essa versão[516], ele fez-se ao mar com velas pretas, mas o rei lhe fornecera também um conjunto de velas brancas, ou até purpúreas[517], para serem içadas no caso de Teseu voltar vitorioso. E em todos os relatos, e não somente no que já foi narrado, uma figura terna e feminina, ainda que não fosse realmente uma deusa,

• 215

como Anfitrite, recebeu o jovem herói em Cnosso. A recepção de Anfitrite não foi mais que o prelúdio, ou possivelmente o eco tardio, da recepção que lhe fez Ariadne. Ela, neta de Hélio e Zeus, que Pasífae, filha do deus do Sol, dera a Minos, teve pena de Teseu, pelo menos é o que está dito na história[518], quando ele se ofereceu para ser o primeiro a entrar na escuridão do Labirinto. Ela só era famosa sob esse nome, que em grego cretense significava "inexcedivelmente pura", *ari-hagne*, mas também a chamavam ali Aridela, isto é, "excessivamente brilhante"[519]. Debaixo desses dois nomes ela fora no início uma grande deusa, "pura" como rainha do mundo subterrâneo, "brilhante" como rainha do céu.

Ocupava o seu lugar também nas histórias dos deuses quando tinha de ser incluída entre as namoradas infiéis dos imortais por sua famosíssima paixão por Teseu[520]. Por amor ao mancebo ateniense, traiu o próprio irmão[521], o Minotauro, o monstro com corpo de homem e cabeça de touro, que também tinha o nome de um ser brilhante Astério[522] ou Astérion[523]. Por essa razão, se não por outra qualquer, ela poderia figurar entre as grandes pecadoras[524] e ser colocada ao lado de outra neta do Sol, Medeia, que também assassinou o próprio irmão. A rigor, porém, foi infiel a Dioniso, pois, de outro modo, o deus não teria chamado Ártemis contra ela[525]. Essa parece ter sido uma história mais conhecida dos antigos narradores do que dos mais recentes, que retrataram antes a deslealdade de Teseu. Afirma-se que o herói jurou a Ariadne levá-la para casa com esposa e, assim, persuadiu-a a ajudá-lo[526]. Mas não nos passaram a história do modo com que Teseu conquistou o amor da princesa. Apenas uma versão muito tardia a faz presenciar a luta dele com alguém chamado *Touros*, que quer dizer Touro, rival humano de Minos com Pasífae. Mas mesmo aqui ainda se preserva, desde tempos muito antigos, a informação de que as mulheres cretenses assistiam aos jogos dos homens[527].

Não nos contam como Teseu conseguiu uma entrevista particular com Ariadne e dela obteve o singelo presente que lhe garantiria o retorno a salvo do Labirinto. Uma representação antiquíssima mostra-a ocupada em ficar quando o moço, carinhos e súplice, lhe estende a mão. Foi, sem dúvida, a própria esperteza dela que a fez dar-lhe o fuso com o fio enrolado nele; ou teria sido uma bola em que o fio já tinha sido enrolado, como vemos numa velha pintura de vaso? Ela não precisou esperar que o mestre-artífice Dédalo lhe ensinasse o seu estratagema, como os últimos narradores nos informam que ela fez[528]. A inteligente rapariga aconselhou o herói a pregar a ponta do novelo no alto da porta do Labirinto e a nunca permitir que ele lhe escapasse das mãos. O Labirinto não era uma confusão no sentido de que um invasor não poderia encontrar o seu mais íntimo recesso, mas precisava voltar pelo mesmo caminho, e nisso residia a dificuldade. Mais tarde, quando o seu construtor, o próprio Dédalo de Atenas, foi encerrado nele com o filho Ícaro, sua única maneira de fugir foi preparar asas de penas e cera e descobrir a arte de voar. Todos conhecemos a triste história de Ícaro, que, tendo-se aproximado demasiado do sol, teve as asas derretidas e caiu ao mar, o qual, afirma-se, recebeu o nome de Mar Icário em sua honra[529]. Só o velho artista se salvou.

No recesso mais íntimo do Labirinto o Minotauro dormia. Teseu devia pegá-lo nos pelos da sobrancelha e sacrificá-lo a Posídon. Soube-se[530], através de artistas e narradores, que a amante Ariadne acompanhou o herói e iluminou-lhe a escuridão com a sua coroa. Ou teria dado a Teseu o seu diadema em lugar do novelo? Esse, sim, teria sido um ato imperdoável da infidelidade, pois, conforme uma narrativa, ela obtivera a grinalda como preço de sua virgindade[531]. Os narradores e pintores de vasos, no entanto, não parecem ter pensado em pecado nesse sentido, mas apenas na grinalda como ornamento de Ariadne, conhecido desde muito tempo, não importando o noivo de que proveio, Dioniso ou Teseu. Teseu pode ter-lhe trazido a grinalda que recebera de Anfitrite, mas, nesse caso, também a grinalda de Ariadne, colocada entre as constelações pelo deus, acabou brilhando nos céus. Teseu apunhalou e matou o Minotauro no Labirinto; uma velha pintura de vaso mostra o resultado do duelo com o monstro de cabeça de touro, a que ali se dá o nome de Tauromênio. Com uma das mãos cada um deles agarra o oponente; com a outra, o herói segura a espada, a criatura semibestial uma pedra. Outra narrativa disse[532] que Teseu não tinha em seu poder arma alguma, mas que estrangulou o adversário com as mãos nuas enquanto lutava com ele e esmurrava-o. Entretanto, o herói carrega com frequência uma clava ou um bordão. Dessa maneira assomou vitorioso à porta daquele edifício do mundo subterrâneo, se é que não arrastava o homem-touro morto após si. Os moços atenienses dão-lhe as boas-vindas e um deles lhe beija a mão salvadora.

Com Ariadne, embarcou. Levou consigo também os donzéis e as donzelas, e diz-se que, antes disso, abriu rombos no casco dos navios de Creta[533]. Já era noite quando iniciaram a viagem de regresso a casa[534], e se foi na mesma noite em que alcançaram a Ilha de Dia, que testemunhou o seu afastamento de Ariadne e a união dela com Dioniso, essa ilha não poderia ter sido Naxo, que, segundo se diz, se chamava Dia naquele tempo[535], senão a Dia que se ergue diante do Golfo de Amnisso, a ilhazinha perto de Creta. Segundo uma velha história[536], Ártemis matou aqui a filha infiel de Minos com suas setas diante do testemunho de Dioniso. Os cipriotas, por outro lado, acreditavam[537] que Ariadne havia morrido em sua ilha por ocasião do parto, enquanto outros sustentavam[538] que, tendo sido abandonada em Creta pelo infiel Teseu, enforcou-se. Estas eram histórias inventadas porque, nos lugares em que se faziam sacrifícios a ela como a uma deusa do mundo subterrâneo que voltara para lá, mostravam-lhe o túmulo; por exemplo, em Argos[539] no templo de Dioniso Cretense, perto do templo de Afrodite Celestial, ou em Chipre, onde ela mesma era adorada em seu aspecto divino, como Ariadne Afrodite[540]. Mas o fato de não ter permanecido simples deusa ctônia nem princesa mortal, para quem o mestre-artífice Dédalo construíra um belo local da dança[541] e que era então considerada a Senhora do Labirinto[542], Ariadne devia agradecer a Dioniso. Quer sua ascensão ao céu com o deus ocorresse na Dia cretense, quer, como queriam os de Naxo, na sua, e quer isso acontecesse depois de haver Teseu provado sua infidelidade ou antes que as coisas pudessem ter chegado a esse ponto, tal história era a única autorizada nos tempos subsequentes.

Durante a noite, na Ilha de Dia, assim rezava uma versão da história da ascensão de Ariadne[543], Dioniso apareceu e arrebatou a formosa noiva do herói. Numa pintura de vaso tarentino vemos Teseu, com a espada na mão, como se quisesse defender-se, recolhendo-se ao seu navio, enquanto o deus toca o seio de Ariadne adormecida. Em outra variante[544], também posta em paralelo com uma pintura de vaso[545], duas divindades, Dioniso e Palas Atena, apareceram em Dia e, juntos, convenceram Teseu a viajar sem Ariadne.

Na terceira forma da história[546], o deus se apresentou em sonhos ao herói e ameaçou-o se se recusasse a ceder Ariadne. Teseu despertou apavorado e deixou-a, profundamente adormecida, como a cena é geralmente descrita[547]. Naquela mesma noite ela foi conduzida por Dioniso ao Monte Drio, em Naxo[548], onde ele desapareceu primeiro e ela em seguida. Nos relatos mais recentes, o deus chega com todo o seu séquito, acorda a rapariga dormente e leva-a consigo numa procissão nupcial dionisíaca. Foi ele[549], diz outra versão ainda, que derramou o esquecimento sobre Teseu, de modo que este se esqueceu completamente da noiva na ilha rochosa e solitária[550] e zarpou sem ela. Ariadne também não ficou ali inteiramente só, senão com sua ama Corina, o "botão de árvore" cujo túmulo foi mostrado em Naxo[551]. Nesse caso. Dia era a ilhota que se ergue diante da Naxo atual, cujo povo atravessa um molhe para admirar a estrutura imponente de mármore de uma porta de templo.

Teseu viajou com os moços e as raparigas para Delos, onde dançou com eles a Dança da Grua, evolução que imitava as sinuosidades do Labirinto[552], sacrificou a Apolo e instalou a estátua de Afrodite, que Ariadne trouxera consigo como seu *alter ego* e lhe dera de presente. A deusa foi então venerada em Delos como Afrodite Hagne. De acordo com a representação de antigo pintor de vasos, nesse festival não era a estátua que se achava presente nas comemorações da sua libertação, mas ainda Ariadne com a ama. Teseu deixou a dança e foi tanger a lira. Depois disso[553], para comemorar a chegada dos seus filhos e filhas em Falera, no litoral (era o tempo da colheita das uvas), os atenienses passaram a adorar o divino par, Dioniso e Ariadne. Mas na festa recordava-se também um triste acontecimento. Teseu, ou o piloto, na sua alegria[554], ou então na tristeza pela perda de Ariadne[555], esqueceu-se de trocar as velas. Da Acrópole, Egeu avistou as velas negras que o navio levara ao partir e precipitou-se no oceano. Dessa maneira, Teseu tornou-se rei de Atenas e, desde então, o mar sobre o qual cisma a figura de Ariadne, deusa e heroína, tem sido chamado Mar Egeu.

Se as histórias da infidelidade de Teseu conseguiram subsistir, foi simplesmente porque o filho de Posídon era reputado, em qualquer caso, um grande raptor de mulheres[556]. Afirmou-se[557] que ele abandonou Ariadne porque estava abrasado de paixão por Aglaia, filha de Panopeu. Aglaia, "brilho", é o nome de uma donzela de luz, como Fedra, "a brilhante", irmã de Ariadne, que Teseu obteve por esposa de Deucalião, filho de Minos, depois de ter feito uma aliança com ele[558], se é que não a raptou, em alguma história esquecida, juntamente com Ariadne. Tais nomes correspondiam à expressão do lado luminoso de Ariadne, como Aridela. Poder-se-ia quase dizer que, nesse caso, Ariadne foi abandonada por amor de Aridela. A filha de Panopeu talvez fosse uma deusa em tempos primitivos, e idêntica àquela Aglaia considerada em Orcômeno, que fica perto da cidade murada de Panopeu, mãe das Cárites e esposa de Hélio[559], mas que também tinha o apelido de Corônide, "moça-gralha". O amor infiel de Apolo, que lhe deu Asclépio, também se chamava Aglaia e também tinha o apelido de Corônide[560]. Da mesma maneira, Aglaia[561] e Corônide[562] eram incluídas entre as amas de Dioniso, como a própria Ariadne[563]. E, finalmente, uma pintura de vaso mostra-nos Teseu raptando Corone (o nome estava escrito dessa forma ao lado da moça), ao passo que dois outros amores do herói, Helena e a amazona Antíope, tentam impedi-lo. Ele mal a tinha avistado quando fugiu com ela, conta-nos a legenda do artista.

Nenhum narrador conseguiu ainda fixar a ordem de todos esses raptos de mulheres jovens com firmeza suficiente para torná-la canônica. Parece ter havido uma antiga tradição que dizia que Teseu raptou Helena antes de raptar Ariadne[564]. Para contrariar essa afirmação, calculou-se[565] mais tarde que ele precisaria ter cinquenta anos de idade quando se tornou o primeiro raptor e marido da formosa filha de Zeus. Seu amigo Pirítoo representou uma parte na aventura do rapto de Helena; foi por ocasião do seu casamento na Tessália que teve início a luta entre os lápitas e os Centauros. Se as duas histórias, a do casamento e a do rapto, não fossem mutuamente independentes, embora referidas ao lado uma da outra como parte da história da vida de um par de heróis, e se lhes fosse acrescentada a mais louca aventura dos dois campeões – a tentativa de raptar a rainha do mundo subterrâneo –, então por certo os seus mais arriscados empreendimentos, cujos objetos eram as duas filhas de Zeus, Helena e Perséfone, devem ter acontecido quando os amigos já estavam bem entrados em anos. Com o correr do tempo, eles se tornaram o Castor e o Polideuces dos atenienses, como se estivessem ligados a Helena desde tempos imemoriais e não fossem famosos como seus raptores; como se não tivessem tido de levá-la de Esparta para Afidna e a Ilha de Helene, diante do Cabo Súnio, do lado que olha para o leste, não tivesse recebido o seu nome de uma história menos conhecida do nascimento da filha de Nêmesis. Talvez essa versão ática da lenda do nascimento dissesse que a deusa Nêmesis, adorada na mesma costa em Ramnunte, tivera sua filha Helena na Ilha de Helene. Quer a tradição, que jaz diante de nós, que insiramos agora a história tessálica de Pirítoo, rei dos lápitas.

Pirítoo tinha o seu lugar no catálogo dos filhos de Zeus[566]. Dia, esposa de Íxion, heroína cujo nome a liga ao céu[567], deu-o ao Rei do Céu[568]. Foi por isso que, em tempos mais recentes[569], o consideraram filho de Íxion e irmão dos Centauros, que descendiam daquele pecador[570]. Afirma-se que Zeus o gerou na forma de um garanhão[571], como Crono fez com Quíron. A tribo dos lápitas era uma raça forte, quase titânica, e Pirítoo era o seu rei. Ceneu, filho de Élato, pertencia à mesma estirpe, Élato, o "homem elegante"[572], como também se chamava o Centauro que Héracles matou. Mas, para começar, Ceneu, filha de Élato, chamava-se Cênis, "a nova". De Posídon, seu amante, obteve ela o favor de transformá-la num homem e de ser invulnerável[573]. Por isso os Centauros o enfiaram vivo no chão, como se fosse uma estaca, a poder de golpes desferidos com troncos de pinheiros[574]. Ele nem sequer dobrou os joelhos sob os golpes[575] e, no mundo subterrâneo, readquiriu o sexo primitivo, o feminino[576].

Isso aconteceu depois que as criaturas selvagens e bestiais haviam provado o vinho no casamento de Pirítoo e Hipodâmia[577]; conhecemos essa característica dos Centauros através da história de Héracles. Hipodâmia é também conhecida como Deidâmia[578] ou Iscômaque[579], "a que luta com força", ao passo que seus outros nomes expressam a ideia de doma. Ela parece ser a mesma figura augusta da noiva pisana de Pélope, sobre a qual não havia muito mais para descobrir senão que também era uma "domadora de corcéis", a julgar pelo nome. De acordo com a história mais antiga, colocada diante de nós com muita reticência, o Centauro Euritião entrou sozinho no palácio de Pirítoo, onde os lápitas celebravam o casamento, e portou-se escandalosamente, ensandecido pelo vinho. Cortaram-lhe as orelhas e o nariz e ele foi atirado para fora do palácio; daí a guerra entre Centauros e lápitas[580]. Mais tarde, surgiu grande quantidade de relatos[581] sobre os Centauros convidados para a festa, que atacaram as mulheres; Êurito (outra forma do seu nome) atacou a noiva, e assim começou o morticínio, a princípio com vasos de vinho, resultando da refrega muitas mortes de ambos os lados. Teseu também participou disso, sendo o primeiro a correr em auxílio do noivo[582], ou durante a guerra que se seguiu[583]. Diz-se que a guerra terminou com a expulsão dos Centauros da região de Pélion, no dia em que Hipodâmia deu à luz seu filho Polipoetes[584].

A história da amizade entre Teseu e Pirítoo, entretanto, não teve por cena a Tessália, mas a região da Ática, exceto quando os dois deixavam o país em seus cometimentos conjuntos. Os habitantes da Ática, especialmente os do demo de Perithoidai, honravam Pirítoo como seu próprio herói. Não existe uma tradição fixa acerca do modo com que ele ali surgiu antes de conhecer Teseu; pode ter sido o que o seu nome implica, um "corredor". Diz-se que a fama de força e valor de Teseu chegou até ele[585] e incitou-o a pô-los à prova. Um dos rebanhos de gado de Teseu pastava então em Maratona; Pirítoo apareceu e levou as reses embora. Teseu apanhou suas armas e saiu atrás do salteador. Quando este o viu, sobresteve e voltou-se para encarar com ele. Entreolharam-se admirativamente, cada qual observando a beleza e a coragem do outro, e desistiram de lutar. Perítoo foi o primeiro a estender a mão e pediu a Teseu que procedesse como juiz no caso do roubo do gado, prometendo pagar a multa que ele fixasse, fosse ela qual fosse. O outro perdoou a multa e ofereceu-lhe amizade e aliança. Eles confirmaram o acordo com um juramento em Colona. Mais tarde, mostrou-se um buraco na rocha, que lhes servira de escudela misturadora quando beberam em honra da aliança[586]. Em seguida, segundo um relato[587], Pirítoo convidou Teseu a ir à Tessália para assistir ao seu casamento, e só muito depois se preocuparam eles com o casamento com Helena. De comum acordo[588] resolveram, visto serem filhos de Zeus e Posídon, arranjar para esposas filhas de Zeus.

Helena só tinha então doze anos de idade[589], ou menos ainda[590], ou porque tivesse nascido de Leda e Zeus, na Lacônia, ou da deusa Nêmesis, na Ática. De Afidna, cidade de Teseu, avistava-se o vale de Ramnunte, em que a filha da Noite, mãe divina de Helena, tinha o seu santuário. Contou-se mais

tarde a história[591] de que Teseu pedira a mão da moça a Tíndaro e se alegra-
ria em ter por cunhados os Dioscuros espartanos[592]. Mas quando não pôde
obter Helena pacificamente, raptou-a no meio de uma dança, no templo de
Átemis Órtia[593], a não ser que isso tenha acontecido em Ramnunte ou no
templo vizinho de Ártemis em Bráuron. É verdade que nada nos contam a
esse respeito, só o rapto em Esparta. Os raptores, seguidos pelos Dioscuros
até Tegeia, tiraram a sorte para ver qual deles teria Helena por esposa, e Teseu
ganhou[594]. Levou a donzela para a casa de sua mãe Etra em Afidna. Helena
foi resgatada em Afidna por Castor e Polideuces, e Etra tornou-se prisioneira deles[595]. A mãe de Teseu ainda estava servindo Helena em Troia[596], onde
esta, assim raptada duas vezes, esperou em vão que os irmãos aparecessem
e a libertassem outra vez[597]. Ela deu uma filha a Teseu, a mesma Ifigênia que
passou por filha de Agamenon e Clitemnestra[598], pois Helena, depois de tê-la
dado à luz em Argos, entregou-a à irmã. Segundo uma narrativa[599], o destino
dessa moça tem mais uma ligação com a Ática, pois não foi em Áulis, mas em
Bráuron, que aparentemente a sacrificaram.

Afidna não foi defendida contra os Dioscuros por Teseu, mas pelo epônimo do lugar, Afidno, que até feriu Castor na coxa direita[600]. O próprio Teseu fora obrigado a deixar a jovem esposa, que mantinha aprisionada e escondida em Afidna e, por sua vez, a seguir Pirítoo numa jornada muito mais
perigosa – a fim de raptar uma filha de Zeus para ele também[601]. Ou terá
sido esse, originalmente, um empreendimento seu, apropriado ao sedutor
de Ariadne, e só mais tarde imputado a Pirítoo em razão da sua perversida-
de? Pois a jornada conduzia ao outro mundo, que os relatos mais recentes
substituíram pelo país dos tesprotos[602] ou dos molossos[603] no Epiro, e a noiva
pretendida era Perséfone. Os loucos aventureiros desejavam levar com eles
a rainha de Hades[604], arrancando-a do leito que ela compartilhava com o rei
do mundo subterrâneo. Transpuseram a boca do inferno em Tênaro[605] (um
poeta romano faz Teseu descrevê-la)[606], o mesmo lugar pelo qual Héracles
forçaria sua entrada, não muito depois.

Dizia-se[607] que eles não encontraram Caronte com o barco no porto costumeiro do Aqueronte. Perdemos a continuação da história, e já não podemos dizer como conseguiram induzir o barqueiro dos mortos a ir com eles e,

ainda vivos, abordar o navio das almas[608]. Isso, provavelmente, não foi feito pela força, o que estava reservado a Héracles, mas pela astúcia, uma vez que pela astúcia também o senhor do mundo subterrâneo os apanhou. Pediu-lhes que se sentassem em tronos[609] escavados na rocha[610] ao lado da porta do seu palácio[611]. Eles ficariam ali sentados enquanto o rei ia buscar os presentes que pretendia oferecer-lhes. Mas aquelas eram as cadeiras do esquecimento, do Lete[612]. Ficaram ali sentados como se estivessem agrilhoados[613]; o esquecimento do eu paralisara-os. Mal puderam estender as mãos a Héracles quando este passou[614]. Os grilhões do Lete são descritos como se fossem cobras[615], ou centenas de cadeias[616], ou como se os dois homens tivessem crescido nas cadeiras[617]. Uma história cômica[618] nos dá conta de que Teseu deixou parte do traseiro grudado na pedra quando Héracles o arrancou dali; os contornos esbeltos dos seus descendentes, os moços de Atenas, deviam-se a isso. Sabemos, através das histórias de Héracles, que somente Teseu pôde ser despertado e voltar. Nas velhas narrativas ele provavelmente ainda era jovem, e houve até quem afirmasse que Pirítoo voltou em sua companhia[619]. Após a sua morte, entretanto, era preciso que o castigo de Teseu continuasse; ele teve então de sentar-se para sempre na cadeira de rocha[620], ao passo que uma pena semelhante era reservada para o amigo, como o fora para o pecador Íxion[621]. que queria seduzir a Rainha do Céu, ou para Tântalo, antes deles.

Tudo indica que uma longa vida ainda esperava por Teseu, embora explicitamente só se diga que o rapto de Helena precedeu a aventura cretense, mas não se diga o mesmo da invasão de Hades. A história de que ele teria conseguido entrar ali mais uma vez durante a sua vida e talvez (se bem gerações ulteriores não acreditassem nisso)[622] libertado Pirítoo não chegou até nós, e havia até quem[623] negasse a sua própria libertação do mundo subterrâneo. O seu regresso famoso foi do Labirinto, posto não pudesse reivindicar-lhe a senhora como sua para sempre, tanto quanto não pudera reivindicar Perséfone. Os Dioscuros tinham-lhe arrebatado Helena, como Dioniso lhe arrebatara Ariadne; nada lhe foi deixado senão a soberania de Atenas, desde que Egeu, à vista das velas negras, se precipitara da Acrópole ou, como declararam alguns, que se gabavam de um conhecimento mais acurado[624], no mar que lhe traz o nome. O famoso ato de Teseu como fundador foi a união das comunidades aldeãs da Ática na cidade dos atenienses; assevera-se que foi obra sua a criação de uma única *politeia* comum, uma vida comunal num Estado[625]. Esse feito desenrolou-se em toda a terra da Ática, tendo sido perpetuamente celebrado no festival da *Synoikia*. Não foi uma reunião de comunidades aldeãs já existentes, mas a reunião de habitantes primevos da terra que uma ação semelhante se creditou a Cécrope. Diz-se que Teseu foi o primeiro[626] a dar à cidade o seu nome plural, *Athenai*, e a fazer as Pana-teneias; afirma-se, por outro lado, que estas foram instituídas por Erictônio, no festival de "todos os atenienses", destinado a incluir não só os habitantes da cidade, mas também todos os da região rural. Os narradores fazem-no tomar parte em quase todos os empreendimentos comuns dos heróis do seu tempo, e um provérbio surgiu: "Não sem Teseu"[627], ou, como ele não precisava de ninguém para ajudá-lo: "Um segundo Héracles apareceu"[628].

Dessa maneira, tornou-se seguidor de Héracles na campanha contra as Amazonas. Da sua aventura trouxe a consorte guerreira que lhe deu Hipó-lito. Mas a empresa era mais digna de Teseu que de Héracles. A rainha das Amazonas com quem Héracles teve de lidar chamava-se Hipólita, como se chama amiúde a mãe de Hipólito, nome que talvez a ligasse originalmente a ele como seu filho. A história de que Teseu fez do cinto de Hipólita o seu ga-lardão e o apresentou ao herói mais velho e maior preservou-se até nas lendas relativas a Héracles. Os narradores tinham alguma dificuldade em distinguir entre as Amazonas de Héracles e as de Teseu. Os que sustentavam que Te-seu obteve sua Amazona do filho de Zeus como prêmio merecido diziam-na irmã da rainha das Amazonas e davam-lhe o nome lunar de Antiopeia ou Antíope, usado também pelos Dioscuros tebanos. Nas histórias relativas a Teseu, a figura da Amazona associava-se às de Helena, Perséfone e Ariadne, todas parecidas umas com as outras, e era aparentemente essa figura que os narradores tinham diante dos olhos sob os diferentes nomes.

Com efeito, ela se nos apresenta qual uma Helena asiática, levada do leste para o oeste e depois disputada em solo grego, como a filha de Leda foi disputada em solo oriental, em Troia. O reconto das Danaides era o da che-gada das donzelas Amazonas vindas do Oriente para a Grécia. Mas somente os atenienses subscreviam a história de que as verdadeiras Amazonas tinham vindo da Ásia Menor com todo o seu exército e sitiaram a Acrópole. Túmulos curiosos, atribuídos às Amazonas, mostravam-se aos estrangeiros: em Atenas o de Antíope[629], em Mégara o de Hipólita[630]. Julgava-se que este último podia ser conhecido por ter a forma da meia-lua do escudo das Amazonas. A guerra contra as Amazonas, em que Teseu precisou defender sua própria cidade, foi precedida pelo rapto da Amazona, e aqui, mais uma vez, a história original rezava, seguramente, que não fora Héracles, senão Teseu, o raptor.

Havia uma história[631] segundo a qual Héracles assediou em vão a cidade de Temiscira, das Amazonas, e só conseguiu tomá-la depois que Antíope se apaixonou por Teseu e traiu o próprio povo. Um relato mais famoso, entretanto[632], era aquele em que Teseu tinha Pirítoo consigo quando saiu para raptar a Amazona, assim como ao sair para roubar Helena. Uma pintura de vaso mostra Antíope nos braços de Teseu, enquanto o amigo se mantém ao seu lado para protegê-lo. Em Atenas, a Amazona deu-lhe um filho. De acordo com a maioria das narrativas, esse filho foi Hipólito; de acordo com outra, mais antiga, foi Demofoonte, que participaria mais tarde da expedição a Troia e resgataria sua avó Etra da cidade em chamas[633]. De outro modo, Demofoonte e seu irmão Acamante são havidos por filhos de Fedra, esposa de Teseu, depois que ele concluiu a paz com os cretenses. Antíope, ou fosse qual fosse o nome da rainha das Amazonas, viveu até esse tempo com o seu raptor, como Helena viveu com Páris em Troia.

Para libertar sua rainha[634], ou para apagar a vergonha infligida a elas por Teseu ao tomar uma segunda esposa[635], a hoste das Amazonas apareceu. Vinha do norte, dando grandes voltas, desde as costas do Mar Negro, visto que as Amazonas não eram marujas, mas cavaleiras[636]. Ou pode ter sido apenas uma rebelião das guerreiras femininas, que a própria Antíope ofendida comandava. A ala esquerda do seu exército[637] situava-se no Areópago, no ponto em que se ergueria o Amazônion, santuário de heróis em honra das Amazonas, e direita ficava no Pnice. Dali partiram elas contra a Acrópole. Mas um exército ateniense caiu-lhes sobre a retaguarda, vindo da Colina das Musas, e assim foram elas obrigadas, no quarto mês do cerco, a fazer a paz. Para os atenienses, tudo isso era história de verdade. Duas grandes pinturas de paredes mostravam-lhes a batalha com as Amazonas, uma delas no Teseion, santuário de Teseu (não o que foi assim chamado em tempos posteriores)[638], a outra no *Stoa Poikile*, a "sala multicolorida"[639]. Os pintores de vasos também gostavam de representar cenas individuais, sem falar nos escultores que decoraram tantos edifícios, e não apenas em Atenas, com relevos das Amazonas combatentes e agonizantes.

É verdade que, a crermos em outra história[640], Héracles se deu pressa de acudir ao amigo, e a outra Amazona famosa, que mais tarde, em Troia, caiu nas mãos de Aquiles, Pentesileia, tomou parte na luta. Diz-se que ela matou acidentalmente a sua própria senhora[641], mas outros imputam essa morte ao mesmo Teseu, ou talvez a seus seguidores, no momento em que a revolta das Amazonas se inflamou e a rainha ameaçava os convivas no palácio por ocasião do casamento de Fedra[642]. Finalmente, havia também a história seguinte da morte de Antíope[643]: ela estava lutando ao lado de Teseu contra suas compatriotas, que queriam fazê-la voltar à força, quando caiu, ferida pela seta da Amazona Molpadia, "a cantora", e foi imediatamente vingada pelo herói. Os atenienses ergueram um monumento sepulcral a Molpadia, como tinham feito para Antíope, ou pelo menos acreditavam que as duas campas na cidade pertenciam às duas Amazonas. O herói ficou então apenas com a segunda princesa cretense, Fedra, e o filho da Amazona, o belo e estranho mancebo Hipólito. A grande divindade que as Amazonas adoravam acima de todas as outras era Ártemis, embora tomassem por modelo a crueldade da deusa cultuada no Mar Negro, em vez da pureza da Ártemis grega. A crermos no seu nome, Hipólito deve ter sido o garanhão selvagem desenfreado, visto que as Amazonas semelhavam éguas não controladas e, portanto, traziam nomes como Hipólita, ou aquela Hipo que, segundo uma tradição, fundou o templo de Ártemis em Éfeso[644], mas foi depois castigada pela deusa porque deixou de tomar parte nas danças das virgens diante do seu altar. Como jovem caçador de Trezena, Hipólito não serviu a nenhuma outra senão à virginal Ártemis; ali cresceu, no país do seu bisavô Pitéu, e ali[645] Fedra se apaixonou pelo seu sublime e femíneo enteado.

Eurípides levou a história desse amor infeliz por duas vezes ao palco, e uma das duas tragédias chegou até nós. Tinham os atenienses, no topo da vertente meridional da Acrópole[646], um santuariozinho de Afrodite "para Hipólito", e diziam[647] que Fedra o fundara ao olhar dali, com olhar de amante desprezada, para a Costa de Trezena. De acordo com essa versão[648], ela viu o moço pela primeira vez quando ele, devotado a todos os ritos de iniciação, incluindo os de Orfeu[649], chegou a Atenas para participar dos Mistérios de Elêusis. Ela se conteve por muito tempo diante de Hipólito, que nada suspeitava do seu segredo, até ser obrigada a ir para Trezena com Teseu. Os trezenianos, de sua parte[650], possuíam em seu santuário de Hipólito um templo de "Afrodite espreitante" e contavam que, daquele lugar, a amorosa Fedra costumava olhar para o estádio em que Hipólito se exercitava nu e que foi mais tarde conhecido pelo seu nome. Ali se erguia também a murta cujas folhas ela costumava picar com o grampo de cabelo nos rompantes da paixão. Afrodite pôs-se a trabalhar poderosamente, mas só conseguiu vencer a bela rainha, o moço não. Este só queria saber de Ártemis, e não de Afrodite[651]. Entretanto, inteirado do amor de Fedra, repeliu a orgulhosa mulher.

E assim se repetiu a história de Belerofonte, uma história que não era contada somente entre os gregos. O amor desprezado da real senhora, que se oferecera em sua paixão, transformou-se em ódio e medo. Fedra queixou-se a Teseu de que Hipólito tentara seduzi-la. Na forma mais simples da narrativa[652], ela mostrou-lhe a porta do quarto de dormir arrombada e as vestes rasgadas. O marido acreditou nela, amaldiçoou o filho e baniu-o do reino; e como seu pai Posídon lhe assegurara o cumprimento de três desejos[653], desejou a morte de Hipólito. Quando o jovem conduzia seus nobres corcéis ao longo da costa do Golfo Sarônico no rumo de Epidauro, tencionando seguir dali para Argos[654], ocorreu um terremoto e uma perturbação do mar. Uma onda escondeu o Istmo e dela emergiu um touro que aterrorizou os cavalos de Hipólito; estes soltaram-se, arrancaram o carro do domínio do condutor e arrastaram-no para a morte. Os trezianos, contudo, negavam que Hipólito houvesse morrido dessa maneira. Tampouco lhe mostravam o túmulo[655], como os atenienses[656], embora soubessem onde estava; mas, apontando para a oliveira brava, perto do templo de Ártemis Saronia, contavam[657] que Hipólito ali se enleara nas rédeas dos cavalos e morrera enforcado de um modo qualquer na árvore torta. Era uma espécie de morte que ocorria com frequência na esfera de Ártemis. Fedra também se enforcou, e dizia-se[658] que ela, no mundo subterrâneo, balançava de um lado para o outro numa rede, escarnecendo do seu fim.

As virgens de Trezena costumavam chorar a morte de Hipólito no formoso santuário que Diomedes fundou em sua honra[659]; faziam-no na véspera do próprio casamento[660] e ofereciam-lhe o sacrifício do amor devorador da mulher, uma madeixa dos seus cabelos, Por tudo isso ele não estava morto. Não era um desses heróis que morrem de uma vez por todas, pois Ártemis libertou o seu querido da morte. Por amor dela[661], Asclépio, cuja casa ficava bem à mão em Epidauro, chamou-o de volta[662] à vida com os seus símplices. Os trezianos reconheceram-no na constelação do Cocheiro[663], mas os habitantes dos montes Albanos, na Itália, perto de Roma, sabiam que o deus Vírbio, que se esconde no bosque de Diana, perto de Arícia, nas matas escuras cerca do Lago de Nemi, outro não era senão Hipólito, que Ártemis levara para lá[664]. Por isso não se podia levar cavalos aos recintos sagrados, por serem animais que lembravam aos homens a morte do deus ressuscitado.

Quanto à morte de Teseu, não existe uma tradição clara. Ele, que acolhera Édipo, para que o herói tebano encontrasse o repouso no solo da Ática, e ajudara os Heráclidas a libertarem-se de uma vez por todas de Euristeu, inimigo de seu pai e seu perseguidor, precisou deixar a Ática e jazer num túmulo distante, na Ilha de Ciros, até que os seus ossos foram encontrados de novo, muitos séculos depois[665]. E houve os que declararam que ele nunca regressou do mundo subterrâneo, para onde fora com Pirítoo para raptar Perséfone. Outros ainda, que lhe situaram a jornada para Hades no fim de sua carreira, contavam a história[666] de um bisneto de Erecteu, o primeiro demagogo, que concitou o povo a rebelar-se contra ele enquanto estava no reino dos mortos. Afirmou-se ter sido por isso que ele viajou para Ciros e ali foi atirado ao mar pelo Rei Licomedes do alto de um rochedo[667]; morte que sofreu num país distante, sem motivo, e depois da qual não pode ter havido, de início, nenhum túmulo, nem subsistido nenhum sítio de culto ao herói; dir-se-ia antes uma violência contra a terra. Seu santuário, o Teseion, perto da subida para a Acrópole, só se tornou seu túmulo quando os seus supostos ossos foram levados de Ciros para lá no ano 473 a.C.

II
JASÃO E MEDEIA

O herói que saiu à cata do Velocino de Ouro nasceu na família a que pertencia Frixo, filho de Atamante. O carneiro de ouro levara-o para a Cólquida, no Cáucaso. Além de Atamente, pai de Frixo, Salmoneu e Creteu também eram filhos de Éolo, do qual descendia essa grande linhagem. A progenitora do ramo do qual temos agora de falar, Tiro, filha de Salmoneu, deu a Posídon os gêmeos Neleu e Pélias e, mais tarde, vários filhos a seu tio Creteu, o mais velho dos quais foi Éson, que fundou a cidade de Éson, na Tessália. Seu filho Jasão foi o herói do Velo de Ouro. Depois que Frixo, primo de seu pai, morreu na Cólquida como genro de Eeta, o Velo permaneceu em poder do filho de Hélio, o mesmo Eeta. Dele seria recuperado para a família.

As cidades de Éson e Iolco, esta última fundada por Creteu, erguiam-se juntas na grande Baía da Tessália, o Golfo de Págasa, agora conhecido como Golfo de Volo. Em Iolco reinava Pélias, filho de Posídon e enteado de Creteu. Éson era meio-irmão de Pélias, e a mãe dos dois era Tiro, como já dissemos. Todos os irmãos tinham tido filhos: Pélias teve Acasto, e Neleu, que reinou em Pilo, na extremidade sudoeste do Peloponeso, teve doze, um dos quais foi Nestor. Os seus meio-irmãos Éson, Feres e Amitáon também tiveram filhos; Amitáon, o vidente, Melampo, que curou as filhas de Preto; Feres, Admeto, o amado de Apolo e marido de Alceste, Éson, como já se disse, e Jasão. A mãe deste último, a figura mais famosa de toda a família, se conhece, ou melhor, se esconde sob uma variedade de nomes, Polimede[668], que se dizia ser[669] filha de Autólico, Alcimede, uma Miníade[670], para mencionar apenas esses. Jasão foi criado pelo sábio Centauro Quíron[671], cujo habitat, o Monte Pélion, ergue-se acima das duas cidades, Éson e Iolco. Diz-se que a divina criatura da floresta foi a primeira a chamar o menino de *Iason*[672], e presumia-se que o nome significava alguma coisa que cura ou dá saúde[673].

No que diz respeito ao nome, com efeito, Jasão poderia ter alguma coisa em comum com Iásio ou Iásion, o amado de Deméter[674]. Era, todavia, um favorito de Hera, e não da mãe de Perséfone[675]. Diz-se das duas grandes deusas-irmãs que erravam pela terra, Deméter em busca da filha, Hera quando, encolerizada, afastava-se de Zeus ou voltava para ele. Nessa ocasião, também foi atacada por Silenos impudentes, como sabemos pela história de Héracles. Jasão deu com Hera quando caçava, como sem dúvida o caçador cretense Iásio ou Iásion encontrou Deméter, mas esse encontro aconteceu à beira de um rio que estava transbordando, fosse ele o Anauro[676] tessálico, ou o Enipeu[677], ou algum outro curso de água[678]. Jasão não reconheceu a deusa na velha cuja forma Hera assumira, mas colocou-a nas costas e carregou-a de uma margem à outra do rio. Diz-se[679] que, ao fazê-lo, perdeu uma sandália e, consequentemente, apresentou-se com apenas um pé calçado no sacrifício[680] que Pélias estava fazendo em Iolco a seu pai Posídon e aos outros deuses, mas não à rainha deles[681]. Como nos revela a história de Tiro, ele não era adorador de Hera. E por isso também viria a ser castigado.

Jasão perde a sandália em todas as histórias, e a chegada do *monosandalos*, o homem com um pé calçado, foi ominoso, e não o único na história do herói. A pessoa em apreço, ainda que fosse um deus, como Dioniso, sempre dava a impressão de ter vindo de outro mundo, possivelmente do mundo subterrâneo, e deixado seu sapato como sinal e penhor de que ali tinha um pé. De mais a mais, Pélias soubera por um oráculo que morreria às mãos de um homem com uma sandália só[682]. Ora, quando ele convidara a cidade inteira de Iolco para o sacrifício, o herói estava nos campos, do outro lado do Anauro. Os que o representavam como lavrador, e não caçador[683], afirmavam que ele deixara o arado às margens do Anauro, vadeara o rio descalço e se esquecera de amarrar outra vez a sandália esquerda. Ou, então, perdera-a no rio[684]. Quando, portanto, ele se apresentou diante de Pélias, este se lembrou incontinenti do oráculo. Não disse nada naquele dia, mas no dia seguinte, mandou chamar Jasão e perguntou-lhe o que faria se lhe tivessem predito que seria assassinado por determinado concidadão.

• **231**

"Eu mandaria esse homem buscar o Velo de Ouro", replicou Jasão, e Pélias respondeu: "Vai buscá-lo".

Em outra versão[685], Pélias ouvira realmente dois oráculos. Um deles o ameaçava com a morte produzida por um descendente de Éolo, mas, de acordo com o outro, ele deveria tomar o máximo cuidado com "aquele que descesse de pastos elevados para Iolco, calçando apenas uma sandália". E, chegado o momento, lá estava o homem, despertando terror e assombro. Carregava duas lanças e vestia-se à moda da Magnésia, a península vizinha. Além disso, uma pele de pantera lhe cobria os ombros para protegê-lo da chuva. Jamais cortara os cabelos, que lhe brilhavam pelas costas abaixo. Como se quisesse pôr à prova o próprio domínio de si mesmo, deixou-se ficar na praça do mercado de Iolco, no meio da multidão. Ninguém o conhecia, e todos tentavam adivinhar quem era; pensaram em Apolo, em Ares, nos Alóades e em Títio, e logo rejeitaram esses pensamentos. Enquanto as pessoas falavam umas com as outras, surgiu Pélias, o rei, no carro tirado por mulas. Seus olhos estavam cravados na sandália que o moço estranhamente trazia só no pé direito. Disfarçou o seu terror e perguntou ao estrangeiro onde ficava a sua casa e quem eram seus pais.

O interpelado mostrou-se bem disposto e replicou com palavras corteses: "Trago comigo os ensinamentos de Quíron, pois venho da sua caverna, de Cáriclo e Filira, sua esposa e sua mãe, onde as filhas virgens do Centauro me criaram. Vinte anos ali passei, nunca pratiquei um ato nem pronunciei diante delas uma palavra intempestiva e agora volto para casa, ora governada contra a justiça, a fim de reivindicar a antiga honra de meu pai, honra que Zeus concedeu outrora ao príncipe Éolo e à sua descendência".

Isso e mais ainda disse ele com grande franqueza, não sabendo diante de quem se achava. Consoante o relato, Pélias usurpara o trono que pertencia aos pais de Jasão, que, temendo pela vida do filho, tinham fingido chorá-lo como se ele tivesse morrido logo após o nascimento, mas secretamente o tinham mandado a Quíron. Agora o mancebo perguntava qual era o caminho da casa de seu pai Éson e dizia o nome que o sábio Centauro lhe dera.

A pressuposição, portanto, dessa história era de que Éson, filho mais velho de Creteu, deveria ter sido o soberano de Iolco, e não Pélias, que Tiro houvera de Posídon antes do seu casamento com Creteu. Éson, reza a história, recebeu o filho com lágrimas nos olhos[686]. Seus irmãos e os respectivos filhos chegaram para saudar o sobrinho e primo, Feres e Admeto de Feres, na Tessália, Amitáon e Melampo de Messênia. Por cinco dias e cinco noites Jasão festejou-os em casa de seu pai, mas no sexto dia expôs-lhes a sua intenção de exigir de Pélias o trono de volta. Todos se ergueram imediatamente e acompanharam-no ao palácio de Pélias, onde ele falou branda e sabiamente ao rei. Apelou para a ascendência comum de ambos no ramo feminino da família e propôs uma partilha pacífica; Pélias ficaria com os rebanhos e as terras que tirara de Éson, mas teria de restituir o cetro e o trono que por direito pertenciam a um filho de Creteu. Pélias respondeu-lhe calmamente; não se negava a fazê-lo, mas uma exigência dos poderes inferiores o perturbava. Sentiu-se demasiado velho para satisfazer a ela, mas Jasão estava no apogeu de sua força jovem. Frixo, disse Pélias, aparecera-lhe em sonhos e manifestara o desejo de que alguém fosse à casa de Eeta e dali trouxesse sua alma e o Velo de Ouro. Em vista disso, Pélias consultara o oráculo de Delfos, e este concordara com o envio de um barco. Seria esse o preço a ser pago por Jasão pelo trono; e ele o confirmou com um juramento.

Nas salas de ouro de Eeta, proclamava uma antiga narrativa[687], os raios do sol descansavam à noite. Não se pensava, decerto, que fosse um lugar para o gênero humano a morada de Eeta às margens do Fásis, que, de acordo com as histórias de marinheiros, ia do Cáucaso para o Mar Negro. Eia era o nome da cidade, e dele Eeta derivava o seu; Eia era também o nome do país, comparado à Cólquida, no Cáucaso, mas provavelmente significava a Terra da Manhã, de Éos. Para uma alma real a caminho de tornar-se um deus (pois Pélias ou mentiu ao contar a história dos seus sonhos, ou expressou as ideias de uma época subsequente), a terra distante da aurora era o lugar apropriado. Devia ser um sítio para seres divinos, imortais. Sabemos[688] que Eeta era filho de Hélio e da consorte do Sol, Perse[689] ou Perseida[690], e irmão da rainha cretense Pasífae e de Circe, cuja Ilha de Eeta pertencia a Eia, estivesse ela a leste ou a oeste da terra em que os raios do sol dormiam e tornavam a despertar. Como casa do sol, mas, ao mesmo tempo, casa de invisibilidade, de Hades – assim devemos imaginar a mansão de Eeta. Ela abrigava o Velocino de Ouro,

• 233

bem guardado por uma serpente enorme. Jasão tinha de empreender uma aventura igual à de Perseu, e, como Cadmo, combater um ladrão. E também, como Cadmo encontrou Harmônia e Perseu Andrômeda, encontraria uma noiva a cuja procura não saíra e na qual teria uma ajudante como a que Teseu encontrou em Ariadne; uma segunda neta do sol, que o acompanharia ao mundo dos homens, mas não para sua perene felicidade.

Segundo todos os relatos, Jasão não tomou sobre si mais do que, de certo modo, procurara, a tarefa de trazer de volta o Velo de Ouro, tirando-o daquela casa fora do mundo mortal. Dizia-se que a tarefa pesara qual maldição sobre a raça de Éolo desde que Atamante desejara sacrificar seu filho Frixo e o forçara a fugir para o reino do outro mundo de Eeta[691]. O sacrifício do filho do rei, "de cabeça encaracolada", de certo modo, consumou-se desse jeito, quando a cólera de Zeus, despertada contra o sacrificador, tornou necessária a expiação. Consequência disso foi a formação do grupo que devia acompanhar Jasão. Para poder chegar a Eeta e retornar outra vez, ele precisava de um navio extraordinariamente rápido e uma tripulação de companheiros que estivessem prontos para morrer. Esse navio, tão admirado[692] quanto se fosse o primeiro a ser construído[693], foi fabricado para ele com a ajuda da deusa Atena[694], se não o foi efetivamente por ela[695]. Chamou-se "Ligeiro", *Argó*[696] e o seu construtor terreno foi Argos. Cortaram-se pinheiros no Pélion[697] e levaram-se para a angra de Págasa[698]. O navio feito com eles tinha, nos relatos mais antigos, o dom da fala[699], porque, como se afirmou mais tarde[700], entrou também na sua fabricação madeira dos carvalhos de Dodona. A primeira tripulação se compunha de Mínias[701], habitantes de muitas cidades das regiões sobre as quais reinara Atamante (filho de Mínias, consoante uma tradição)[702]. Tais cidades eram Orcômeno, na Beócia, e Mínia, na Tessália. Em Orcômeno, os Mínias adoravam Zeus Lafístio, a quem Frixo deveria ter sido sacrificado. Tripulando o Argo com Jasão, navegaram a poder de remos, quando não estavam velejando, no rumo da distante Eia.

O Argo teria de ser particularmente rápido por causa da viagem de volta. O pouco que podemos dizer dos relatos mais antigos referentes aos seus marinheiros, os Argonautas, como eram sempre chamados, é contado por Circe a Ulisses[703], embora não muito exatamente, porque ela não queria desvelar todo o segredo da rota. Ulisses se encontrava então na Ilha de Eeia, na viagem de volta do reino dos mortos, e, na história mais antiga dos Argonautas, provavelmente a porta de rochas que se abria para o outro mundo só apresentava perigo para os que retornavam. Circe revelou o nome pelo qual ela era conhecida entre os homens; chamavam-lhe Planetas, as "rochas que se movem". Contou mais que as pombas que levavam ambrosia ao Pai Zeus voavam por entre as rochas, mas até uma delas invariavelmente se perdia, e o Pai tinha sempre de refazê-la. Não será difícil adivinhar o que ele fez, de modo que o bando de pombas no céu permanecesse sempre qual o vemos, nas Plêiades. A terra de que vinham as pombas com a ambrosia só pode ser comparada do Jardim das Hespérides. Mas a última pomba sempre caía vítima das rochas móveis, quando batiam umas contra as outras. Por conseguinte, eram conhecidas mais acuradamente como Plégades[704] ou Simplégades[705], e menos corretamente como Planetas[706]. Excetuando-se as pombas, o Argo, amado de todos e guiado por Hera, era a única coisa capaz de passar a salvo por elas na viagem de regresso de Eeta. Assim declarou a feiticeira[707]; os Argonautas tinham-na alcançado na viagem de volta.

Tal como a viagem nos é descrita pelos poetas ulteriores, e especialmente por Apolônio de Rodes, não apenas os Mínias, mas também heróis de toda a Grécia participaram dela, como na caçada calidônia. Diz-se que Jasão[708], depois que o Rei Pélias o incumbiu de penosa tarefa, igual a uma série inteira de proezas difíceis[709], e depois que Argos (fosse quem fosse seu pai)[710] completou o Argo sob a direção de Atena, enviou arautos para alistá-los. O Argo, de acordo com a tradição recebida[711], foi construído para cinquenta remeiros, de modo que era mister reunir, pelo menos, essa quantidade de homens para o empreendimento. Comecemos nomeando Tífis, o timoneiro beócio, ligado ao Argo provavelmente desde o tempo em que o tripulavam apenas os Mínias. Estava destinado a morrer, embora a própria Atena o tivesse induzido a participar da viagem[712]; Jasão perdeu-o durante a jornada, como Eneias perdeu Palinuro[713]. Dentre os filhos dos deuses, os de Zeus foram os primeiros a chegar a Iolco[714]: Héracles, Castor e Polideuces. Em seguida chegaram os filhos de Posídon: Eufemo de Tênaro e Periclímeno de Pilos, considerado, aliás, filho de Neleu, Náuplio, filho de Amimone[715], e os gêmeos messênios

• 235

Idas e Linceu[716]. Da família de Apolo vieram Orfeu[717], com quem veio também o cantor Filâmon[718], filho de Apolo[719]. Os filhos de Hermes eram Equíon e Érito, os gêmeos[720], e Autalides, arauto dos Argonautas[721]. Seguiram-nos Áugias, rei da Élida, que, como sabemos pela história de Héracles, era filho de Hélio[722], e os filhos de Bóreas, Zetes e Calais; além desses, dois profetas, Ídmon, outro filho de Apolo[723], e Mopso, que Apolo ensinara[724], Peleu e Télamon[725], filhos de Éaco e netos de Zeus, Admeto[726], primo de Jasão, e até Acasto, filho de Pélias, do qual se dizia que viera contra a vontade do pai[727].

Até agora, examinamos a lista dos filhos de deuses e, todavia, ainda não nomeamos todos os que poderiam reivindicar uma ascendência divina. Finalmente, até Meléagro e Atalanta[728] foram acrescentados ao brilhante grupo, assim como Teseu e Pirítoo[729]; essa assembleia de heróis, que agora substituíam os inominados ou esquecidos Mínias, foi a maior antes da Guerra de Troia. Daí que nos últimos relatos da jornada se dê atenção a tantos nomes famosos. As aventuras separadas de cada herói, no entanto, não tiveram relação alguma com o destino de Jasão; só pertencem a ele os eventos que afetaram o Argo e a companhia de Argonautas. Correram-se riscos, de fato, mas, nas versões conhecidas da história, eles não foram além do mundo dos mortais; não passaram para um mundo além do nosso, mas viajaram de Iolco às praias do Mar Negro. A viagem começou com a construção de um altar dedicado a Apolo Embásio, o deus do embarque, e com um sacrifício a ele[730], e seu prelúdio foi fornecido por Orfeu[731], que de todos os mortais era o que mais bem conhecia o caminho para o mundo subterrâneo e o do regresso à terra dos vivos. Na véspera da partida, ele contou o princípio das coisas e dos deuses. Era a preparação para uma jornada especialmente sagrada.

Com efeito, a empresa assumiu, na primeira ilha em que os Argonautas desembarcaram, uma tendência peculiar, embora não claramente apolínea. Uma maldição imperava sobre a ilha, o mal lêmnio, o maior que a Grécia conheceu até os tempos mais recentes[732]. As mulheres da grande Ilha de Lemnos sentiam, aparentemente, a mesma hostilidade contra os homens que sentiam as filhas de Dânao e as Amazonas; não rendiam as homenagens apropriadas a Afrodite[733] e foram punidas pela deusa com um bodum anafrodisíaco. Os seus homens não quiseram mais saber delas e adotaram as maneiras da costa trácia[734]; raptavam moças trácias e viviam com elas. Em vista disso, a fúria amazônica das mulheres lêmnias contra os homens e suas concubinas explodiu. Conspirando entre si, acabaram não só com os ofensores, mas também com todo o sexo masculino da ilha, pais, maridos e filhos. Hipsípile, que então se tornou rainha de Lemnos, salvou um varão solitário, seu pai, o Rei Toas, "o que se move depressa", filho de Dioniso. Colocou-o numa arca no mar, como aconteceu com Perseu, e, consoante a lenda contada pelos habitantes de Prásias[735], com o próprio Dioniso. Com ele, os Cabiros, divindades masculinas da ilha, deixaram Lemnos[736]. As mulheres reinaram ali sozinhas, mas não conseguiram novos maridos.

Este foi o primeiro grande mal em Lemnos, a chacina dos homens e suas consequências. Mais tarde narrou-se outro[737], o morticínio das concubinas áticas dos lêmnios, mas isso já não faz parte desta narração. Para esse mal, Jasão e seus Argonautas trouxeram um remédio, e aí aparece a característica apolínea. Dois grandes trágicos, Ésquilo e Sófocles, dramatizaram a história da sua chegada[738]. Diz-se que uma tempestade obrigou-os a ir para terra; as mulheres lêmnias correram armadas para a costa[739], com a intenção de expulsar os homens dali, até que se fez um acordo entre Jasão e Hipsípile quanto à pacificação de Afrodite. O acordo não se referia a Héracles, que não queria saber das mulheres lêmnias[740], mas ao herói que partira em busca do Velocino de Ouro e ali encontrara o amor de uma donzela real. Por isso era-lhe preciso agradecer aos anseios de amor das mulheres. Instituíram-se jogos; aos Argonautas vencedores deram-se bonitas vestes e assim se celebrou a união[741]. Ergino estava prematuramente grisalho, e as mulheres riram-se dele quando participou da corrida com toda a sua armadura, mas ele venceu e, assim, mostrou que a mocidade e as cãs podem andar juntas[742]. Na grande festa de casamento reapareceram os Cabiros na ilha e encheram os jarros de vinho[743]. O festival durou vários dias[744] – de acordo com os narradores mais recentes durou meses ou anos[745] – em Lemnos. Afrodite reconciliou-se[746] com Hipsípile, que haveria de tornar-se uma heroína trágica graças a Eurípides; abandonada, não se queixou de Jasão quando ele foi obrigado a partir[747]. Ela deu-lhe dois filhos, Eveno[748] e o pequeno Toas[749]. As outras lêmnias também tiveram filhos outra vez e a ilha se repovoou com membros dos dois sexos.

A Samotrácia não fica longe de Lemnos, e os samotrácios contaram, mais tarde[750], que os Dioscuros, Héracles e Orfeu, foram iniciados em seus mistérios e compartiram da epifania dos Grandes Deuses, razão pela qual esses heróis eram sempre bem-afortunados em suas viagens e campanhas. E mostravam as taças oferecidas pelos Argonautas[751] depois de desembarcarem e receberem a iniciação[752]. Isso também santificaria a viagem.

Um relato mais antigo sobre o modo com que os Argonautas velejaram através do Helesponto e encontraram uma aventura na Fonte do Urso, Artácia, talvez no mesmo lugar em que se supunha terem sido Ulisses e seus companheiros atacados a pedradas pelos gigantescos lestrigões[753], não chegou até nós. Os cidadãos da cidade de Cizico, que depois se ergueu no mesmo lugar na Propôntida (o Mar de Mármara, como foi chamada mais tarde), contavam a história de seis filhos armados da Terra que viviam nas vizinhanças, na Ilha do Urso, ou melhor, na Península do Urso, onde se erguia o Monte Díndimo[754]. Eles mesmos, os doliones, não sofriam em suas mãos, pois descendiam de Posídon. O seu rei, Cizico, moço da idade de Jasão, fora avisado, de uma feita, para receber amistosamente um grupo de heróis que porventura viesse visitá-lo. Ele estava no meio da lua de mel com Cleite, "a famosa", filha do rei de Percote, quando os Argonautas desembarcaram. Mas deu-se pressa em sair ao encontro deles e recebeu-os com generosa hospitalidade. Somente quando os heróis desejaram escalar o Monte Díndimo foi o Argo atacado pelos gigantes nativos. Entretanto, Héracles estava lá; matou a maioria e os Argonautas, que voltavam, liquidaram o resto. Aqui principiou a desgraça que os heróis trariam aos doliones.

Eles deixaram o porto com o Argo imediatamente e não perceberam que, durante a noite, foram levados de volta pelo vento a um lugar na costa que seria mais tarde conhecido como a Rocha Sagrada, mas no sentido mais escuro da palavra "sagrada". Na escuridão, não reconheceram os doliones, nem estes a eles, mas supuseram estar sendo atacados por inimigos e, desse modo, receberam os que chegavam de maneira hostil. Mais uma vez o Rei Cizico deixou a jovem esposa e nunca mais voltou para ela. Caiu, e muitos dos seus homens com ele, às mãos dos Argonautas. Quando o dia apareceu e os supostos inimigos se reconheceram mutuamente, os Argonautas foram os primeiros a erguer o lamento pelos que tinham tombado, e o seu pranto durou três dias. As ninfas choraram a jovem esposa, que se enforcou ao receber as notícias da morte do marido. Das muitas lágrimas de todos surgiu a Fonte Cleite. Depois disso, ventos contrários, que sopraram durante doze dias, impediram os Argonautas de ir mais adiante. No décimo segundo dia, o adivinho Mopso reparou no grito do alcião e compreendeu-o. Aconselhou Jasão a apaziguar a Grande Mãe dos deuses. Os heróis subiram o Díndimo de novo e encontraram na floresta uma vide extraordinariamente grossa, que crescia no meio do mato. O marceneiro Argos, que construiu o Argo, fez dela uma estátua de Reia, para quem, dentre todas as deusas, a videira era seguramente sagrada[755]. Chamaram-lhe Dindimena, em atenção ao nome da montanha e de outras também assim chamadas.

Enquanto jornadeavam, no país da Mísia, as Argonautas perderam o belo Hilas para as ninfas da água[756] e, com ele, Héracles, que voltou para os seus trabalhos[757] depois de longa e baldada busca do amado donzel. No país dos bébricos, mais tarde conhecido como Bitínia, no Mar de Mármara, Polideuces mostrou que era o melhor dos pugilistas. Venceu o potentado local, dono da fonte de onde os heróis queriam tirar água, chamado Amico, filho de Posídon e da Ninfa da Bitínia, Mélia[758]. É possível que Polideuces nem o tenha matado[759], mas apenas lhe ordenado que jurasse por seu pai que nunca mais molestaria estrangeiros que viessem por aquele caminho. A crermos nessa história, a essa altura os Argonautas já tinham deixado o Bósforo para trás, mas, na versão mais conhecida da lenda, desembarcaram ainda uma vez antes de atingir esse último estreito na costa europeia fronteira à Bitínia, entre os tinianos da Trácia.

Os narradores transferiram para esse povo o palácio de Fineu, que originalmente se localizava no sítio onde começa o reino das trevas. Por esse motivo Perseu já encontrara um Fineu, que queria tomar por esposa sua sobrinha Andrômeda, como Hades fez com Perséfone. Os genealogistas contavam-no como descendente de Agenor[760], mais ou menos no mesmo grau de Cadmo, filho ou neto, quando não faziam dele, com efeito, irmão de Agenor e filho de Belo[761], ou simplesmente filho de Posídon[762]. Os narradores mais antigos deram-lhe provavelmente Ericto por esposa, como faz um antigo pintor de vasos; o nome dela marca Fineu como marido, ao mesmo tempo, da rainha do mundo subterrâneo e de uma filha de Bóreas, pois tanto uma quanto a outra foram conhecidas pelo nome de Ctônia, a forma mais transparente de Ericto. Entretanto, nas histórias que chegaram até nós, Fineu é antes a vítima do que o senhor do mundo subterrâneo, que o atormenta numa variedade de formas, a da cegueira e a das Harpias. Mas, embora cego, ele sabia – visto que precisava suportar os horrores do reino dos mortos mais do que qualquer outro, pois estava em suas cercanias – como forçar-lhe a entrada de modo que pudesse regressar. Os homens que fossem capazes disso trar-lhe-iam também a libertação dos tormentos.

Dessa maneira, Fineu é representado como o profeta que, estando de posse do dom de ver tudo, escolhera ele mesmo a extensão dos dias com a cegueira dos olhos[763]; dizia-se que a cegueira era o seu castigo pela escolha vaidosa, ou então por ter anteriormente mostrado a Frixo o caminho para o outro mundo. Ao ver de outros narradores (visto que todos desejavam, de um modo qualquer, explicar em Fineu a combinação da cegueira com a visão aguda nas trevas do reino dos mortos), o dom profético era um presente de Apolo, ao mesmo tempo em que Zeus lhe infligira a perda da visão e o cansaço da velhice[764]. O Rei dos Deuses não se agradou de que ele revelasse o futuro aos homens até o seu derradeiro fim. Diz-se que Hélio mandara as Harpias atormentá-lo porque[765] ele renunciara, presunçoso, aos raios do sol. Elas apareciam sempre quando lhe era servida a refeição e arrancavam-lha das mãos e da boca. O que elas deixavam exalava um mau cheiro que ninguém podia suportar de perto[766].

Na famosa pintura de vaso que também dava à mulher sentada à sua cabeceira o nome de Ericto, ele parece um cadáver, cego e com o rosto chupado; e é assim também que os narradores o descrevem[767]. As Harpias estavam de novo por ali, roubando-lhe a comida, mas ele ouviu os heróis que se avizinhavam e por eles soube, pelo que Zeus lhe dissera, que eles lhe devolveriam o prazer de comer. Como sombra sem vida, ergueu-se do divã e seguiu o seu caminho tateando as paredes, apoiado ao seu cajado, com os pés murchos, até a porta. Enquanto caminhava, tremiam-lhe os membros de fraqueza e velhice. A sujeira envolvia-lhe, como crosta rija, o corpo ressequido, em que apenas a pele mantinha os ossos ligados uns aos outros. Saiu da sala, mas os joelhos não puderam levá-lo mais longe; uma escura nuvem vermelha de fraqueza amortalhou-o e foi como se o chão lhe escapasse dos pés. Desfaleceu num delíquio. Os Argonautas reuniram-se à sua volta, espantados. O velho mal pôde recobrar o alento para saudar os heróis, a respeito dos quais sabia tudo, e contar-lhes a sua própria sina. Seus dois cunhados, filhos de Bóreas, Calais e Zetes, que tinham vindo com os Argonautas, deviam livrá-lo das Harpias.

E assim fizeram os gêmeos, depois que Fineu lhes jurou que, dessa maneira, não irritariam nenhum deus, prova de que as Harpias não tinham sido mandadas por nenhuma divindade à morada de Fineu, na divisa do outro mundo, que começava ali para os Argonautas. Os jovens heróis colocaram comida diante do ancião com jeito de cadáver, para servir de última presa das Harpias. Estas precipitaram-se sobre os alimentos, aos guinchos, e os homens gritaram, mas os dois filhos alados de Bóreas, com as espadas desembainhadas, voaram atrás das aves de rapina, que haviam engolido tudo num instante, deixando apenas o seu fedor. A perseguição deu-se sobre o mar, como sabemos pelas histórias dos deuses[768], até as ilhas conhecidas por esse incidente como as Estrófades, as Ilhas da Volta. Ali, perseguidores e perseguidas retrocederam quando Íris, a mensageira alada de Zeus, deteve os irmãos e jurou-lhes que as Harpias nunca mais molestariam Fineu. Elas não podiam morrer, pois também pertenciam à ordem natural, mas por morada haviam escolhido as profundezas da terra debaixo de Creta, a Ilha de Minos[769].

Durante toda a noite, até o retorno de Calais e Zetes, os Argonautas se banquetearam com Fineu e ele lhes deu instruções, como Circe fizera com Ulisses, sobre o caminho que os levaria de um mundo para o outro. Inicialmente, sem dúvida, os Argonautas aprenderam com Fineu a voltar, e não a abrir caminho até o seu destino. Pois, segundo o conselho do profeta cego, cumpria-lhes imitar as pombas de Zeus, que traziam ambrosia do outro mundo para os deuses do nosso mundo no Olimpo. Chegados às "rochas azul-escuras", que ficavam no Bósforo, mas a princípio na divisa do mundo além deste, deviam deixar uma pomba voar através da abertura; se ela passasse, eles passariam também. As rochas bateram uma na outra para matar o pássaro que voava, depois se abriram outra vez – e assim como as rochas só

• **241**

podiam alcançar a última pomba de Zeus, assim agora só conseguiram cortar umas poucas penas da cauda da pomba que os Argonautas, a conselho de Fineu, tinham trazido consigo. E entre as rochas, que se haviam recolhido outra vez, o Argo voou como a seta emplumada. Só se quebrou a extremidade da popa; quanto ao mais, passou incólume. A partir desse tempo, as rochas permaneceram tão juntas quanto mais tarde se disse acerca do Bósforo, com algum exagero; na realidade, o estreito alarga-se na direção do Mar Negro. No início, o caminho para o outro mundo se fechou, provavelmente para sempre, depois de algum herói humano ter conseguido voltar por ele. Mas, como a história foi então contada, as rochas separaram-se de vez depois que Jasão e Medeia as transpuseram[770]. Até um narrador mais recente, o poeta Apolônio, faz os heróis dizerem uns aos outros, depois que o argo passou indene pelas rochas, que estavam salvos de Hades[771].

De acordo, porém, com a revelação de Fineu, após escaparem das "rochas azul-escuras", chegariam a uma "rocha negra" e, da "rocha negra", ao "promontório de Aqueronte"[772], onde um íngreme atalho leva a Hades e o Rio Aqueronte desemboca no mar. Fineu não mencionou o nome do Rei Lico, o "lobo", que recebeu os Argonautas hospitaleiramente[773]; mas, conquanto o país parecesse tão amistoso, eles perderam ali dois companheiros, alcançados pela morte – Ídmon, o profeta, e Tífis, o piloto. E na ilha deserta de Tínia[774], a "ilha dos atuns", diante da Costa da Ásia Menor, justamente onde a Bitínia confina com a terra dos mariandinos, povo de Lico, encontraram Apolo.

Quer também a tradição[775] que a deusa Atena empurrou para trás as "rochas azul-escuras" com a mão esquerda, ao mesmo tempo em que, com a direita, empurrava o Argo. Entretanto, quando os Argonautas chegaram à baiazinha na ilha desolada, era a hora da aurora, o momento em que o deus da noite se muda em deus do dia, e, naquele instante, ele apareceu completamente. O filho de Leto vinha da Lícia e se apressava para chegar aos hiperbóreos, ou assim se dizia[776]. As madeixas douradas balançavam como cachos de uvas de cada lado do rosto do deus enquanto caminhava. Na mão esquerda trazia o arco de prata, e o carcás lhe caía nas costas desde o ombro direito. Debaixo de seus pés toda a ilha estremecia e as ondas se erguiam, altas, na praia. Tomados de assombro, os Argonautas não se atreveram a fitar os formosos olhos do deus. Só conseguiam ficar com a vista posta no chão, enquanto ele passava sobre o mar, pelo ar. Só muito depois Orfeu encontrou a voz e disse aos heróis: "Agora, declaremos esta ilha sagrada para Apolo da Aurora, visto que na aurora ele passou e revelou-se a todos nós; e sacrifiquemos a ele o que nos vier às mãos, erguendo um altar na prata. Se ele nos assegurar um regresso tranquilo, oferecer-lhe-emos pedaços de coxas de cabras chifrudas. Agora busquemos o seu favor com sacrifício queimado e libações. E sê tu, Senhor, misericordioso, sê misericordioso, tu que apareceste para nós".

Apolo mandou aos heróis boa sorte na caça, e assim eles puderam fazer-lhe uma oferenda abundante. Chamaram-lhe *Heoos*, Apolo da Aurora, cantaram-lhe o peã e dançaram diante dele. Orfeu deu início ao canto com um hino à criança divina que seteara o dragão no Parnaso e, para rematar a festa, os Argonautas juraram fidelidade uns aos outros, com as mãos sobre a oferenda, e dedicaram um santuário a Homoneia, a Concórdia, santuário que muito tempo depois ainda se erguia ali. No terceiro dia, deixaram a Ilha de Tínia.

Fineu predissera-lhes as costas e os povos, a começar pelos mariandinos, que deviam visitar e ao largo dos quais deviam passar antes de singrar as águas do largo Rio Fásis na terra da Cólquida, rumo de Eia, sede do Rei Eeta. No túmulo de Estênelo[777], que combatera as Amazonas com Héracles e tombara na praia, a pouca distância do Aqueronte e do rio dionisíaco Calícoro[778], os Argonautas ofereceram um sacrifício. Pois Perséfone permitiu ao fantasma do herói aparecer sobre o seu túmulo com a armadura completa e ver os homens com os quais vivera. Em Sinope[779], mais três companheiros de Héracles, que ali tinham ficado, encontraram os Argonautas. No país das Amazonas, na embocadura do Termodonte, Jasão também acampou, mas disso não resultou nenhuma luta com as habitantes, visto que Zeus lhes mandou um vento tempestivo favorável[780]. Pela terra dos desgraçados Cálibes, que trabalhavam com ferro amortalhados em fumaça[781], os heróis limitaram-se a passar; como também passaram pelas terras dos tibarenos e dos *mossynoikoi*, dois povos que viviam pervertidamente, pois entre os primeiros os homens deitam-se na cama enquanto as mulheres dão à luz[782], e entre os últimos se faz abertamente tudo o que nos outros lugares se faz em segredo,

• 243

incluindo o ato do amor, e faz-se segredo de tudo o que os outros costumam fazer abertamente[783].

Seguindo o conselho de Fineu, entretanto, os Argonautas desembarcaram na Ilha de Ares, onde se haviam instalado os pássaros do Lago Estinfalo, depois de expulsos da Grécia por Héracles. Eles puseram em perigo a vida dos heróis com suas penas aceradas, que deixavam cair sobre eles. Dando tento disso, ao aproximarem-se da ilha[784], os heróis se dividiram; metade continuou a manejar os remos, ao passo que a outra metade subiu ao ponto mais alto do navio, com os escudos, e fez tamanho estardalhaço com as armas que assustou as aves mortíferas. Dessa maneira os quatro filhos de Frixo – Argos, Citíssoro, Frôntis e Melas – puderam desembarcar na Ilha de Ares ao mesmo tempo, agarrados a pranchas, pois tinham sido salvos de um naufrágio. Era desejo de seu falecido pai que eles empreendessem a viagem para Orcômeno, na Beócia, a fim de tomar posse dos tesouros do avô, Atamante. E como Atamante e Creteu, avô de Jasão, tinham sido irmãos, puderam agora ser úteis ao seu parente; voltaram a Eia com os Argonautas e ali apresentaram os heróis ao seu avô pelo lado materno, Eeta.

A ilha por que passaram os Argonautas depois dessa aventura[785] chamava-se Ilha de Filira, não por causa da tília, que tem o mesmo nome, mas em honra do amor de Crono[786], filha de Oceano, que lhe deu o mais sábio dos Centauros, Quíron. Ali Reia, mãe dos deuses, surpreendeu os dois amantes, e o pai dos deuses saltou como um garanhão dos braços da ninfa[787]. Ela também fugiu, envergonhada, para o Monte Pélion, na Tessália, onde nasceu o Centauro. Isso aconteceu nos tempos dos Titãs, quando Zeus, ainda infante, vivia escondido numa caverna em Creta. Mas, afastando-se da Ilha de Crono, como ela foi outrora, os Argonautas não tardaram a avistar o Cáucaso. Divisaram a águia do Rei dos Deuses, que se dirigia, com um bater de asas mais forte que o dos pássaros comuns, para o pico mais alto, e dali a pouco ouviram também os lamentos do Titã torturado, cujo fígado a águia devorava. O libertador de Prometeu ainda não aparecera quando o Argo cruzou a corrente do Fásis no sopé do Cáucaso.

Nos relatos mais antigos, os filhos de Frixo mal desempenham algum papel na história dos Argonautas; em realidade, já tinham voltado para o país de seu pai. De acordo com o poeta Apolônio, que acompanhamos até aqui, quando introduziram Jasão e dois companheiros no palácio de Eeta, mais irritaram do que apaziguaram o filho de Hélio. Diz-se que ele ficara sabendo pelo próprio pai[788] do perigo que o ameaçava, vindo de sua gente, mas não desconfiava nem do filho, Apsirto, que os colcos chamavam também pelo nome solar de Faetonte[789], nem da filha, Medeia, mas apenas dos filhos de Frixo e Calcíope, que agora chegavam com os estranhos guerreiros. Também é provável que nos relatos mais antigos Eeta não tivesse duas filhas, Calcíope, "de rosto de bronze", e Medeia, "bem-aconselhada", mas apenas esta última, que sua esposa Eedia, "a que sabe"[790], – ou, para dar-lhe outro nome lunar, Neera, "a nova"[791] – lhe dera. Em todas as histórias, o senhor de Eia se apresentava desconfiado e mal-humorado, ao passo que a filha, Medeia, cheia de magia solícita e funesta, mas enfeitiçada pelo amor a Jasão, mostrava um pulcro semblante que, no entanto, se ensombrecia com facilidade.

No relato mais antigo, Jasão chegou à presença do rei da terra de Eia sem nenhum intermediário e exigiu a devolução do Velo de Ouro à sua gente. Provavelmente, o Argo também não ficou escondido entre os recifes do Fásis, como consta em Apolônio. O jovem, assim nos conta a conhecida narrativa[792], que brilhava como Sírio, vislumbrou a princesa através do véu de prata que a cobria[793]. A resposta do rei foi mandar o herói para as fauces da serpente gigantesca que vigiava o Tosão de Ouro. Também ouvimos dizer que este pendia, no bosque, da boca do dragão, que poderia engolir facilmente um navio inteiro como o Argo, com os seus cinquenta remeiros[794]. Essa mata densa era denominada, em todas as histórias, Bosque de Ares e isso, exatamente como na história tebana de Cadmo e Harmônia, significa um local de morte, um recinto de Hades. E Velo, se não pendia da boca do monstro, estava pendurado, espalhado pelos galhos, desde o cimo de um carvalho[795] guardado por uma serpente ou, como o mostram vasos pintados, jazia sobre uma rocha em torno da qual o dragão se enrodilhara.

É mais uma vez com um pintor de vasos que ficamos sabendo como Jasão voltou das fauces da cobra gigantesca. Ele se achava no mesmo estado em que se encontrava Héracles ao emergir da caverna do leão de Nemeia, como era, aliás, natural que se achasse um mortal sempre que o mundo subterrâneo o devolvesse ao mundo dos vivos. Pendeu, desmaiado, da boca do dragão. O Velo pode ser visto numa árvore e a presença da deusa Atena, com a sua coruja, atesta que o herói, afinal de contas, não está morto. Esgotado de cansaço, voltara da barriga do monstro e precisava de um salvador que o despertasse do desfalecimento bêbedo da morte. Nessa pintura é Atena quem faz isso; em outros lugares é Medeia, vista em pinturas de vasos seguindo o herói com suas ervas mágicas. O ponto mais difícil para os narradores ulteriores foi a morte aparentemente e, em certo sentido, realmente sofrida por Jasão, através da qual obteve o Velocino de Ouro.

Eles preferiram dizer que Jasão foi incumbido por Eeta de três provas[796], e, com a ajuda de Medeia, logrou êxito nas três[797]. Até nesta forma mais recente da história, a morte do dragão devia, a princípio, ter encabeçado a série de provas. A segunda era uma disputa de aração com Eeta, que, afinal, realmente se colocou em primeiro lugar. Hefesto dera de presente ao filho de Hélio dois touros com cascos e bocas de bronze, por onde expeliam fogo, e um arado de aço, feito de uma peça só[798]. Com esse arado, Eeta pôde abrir um sulco profundo e intimou Jasão a fazer o mesmo. O herói despojou-se das roupas[799]; seus membros estavam protegidos do fogo por um unguento que Medeia lhe dera. Destarte, ele obrigou os animais maravilhosos a entrarem debaixo da canga e abriu o sulco que lhe fora exigido.

A essa prova acrescentou-se outra[800]. Depois da disputa da aração, o herói precisou empreender a semeadura dos dentes do dragão morto e matar os guerreiros gigantescos que deles nascessem. Os que relegaram a morte do dragão por Jasão a um terceiro lugar declararam[801] que Palas Atena guardara a metade dos dentes semeados por Cadmo em Tebas, dando-os a Eeta com essa finalidade. Dessa maneira, nada mais restava a Jasão senão imitar Cadmo ainda mais[802], atirando uma grande pedra entre os homens nascidos da terra, os quais, diante disso, começaram a entrematar-se. Os que sobraram foram mortos por ele e pelos Argonautas.

Mas em todos os relatos – nos antigos, cheios de significação, em que Jasão arrebatou o Velo de Ouro às trevas da morte, à barriga da serpente, e nos ulteriores, invenções ociosas que falam das provas – as proezas teriam sido baldadas se os heróis não tivessem conseguido escapar à vigilância de Eeta, que desejava aniquilá-los. O escuro filho de Hélio e sua morada eram como Hades e sua casa. Numa das versões mais antigas declara-se[803] que o Velo de Ouro se achava em casa de Eeta. Depois de Jasão ter sido bem-sucedido na prova (nesse caso era provavelmente apenas a disputa da aração), o rei convidou os Argonautas para um banquete. Sua intenção consistia em atear fogo ao Argo enquanto os heróis se banqueteavam. Mas quando ele já estava quase chegando a esse ponto, Afrodite despertou-lhe saudades do amor de Eurílite[804]. O rei deitou-se ao lado da rainha, e o profeta Ídmon exortou os Argonautas a fugirem; o tropel dos seus passos foi o sinal para Medeia, que também se levantou e fugiu com Jasão.

O poeta Apolônio descreve esse fato de outro modo[805]. Medeia levantou-se enquanto Eeta, depois das duas provas pelas quais Jasão passara – a disputa da aração e a morte dos gigantes saídos da terra –, se aconselhava com os seus homens sobre a melhor maneira de destruir os Argonautas. A Titânia da noite[806], rainha da lua, viu a princesa correndo noite adentro como se fosse ela mesma; seu duplo. Medeia[807], chamou Jasão do Argo para ir ter com ela e os dois entraram no Bosque de Ares, onde a serpente gigantesca guardava o Velocino. Com o galho de zimbro recém-cortado, que mergulhara antecipadamente numa preparação mágica, Medeia, cantando, borrifou os olhos do dragão. O monstro adormeceu e Jasão tirou o Velocino do carvalho. De acordo com essa versão, ele não matou a serpente, mas apenas partiu, olhando para trás, até que a donzela se juntou a ele. Assim como a virgem em sua alcova tenta captar a luz da lua cheia, que se levanta em suas delicadas vestes noturnas, e dela se agrada, assim Jasão exultava ao erguer bem alto o grande Velo de Ouro, cujo resplendor se refletia em sua cabeça[808]. Segundo um relato ainda mais antigo[809], eles fizeram amor ali mesmo, imediatamente, às margens do Fásis, mas, na conhecida poesia subsequente, Medeia seguiu os Argonautas por algum tempo ainda como noiva virgem de Jasão, até que as núpcias foram celebradas na ilha dos fences.

Mais de uma vez Apolônio nos narra a visita de Medeia a Hécate, sacerdotisa habilidosa da deusa noturna, que reinava sobre a entrada do mundo subterrâneo; ou, melhor ainda, que, em sua identidade secreta com Perséfone, sob o nome da noctâmbula Brimo, a infernal, a senhora dos mortos[810], governava o reino dos próprios mortos. Alguns genealogistas[811] declararam ser Hécate a mãe das duas feiticeiras: Circe, que se supunha irmã de Eeta, e Medeia. Esta última falara com Jasão pela primeira vez no templo de Hécate[812], onde ela tirou a pomada da faixa do peito[813] e estendeu-a herói, para que ele pudesse proteger-se contra o fogo dos touros. Era o "unguento de Prometeu"[814], o suco da flor que viceja nos vales do Cáucaso, vinda do sangue do Titã atormentado; essa flor tem um côvado de altura, um matiz como o do açafrão de Corício, mas uma raiz cor de carne. A terra rugiu e estremeceu quando a arrancaram do solo. A segunda vez[815] que Medeia fez um sacrifício a Hécate foi na embocadura do Hális, na Paflagônia, no terceiro dia da fuga com Jasão. O poeta não se arrisca a decrever-nos o rito macabro.

Outros descreveram o ato horrível[816] que Medeia cometeu para impedir que Eeta e os colcos prosseguissem na perseguição. Esse ato terrível era comparável à ação de Tântalo ou ao laceramento do infante Dioniso, filho de Perséfone, pelos Titãs[817], com uma diferença: a intenção aqui não era que os membros servissem de comida, senão que fossem recolhidos. Já se disse que Medeia tinha um irmão chamado Apsirto ou Faetonte[818]. Sua mãe chamava-se Asterodia[819], "a do caminho estrelado", nome para a deusa da lua[820]. De acordo com os narradores mais antigos[821], Apsirto era uma criança pequena, talvez como as estrelas que se estão sempre extinguindo no céu. Medeia tirou-o do berço e levou-o para bordo do Argo. Afirmou-se também[822] que ela assassinou o irmão antes de sair de casa, no palácio de Eeta, e não esperou que os Argonautas estivessem a caminho e a perseguição houvesse começado. Pois tal era o propósito do sacrifício da criança; ela foi cortada em pedaços e seus membros espalhados aos pés dos perseguidores ou jogados no Fásis. Quando Eeta conseguiu reuni-los e ajustá-los uns aos outros, os Argonautas estavam fora do seu alcance.

Para Apolônio, Apsirto era o filho plenamente crescido de Eeta. Quando o Argo cruzava o Mar Negro, desde a foz do Hális, e se dirigia para a foz do Istro (o Danúbio, do qual se acreditava tivesse uma embocadura adicional, que levava para o Adriático), Apsirto é representado à frente dos heróis por outro braço do rio. Contava-se a história de uma ilha do Istro no Mar Jônio, da extensão do Adriático, onde se erguia um templo de Ártemis[823]. Por este se entendia provavelmente o santuário da deusa na Ístria, a que, segundo se afirma, Héracles chegou perseguindo a corça de Cerineia. Aqui os Argonautas se viram cercados por um exército de calcos, cujo comandante era Apsirto. Outra frota dos colcos estava cercando a Grécia e subindo do outro lado do Mar Jônio. Medeia deveria ser entregue ao seu destino, no templo de Ártemis, e a companhia de heróis poderia zarpar sem ser molestada levando consigo o Velo de Ouro; com esse acordo Medeia atraiu o irmão para a emboscada. Jasão matou-o como se mata um touro nas proximidades do templo[824]. O exército dos colcos dispersou-se e o Argo voltou a sulcar as águas de um mar grego, o Jônio, desde o Adriático, carregando não só o Velocino de Ouro, mas também um casal poluído de sangue. Ao passar pela "Negra Cercira", a ilha hoje conhecida como Córcula, correndo sério perigo por transportar dois pecadores[825], o próprio navio ergueu a voz[826] e advertiu aos heróis que rumassem para a morada da feiticeira Circe, que poderia purificar Jasão e Medeia do assassínio de Apsirto.

Em vista disso, os Argonautas escolheram um curso na direção do norte, em torno da Península Apenina, que se acreditava fosse uma ilha, limitada ao norte por dois poderosos rios, o Erídano, ou seja, o Pó, e o Ródano. Os heróis subiram uma corrente até chegar à outra, da qual se dizia que, além do Erídano, tinha mais dois braços, correndo um deles para o Oceano e o outro para o Mar Tirreno[827]. Eles quase perderam o braço tirrênico, mas, na narrativa de Apolônio, Hera assistiu-os nesse momento. Nessa história, Circe não vivia no leste, mas no oeste; para sermos precisos, onde se ergue o Monte Circeu, hoje em dia não mais numa ilha, senão numa península da costa tirrênica. Ela conheceu a sobrinha pelo brilho dourado dos olhos, peculiaridade de todos os filhos e netos do deus do Sol[828], e limpou o casal[829], segurando um leitão recém-nascido sobre os dois e invocando Zeus, o deus que purifica, com as mãos gotejantes do sangue do animal. Em seguida, porém, Circe ordenou a Medeia que saísse de sua casa, pois ela traíra o pai[830].

Os Argonautas, salvante Jasão, não tinham entrado na morada de Circe e puderam passar pelas rochas das Sereias, porque Orfeu lhes abafou o canto sinistro com uma alegre melodia. Entre Cila e Caribde e entre as Planetas, que esta versão distingue das Simplégades, as "rochas azul-escuras" no Bósforo, Tétis e as Nereidas ajudaram o Argo a passar[831]. Os heróis viram o gado de Hélio, ouviram-lhe os mugidos na Trinácria[832] e, deixando rapidamente a Sicília para trás, logo desembarcaram na ilha dos feácios[833]. O seu nome, Mácride ou Drépano, "a foice", indica Corfu. Imediatamente depois dos Argonautas, a outra força dos colcos também chegou ali e exigiu do Rei Alcínoo que entregasse Medeia, a qual pedira a proteção da Rainha Arete; assim a história nesta forma ulterior se ajusta às aventuras de Ulisses, que ocorreriam ali na sequência das histórias dos heróis.

Dizia-se que, então[834], Alcínoo decidira só devolver a princesa da Cólquida ao pai se ela ainda não fosse esposa de Jasão. Arete soube dessa decisão ao conversar com o rei à noite e, secretamente, comunicou-a aos Argonautas. Na mesma noite celebrou-se o casamento na caverna de Mácride, a ninfa da ilha. Ali se aprontou a cama e estendeu-se o grande Tosão sobre ela[835]. Hera, que amava Jasão, quis o enlace e, como deusa do matrimônio, protegeria Medeia no futuro; mandou todo um coro de ninfas à cerimônia, com flores de colorido brilhante entre os alvos seios. O resplendor do Velo de Ouro, que também brilhava ao redor delas, inflamou o fogo do desejo em seus olhos, mas elas ficaram com vergonha de deixar que suas mãos o tocassem. Os heróis, engrinaldados, cantaram a canção nupcial ao som da lira de Orfeu. Medeia e Jasão puderam imaginar que o seu casamento não estava sendo consumado numa caverna, mas em casa, em Iolco, no palácio do Éson, como de fato deveria ter sido.

Mas eles ainda estavam longe de haver chegado à terra natal de Jasão. Tormentas empurraram o Argo de Drépano, em nove dias e nove noites[836], para a Líbia, para o raso e perigoso Sirtes, onde nada mais lhes restou senão desembarcar e atravessar o deserto. Ali, no calor do meio-dia, três mulheres divinas, fantasmagóricas[837], as filhas da Líbia[838], apareceram para Jasão e aconselharam-no a retribuir o serviço das mães dos Argonautas, que tinham suportado no próprio corpo o fardo pesado dos filhos, prestando-lhe um serviço semelhante. Assim aconteceu[839] que os heróis tomaram o Argo nos ombros e carregaram o navio, por doze dias e doze noites, através do deserto. Durante esse tempo sofreram os tormentos atrozes da sede, e quando, afinal, depuseram a sua carga na superfície do Lago Tritônio, apressaram-se a encontrar uma fonte. Dessa maneira alcançaram os Argonautas o solo sagrado[840] onde, até o dia anterior, a serpente Ládon guardava as maças das Hespérides; pois Héracles estivera ali, matara o dragão um dia antes e levara as maças. Diante dos olhos dos heróis, as lamuriosas Hespérides se transformaram em três árvores; mas, como também podiam voltar a ser o que eram antes, mostraram-lhes a nascente[841] que Héracles fizera manar do solo com um pontapé[842]. Os homens estavam tão atrasados que não poderiam alcançar o filho de Zeus; apenas Linceu imaginou avistá-lo, na distância extrema, percorrendo a região a passos largos[843].

Eles também não teriam conseguido encontrar a saída do Lago Tritônio para o mar aberto se o Tritão não os tivesse encontrado, primeiro em forma humana[844], depois como um deus com a cauda de uma criatura marinha. Na forma humana, deu de presente aos Argonautas um torrão de terra, que o herói Eufemo, filho de Posídon, aceitou agradecido. Em sua própria forma, em seguida, guiou e empurrou o Argo até o mar. Os heróis só puderam desembarcar em Creta depois que Medeia, com sua mágica, derrubou Talo, o homem de bronze[845], que dava a volta da grande ilha três vezes por dia. Com olhar hostil, enfeitiçou os olhos do gigante[846]; este, acidentalmente, arranhou o tornozelo numa pedra cortante, no lugar em que estava escondida a sua veia vulnerável, e caiu no chão, sangrando, com grande estrondo. Os Argonautas, que já tinham construído altares para Posídon e seu filho Tritão[847], ergueram um santuário para Atena Minoica[848].

Por fim, na calada da noite, alcançaram as ilhas gregas, que outrora haviam deixado pela porta de Hades das "rochas azul-escuras", no caminho através do Helesponto e do Bósforo. A noite estava tão escura, tão feia e tão negra, que os Astronautas já não sabiam se velejavam através de Hades ou sobre as águas[849]. Jasão estendeu os braços e chamou por Febo; o deus tornou a aparecer numa ilha solitária, como o fizera antes, quando os heróis tinham forçado a passagem através das "rochas azul-escuras". Nessa primeira epifania, na Ilha de Tínia, o arco de prata de Apolo brilhara na mão esquerda[850]; agora ele brandia o arco de ouro, bem alto, com a direita[851] e estava de pé numa das duas Rochedos de Melantos, as quais, afirma-se, só foram assim nomeadas mais tarde, por causa de um homem chamado Melas, "o negro"[852]. Graças

• 251

ao esplendor do deus, os Argonautas vislumbraram uma ilhota minúscula e, quando estavam desembarcando nela, surgiu a luz da aurora. Construíram um altar num bosque sombroso na ilha e acrescentaram incontinenti ao nome de Apolo o epíteto de Eglete por causa do esplendor, *aigle*, em que ele aparecera; chamaram à própria Ilha Anafe, nome que para ouvidos gregos continha a palavra para acender o fogo, *anapto*. Celebrou-se imediatamente um festival de Apolo Eglete[853].

Quando os heróis estavam deixando Anafe, após o festival, Eufemo lembrou-se de um sonho que tivera naquela noite e contou-o a Jasão. Sonhara com o torrão[854] que ainda conservava como presente do Tritão. No sonho, segurava o torrão junto ao peito e pareceu-lhe que o torrão, todo impregnado do seu leite, logo se transformou numa donzela e ele uniu-se a ela. Arrependia-se do que fizera, visto que mamara na moça, mas esta consolou-o e apresentou-se como filha do Tritão e da deusa Líbia. Ele a faria companheira das Nereidas, de modo que ela poderia viver no mar, perto de Anafe, e logo depois erguer-se na luz do sol outra vez, como local de morada para os seus descendentes. Aconselhado por Jasão, atirou o torrão ao mar e não tardou a surgir das profundezas a Ilha Calisto, "belíssima", mais tarde conhecida por Tera, "terreno de caça", e habitada por um clã descendente de Eufemo.

Essa foi a história contada pelos habitantes de Tera, a moderna Santorim. Os eginetas também tinham uma história a respeito do desembarque dos Argonautas em sua ilha[855]; para não perder um vento favorável, eles tinham organizado uma corrida a fim de transportar água para o Argo, e assim fundaram o festival da Hidroforia[856]. Mas a grande história de Jasão e Medeia, que já não era também a história dos Argonautas, pois essa terminou com a chegada do Argo ao Golfo de Págasa, sofreria nova mudança em Iolco. Vemos agora o elemento comum e a diferença entre as fortunas de Jasão e a de Teseu. Os dois heróis abriram caminho, à força, para uma região do mundo subterrâneo, Jasão entrando nas mandíbulas da serpente de Eia, Teseu no Labirinto; cada qual encontrou uma graciosa ajudante numa donzela divina da região, Teseu em Ariadne, a "Senhora do Labirinto", que traiu o pai por amor do herói e entregou o irmão à morte, Jasão em Medeia, que procedeu do mesmo modo. Ariadne também começou a palmilhar a estrada que conduzia ao mundo natal do seu amor, mas foi levada de volta. Medeia, que, como ela, morava no mundo além do nosso e pertencia à família de Hélio, entrou com Jasão em casa dele e as pessoas não tardaram a descobrir o poder de uma dama do outro mundo.

Diziam-na capaz de promover o renascimento e o rejuvenescimento, matando e cortando em pedaços a pessoa, o mesmo processo que, segundo se afirmava, Dioniso sofrera às mãos dos Titãs[857]. Era um espetáculo sombrio, pertencente ao mundo subterrâneo, levado a cabo com a vítima sacrificial num culto, talvez abertamente nos primeiros dias, secretamente mais tarde. Medeia já sacrificara o irmão dessa maneira, mas o ato devia ter parecido ainda mais horripilante quando os pedaços da vítima morta brutalmente, que representavam o deus, foram cozidos num caldeirão, de acordo com um ritual complicado[858]. Mesmo assim, devia haver sem dúvida algum consolo em saber-se que o próprio Sol entrava num caldeirão todas as noites (os poetas, às vezes, lhe chamavam cálice de ouro), viajava nele sobre o Oceano durante a noite e dele emergia, rejuvenescido, na manhã seguinte[859]. Conhecemos o modo com que Hélio deixou Héracles fazer uso do seu caldeirão para a viagem a Gerião. As histórias do caldeirão mágico de Medeia estão ligadas à série de reminiscências de um vaso como esse, sacrificial no culto, mas, para os narradores, um vaso maravilhoso, do qual, de uma feita, Pélope saltou vivo e antes dele, seguramente, alguma criança divina fez o mesmo[860].

Quando Jasão e os Argonautas chegaram a Iolco, seu pai Éson estava tão velho que não pôde sequer participar da grande festa com que o povo e os outros pais e mães recepcionaram os heróis[861]. Essa, dizem, foi a primeira vez que Medeia mostrou sua arte, com a qual, de acordo com poetas e outros narradores, mais tarde rejuvenesceu o próprio Jasão[862]. É possível que Pélias já estivesse morto quando os heróis chegaram, e seu filho Acasto, que fizera a viagem com Jasão, apareceu no momento exato de instituir os jogos fúnebres, tema favorito da arte[863] e do canto[864]; antes de se dispersarem, os Argonautas participaram deles. Mas também se disse que Pélias ainda estava vivo, embora já velho, necessitado de rejuvenescimento. Em relação a ele, Medeia agiu de modo diferente, visto que Pélias, depois de haver levado à morte Éson, sua esposa e um irmão mais moço de Jasão, como queria essa versão[865], não podia ficar com o Velocino de Ouro. Além disso, de acordo com o que dissera o oráculo a respeito do homem de uma sandália só, já se devia saber que Jasão e Medeia significavam a destruição de Pélias[866]. A mulher estrangeira enganou as filhas do rei, persuadindo-as a fazer uso da feitiçaria para tornar o pai novamente jovem. Das filhas de Pélias (eram em número de cinco, segundo uma história)[867], apenas Alceste se recusou a dar crédito a Medeia e, de acordo com os monumentos artísticos, somente ela não quis saber de nada. Mas as outras quatro, ou talvez fossem somente duas[868], deixaram-se convencer a fazê-lo, depois que a feiticeira retalhou primeiro um carneiro velho, cozeu os pedaços num caldeirão e fez um cordeiro saltar do vaso. Elas cortaram o pai em pedaços e cozeram-no, mas ele nunca mais voltou à vida.

Depois desse ato de vingança, Jasão entregou o reino de Iolco a Acasto e dirigiu-se, com a esposa, para o lugar onde a neta do Sol tinha um lar ancestral na Grécia, onde ela era rainha e poderia partilhar o trono com o marido[869]. Entre todas as cidades do continente, Corinto fazia parte das propriedades de Hélio. Os coríntios honravam-no, a ele, o deus-Sol, como o mais alto entre os deuses. Seu sítio sagrado era o cimo imponente do Acrocorinto[870], que o deus cedeu à deusa Afrodite[871]. Sua esposa tinha o nome de Antíope, como a mãe dos Dioscuros tebanos, alhures considerada noiva de Zeus. Ela dera Eeta, a Hélio[872] e também Aloeu, que dificilmente se distinguiria do pai dos Alóades[873] e recebeu as terras abaixo do Rio Ásopo como presente do deus do Sol. Eeta ficou com Corinto como sua parte da divisão; seu governador chamava-se Buno, mercê de uma elevação no Acrocorinto. Na parte mais alta, mas não tão alta quanto o templo de Afrodite Urânia, erguia-se o templo de Hera Acraia[874] ou, para dar-lhe o título coríntio, Búnia[875]. Para lá costumavam mandar os coríntios, a fim de executar o serviço do templo, tantas crianças quantas mandavam os atenienses para o Labirinto de Cnosso: sete rapazes e sete raparigas[876], que passavam um ano inteiro no santuário, como se tivessem sido banidos ou mortos. Eram pranteados, e lhes faziam oferendas como se fossem iracundos deuses ctônios.

Dizia-se, com efeito, que Medeia fundou o templo de Afrodite no ponto mais elevado[877]. Mas o seu templo ali era o de Hera, como em Eia era o de Hécate. Asseverava-se[878] que Zeus desejava ser seu marido, mas como ela permaneceu fiel a Hera, a deusa prometeu-lhe a imortalidade dos filhos. Dessa imortalidade os filhos e filhas dos coríntios participavam no santuário de Hera. Se, de acordo com a história muito conhecida, os filhos de Medeia, apesar disso, precisassem morrer e os sete rapazes e as sete raparigas tivessem de sofrer a morte em seu lugar, de forma modificada, a responsabilidade por isso provavelmente se atribuiria ao curso do mês lunar, catorze dias do qual eram consagrados ao aumento e o resto ao declínio. Tanto que Medeia dava à luz um filho – assim rezava uma versão que lhe assacava parte de culpa – mandava-o para o santuário de Hera e mantinha a todos escondidos, na esperança de que se tornassem imortais[879]. Não nos contaram o que ela fazia ali com os filhos, senão que cometeu um erro fatal e Jasão surpreendeu-a em seu procedimento indizível – coisa que aconteceu também a Deméter, quando desejou tornar Demofoonte imortal em Elêusis[880], e a Tétis, quando ensaiou o mesmo experimento com o filho Aquiles[881]. Jasão não compreendeu a justificação de Medeia, não quis perdoá-la e voltou para Iolco. Depois disso, Medeia também deixou Corinto e, de acordo com outras histórias mais recentes, Sísifo, que ela amava, recebeu-lhe o reino[882].

Afirmou-se[883] que, não podendo suportar o domínio da feiticeira estrangeira, os coríntios lhe assassinaram os sete filhos e as sete filhas. Ou isso foi feito pelos parentes do Rei Creonte, o segundo na sucessão de Belerofonte[884], a título de vingança, porque Medeia matara o rei. Fizeram também circular o boato de que ela assassinara os próprios filhos. Essa deve ter sido uma velha versão da história da morte aparente dos catorze. Era uma característica da outra face de Medeia, que ela já mostrara, no correr dessas histórias, a Eeta e Apsirto, Pélias e suas filhas, e que Eurípides deu a conhecer ao mundo em sua tragédia *Medeia*, em que Medeia, agravada em seu amor e em sua dignidade de soberana e esposa, Medeia, representante do Hera, a deusa, apareceu no palco como uma mulher mortal[885], portadora da sina comum às mulheres[886] e da maior injustiça e ingratidão que alguma vez coube à sorte de qualquer salvador[887].

Os coríntios acreditavam numa lenda a respeito da Fonte Glauce, que jorra de um imenso cubo de rocha, não longe da praça do mercado da cidade. De acordo com ela, a ninfa desse nome foi outrora uma princesa que se precipitou naquela água a fim de livrar-se dos tormentos que o presente de Medeia lhe causara; uma vez que, por sua causa, Jasão abandonara a filha de Eeta em Corinto. Em consequência disso, abrasada de cólera, a feiticeira mandou para a jovem esposa o presente que a destruiu. Seus portadores foram os dois filhos que Medeia dera a Jasão, Mérmero e Feres. Nessa lenda eles foram mortos a pedradas pelos coríntios. Ergueram-se monumentos em sua honra perto da fonte. Mas Eurípides insiste em que eles morreram às mãos da própria mãe e nos fala também em insultos maiores do que a escolha de uma segunda esposa e o repúdio de Medeia[888].

De acordo com eles, Creonte, pai da noiva – a nome real, "soberano", estava sempre e em toda a parte a serviço de poetas e outros narradores –, baniu do país a mulher da Cólquida. Com isso, a taça da sua humilhação transbordou[889]. Jasão aparece ao seu lado, não como corregente de uma rainha do sangue do Sol, senão como refugiado servil que desejava tirar proveito do casamento com a filha do rei[890]. A essa altura surgiu, de repente, um verdadeiro rei, Egeu de Atenas, ainda sem filhos, que saía de Delfos para encontrar-se com Pitéu em Trezena[891]. E com ele surgiu também, para Medeia, a promessa de um novo lar[892], a região terrena dos deuses, a Ática[893]. Nada agora poderia conter a selvageria da senhora real de Eia, terra de uma Titã[894]. Jasão não teria filhos. Astutamente, ela lhe pediu permissão para mandar presentes à noiva pelos seus filhos[895]. Os dois meninos loiros[896] apresentaram o manto e o diadema de ouro enfeitiçados, que queimaram a princesa e seu pai; depois eles foram chacinados pela própria mãe para que seu pai, Jasão, como merecia, também fosse castigado pelo destino arrasador.

A assassina apareceu com os cadáveres dos filhos no carro que o pai, Hélio, lhe dera[897]: um carro tirado por dragões, como o de Triptólemo, que nele se ergueu do reino de Perséfone. Mas o carro de Medeia, como nos mostram as pinturas de vasos, era puxado por serpentes ainda mais formidáveis. Numa pintura, um demônio do mundo subterrâneo, chamado Estro, "fúria de loucura", o conduz; traz serpentes nos cabelos. Medeia levou consigo as crianças mortas para o recinto sagrado de Hera Acraia e enterrou-as ali com as próprias mãos, de modo que, no futuro, elas viessem a partilhar do culto místico[898]. A Jasão ela predisse a morte que haveria de alcançá-lo no lugar em que ele consagrara o Argo à deusa. Diz-se que isso ocorreu no Istmo, no santuário de Posídon[899]. Ali o herói se deitou à sombra do navio, que apodrecia, e foi atingido por uma de suas pranchas[900]; ou foi ferido de morte no templo de Hera, onde a figura de proa do Argo tinha sido dedicada à deusa.

Medeia era imortal[901]. Viveu com Egeu até surgir Teseu e tomar o poder do rei de Atenas. Isso ela não pôde impedir. A Egeu deu Medo[902] e, diz-se, fugiu com esse filho para o Oriente, onde se tornou, através dele, epônimo dos medos. Estas e outras histórias semelhantes, que nos levariam para muito longe da Grécia, eram prontamente ligadas às histórias mais antigas, que falavam de outra chegada, a chegada final, da neta do Sol. No Elísio[903], ou, se preferirmos dar o outro nome ao lugar em que Cadmo e Harmônia também viveram para sempre, nas Ilhas dos Bem-aventurados[904], Medeia casou para sempre com Aquiles. Ergueram-se santuários para Jasão em sítios que se supunham tocados pelos Argonautas, até na Armênia e na Média[905]. Na Grécia, porém, sua fama teve de ceder o passo à do herói mais moço, que acabamos de nomear e que, naquele tempo, ainda estava sendo cuidado pelas ninfas na caverna de Quíron[906].

III
ORFEU E EURÍDICE

Sem Orfeu, o maravilhoso cantor e tocador da lira, não poderíamos agora imaginar o Argo. Artistas antigos já o mostram como um Argonauta. Mais do que ninguém, ele poderia ser útil ao grupo que desejava abrir caminho para o outro mundo. O que tornou Orfeu famoso foi o fato de ter podido empreender a perigosa jornada para o mundo subterrâneo inteiramente só. Não foi o primeiro de quem se disse, nas histórias de deuses e heróis, que realizou milagres com o canto e o manejo da lira (os dois representavam apenas uma arte). Sabemos que Hermes inventou a lira e que foi o primeiro a cantar ao som dela[907]. Entre os deuses, ofereceu-a a seu irmão Apolo; entre os heróis, a outro irmão, que mais tarde brigou com Apolo, Anfião. Quando nos contam, em relação a Orfeu, que bandos sem fim de aves lhe voavam em torno da cabeça quando ele cantava e que os peixes saltavam alto do fundo do mar azul-escuro para encontrá-lo, sabemos que isso era efeito do seu canto[908]. Vemo-lo, com a lira na mão, viajando no Argo. Mas quando também nos contam que o seu canto punha pedras e árvores em movimento[909], lembramo-nos dos muros de Tebas, erguidos pela lira de Anfião. O feito que somente Orfeu realizou com o seu canto, submetendo tudo o que era agreste, até os poderes selvagens do mundo subterrâneo, lhe abriu caminho até Perséfone. Isso o coloca ao lado de Perseu e Héracles, Teseu e Jasão, nas fileiras dos heróis gregos.

O seu culto foi mantido por uma grande comunidade, que se julgava possuidora de livros que continham as revelações de Orfeu, relatos da sua jornada ao mundo subterrâneo e de tudo o que ali aprendeu e mais tarde ensinou e criou. Na mente popular, ele estava mais intimamente ligado à comunidade dos discípulos e adeptos do que a qualquer raça ou família particular.

Tirando essas, suas lendas e os sítios do seu culto ligavam-no especialmente à região do Olimpo, e só mais tarde a áreas localizadas mais ao norte. Segundo todas as narrativas, Orfeu era filho de uma Musa e, de acordo com a maioria[910], de Calíope. A seu filho[911] e discípulo[912] foi dado o nome de Museu; ou de um certo Museu, "o homem das Musas", se disse que era filho de quem tinha o direito de usar esse nome. E, sendo "musical", era, por certo, originalmente apolíneo[913]. Apolo poderia ser considerado seu pai divino[914], razão pela qual sua natureza apolínea fundamental era duplamente enfatizada, através da mãe e a através do pai. Mas os que protestavam conhecer melhor sua descendência e seu nascimento davam-lhe ao pai o nome de Eagro[915]. Se um rio ao norte do Olimpo tinha esse nome[916], como, por exemplo, Mársias era o nome de um rio e também de um habitante selvagem das florestas que competia com Apolo, não deve preocupar-nos. Eagro significa "caçador solitário", "o que caça sozinho". Orfeu cresceu na Piéria[917], o país das Musas olímpicas. Diz-se que o seu professor foi Apolo[918]; o deus ensinou-o com a lira que ganhara de Hermes e que ele deu de presente a Orfeu. Nos vales estreitos e boscosos do Olimpo[919] o rapaz reuniu primeiro, em torno de si, pela música da lira e do canto, as árvores e os animais selvagens. O filho de Calíope mostrava-se ali como um duplo, o deus a cuja música criaturas selvagens, o lince, o leão e o veado, se rendiam enquanto ele apascentava os rebanhos de Admeto[920]. Se o nome do cantor não fosse expressamente nomeado ou escrito ao lado das imagens que mostram Orfeu tangendo a lira, nem sempre saberíamos a qual dos dois se refere a cena descrita.

Para a maioria dos narradores, a terra selvagem da Trácia começava ali, nas encostas do Olimpo, embora Piéria ainda estivesse no lado macedônio da fronteira. Eles cantavam[921] uma Piéria trácia e faziam de Orfeu o seu rei, afirmando que as árvores o haviam seguido até lá desde a verdadeira Piéria; declararam-no trácio. Os pintores de vasos mais recentes acreditaram neles, ao passo que os mais antigos ainda se atinham ao relato verdadeiro, sem o qual as lendas Orfeu e o próprio herói careceriam de todo e qualquer sentido. Ele é representado como um heleno entre os trácios, e seu nome não tem nada de estrangeiro. "Orfeu" seria pronunciado de forma diferente por lábios trácios. De fato, não é tão prontamente inteligível quanto Eagro, que tampouco pode ser o nome de um trácio em sua própria língua. Mas talvez não fosse despropositado, nem destituído de finalidade que um discípulo subsequente do cantor descrevesse o trajo sombrio com que Orfeu oferecia sacrifícios a Hécate em favor dos Argonautas com uma palavra[922] derivada de *orphne*, "escuridão". Orfeu estava ligado à escuridão, tanto na viagem ao mundo subterrâneo quanto mais tarde, quando comunicava suas iniciações à noite, como era de preceito.

As saudades de Eurídice levaram o filho da Musa ao outro mundo. Nisso foi diferente de Teseu e Jasão, para não falar de Perseu e Héracles, que não fizeram suas viagens por amor a alguma mulher, mortal ou divina. Orfeu, no entanto, partilhou do destino de Teseu no sentido de que Eurídice não podia, tanto quanto Ariadne, tornar-se propriedade permanente de seu amado, nem acompanhá-lo à sua casa. Tem-se dito dela, com efeito, que foi esposa do cantor, mas Orfeu, como Teseu, que tivera um rival divino em Dioniso, também teve o seu e a esse rival se deveu a prematura associação de Eurídice com o reino dos mortos.

A julgarmos por seus nomes – pois a heroína desta famosa história tem dois nomes dados pela tradição, assim como Ariadne era também conhecida pelo de Aridela – ela pode ter sido até a rainha do outro mundo. "Eurídice" significa "a que governa extensamente", nome que, a princípio, pertencia apenas à rainha do mundo subterrâneo, embora muitas mulheres notáveis o usassem depois, entre os mortais. Já não podemos saber com certeza o seu outro nome; talvez Agríope, "de rosto selvagem"[923], talvez Argíope, "de rosto brilhante", como a mãe do cantor Tâmiris[924]. Em favor de Argíope, discípulos ulteriores de Orfeu[925], que, aliás, sustentavam ser Museu filho do mestre, fizeram de Selene, a rainha da lua, sua mãe. Parece que a amada esposa de Orfeu se parecia com a lua, na opinião dos narradores, até quando a conheciam como vítima, e não como rainha, do mundo subterrâneo. É verdade que Perséfone era vítima e rainha ao mesmo tempo, pois fora raptada por Hades, e a ela recorreu Orfeu, em casa do marido dela, impelido pelo amor de Eurídice.

A história, tal como nos é contada[926], começou na Tessália, onde uma esposa fiel, Alceste, rainha do Rei Admeto, já tinha sido salva das garras da morte. Conhecemos a aventura de Héracles quando procurava Diomedes, o trácio. Assim como já o fizera Apolo em casa de Admeto[927], assim Aristeu levava vida de pastor no formoso Vale de Tempe debaixo do Olimpo; a Ninfa Cirene dera-o ao filho de Leto para ser um pequeno Zeus, um segundo Apolo sagrado[928]. O maior orgulho de Aristeu eram notoriamente suas abelhas. O seu nome significava que ele era "o melhor" que o mundo tem para mostrar. O Zeus "melífluo" dos mortos, Zeus Milíquio, habituado a receber a adoração dos vivos em forma de serpente, outro não era senão Aristeu, conquanto nenhuma lenda lhe mencione especificamente as abelhas. Esse divino apicultor estava à espera da recém-casada[929] Eurídice; ela fugiu dele e, na fuga, encontrou o seu fim, pois uma cobra lhe picou o tornozelo[930]. Suas companheiras, as Dríades, choraram-lhe a morte nas montanhas, no interior da Trácia[931]. Quando Orfeu acorreu, a jovem esposa já tinha sido raptada por Hades. Ele viajou no encalço dela entoando canções queixosas, através de toda a Grécia, até o ponto mais meridional do Peloponeso, Tênaro.

Fiando-se da sua lira[932], enveredou pela estrada sombria que conduz ao reino dos mortos[933], no qual poucos homens vivos o haviam precedido – os dois amigos Teseu e Pirítoo, e Héracles quando foi buscar Cérbero. Caronte lembrava-se deles bem demais até[934], mas a lira também o comoveu. Diz-se[935] que ele largou o barco e seguiu Orfeu, que cantava, para escutar o seu canto maravilhoso diante do senhor e da senhora das regiões inferiores. Enquanto Orfeu cantava, Cérbero não latiu, a roda de Íxion ficou parada, o fígado de Títio não foi roído, as filhas de Dânao interromperam o seu infrutífero transporte de água, Sísifo sentou na sua pedra, Tântalo esqueceu a fome e a sede, as Erínias foram tomadas de assombro e os juízes dos mortos choraram[936]. A multidão inumerável de fantasmas reunidos à volta de Orfeu chorou também; mas Eurídice ainda não estava lá, pois era um dos fantasmas recém-chegados e andava devagar com o tornozelo picado[937]. A pintura de um mestre da Magna Grécia, onde os vasos nas sepulturas revelam amiúde cenas do mundo subterrâneo, mostra-a tangida pelo amor na forma de um Eros volante. Vê-se também Perséfone, abrandada pelo canto e chamando Eurídice com um gesto gracioso. O cantor está de pé entre as duas; já segura a mão da amada, mas em nenhuma dessas pinturas olha para alguém.

• 261

Essa era a lei das potências infernais; ninguém devia olhar para elas. O sacrifício às divindades dos mortos fazia-se com o rosto virado; nenhum olhar, apenas a voz, se permitia no reino dos que partiram. Isso poderia operar milagres, mas não tinha o poder de desfazer a morte, de libertar quem quer que fosse do domínio dos deuses daquele outro reino. A lei dos que estavam lá embaixo era a lei de Perséfone[938], que apenas se confirmava quando os vivos lutavam contra ela. Somente ao ser transgredida a lei tomava o seu curso. Eurídice poderia seguir o marido apaixonado; isso, pelo menos, conseguira Orfeu com o seu canto, porém na dura estrada que conduz da morte à vida não poderia olhar para ela. Mas, então, por que olhou? Qual foi a razão, tirante a grande e final separação entre vivos e mortos? Seria a loucura?[939] Desejaria beijá-la?[940] Ou estaria apenas ansioso por certificar-se de que ela o seguia?[941] A cena é representada num relevo ático muito admirado, no qual agora não existem somente duas figuras, mas três; Orfeu está se virando e olhando para Eurídice, cuja mão esquerda lhe toca levemente o ombro num amoroso adeus, mas a sua direita já está presa por Hermes, o Condutor de Almas. Assim como se disse que Zeus trovejou quando Édipo desapareceu no limiar do mundo subterrâneo, assim se disse que o trovão ribombou por três vezes seguidas, o som do destino inexorável, quando Eurídice foi chamada de volta ao reino dos mortos[942].

Em vão tentou Orfeu correr atrás dela quando a viu desaparecer para retornar ao mundo subterrâneo. Caronte já não queria transportá-lo de novo para o outro lado[943]. As analogias traçadas na Antiguidade[944] entre Orfeu e Dioniso eram demasiado presunçosas. O deus trouxe sua mãe Sêmele de Hades, mas o que ele podia fazer, Orfeu não podia. Entretanto, a sombra que, a partir de então, caiu sobre a sua natureza apolínea era dionisíaca. Orfeu não pertencia mais a um deus do que ao outro. Não obstante, não se tornou oponente nem vítima de Dioniso, mas oponente e vítima dos excessos selvagens das mulheres trácias, resultado exagerado do seu culto ao deus do vinho. Diz-se que durante sete longos meses ele viveu numa caverna, debaixo de uma rocha imensa, na foz do rio macedônico Estrimão[945], tendo antes, como outros acrescentam[946], suportado sete dias junto ao rio do mundo subterrâneo sem provar coisa alguma. Mantinha-se afastado das mulheres e não quis experimentar um segundo casamento[947]. Nessa ocasião, os agrestes habitantes das matas chegaram-se a ele[948], homens da Trácia, como nos mostram as pinturas de vasos; ou sátiros, meninos maiores e menores, como registra um relevo ulterior. Não eram meninos muito novos, nem tampouco com idade suficiente para as iniciações mais elevadas, mas adolescentes. Orfeu abstinha-se de comer carne, de acordo com o "modo órfico de vida", cantava para eles o princípio das coisas e dos deuses e fazia-os tomar parte nas iniciações que trouxera de sua visita à rainha do mundo subterrâneo. Mais tarde foi dito[949] que Zeus o castigou com o raio porque ele instruía os homens nos Mistérios.

Segundo a história mais antiga, as mulheres da Trácia doeram-se de que Orfeu se mantivesse afastado do amor das mulheres por três anos inteiros[950]. Acostumado a procurar apenas a companhia dos moços, dele se dizia[951] que introduzira a paixão homoerótica na Trácia. Era ainda mais parecido com Apolo por essa mesma razão, por estar sempre cercado de moços e não de mulheres, como Dioniso. Em sua tragédia *As Bassares*, nome trácio das Bacantes, Ésquilo fá-lo acordar durante a noite e escalar o Monte Pangeu para adorar Apolo ao nascer do sol[952]. Para lá também foram conduzidas as ménades trácias pelo seu deus[953], nos festivais noturnos de Dioniso, em multidões apressadas. Elas dificilmente teriam conhecido o segredo que Ésquilo parece ter revelado em outra tragédia da mesma trilogia, *Os moços*, em que fez o coro invocar o próprio Apolo como Cisseu e Baqueu, isto é, "engrinaldado de hera" e "Bacante"[954]. E talvez, no parecer do poeta, Orfeu foi longe demais num culto unilateral, depois do retorno do reino dos mortos e do princípio do seu ressentimento contra os deuses do mundo inferior, entre os quais Dioniso imperava como Hades e Zeus subterrâneo. Enquanto flanava pelo Monte Pangeu, o cantor interessou-se pela cerimônia secreta das Bacantes trácias[955]. Elas de fato o reconheceram – não foi um acesso de loucura, como aconteceu com as mulheres de Tebas que tomaram Penteu por um leão – e despedaçaram o filho da Musa, membro por membro.

Um narrador[956], por outro lado, soube de uma grande sala de iniciação instituída para o ritual secreto na cidade de Libetra, na Macedônia, provavelmente como a que foi escavada na Samotrácia. Lá, certo dia, os homens da Trácia e da Macedônia foram à procura da Orfeu. Estavam habituados a deixar as armas diante da porta. As mulheres, enraivecidas, apossaram-se das armas, mataram os homens que lhes caíram nas mãos e atiraram o corpo desmembrado do sacerdote da iniciação, Orfeu, membro por membro, ao mar. Consoante essa versão, a cabeça de Orfeu flutuou na foz do Rio Meles em Esmirna, onde se disse subsequentemente que nasceu Homero, o poeta da Guerra de Troia, sendo ele filho do deus-rio. Ali, recolhida a cabeça, construiu-se um santuário, mais tarde um templo, de Orfeu, no qual mulher alguma tinha permissão para entrar.

De acordo com outra história[957], Orfeu viajou por toda a Trácia, como os iniciadores órficos fizeram mais tarde na Grécia, e os homens juntaram-se a ele. A princípio, as mulheres não se atreveram a atacá-lo, mas depois foram buscar coragem no vinho; e, a partir de então, os trácios sempre se embriagavam antes de lutar. Os pintores de vasos mostram-nos as mulheres bêbedas da Trácia atacando o gentil cantor com lanças, pedras grandes ou qualquer coisa de que pudessem lançar mão. Ele tinha apenas a lira, com a qual, caído ao chão, em vão procurou defender-se. Os fragmentos do corpo foram espalhados em todas as direções[958]; afirma-se que as Musas os reuniram e enterraram o seu querido em Libetra. A lira, que não poderia encontrar um digno possuidor depois de Apolo e Orfeu, foi colocada por Zeus entre as constelações, como Lira.

Havia uma história separada a respeito da cabeça e da lira[959]. As assassinas cortaram a cabeça de Orfeu, pregaram-na na lira e, assim, a atiraram ao mar, ou melhor, ao Hebro trácio[960], em que ela flutuou cantando, enquanto a lira continuava tocando[961]. A corrente trouxe a cabeça cantante ao mar e o curso do mar a Lesbos, ilha que, mais tarde, seria a mais rica em cantos e doces acordes da lira. Enterrou-se a cabeça no Báquion, santuário de Dioniso, e preservou-se a lira no templo de Apolo[962]. Isso era como devia ser, e bem de acordo com o destino dionisíaco e a natureza apolínea de Orfeu. Muito depois contou-se uma história[963] do seu oráculo em Lesbos, e belas pinturas de vasos e gemas atestam que os moços receberam revelações da cabeça do cantor, até que o próprio Apolo ordenou que ela silenciasse[964].

Onde quer que Orfeu esteja enterrado, rouxinóis fizeram ninhos e ali cantaram, mais melodiosa e sonoramente do que cantam em outro lugar qualquer[965]. Havia dois túmulos de Orfeu na Macedônia, ao pé de Olimpo: um em Libetra[966] e outro em Dion[967], a Cidade de Zeus, para o qual os ossos devem ter sido transportados depois que o outro túmulo foi aberto pelo desmoronamento dos pilares. Os pilares e a urna foram acidentalmente derrubados por uma grande multidão, que acorrera para ouvir a maravilha com os próprios ouvidos: um pastor adormecera ao meio-dia sobre o túmulo e, em sonhos, entoara suavemente, mas em voz alta, os cantos de Orfeu, como se fosse a sua voz imortal soando a partir o reino dos mortos[968].

IV
Tereu, Eumolpo e Céfalo

Nas lendas e no palco ático, Tereu aparece como autêntico trácio, ligado à família real dos atenienses através de suas duas esposas, Procne e Filomela, assim como Eumolpo, conterrâneo seu, se ligara através de sua mãe Quíone, ou Céfalo através de sua esposa infiel Prócris, amada de Éos. As histórias dos três heróis e de suas esposas nos levam de volta à Ática, ou suas vizinhanças, antes de retomarmos o fio dos grandes acontecimentos em Tebas e Micenas mais uma vez.

Pois Tereu, ao que se afirma, não reinou longe dos limites da Ática, em Dáulis[969], no sopé do Parnaso. Tampouco, por conseguinte, pode ter-se sentido em casa na própria Trácia. Somente numa versão ulterior[970] ouvimos dizer que ele veio, por mar, visitar o sogro, o Rei Pândion, em Atenas. Tereu pertencia antes àqueles trácios que, à semelhança dos seus descendentes modernos, os albaneses, se instalaram nas selvagens regiões montanhosas no meio da Grécia, e a cujo respeito tinham alguma coisa para contar em sua história mais antiga. Depois, a sepultura de Tereu foi mostrada realmente em Mégara[971] e ali corria o rumor de que ele não se transmudou, como na história habitual, numa poupa, mas num falcão. Declarava-se apenas que a poupa fora vista primeiro na região. A metamorfose mercê da qual a história trágica do herói se converteu numa das muitas histórias de pássaros talvez não se tenha contado em toda parte nem mesmo dele. Foi narrada especialmente de suas esposas e até, antes delas, da esposa de Zeto, uma filha de Pandaréu chamada Aédon, que, como sabemos, significa rouxinol. Existe também uma pintura antiga em que as esposas de Tereu também são chamadas, não Procne e Filomela, mas Rouxinol e Andorinha, Aédon e Quelídon.

Ela era uma das duas filhas do rei dos atenienses[972], uma neta de Erictônio. Desse modo, Tereu foi recompensado pelo socorro prestado na guerra contra Lábdaco, o rei de Tebas. Procne gerou-lhe um único filho, Ítis, que será chorado em breve e para sempre. Pois logo o trácio retornou a Atenas para buscar também a irmã de Procne: Filomela, a "amiga dos rebanhos" – um nome que combina com andorinha, que gosta de aninhar nos estábulos, mas igualmente com a deusa do submundo Hécate, que também muito aprecia estábulos e rebanhos[973].

A história de Filomela pertencia, de fato, ao mundo subterrâneo. Tereu levou a falsa notícia da morte de Procne a Atenas[974] para obter a outra filha do rei como segunda esposa. E quando a viu em seu poder, ele levou a notícia de sua morte a Procne[975]. Isso era uma inverdade. Mas era assim também que parecia o destino de Perséfone aos mortais ignorantes, que não sabiam que ela se tornara rainha do mundo subterrâneo[976]. O se dizia sobre Filomela também poderia se aplicar a ela: ela foi estuprada e se tornou muda como uma morta.

Filomela tornou-se vítima do rei escuro, o marido de sua irmã, num estábulo de vacas escondido nas profundezas de uma floresta[977]. Para ali Tereu conduziu secretamente a cunhada e, para impedir que ela divulgasse o seu ato de violência, o bárbaro cortou-lhe a língua. Naquele estábulo, na floresta primeva, ela ficou prisioneira dali por diante, enquanto Procne acreditava que a irmã tinha morrido. Mas Filomela bordava muito bem e, na prisão da floresta, bordou um vestido com imagens da sua história infeliz e mandou-o para Procne. A rainha compreendeu o crime que Tereu cometera. Era o tempo do festival noturno do deus do vinho; ela percorreu as matas com as Bacantes e fez Filomela juntar-se à multidão precípite. As duas irmãs trataram a criança Ítis como as filhas de Mínias, quando Dioniso as enlouqueceu, fizeram com um filhinho[978]; não rasgaram, mas cortaram o menino em pedaços. Fizeram-no ciente e propositadamente, e cozeram os nacos num caldeirão. O mesmo aconteceu na história de Dioniso[979], para não mencionar os terríveis feitos de Medeia. Procne convidou o marido como se fosse para um banquete sagrado secreto[980], mas era o banquete de Titãs a que Zeus foi induzido a comparecer[981], o banquete de Tântalo a que os deuses foram convidados.

Tereu comeu e só compreendeu o que havia comido quando Filomela atirou nele a cabeça do filho. Tereu sacou da espada e perseguiu as duas mulheres, e as teria matado se Zeus não tivesse transformado os três em pássaros. Entretanto, disso não resultou uma história inequívoca de metamorfose, pois não houve consenso quanto a haver Tereu assumido a forma de falcão ou de poupa, nem quanto a Filomela, que nas versões mais antigas é uma andorinha, não chorar por Ítis na forma de um rouxinol[982], como o faz Procne, de acordo com a maioria dos relatos.

O trácio Eumolpo tem sido nomeado em conexão com Erecteu, sucessor de Pândion na lista dos reis. A família principal dos eleusinos remontava a ele a sua descendência; era a família que, em todas as ocasiões, fornecia o sumo sacerdote dos Mistérios, o hierofante, ou "revelador das coisas sagradas". Eram os eumólpidas, no início, sem dúvida, todos *eumolpoi*, bons cantores, pois todos precisavam saber cantar bem, visto que dirigiam as cerimônias secretas nas noites sagradas. *Eumolpos* não era um nome pessoal, mas um título cerimonial que o sacerdote dos Mistérios adotou a par com o cargo, durante o qual não tinha nome[983], pois atirara o seu antigo nome ao mar[984], com cujas profundezas o trácio Eumolpo original mantinha uma relação especial, como se depreenderá da sua história.

Esta é quase a mesma história de Tereu, com a diferença de que não esbarramos com um fim trágico, nem têm os narradores nada para dizer sobre a transformação de Eumolpo em pássaro. Entretanto, numa pintura de vaso de data clássica, onde ele aparece fazendo par com seu pai Posídon, mostra-lhe aos pés um cisne, pássaro canoro segundo criam os antigos e para os atenienses uma ave trácia, cujo habitat era a embocadura do Estrimão. É possível, todavia, que os que chamavam Eumolpo de trácio não estivessem pensando na região setentrional, como no caso de Tereu, mas no distrito de Mégara, que se limita com Elêusis ao sul. Contavam-se histórias de um Lago Escaciote[985], o "lago do extremo fim", além do Istmo, onde muitos componentes das hostes trácias de Eumolpo, com as quais ele ajudou os eleusinos contra os atenienses, desapareceram enquanto se banhavam.

A mãe de Eumolpo, Quíone, "branca de neve", pode ter tido sua origem nesse Lago Escaciote e no mar entre o Istmo, Salamina e Mégara, tanto quanto no Mar Trácio, no extremo norte. Através dela, o cantor sacerdotal estava ligado à família real de Atenas. Bóreas, o deus que se revela no vento norte[986], raptara Oritia, filha de Erecteu e sobrinha de Procne e Filomela, do Ilisso[987]. Oritia, "a que se enfuria nas colinas", Bacante como as tias, a julgar pelo nome, deu ao deus do vento seus filhos alados Calais e Zetes, que tomaram parte na viagem do Argo, e Quíone, com a qual Posídon celebrou um dos seus inúmeros casamentos[988]. Em segredo, Quíone deu Eumolpo ao deus do mar, e ao mar atirou o filho. Contava-se que o pai o pegou e levou para a Etiópia. O nome da mãe adotiva, Bentesícime, "a que mora nas profundezas das ondas", indica onde o recém-nascido foi criado. Ali, no reino das águas, desenrolou-se uma história muito semelhante à de Tereu. Chegado à idade adulta, o rapaz tomou por esposa uma filha de Bentesícime e dela nasceu seu filho Ísmaro ou Imarado (os dois nomes são trácios), que morreria na batalha contra Erecteu, do lado dos eleusinios[989]. Mas comentava-se que Eumolpo se aventurou a dirigir suas atenções à irmã da esposa[990]. Nada se diz do que adveio, nesse caso, do casamento de um marido com duas esposas, da união de um herói com duas heroínas, no princípio provavelmente duas deusas. Tais acontecimentos ocorreram nas profundezas do mar, num mundo subterrâneo, que Eumolpo foi obrigado a deixar, com o filho, em virtude da sua audácia. Mas, pela graça de Deméter, foi um dos primeiros a serem admitidos aos Mistérios[991], que ele e seus descendentes em Elêusis tornariam acessíveis aos iniciados.

Prócris, "a escolhida acima de todas", era o nome de uma filha de Erecteu, irmã de Oritia e, portanto, outra sobrinha de Procne e Filomela. De todas as mulheres da sua casa real, era ela a que mais se assemelhava à deusa da lua. Selene também não só amou Endimião, mas também se deixou seduzir por Pã; a mudança é característica da lua. O marido com quem Prócris brincou de pagar na mesma moeda, amando e enganando, foi o "cabeça bonita", Céfalo, de *kephale*, cabeça; uma comunidade ática também tinha esse nome. Conhecemos o nome e a aparência do moço pela história dos deuses[992]. Ele figurou até entre os reis de Atenas[993]. Tóricos, onde reinou de acordo com a maioria dos relatos, situava-se na costa leste daquele país, perto da extremidade meridional da península, e de todas as cidades portuárias da Ática era a que ficava mais diretamente oposta a Creta; mais até do que Prásias, de onde se costumava viajar para Delos e Naxo e só dali para Creta. Nas montanhas do interior se estendiam os terrenos de caça de Céfalo e Prócris.

Pois não somente era Céfalo um apaixonado da caça[994], mas Prócris também era grande caçadora. Possuía uma lança que nunca errava o alvo[995] e também o ligeiro e imortal sabujo, de que já falamos em conexão com a raposa de Teumeso, na história de Héracles. O relato da primeira infidelidade dela está ligada à fita de ouro que ela usava na cabeça. Diz-se que o herói Ptéleo, fundador da cidade de Ptélea, na Ática, seduziu-a fazendo-lhe presente da fita. Céfalo surpreendeu-a nos braços do estrangeiro. Em outra versão, Céfalo escondeu-se, assumindo a forma do estrangeiro. Deixou a jovem esposa, pretextando o seu amor à caça[996] ou a necessidade de purificar-se de um homicídio, que o obrigava a fazê-la esperar, intocada, por oito anos[997]. Consoante essa versão, ele mesmo veio com o ornamento de ouro numa forma tão bela que Prócris não o reconheceu e deixou-o seduzi-la. Ou chegou à noite[998], depois de ter mandado na frente um mensageiro com muito ouro, e induziu-a à aventura. Somente no leito do amor Céfalo se deu a conhecer à esposa iludida. Prócris levantou-se de um salto, envergonhada e ofendida, e fugiu para junto de Minos em sua grande ilha.

De lá voltou, depois de haver curado o rei de Creta e de receber dele, à guisa de pagamento, a espada e o sabujo. A doença de Minos, pelo menos tal como é indicada e descrita nas narrativas ulteriores, não lhe permitia aproximar-se de mulher alguma, pois, se a abraçasse, o seu corpo expelia criaturas: cobras, escorpiões e centopeias. Os narradores mais recentes não concordam sobre se Pasífae desejava com essa mágica perversa[999] impedir o marido de ter outros casos de amor ou se a doença tinha outra causa; tampouco nos revelam os remédios de que Prócris lançou mão para aplicar ao rei. Pasífae não era, de maneira alguma, considerada apenas uma rainha infeliz, senão também uma deusa imortal. Conhecemos, naturalmente, o monstro que ela deu à luz. Aqui sobreviveu uma misteriosa lenda cretense antiga, associada, aconteça o que acontecer, à ausência de Prócris da Ática e a diversas artes mágicas, como as que são próprias das mulheres semelhantes à lua.

Quando Prócris voltou à Ática, ainda estava apaixonada por Céfalo e tinha ciúmes dos casos de amor que ele poderia ter tido durante suas longas ausências, ostensivamente na caça. Contou-se[2000] que ela então desejou pôr à prova o marido e, disfarçada em estrangeira, induziu o belo rapaz em tentação. De acordo com a história, Prócris só se revelou a Céfalo depois que ele cedeu à tentação. Dessa maneira ele se sentiu envergonhado mas, depois, a esposa amorosa deu-lhe de presente a lança e o sabujo. Conforme outros narradores[1], a lança de caça de Céfalo, quando Prócris correu atrás dele e escondeu-se em algumas moitas, atingiu a ciumenta caçadora acidentalmente. Ele supôs que o seu arremesso estava matando um animal no meio do mato. Quer ela então morresse ou continuasse vivendo – um ser lunar poderia combinar as duas coisas na própria pessoa –, Céfalo foi-lhe arrancado. Ficamos sabendo, na história dos deuses, que Éos, a deusa da aurora, a cujos ciúmes narradores mais recentes atribuíram a loucura de Céfalo[2], apaixonou--se pela sua beleza e raptou-o.

V
Anfiarau e os heróis da Guerra de Tebas

Em Tebas a maldição de Édipo cumpriu-se nos dois filhos – em Etéocles, "o homem de renome verdadeiro", e em Polínice, "o de muita luta". Muitos reis e outras pessoas notáveis usaram o primeiro nome nos velhos tempos, mas nem todos os narradores e dramaturgos tiveram sempre em mente que, a princípio, somente Etéocles poderia ser o irmão bom e Polínice mau. Sófocles compreendeu[3] que, no início, os irmãos desejavam deixar a soberania inteiramente para seu tio Creonte, porque ambos temiam a maldição – a maldição que pesava sobre a família de Édipo. Depois, as saudades do poder e da luta se tornaram demasiadas para os dois. Para começar, Polínice, o mais velho, ao que parece, era rei ao lado de Creonte, visto que Édipo acusa os dois de o haverem levado ao banimento[4]. Mas depois, tudo faz crer que Polínice era o único monarca e que Etéocles, o mais novo, o expulsou do país[5].

Eurípides compreendeu-o de maneira diferente[6]. Segundo ele, os irmãos concordaram em reinar por turnos, cada qual durante um ano, enquanto o outro saía em exílio voluntário. Etéocles, o mais velho, foi o primeiro a reinar e Polínice, o mais moço, a ser exilado. Mas quando o ano expirou, Etéocles, que não tinha nenhuma vontade de deixar o trono, baniu Polínice permanentemente. Em vista disso, Polínice procurou ajuda contra o irmão em Argos. Mas a versão mais antiga parece ser a seguida por Ésquilo em sua tragédia *Os sete contra Tebas*, pois fez de Polínice, que justificava o próprio nome por ser briguento desde o nascimento, o oposto perfeito de Etéocles[7]. Nessa versão antiga, os presentes nupciais que Cadmo recebeu das deusas e com os quais adornou Harmônia – as vestes de Atena e o colar de Afrodite – desempenharam o seu papel fatal.

Pois a Polínice, assim reza a história, foi dada a possibilidade de escolher entre o reino de Tebas e os tesouros da herança de Cadmo, se desejasse governar alguma outra cidade[8]. Mas ele queria os dois, ou melhor, queria destruir o irmão a todo o custo. Por isso mesmo, escolheu os tesouros e foi com eles para Argos, onde era rei Ádrasto, "o que não foge de nada". Permitam-nos agora dizer algumas palavras sobre o modo como o trono veio ter às mãos de Ádrasto.

Depois de haver Perseu matado sem querer o avô, Acrísio, deixou Argos para o tio-avô, Preto, e ficou com Tirinto em troca de Argos. Conhecemos a história das duas, ou três, filhas de Preto pelas lendas de Dioniso[9]; como elas não quisessem aceitar os ritos secretos do deus, a loucura senhoreou-as. Foi o profeta Melampo, filho de Amitáon e primo de Jasão, que as curou, ao preço de dois terços do reino de Argos. Um terço ficou para Megapentes, filho de Preto, e um terço para Melampo, que cedeu o terço restante a seu irmão Bias. Em todas as narrativas, Melampo ajudava o irmão. Saberemos daqui a pouco como foi que ele conseguiu por esposa a bela filha de Neleu, Pero. Ele mesmo era mais profeta e apóstolo do culto de Dioniso, cujos ritos fálicos introduziu, ao que se diz, entre os gregos[10], do que soberano de alguma cidade. Suas conexões mais estreitas estabelecera-as com o porto de Egostena, no sopé meridional de Citéron, onde seu túmulo foi mostrado em tempos mais recentes e celebrado um festival anual em sua honra[11]. Em Argos, reinavam Bias e seus descendentes, seu filho Tálao e, depois, Ádrasto, filho de Tálao. Antes de Polínice chegar a Argos, Ádrasto recebeu um estranho oráculo: tinha de casar as filhas com um leão e um javali.

Na mesma noite da chegada de Polínice, outro homem banido chegou a Argos, Tideu, meio-irmão do desafortunado Meléagro, da Etólia. Por vontade de Zeus, Gorge, filha de Eneu, o tivera com o próprio pai[12]. Esse herói sinistro, de origem tão pecaminosa, chacinara os primos em casa por haverem, como se propalava, conspirado contra a vida de Eneu[13]. Era o mais selvagem de quantos guerreiros houve nos tempos antigos. Ádrasto, deitado, insone, em seu leito, meditava sobre o significado do estranho oráculo[14] quando lhe chegou aos ouvidos um estridor de armas vindo do pátio dianteiro do palácio. Os dois exilados lutavam, defronte da sua porta, por um lugar abrigado onde pudessem passar a noite. Ádrasto saiu pela porta e, de inopino, compreendeu o oráculo; os dois pareciam um javali e um leão[15]. Narradores subsequentes, querendo deixar a coisa mais fácil para ele, declararam[16] que os combatentes ostentavam um javali e um leão como emblemas em seus escudos, ou até[17] que Polínice vestia uma pele de leão e Tideu, a de um javali. Ádrasto, sem dúvida, não precisava disso; ao avistar os dois heróis, conheceu o que tinha à sua frente, e deu sua filha Deípila em casamento a Tideu (desse casamento nasceu Diomedes, o terrível campeão da Guerra de Troia) e a outra filha, cujo nome era Argia, a Polínice. E prometeu repor os dois no trono de suas respectivas terras natais, o tebano primeiro.

Trouxera Polínice os tesouros de Harmônia como presente nupcial para a "Donzela de Argos", Argia? O fato é que ele utilizou o colar na reunião do exército contra a cidade de seu pai e de sua mãe. Sete chefes eram necessários contra as sete portas de Tebas, e Anfiarau, cunhado de Ádrasto e outrora seu mais poderoso inimigo, que chegara a expulsá-lo de Argos por algum tempo, não podia faltar[18]. Por seus sofrimentos, Ádrasto receberia em Sícion honras semelhantes às que Dioniso recebia alhures[19]. Anfiarau, filho de Ecleu, descendia de Melampo, como Ádrasto descendia de Bias. Dizia-se também[20] que o pai de Ádrasto, Tálao, "o suportador", foi morto por Anfiarau, "o duas vezes semelhante a Ares", quando este último expulsou Ádrasto. Mas Ádrasto continuou sendo o mais forte; reconquistou Argos, e os antigos inimigos se reconciliaram. Inclinaram-se diante da decisão de uma mulher, pois escolheram por árbitro Erifila, esposa de Anfiarau e filha de Tálao, a crermos na maioria dos relatos[21]. E os dois heróis, através dela, tornaram-se parentes pelo casamento. Por maior que tivesse sido a briga entre eles[22], prometeram a Erifila aceitar-lhe a decisão. Surgira a pendência porque Anfiarau não queria ir à guerra que Ádrasto estava preparando contra Tebas. Desaconselhou-a[23], pois embora fosse um grande guerreiro, possuía também a característica, própria dos seres ligados ao mundo subterrâneo (talvez por isso fosse chamado "o duas vezes semelhante a Ares"), de poder ver o futuro. Sabia que encontraria o seu fim na guerra contra Tebas.

Mas agora Erifila exibiria também a sua natureza infernal, que a tornou famosa[24]. Anfiarau não somente se recusara a marchar contra Tebas, mas também, contam-nos narradores subsequentes[25], se escondera, e apenas a esposa sabia onde ele se ocultara. Por isso Polínice recorreu a ela. Uma famosa pintura de vaso mostra-o entrando, qual peregrino, à presença da bela Erifila, enquanto um grou, parente do cisne, está no meio do casal, induzindo a jovem esposa em tentação ao tirar o colar de Harmônia da caixa de joias. Ela traiu o marido e ordenou-lhe que obedecesse a Ádrasto. Anfiarau, que era profeta, também sabia do suborno; foi para a guerra, mas instruiu os filhos a matarem a mãe se dela não voltasse vivo.

Anfiarau previra não só o próprio fim, mas igualmente o do resto dos sete comandantes que se estavam reunindo. Ameaçou também Ádrasto com a morte[26], mas em nenhum relato Ádrasto aparece em pessoa diante das portas de Tebas. Numa versão, ele escapou da morte, com as vestes rasgadas[27], salvo por seu cavalo Areion, presente de Héracles[28]. Seus sofrimentos, que não nos são revelados, ainda o aguardavam. Havia uma história[29] em que ele e seu filho Hipônoo, seguindo o conselho de Apolo, se atiraram, como Héracles, voluntariamente, na pira funerária. Mas essa história se perdeu, como as epopeias que descreviam a campanha contra Tebas em seus pormenores. Entretanto, podemos ver que a expedição dos Sete foi a mais inútil e trágica das campanhas já empreendidas algum dia. Teve por único resultado permitir que Polínice e Etéocles se entredestruíssem e que as sete portas resistissem a todos os embates.

Depois de Polínice, Tideu foi o mais vigoroso instigador da guerra[30]. De acordo com uma velha narrativa[31], dirigiu-se a Tebas como embaixador antes do grande exército. É fácil imaginar a mensagem que deveria transmitir a Etéocles e aos cadmeus: entregar o trono a Polínice. Zeus protegeu o embaixador e Palas Atena guardou-o com especial afeição[32]. Embora de estatura pequena, desafiou para uma luta os jovens guerreiros de Tebas, um depois do outro, e derrotou-os facilmente. Depois disso, os cadmeus enviaram cinquenta homens para emboscá-lo quando ele tomasse o caminho de volta. Tideu matou a todos, exceto um, a quem foi permitido escapar porque os deuses o salvaram por um sinal.

Todos os presságios divinos deram aviso quando o exército inteiro se moveu[33]. Entre eles figurava o destino de uma criança, cujos sofrimentos em

Nemeia deram origem à fundação de famosos jogos festivos, muito parecidos com os que fez a criança Palémon no Istmo[34]. Só nos chegaram epítetos em vez de nomes pessoais verdadeiros dessa criança; chamavam-lhe Ofeltes, "o que presta auxílio"[35] ou Arquêmoro, "o primeiro na morte", que foi o nome, ao que se diz, que Anfiarau lhe deu, porque a sua morte marcou apenas o princípio do desastre. Diziam-no filho de um rei e cuidado por uma ama de nome famoso, Hipsípile, "a da porta alta", que Eurípides identificou com a rainha de Lemnos, filha de Toas, filho de Dioniso, afirmando que ela foi levada como escrava daquela ilha distante para Nemeia, e os narradores subsequentes acompanharam o poeta trágico[36].

Seu nome era também digno da rainha do mundo subterrâneo, o desta Hipsípile, a quem fora confiado o filho do rei de Nemeia. Uma história fazia referência a um oráculo, que proibia a criancinha de ser colocada no chão antes de ter aprendido a andar[37]. O exército dos Sete marchava pelo vale de Nemeia; os homens estavam à procura de uma fonte e pediram à ama, que acertou de encontrar-se com eles carregando o objeto das suas atenções, que lhes mostrasse alguma. Na confusão, ela pôs a criança no chão, onde uma planta florescente crescia em abundância; era o aipo bravo, com o qual os mortos costumavam ser engrinaldados, em alusão, com certeza, à condição florescente depois da morte. Hipsípile correu à frente dos heróis para mostrar-lhes a fonte, que depois disso viria a ser cognominada Adrasteia[38], e nesse ínterim a criança foi quase inteiramente devorada por uma grande serpente que guardava o lugar[39]. Os heróis mataram o dragão, enterraram a criança e criaram em sua honra os jogos fúnebres que, dali por diante, se repetiram de dois em dois anos, como os Jogos Nemeus.

Finalmente os Sete chefes chegaram diante das sete portas; de acordo com Ésquilo[40], eram eles Tideu, Capaneu, Etéocles, Hipomedonte, Partenopeu, Anfiarau e Polínice; em Eurípides são os mesmos tirante Etéocles, pois, de acordo com o trágico, Ádrasto, o único sobrevivente, também participou[41]. Na tragédia de Ésquilo *Os Sete contra Tebas* também se nomeiam os heróis tebanos que Etéocles escolheu e opôs aos atacantes, mas os Sete que estavam fora eram mais famosos, sobretudo os que tiveram uma morte notável durante o ataque. Capaneu, neto de Megapentes, filho de Preto, achou que poderia acometer o muro com uma escada de assalto[42], sendo o primeiro e único herói entre os gregos a subir numa delas, e, em sua temeridade, desafiou Zeus, gritando[43] que os seus raios seriam para ele como simples raios quentes de sol. Com um único relâmpago, Zeus derrubou-o da escada.

A morte de Tideu foi também um exemplo terrível. Melanipo, "o do corcel negro", filho de Ástaco, "a lagosta", que se diz ter sido da raça dos *Spartoi*[44], se bem talvez fosse antes um herói posidoniano, enfiou a lança na barriga do terrível favorito de Atena[45]. A tradição não esclarece se ele foi então mortalmente ferido por Tideu ou por Anfiarau, que acudiu em auxílio de Tideu. O inimigo já escabujava nas vascas da morte e Atena já se aproximava para levar ao seu protegido a bebida da imortalidade quando Tideu, sangrando e furioso por causa dos ferimentos, pediu a Anfiarau que lhe jogasse a cabeça do adversário[46]. O profeta sabia qual seria o resultado, mas como abominava o instigador da guerra, atirou-lhe a cabeça decepada de Melanipo[47]. Como um animal de presa, Tideu, com o último alento, sugou o cérebro do inimigo[48]. Atena virou-se para o outro lado e deixou-o morrer.

Anfiarau viu então Periclímeno, "o muito famoso", investindo contra ele; filho de Posídon tinha um nome que também se ajustaria a Hades. Já matara Partenopeu, filho da Atalanta, com uma pedra arremessada da seteira da porta[49]. O profeta abriu a fugir em seu carro diante dele e o filho de Posídon perseguiu-o. Os narradores não concordam sobre o ponto a que chegou a perseguição, pois muitos lugares nas vizinhanças de Tebas, e até mais longe, reivindicavam Anfiarau para si como um herói que habitava as profundezas da terra. A fim de poupar-lhe a vergonha de ser ferido nas costas pela lança do inimigo, Zeus abriu a terra com o seu raio e pela abertura sumiram o profeta, o carro e tudo o mais[50]. Mas onde foi que isso aconteceu? Os habitantes de Oropo, cidadezinha portuária na costa norte da Ática e na divisa da Beócia, declararam que isso aconteceu no seu território, num vale ameno, fechado por uma ravina, onde mais tarde se ergueu um santuário de Anfiarau, um Anfiarêion. Ali, portanto, a partir de então, o grande profeta-guerreiro teve a sua sede oracular, e ali igualmente foi cultuado como um deus ctônio da cura, um segundo Asclépio.

Nele já estava justificado o dito que encontraremos na história de Télefo, "o que fere também cura". Assim aconteceu com seu filho, que usava o nome guerreiro de Anfíloco, "o da dupla emboscada", que também se tornou herói curador depois da morte[51]. O outro filho, Alcméon, vingou na mãe a morte do pai. De acordo com um relato ulterior, Erifila deixou-se corromper outra vez, por Tersandro, filho de Polinice, que a peitou com o vestido de Harmônia e levou-lhe o filho à guerra dos Epígonos, os filhos dos Sete, que de novo saíram contra Tebas. Alcméon matou Erifila, mas os presentes fatais permaneceram na família e ele, afinal, também foi morto por causa dele[52].

Sabemos, pela história de Édipo, que os irmãos Etéocles e Polínice se entremataram num duelo e, pela tragédia de Sófocles, que leva o nome da filha mais velha de Édipo, a augusta virgem Antígona, que ela, contrariando o edito de Creonte, enterrou o irmão banido e teve de morrer por causa disso. Havia também uma história relativa ao enterro dos Sete – ou antes, dos seis que deviam ser sepultados pois, de qualquer maneira, a pira de Anfiarau permaneceu vazia[53] – que dizia[54] que os tebanos não entregariam, de maneira alguma, os corpos dos caídos para que suas mães os enterrassem, e que foi Teseu quem, a instâncias de Ádrasto e das mães, trouxe os mortos, à força de braços, para Elêusis e Cítéron; Eurípides incluiu-o em sua tragédia *Hiketides*, *As Suplicantes*[55]. Acreditava-se na Antiguidade que os seis túmulos imponentes de data precoce, nos arredores de Elêusis, escondiam os ossos dos maiores heróis da Guerra de Tebas[56]. No que respeita a essas mesmas tumbas, acredita-se hoje que elas foram redescobertas.

O que os pais deixaram de fazer, os filhos, os Epígonos, fizeram. Dez anos depois, partiram contra Tebas em cujo trono estava Laudâmis, o "mestre da gente", filho de Etéocles[57]. Nessa guerra, Tebas foi tomada pela primeira vez e (como alguns se abalançaram a declarar) destruída. Dos sete novos comandantes, somente Egialeu, filho de Ádrasto, tombou, em contraste com o pai, que foi o único a não encontrar o fim na primeira Guerra de Tebas[58]. Em breve muitos lutariam sob os muros de Troia, onde também o filho de Tideu, Diomedes, granjearia renome.

VI
Atreu e sua dinastia

Dois filhos de Pélope, Atreu e Tiestes, estavam intimamente associados a sua mãe Hipodâmia. Após o assassínio de Crisipo, os três acharam refúgio na altaneira cidadela de Mideia, no reino dos descendentes de Perseu, sob o Rei Estênelo[59]. Esta foi, sem dúvida, uma fuga dos três após o feito horrível perpetrado contra o irmão mais moço. Em Micenas, a Casa de Perseu chegou ao fim com Euristeu, morto por Hilo como castigo pelos padecimentos de Héracles e seus descendentes. Mas não se permitiu aos Heráclidas voltarem imediatamente ao Peloponeso. Presságios dos deuses detiveram-nos[60]. Atreu apoderou-se do reino de Micenas[61] e dirigiu um exército de peloponésios, incluindo homens de Tegeia, contra os Heráclidas. Hilo, filho de Héracles, caiu num duelo com Equemo, rei de Tegeia. Os Heráclidas retiraram-se para Tricórito, na Ática, e só cinquenta anos depois puderam voltar para casa[62]. Debalde Polínice e Tideu visitaram Micenas em busca de ajuda para a guerra contra Tebas, em que Argos se esvairia em sangue; Zeus impediu que os micenenses participassem da guerra enviando-lhes ainda sinais aterradores[63]. Por conseguinte, os últimos cinquenta anos da mitologia dos heróis gregos, antes do regresso dos Heráclidas, ficaram reservados à Casa de Atreu e seus feitos, o maior dos quais foi a Guerra de Troia.

O cetro de um império da Grécia, que correspondesse na terra ao reino de Zeus no Olimpo, não fora empunhado por Perseu, nem por nenhum soberano de Tebas, nem por Héracles, que num lugar ou noutro, em Tebas e em Micenas, estava subordinado ao rei. Pélope, que emergiu do caldeirão sacrificial de Tântalo, seu pai, foi o primeiro a receber o cetro, que Hefesto afeiçoou e deu a Zeus, segundo Homero[64]; o Rei dos Deuses deu-o a Hermes, Hermes a Pélope e Pélope a Atreu. Depois disso, os reis de Micenas passaram a herdá-lo; Tiestes recebeu-o de Atreu, Agamenon de Tiestes. Mas os dois irmãos herdaram outra coisa do pai[65], a maldição de Pélope, porque lhe haviam assassinado o filho favorito, Crisipo, assassínio cuja história se perdeu, mas que forma uma espécie de elo entre a chacina de Pélope e a dos filhos de Tiestes. Além disso, havia ainda outra propriedade fatídica na casa, o carneiro de ouro[66], do qual, no menos que do cetro de Zeus, dependia a soberania. O Velo de Ouro de Jasão parece ser uma alusão a esse maravilhoso animal e uma abreviação dele, em outro ciclo de histórias.

Na história de Pélope, Enômao ofereceu um carneiro de cor clara, um sacrifício vicário, enquanto o futuro soberano escapava da morte. O sacrifício realizou-se diante de uma estátua da deusa a quem os gregos chamam Ártemis e que estava acostumada a receber sacrifícios humanos no Mar Negro. Após a morte do herói, pelo menos os seus ossos foram postos de lado num santuário de Ártemis. Na história de Frixo, o carneiro que o salvou da morte no altar usava o Velocino de Ouro, que Jasão precisava trazer de volta do Mar Negro a fim de conquistar o trono de Iolco. Não nos dizem como Frixo devia ter sido sacrificado, mas sabemos pela história dos deuses[67] que sua madrasta Ino jogou dois filhos de Atamante, seus próprios filhos, no caldeirão do sacrifício. Do caldeirão de Medeia em Iolco surgiu um carneiro rejuvenescido. Havia provavelmente uma velha história oriental em que um carneiro novo, substituindo o soberano futuro, passou pelos sofrimentos de um deus cortado em pedaços e cozido no caldeirão, ou seria um cordeiro de ouro, precursor do símbolo de Cristo, Filho do Rei do Céu. Em Micenas, a posse do carneiro era a marca certa do verdadeiro rei.

Quando começa para nós a história da soberania de Atreu e seu irmão Tiestes[68], eles residiam em Mideia, mas já não formavam um trio com sua mãe Hipodâmia. Outra figura feminina pressaga os uniu, como Erifila uniu Ádrasto e Anfiarau. Seu nome era Aérope, "a que tem o rosto de névoa branca", e diz-se que era neta de Minos e esposa de Atreu, mas ela enganou o marido com Tiestes. Manteve o cordeiro de ouro trancado numa arca, sem dúvida na forma de um velo, e entregou-o secretamente ao amante. Sabiam os narradores que o cordeiro pertencia a Ártemis como vítima sacrificial e coloriram a narrativa da seguinte maneira: Atreu, certa vez, jurou oferecer à deusa a mais bela cabeça do seu rebanho, mas deixou de fazê-lo ao ver-lhe o velo de ouro. Desejando guardá-lo para si, escondeu o tesouro numa arca. Outros proclamavam saber[69] que Hermes, o pai do infortunado Mírtilo, o cocheiro a quem Pélope devia a vitória sobre Enômao, colocou a maravilhosa criatura entre os rebanhos de Atreu a fim de vingar a morte do filho na família do vencedor. Um pastor levou o cordeiro a Atreu e, assim, graças à infidelidade de Aérope, o velo chegou, finalmente, às mãos de Tiestes. Tudo isso aconteceu enquanto ainda estavam em Mideia.

Ora, quando os micenenses receberam um oráculo[70] que lhes ordenava escolher por rei um filho de Pélope, mandaram buscar Atreu e Triestes. Iniciou-se uma disputa sobre qual dos dois seria rei, e Tiestes, astuto, propôs fosse escolhido o que possuísse o cordeiro de ouro. Atreu, que supunha estar de posse dele, concordou, e Tiestes, logo em seguida, apresentou o velocino e tornou-se rei de Micenas; Atreu precisou exilar-se[71]. Mas Zeus não podia consentir nisso. Alterou o movimento dos corpos celestes, fazendo o sol levantar-se no ocidente e pôr-se no oriente[72]. Os micenenses compreenderam que tinham feito a escolha errada e, em consequência, Atreu expulsou o irmão[73] e Tiestes passou a vaguear de um lado para outro, como um homem banido. Mas o outro também não estava na posse segura do reino, pois Tiestes, que obtivera o cordeiro de ouro graças a Aérope, parecia, afinal de contas, ter mais direito a ele do que o irmão. O significado do seu nome é "o homem do sacrifício", embora pouco soubessem ainda os narradores subsequentes a respeito de um sacrifício dessa natureza. Em virtude disso ele fora consagrado rei e sua consagração precisava agora ser revertida. Razão pela qual Atreu maquinou o seu feito mais horripilante.

Os narradores que vieram depois tiveram muita dificuldade em descobrir uma razão para esse horror. Afiançaram eles[74] que só então Atreu se deu conta da infidelidade da esposa e chamou Tiestes de volta, a pretexto de uma reconciliação, a fim de vingar-se dele. Nas versões mais antigas, entretanto, talvez Tiestes não tivesse ido para o exílio coisa nenhuma, mas, imediatamente depois de haver Atreu ascendido ao trono, colocou aquela comida horrível diante do irmão. Em resultado disso, o mundo, governado desde Micenas debaixo da sua dinastia, caiu em completa desordem. Atreu fez o de que foi acusado seu avô Tântalo, mas não matou o próprio filho. Matou os filhos de Tiestes e convidou o irmão, sozinho, a comer[75] as vísceras assadas e a carne cozida[76]. Procne e Filomela tinham feito um convite semelhante a Tereu. No Oriente, esse era um castigo horrendo[77], a realização medonha de um ato sagrado que na Grécia se preservou na forma do cozimento e assamento de um carneiro, vítima vicária nos mistérios de Dioniso[78]. Essa oferenda já tinha sido profanada por Tântalo e era agora ainda mais profanada por Atreu para que Tiestes, comendo-o, tornasse-se ele mesmo pecaminoso e fosse totalmente destruído. Quando Tiestes compreendeu o que havia comido[79], caiu de costas, vomitou a comida, virou a mesa com um pontapé e lançou uma maldição sobre a sua família, para que ela fosse virada da mesma forma. Dizia-se também[80] que o Sol, nessa ocasião, virou o carro e desandou o caminho já percorrido.

Tinha Atreu dois filhos que lhe dera Aérope, Agamenon e Menelau. Tiestes, depois da chacina dos filhos, ficara apenas com uma filha. É o que diz, pelo menos, a maioria dos narradores; somente os que não queriam narrar a história do nascimento de Egisto[81] afirmaram que o vingador, então, já nascido, fora levado por Tiestes para o exílio como um infante. Sobre o modo com que veio a nascer o vingador, havia duas versões de uma tradição indubitavelmente antiga. Queria essa tradição, manifestamente, que o vingador houvesse surgido de uma união que não era desse mundo, a união do pai das crianças assassinadas com a própria filha, como o casamento lendário de Zeus com Perséfone[82]. Numa versão, Tiestes recebeu do oráculo em Delfos instruções para criar o vingador dessa maneira[83]. Tendo-se refugiado junto ao Rei Tesproto nos confins do mundo subterrâneo[84], lá manteve relações com a filha Pelopeia, que se mostrou muito obediente ao pai no sentido de conceber dele o vingador[85]. Em outra versão, aconteceu com ela uma coisa muito parecida com a que sucedeu a Augeia, sacerdotisa de Atena em Tegeia[86], que concebeu Télefo de Héracles e cuja história será contada em seguida. Pelopeia vivia em Sícion; Tiestes lá chegou na noite em que estava sendo realizado um sacrifício em honra de Atena[87]. Sua filha dirigia a dança das virgens no festival; enquanto dançava, escorregou e manchou o vestido com o sangue da vítima. Deixando as outras donzelas, desceu até o rio para tirar das roupas as manchas de sangue. Quando se despiu, Tiestes, que se escondera no meio de algumas moitas, colocou-lhe um véu na cabeça e atacou-a. Assim ela deu à luz um filho, que abandonou. Uma cabra alimentou o menino, que, por esse motivo, recebeu o nome de Egisto[88]. Chegado à idade adulta, ele ficou sabendo quem era seu pai, assassinou Atreu e pôs Tiestes outra vez no trono de Micenas[89].

Mais tarde, o túmulo de Atreu foi mostrado em Micenas[90] e o de Tiestes à beira da estrada que conduz a Argos. Era coroado por um carneiro de pedra[91]. Muitas sepulturas antigas ostentam decorações semelhantes, mas, se se dissesse que essa determinada tumba pertencia a Tiestes, dever-se-ia também acreditar que ele, e não Atreu, era o rei marcado pela posse do cordeiro de ouro. Em outra história[92], Tiestes foi expulso por Agamenon e Menelau para a Ilha de Citera. Nem todos os narradores concordam em que estes eram filhos de Atreu, pois, no entender de alguns, eram seus netos e filhos de Plístenes[93], que os genealogistas introduziram na árvore genealógica dos Pelópidas, mas sem concordância quanto ao lugar. Os irmãos que deveriam continuar a dinastia cresceram no exílio. Tíndaro, rei de Esparta, mais tarde levou-os de volta a casa, em Micenas. Tiestes refugiou-se junto a eles no altar de Hera[94] e, dessa maneira, salvou a vida. Agamenon tornou-se o Grande Rei de Micenas, Menelau herdou de Tíndaro o reino de Esparta. Esse reinado não se mostraria feliz, mas a maldição mais pesada recaiu sobre o irmão mais velho, que empunhou o cetro de Pélope depois de Tiestes.

VII
O PRELÚDIO DA GUERRA DE TROIA

Tampouco os heróis mais antigos da Grécia careciam do poder protetor e gracioso das grandes deusas. Palas Atena, filha de Zeus, acolitava os filhos de Zeus. Foi ela quem provocou a geração de Teseu por Posídon. Hera, à sua maneira, ajudou Héracles e Jasão a granjearem fama. Como mãe de gêmeos divinos, deusa celeste sob vários nomes (Antíope, Melanipa, Tiro e Leda são os mais famosos), tomou a si a parte da mulher primeva, para não falar em donzelas divinas, como Harmônia, Ariadne ou Medeia, em cuja forma manteve relações com mortais. Mas só no começo dessa Idade Heroica, em que a história do mundo teve início de maneira mitológica, nos dias em que a terra já sofria sob o peso de uma humanidade muito numerosa[95], eram as grandes deusas condenadas a ter filhos de homens mortais. Através deles a raça humana alcançaria o apogeu final. Podemos dizer que a história dos heróis no "tempo" qual o concebemos principia aqui; tudo o que fosse anterior era "tempo primevo", ou "tempo" ainda misturado com o "primevo".

No lado asiático do mar grego, a deusa do amor casou com o pastor troiano Anquises[96], sobrinho daquele Laomedonte que foi punido por Héracles, e deu-lhe Eneias, que ela mesma não criou, mas confiou às ninfas do Monte Ida[97]. Diz-se que o filho de Afrodite adquiriu a aparência dos deuses[98], e somente ele em Troia foi tão protegido pelos deuses[99] que se salvou para a história futura da humanidade. Nele honravam os romanos o fundador da sua nação, o originador do seu poder, que incluiria todas as costas do Mediterrâneo e mais ainda. Sua mãe e Febo Apolo salvaram-no da luta com Diomedes[100], e Posídon, da derrota que ele quase amargou nas mãos de Aquiles[101]. Do lado grego, Aquiles era filho de uma deusa. Já conhecemos a história do nascimento de Eneias pelas histórias dos deuses. O modo como Aquiles veio a existir será contado agora.

Sabemos pelas histórias dos deuses[102] que, além de Tethys, Eurínome e Anfitrite, Thetis era também uma grande deusa do mar grego. Antes de se tornar mãe de Aquiles, Zeus e Posídon haviam lutado por ela. Se ela tivesse dado um filho a um dos dois grandes deuses, esse filho ter-se-ia tornado ainda mais poderoso do que o pai e, em vez das guerras de Tebas e de Troia, em que a humanidade se enfraqueceu dentro da Grécia e em torno dela, teria surgido a idade de uma nova soberania divina sob um novo rei dos deuses. Têmis, a mãe das Horas, que não engana nem ilude, mas traz os tempos à sua madureza na ocasião devida, soube da mudança que se previa no governo do mundo. Advertiu os irmãos rivais[103] e, a conselho seu[104], Zeus decidiu forçar a deusa do mar a casar com um mortal[105]. Outros narradores antigos acrescentam que Hera escolhera para ela um marido especialmente grato aos deuses, pois Hera a educara[106] e, por amor de Hera, ela mesma fugira do casamento com Zeus[107], seguramente para o seu próprio elemento, o mar, onde o Rei dos Deuses se viu, de repente, obstado por Posídon; a luta entre os irmãos teria acontecido se o aviso de Têmis não os tivesse moderado.

O noivo escolhido da deusa do mar vivia na Tessália, no Pélion, com o Centauro Quíron[108]. Já não podemos dizer se o seu nome o ligava a essa grande montanha ou ao solo argiloso, *pelos*, ou se "Peleu" significava outra coisa, escondida de nós. Éaco, filho de Zeus e de Egina, deusa das ilhas, por amor do qual o Rei dos Deuses fez homens, os mirmidões, saírem de formigas[109], gerou Peleu em Endeis, "a que vive na inimizade", filha do infernal Círon, que Teseu matou. Outros insistiam em que os mirmidões, componentes, segundo se diz, do séquito de Aquiles em Troia, eram um povo estabelecido na Tessália e que não imigrou para o país com Peleu[110]; declararam[111] ainda Quíron pai de Endeis e afiançaram que Zeus trouxera seu filho de Egina para a Tessália e o instalara no Pélion como rei[112]. Aliás, a piedade de Éaco era famosa[113]. Diz-se que ele libertou toda a Grécia da esterilidade sob a qual o país sofria por causa de Pélope, o qual, com mostras hipócritas de amizade, matara o Rei Estinfalo e lhe espalhara os membros por toda a terra – mais outra história de sacrifício tornado ímpio, como os que já tivemos de mencionar com tan-

• **285**

ta frequência. Éaco era honrado não só por Zeus, mas também pelo rei do mundo subterrâneo; sabemos que ele recebeu as chaves de Hades.

Afirma-se que Peleu não era seu único filho. Dizia-se de Télamon, o "portador" ou "suportador", pai de Ájax de Salamina, que era não só seu amigo, mas também seu irmão[114]. Os dois haviam tido um meio-irmão na pessoa de Foco, o "homem-foca", havido por Éaco de Psâmate, a "moça-areia", filha de Nereu, que tentou esconder-se dele assumindo a forma de uma foca[115]. Foco foi morto, acidental ou propositadamente, pelos irmãos[116]. Mostraram-lhe o túmulo em Egina, perto do santuário do pai, o guardador das chaves de Hades[117]. Em consequência disso, Télamon, continua a história, emigrou para a Ilha de Salamina e Peleu para a Tessália. Encontrou refúgio junto ao rei de Ftia, que usava o nome centáureo de Euritião. Por ele foi purificado e foi-lhe dada uma terça parte do país como seu genro[118]. Mas Peleu estava, por assim dizer, mergulhado em profunda sombra e trazia o infortúnio consigo. Participou da caçada de Cálidon com Euritião e, como sabemos pela história daquela infeliz empresa, matou sem querer o sogro[119]. Em vez de regressar a Ftia, precisou fugir para Iolco e ali foi purificado por Acasto, filho de Pélias. Como lutador, Peleu tomou parte no tema favorito dos poetas, os jogos fúnebres de Pélias[120]. Os artistas compraziam-se em retratar-lhe a luta, sobretudo a que travou com a bela Atalanta, espetáculo excitante em que se tomavam todas as precauções para impedir que a luta se transformasse em encontro de amantes. Pois Peleu também era belo, e não admira que a beleza lhe fosse tão prejudicial quanto foi para eles a de Belerofonte e de Hipólito. A esposa de Acasto apaixonou-se pelo lutador e, como o herói não quisesse satisfazer-lhe os desejos, tentou arruiná-lo. De acordo com os narradores mais recentes, que juntaram todas as histórias a respeito de Peleu, a primeira vítima da sua calúnia foi a filha de Euritião em Ftia, que, supondo-se abandonada pelo marido, enforcou-se[121].

Acasto acreditou na esposa, como sempre fazem os maridos nessa velha história, e procedeu de acordo. Não querendo assassinar pessoalmente o convidado que acabara de purificar, mandou-o caçar os animais ferozes do Pélion, não sozinho, mas em competição com outros caçadores. Isso também parece ser uma história antiga, pela qual se explicava originalmente o costume de trazer apenas as línguas dos animais caçados como oferendas às divindades da caça, Ártemis Agrotera e Apolo Agreu[122]; pois contou-se que[123] os outros caçadores trouxeram as feras que Peleu matara e reclamaram o prêmio da vitória. Entrementes, o herói estava provavelmente adormecido no Pélion e chegou, por fim, com as línguas na sacola, provando assim a sua superioridade[124]. Acasto tentou destruir o herói, enquanto este dormia num estábulo, apropriando-se primeiro de sua faca[125]. Os pormenores não nos foram preservados; tudo o que pudemos descobrir foi que Peleu recebera dos deuses a sua faca, obra-prima de Dédalo, como recompensa pela sua virtude[126], e que Acasto, quando tinha nas mãos o maravilhoso objeto, não encontrou coisa melhor para fazer com ela[127] do que rezar e escondê-la debaixo de um excremento de vaca[128], para que o herói, pelo menos, não pudesse defender-se dos Centauros que perambulavam por ali. Parece que se tratava de uma faca mágica, chamada produto das artes de Dédalo, que não se deixaria usar contra o seu dono. Quíron procurou-a de novo debaixo da bosta da vaca e devolveu-a ao herói. Em sua caverna[129], a mensagem dos deuses chegou a Peleu: como o mais piedoso mortal de todo o país, ele devia celebrar o seu casamento com Tétis.

Depois dos casamentos de Zeus e da união de Cadmo com Harmônia, essa festa nupcial foi a mais importante de quantas se narraram nas histórias dos deuses e heróis. Mas não foi tão fácil para Peleu, como os poetas subsequentes nos dão a entender[130], tirar a deusa do mar do palácio de Nereu e levá-la primeiro para a caverna de Quíron[131] e, finalmente, para a Ftia, no fértil continente em que Euritião reinara outrora[132]. Foi preciso esperar primeiro uma noite de lua cheia[133], a noite nupcial[134]. Quando a lua estava cheia, Tétis costumava visitar a praia das lulas, ao pé da encosta abrupta do Pélion, e dançar com as irmãs à volta do altar em que elas, as filhas de Nereu, recebiam suas oferendas. A deusa dos pés de prata[135] emergiu das ondas exatamente como no princípio dos tempos Febe saiu do próprio lago, no lado ocidental da mesma montanha[136]. Cabia ao herói pegá-la num abraço duradouro e segurá-la com força nos braços[137]. Não se tratava aqui de uma simples prova de luta como acontecera com Atalanta, mas de uma luta de amor. A noiva, que resistia, exibiu todas as velhas artes de transformação das divindades do mar. Mudou-se em fogo e em água[138], mostrou dentes de leão[139] e tentou, em forma de cobra, defender-se do abraço dele[140]. Por fim, rendeu-se na forma do mais delicado de todos os peixes, o que deu o nome àquela costa, o *Sepias Akte*[141]. Nem um som escapou da boca dos lutadores[142].

De manhã chegaram os deuses para a festa nupcial. Era um antigo costume grego, que essa história não faz senão confirmar, virem os parentes, no dia seguinte ao da noite de núpcias, trazer os presentes ao jovem casal, numa continuação do festival. Isso era conhecido como *Epaulia*[143], porque nos primeiros tempos o noivo e a noiva provavelmente haviam dormido juntos, pela primeira vez, numa *aulion*, uma cabana dos campos. Parece que o antigo pintor de vasos Clício pretendia mostrar Tétis numa habitação assim naquela manhã: uma choça redonda, feita de barro, mas que o artista enfeitou na pintura com colunas e uma empena, na tentativa de enobrecê-la. Diante dela estava o herói, de pé, pronto para receber a procissão dos deuses. O primeiro foi Quíron, que o saudou. Ao lado dele, Íris, a mensageira, pôs-se de parte e deixou as deusas e os deuses, Héstia, Deméter e a esposa de Quíron, Cáriclo, passarem primeiro, Dioniso e as três Horas logo depois, a seguir Zeus e Hera com as Musas, das quais ficamos sabendo alhures[144] que cantaram na festa. Seguiram-se outros pares de deuses, Posídon e Anfitrite, Afrodite e Ares, Apolo e Ártemis, Nereu e Dóris, Hermes e sua mãe Maia e, à frente desses dois, as Moiras, em número de quatro, que talvez tencionassem, como as Musas, cantar no banquete[145] e predizer o nascimento do grande filho. Oceano também estava presente e com ele, sem dúvida, chegou Tethys; os dois formavam o grande par de avós, ao passo que Zeus também pode ter aparecido como avô de Peleu. É certo que as Cárites compareceram, pois sem elas não teria havido casamento de verdade[146]. Como presente, Dioniso levou o vinho consigo, numa ânfora carregada às costas; o artista e os espectadores do quadro sabiam que ele teria uma trágica significação. Narrava a história[147] que, nessa ocasião, Posídon presenteou Peleu com os cavalos imortais, Bálio e Xanto – Rodado e Alazão –, que acompanharam Aquiles a Troia e se revelaram profetas da tragédia. Em seguida, Quíron deu de presente a lança de freixo que, nas mãos do filho de Peleu, cujo nascimento esse matrimônio indiretamente solenizou, lograria também um trágico renome[148]; a não ser, de fato, que o próprio Peleu a tenha cortado e saído com ela na mão, sozinho, contra Iolco, capturando a cidade[149].

Mas isso aconteceu mais tarde. Os deuses foram não só para cumprimentar e mimosear, mas também para festejar[150], pois naqueles dias imortais e mortais frequentemente se sentavam e comiam juntos[151]. No casamento de Tétis com o imortal Peleu isso ocorreu pela última vez. Todos os deuses estavam juntos ali, porquanto Zeus convidara todos, com exceção, evidentemente, da deusa Éris, a Discórdia[152]. Antes disso, porém, ele se aconselhara, pelo menos assim supomos, com Têmis, a deusa sábia[153], que o advertira de que não devia casar com Tétis, o que lhe teria acarretado a ruína; ou talvez a grande deusa do mar tivesse vindo avisá-lo? De acordo com outra tradição[154], foi Momo, a censura, quem então o aconselhou. Quando, diante das queixas da Terra sobrepovoada, Zeus já se aprontava para destruir a humanidade com raios e inundações, diz-se que Momo o censurou e persuadiu, em vez disso, a gerar Helena e arranjar o casamento de Tétis e Peleu, com todas as consequências que resultariam dos dois acontecimentos, incluindo o derradeiro, que consistia no desaparecimento da raça de heróis[155]. Entretanto, Éris apareceria na festa de casamento e, tendo sido barrada na entrada, jogou no meio do grupo uma maçã[156] que haveria de tornar-se quase tão famosa para a posteridade quanto a de que os hebreus viriam a falar.

Ora, se a maçã de Éris provinha do Jardim das Hespérides, como veio a dizê-lo um poeta muito depois[157], ou era simplesmente feita de ouro[158], porque nada seria apropriado mais a deusas, foi-lhe acrescentada uma frase que, arranhada nela[159], ou pronunciada com ela[160], ou não mencionada, mas compreendida por todos dizia: "À mais bela". Ora, "a mais bela", *Kalliste*, era em bocas humanas um nome divino, que Ártemis usava acima de todas as outras deusas[161]. As três mais poderosas, Hera, Atena e Afrodite, agarraram-se à dedicatória eivada de mal. Estourou uma disputa que haveria de conduzir, através da decisão de um mortal, ao enfraquecimento da raça humana, ao aniquilamento de Troia e à dissolução do império de Micenas. O próprio Rei dos Deuses nomeou o mancebo no qual repousava a decisão[162]. A ele Hermes levaria a maçã e conduziria as três deusas por sobre o mar, enquanto Peleu, com a lança e os cavalos imortais, primeiro acometeu Iolco, para punir Acasto e sua mulher, e depois entrou em Ftia com Tétis e o seu Butim[163]. Segundo os narradores que vieram depois[164], foi nas cidades de Farsalo e Tetídion – "santuário de Tétis" – que ele viveu[165]. Ali governou, marido mortal de uma deusa que, como veremos dentro de pouco, não permanece com ele em todas as tradições.

Do outro lado do Helesponto erguia-se o Monte Ida, e no sopé dessa montanha dos deuses, numa colina às margens do Rio Escamandro (na linguagem dos deuses era Xanto, "o loiro")[166], erguia-se a forte cidade de Troia. Posídon e Apolo a haviam construído para Laomedonte, e Héracles e Télamon, irmão ou amigo de Peleu, a tinham destruído pela primeira vez; já ouvimos a história da primeira destruição. Agora Príamo a estava governando, único filho de Laomedonte que Héracles poupara[167]. De início chamavam-no Podarces, "Pé-ligeiro", mas sabemos como recebeu o seu famoso nome. Sua irmã Hesíone o resgatara de Héracles com o véu bordado de ouro. Ela mesma seguira Télamon a Salamina e dera-lhe Teucro, que mais tarde tomou parte na Guerra de Troia com o seu meio-irmão Ájax[168]. Pois a sua esperança de que Troia tornaria a erguer-se sob o governo do irmão mais moço[169] se cumprira. Na cidade recém-construída, Príamo fundou a mais numerosa família real de que há memória nas lendas dos heróis, a esposa e as concubinas deram-lhe cinquenta filhos, para não falar das filhas; ele mencionou esse número a Aquiles[170] depois que caíra a maioria dos seus descendentes. Com efeito, *Priamos* significa o mesmo que *perramos*, isto é, "rei"[171]. Por outro lado, sua Rainha Hécuba usava um nome divino, pois essa é a forma com que o nome da deusa que os camponeses áticos denominavam Hécale, devia ser pronunciado em frígio. Por trás de ambas as velhas damas da lenda heroica avulta a figura misteriosa da grande deusa Hécate. Dizia-se que o pai de Hécuba havia sido o Rio Sangário ou, se ele fosse mortal, um certo Cisseu, "portador de hera"[172]. Ela tampouco morreria como morrem as mulheres, mas se converteria numa cadela – uma cadela fantasmagórica de olhos de fogo[173] – e se atiraria ao mar[174], de um modo digno da "deusa forte", um dos nomes da cadela marinha Cila[175].

Logo após o nascimento do primeiro filho, Heitor, "o sustentador", que seria muito bem-sucedido no afã de manter os gregos distantes de Troia, Hécuba[176], grávida pela segunda vez[177], sonhou que havia dado à luz um tição incandescente, cujo fogo se espalhou por toda a cidade. Uma Erínia portadora de fogo, com uma centena de braços, deitou abaixo Troia em seu sonho, diz um poeta[178]. Entre os intérpretes que tiveram de explicar o sonho ouvimos falar de Herófile, "amada de Hera", a primeira e a mais velha das Sibilas, sacerdotisa de Apolo Esminteu[179]. Mas Cassandra, filha de Príamo, também era profetisa, que devia igualmente agradecer a Apolo o seu dom profético, embora, tendo rejeitado o amor do deus, nunca fosse acreditada[180]. Cassandra exigiu que se matasse a criança que Hécuba devia dar à luz[181]; em vista disso, Príamo mandou levar o menino para o Monte Ida e deixá-lo exposto ali[182], no reino da Senhora das Coisas Selvagens, da qual sabemos[183] que preferiu a forma de um urso. A criança teve a mesma experiência de Atalanta, pois uma ursa amamentou-a durante cinco dias[184]. Os pastores que a encontraram[185] deram-lhe, a princípio, o nome de Páris[186], e depois o de Alexandre, "rechaçador de homens"[187], ambos aparentemente convenientes ao filho de um rei desde o começo. Teria sido Enone, a ninfa de nome dionisíaco, filha de um deus-rio, que os narradores mais recentes conhecem apenas[188] como esposa de Páris enquanto pastor, sua primeira ama? Fosse qual fosse a forma e fosse qual fosse o nome, um habitante divino do Monte Ida preservara viva a criança.

A esse príncipe e pastor troiano dirigiu Hermes, por ordem de Zeus, as três deusas, para que decidisse a quem pertencia a maçã. Cumpria-lhe dizer qual era a mais bela – assim o expressam velhos poetas e outros narradores, os quais de maneira alguma se referem a meros encantos eróticos, senão às mais altas de todas as coisas boas que o mundo contém. Pois não se fazia mister um filho de rei nem um guardador de rebanhos para decidir que Afrodite possuía a atração mais erótica de todas no Céu, na Terra e no Mar. Estava certo o filósofo que afirmou[189] que Páris teve de escolher entre a disciplina guerreira, uma vida dedicada ao amor e a soberania; a primeira era presente de Atena, a última, de Hera; as representantes de suas formas valiam-se do esplendor da beleza. As três eram belas, mas para realçar sua formosura, banharam-se nas fontes abundantes do Ida[190]. Nos antigos relatos, todavia, nem mesmo Afrodite se despiu, pois nessas versões não era a glória de um belo corpo que estava em jogo. A deusa do amor fez-se vestir pelas Cárites e pelas Horas de um esplêndido vestido, que tinha todas as cores da primavera, coroar com flores fragrantes e conduzir com canções a Páris[191]. Mas em que pese a tudo isso, quando as deusas apareceram os cabelos do pastor se eriçaram[192], como se ele estivesse vendo fantasmas. Teria gostado muito de sair correndo. As deusas ofereceram-lhe, então, os seus presentes[193]: Atena, a vitória e o heroísmo, Hera, o império sobre a Ásia e a Europa, Afrodite, a posse de Helena, filha de Zeus.

Quando Páris compreendeu a escolha que poderia fazer, insultou as outras duas deusas[194]; Em sua sandice, prejudicou-se desnecessariamente e cedeu à loucura do amor, sem nunca ter visto a bela irmã dos Dioscuros. A fama da sua formosura, naquele tempo, já se espalhara pelo mundo inteiro. Teseu já a raptara, mas os irmãos dela a tinham trazido de volta de Afidna e ela estava vivendo na Lacônia. Para lá viajaria Páris. Era preciso construir navios para ele[195], e daí, sem dúvida, surgiu a cena que um pintor de vasos aparentemente nos dá. Afrodite primeiro conduziu o príncipe de volta à casa dos pais. Contou-se também que Páris se azafamava derrubando pinheiros no Ida, para fabricar o navio que criaria incomparavelmente mais desgraças do que o outro que desceu outrora para o mar, vindo do Monte Pélion[196].

Lá, na Tessália, Tétis teve um filho com Peleu e depois, de acordo com a maioria das narrativas, retornou ao fundo do mar, embora talvez não para sempre[197]: ela pode ter dividido sua existência divina entre a casa de Peleu e o palácio de Nereu. No entanto, havia narradores que afirmavam[198] que ela se unira apenas uma vez com o herói, a exemplo de Afrodite com Anquises, de acordo com a conhecida história dos deuses[199]. Talvez Aquiles, segundo essa narrativa, tenha nascido nas profundezas do mar e sido colocado na praia pela mãe, para onde mais tarde frequentemente se dirigia a fim de chamá-la[200]. O nome Aquiles está estreitamente relacionado com nomes de deuses de rios, que vivem na profundidade das águas, como Aqueloos e Aqueles. Há uma fábula a respeito de uma mudança de nome[201]: antes ele teria se chamado Ligyron, "o de voz clara". Diversas coisas foram inventadas para justificar o fato natural de que Tétis preferiu seu próprio elemento ao solo fértil de Ftia. Ela teria sido insultada por Peleu[202], ou ela tentou pôr os filhos à prova (teve diversos, no dizer desses narradores subsequentes) para verificar se eram imortais, atirando-os num caldeirão cheio de água[203]; ou quis torná-los imortais colocando-os sobre o fogo, como Deméter fez com Demófon[204]. Todos morreram na prova, exceto Aquiles, salvo por Peleu. Mas Tétis encolerizou-se, como Medeia quando era perturbada em sua atividade secreta[205]. Todas estas são repetições de histórias muito conhecidas que, no princípio, eram estranhas a Aquiles. Tudo faz crer que se trata de uma história mais antiga, embora não muito velha, a que dizia que a deusa mergulhou o filho no rio infernal Estige[206] e assim o tornou invulnerável, exceto no calcanhar, pelo qual a mãe o segurou. Mas depois também deixou o próprio filho, que quase tornara imortal. Peleu levou o menino a Quíron e o Centauro alimentou-o em sua caverna com entranhas de leões e javalis e tutano de ursos[207]. Aos seis anos de idade, ele começou a caçar animais selvagens[208]; devia a Quíron seus modos singelos[209], e com ele aprendeu também a arte de curar[210]. Quíron teria ainda ensinado Aquiles a tocar um instrumento de cordas, o que foi, mais tarde, prontamente crido e referido[211].

VIII
Os heróis da Guerra de Troia

Os velhos narradores jamais conseguiram juntar as histórias separadas, pertencentes à mitologia dos heróis, numa simples e longa narrativa sem nenhuma contradição. A incerteza sempre subsistiu, mormente no tocante ao que aconteceu ao mesmo tempo, antes ou depois. Toda gente sabia que os dois filhos de Atreu, Agamenon e Menelau, tomaram por esposas as duas filhas mais perigosas da casa de Tíndaro, que tinham trazido os irmãos para casa – Clitemnestra e Helena. Mas quando acontecera isso? Assim como Helena já tinha sido raptada uma vez, antes de casar com Menelau, assim também Clitemnestra tinha tido um marido antes de Agamenon. Assevera-se que ele era filho de Tiestes[212], chamado Tântalo, em honra do bisavô. Agamenon deve ter sido consumido por uma forte paixão pela esposa do primo, quando sua natureza real, que não conhecia limites, seu caráter de Zeus na terra, até com os traços titânicos da juventude, revelou-se pela primeira vez. Ele desferiu um golpe mortal em Tântalo, arrancou-lhe o filho do seio da mãe, atirou-o ao chão e levou consigo a jovem esposa à força[213]. Sua precoce união apaixonada com Clitemnestra, que não era considerada filha de Zeus, explica por que Agamenon, depois que os Dioscuros libertaram Helena, pôs-se a requestá-la em favor do irmão Menelau; pois o grande rei de Micenas não deve estar ausente desse namoro, mas dele há de emergir vitorioso.

A corte feita a Helena, portanto, ocorreu no tempo em que Agamenon ocupava o trono em lugar de Tiestes. Mas nem a declaração[214] de que a única razão por que Aquiles não sobrepujou Menelau na ocasião era o fato de ser ele ainda uma criança sob a guarda de Quíron, nem a bisbilhotice de Helena, em Eurípides[215], confidenciando ter sido o filho de Tétis um dos seus pretendentes, se ajustam à cronologia. Se Helena, quando Páris a raptou, deixou para trás a filhinha[216], que teria talvez nove anos de idade[217], seu casamento deve ter-se realizado antes do de Peleu e Tétis. O costume de deixar uma princesa ser requestada por pretendentes de todo o país, ao mesmo tempo, tanto dava à moça a oportunidade de escolher quanto proporcionava aos pretendentes a ocasião de estadear todo o esplendor e todo o poder de que eram capazes. E poderiam fazê-lo mesmo que não aparecessem pessoalmente.

Tratava-se agora de uma espécie de competição pela famosa e formosa filha, imagem da áurea Afrodite[218], que Leda, filha do Oceano, pelo menos – pois assim a qualifica um relato[219] –, dera a Zeus e a Tíndaro. Além do seu pai terreno[220], os próprios Dioscuros poderiam assumir o posto de juízes[221]. Dizia-se[222] dos heróis que lutariam em Troia por amor de Helena, que todos participaram, de um jeito ou do outro, do namoro; isto é, os que não eram meros reis insignificantes ou seus servidores, "heróis" apenas no sentido de fidalgos, mas destinados a ter sua história e honras especiais após a morte, figuras sobre as quais descansava a sombra de um destino que não poderia ser trocado por nenhum outro. Quem os conhecesse deveria esperar esse destino.

Já se disse que Agamenon se juntou aos pretendentes, não em benefício próprio, mas em nome do irmão mais moço. Por Menelau ele também conduziria o exército dos gregos contra Troia e, depois de nove anos de guerra, quase foi a causa de um atraso, simplesmente por ser o que sempre mostrou que era, um rei em todos os sentidos[223], com a cabeça e os olhos de Zeus, os lombos de Ares e o peito de Posídon, belo e majestoso[224]; no entanto, sempre ligado perigosamente a uma mulher – antes de Troia com Crisa, filha de Crises, sacerdote de Apolo, por cuja causa insultou o deus[225]. Estava então mais apaixonadamente ligado a essa mulher do que a Clitemnestra[226], que, nesse meio tempo[227], associava-se em Micenas com o vingador, filho de Tiestes através da sua conexão, "própria do mundo subterrâneo", com Pelopeia. Era uma história adequada ao palco trágico, o grande rei abatido como um touro[228] pelo amante da mulher. A imagem do touro e da vaca que a profetisa Cassandra, trazida a Argos por Agamenon, via no casal real[229] era, nos velhos tempos, digna até de um casal divino, como Zeus e Hera. Em Esparta, reino de seu irmão sobrevivente Menelau, erguia-se um altar de Zeus Agamenon[230], como se o herói, depois da morte, fosse realmente identificado com o Rei dos Deuses. A terra protetora preservou-nos o local do seu culto nos arredores de Micenas, onde Perseu também tinha o seu, perto de antiga ponte na estrada que conduz à cidade.

Ulisses nos é indicado como o primeiro[231], ou um dos primeiros[232] pretendentes. Não compareceu pessoalmente e tampouco mandou presentes, pois sabia muito bem que Menelau seria o vitorioso; o rei da pequena Ítaca não poderia competir com o irmão do Grande Rei de Argos e Micenas. Limitou-se a mandar conselhos aos Dioscuros, a distância, por mensageiros[233]. Diz-se que foi ele o autor do conselho[234], que Tíndaro devia propor aos pretendentes, de que jurassem concordar com a escolha de Helena e, mais tarde, ajudar o homem que ela tivesse escolhido, se alguém tentasse disputar-lhe a posse da esposa. Pois quando chegaram para requestar, estavam cheios de sentimentos assassinos uns contra os outros[235]. Desse modo todos prestaram o juramento, de pé, sobre um cavalo sacrificado[236]. Essa foi uma das razões – a outra era o poder principal nas mãos de Agamenon – por que os pretendentes vencidos tomaram parte na expedição contra Troia como ajudadores de Menelau.

A casar com Helena, Ulisses preferiu unir-se a Penélope, filha de Icário, irmão de Tíndaro, que se tornaria o emblema da fidelidade para todos os tempos[237]. Seu nome continha a palavra *penelops*, "pato"[238], pássaro cuja imagem nos vasos antigos encontrados em túmulos significa, com tanta frequência, uma deusa protetora, bondosa. A forma humana da esposa de Ulisses, contudo, pertence à poesia heroica, cujos limites precisam ser continuamente tocados aqui, mas não transpostos, a menos de ser isso indispensável à apresentação da mitologia heroica.

Vemos que Ulisses se revelou o mais astuto dos homens, mas não tão astuto – como logo veremos – que escapasse da guerra penosa e dolorosa que o separaria de Penélope e terminaria, para ele, em sua famosa e aventurosa jornada. Mesmo assim, era digno do avô, o mestre-ladrão Autólico, que, de acordo com uma história antiga sobre a qual já falamos, juntou a filha, Anticleia, ao arquipatife Sísifo a fim de que, entre si, lhe produzissem um neto exatamente como aquele. Quando Ulisses nasceu na casa de Laerte, por cujo filho figurou entre os heróis da Guerra de Troia, Autólico estava passando ali algum tempo como hóspede do genro e da filha. Eles colocaram a criancinha nos joelhos do avô e pediram-lhe que achasse um nome para o recém-chegado[239]. Diz-se que o velho salteador replicou então: "Como o ódio de tanta gente me assistiu aqui, ele será chamado Ulisses (*Odysseus*)". A palavra grega para "odiado" é *odyssomenos*, e assim o poeta da *Odisseia* explicou o nome do herói, embora ele aqui não apareça, de maneira alguma, como a figura odiosa que encontramos em outras histórias não procedentes da pena de Homero. E ficamos sabendo que, naqueles tempos, os nomes precisavam ter um significado, assim entre os gregos como entre outros povos.

Através de Autólico, filho de Hermes, Ulisses descendia desse deus. Ao mesmo tempo, porém, figurava entre os heróis que se achavam debaixo da proteção especial da deusa Atena[240]. Dizia-se que ele nascera[241] dentro do recinto do templo de Atena Alalcômene na Beócia, e que por isso, reza a história, uma cidade em Ítaca também se chamava Alalcômene. Fosse de um ou do outro lugar sagrado de Alalcômene, a deusa tomou-o sob os seus cuidados desde o nascimento. Na Guerra de Troia ele se associou muito estreitamente a outro protegido de Palas Atena, Diomedes, citado logo depois dele entre os pretendentes de Helena[242]. Com ele empreendeu Ulisses feitos sangrentos, e não apenas os que eram essenciais à captura de Troia, e que o fizeram odiado por muita gente, para não mencionarmos o ódio de Ájax contra ele. Falaremos nisso à medida que prosseguirmos.

Entre os Sete que marcharam contra Tebas, o pai de Diomedes, Tideu, era o favorito de Atena, mas, como devemos lembrar, um horrível e indigno favorito. A deusa transferiu sua afeição maternal para o filho. Este, como já ficou dito, participou da destruição de Tebas pelos Epígonos e reinou em Argos como genro de Adrasto. Sua índole não era muito mais branda que a do pai; dir-se-ia antes um segundo Ares, associado a Atena. Sob os muros de Troia, seria o guerreiro mais poderoso, depois de Aquiles, e se mostraria realmente superior quando se opunha a Ares. Apoiado por Atena, feriu o deus da guerra com a lança, de modo que o deus caiu e o seu grito foi como o grito de nove ou dez mil guerreiros[243]. Antes disso ferira Afrodite, que salvara dele seu filho Eneias[244]. Entre todos os que lutavam, Atena tirou-lhe a névoa de cima dos olhos, de modo que ele pudesse reconhecer os deuses no tumulto da batalha[245].

Mas o castigo do guerreiro apaixonado, que deixou a bela esposa pelo trabalho sanguinolento, já estava preparado. Egialeia, a filha astuta de Adrasto, não soluçaria por muito tempo à noite, numa cama solitária, acordando a casa inteira[246]. Logo encontrou consolação entre os jovens de Argos[247]. Quer Diomedes voltasse para casa[248] e fosse expulso dela pelos amantes da mulher[249], quer evitasse Argos[250] e partisse imediatamente para o sul da Itália, diz-se[251] que a loira deusa de olhos de coruja fez dele um deus imortal cultuado na Magna Grécia[252], especialmente numa das ilhazinhas, agora conhecidas como Le Tremiti, fronteira ao Monte Gargano. Ela teria o seu nome enquanto os seguidores dele se convertiam em pardilhões, os "pássaros de Diomedes", nos pântanos ao pé do Gargano[253]. No cimo da montanha, onde o Arcanjo Miguel agora é cultuado, dizia-se que Calcas, o adivinho dos gregos diante de Troia, tinha o seu oráculo[254].

O futuro inimigo de Ulisses, Ájax, filho de Télamon, era também pretendente de Helena[255]. De sua ilhazinha de Salamina não poderia prometer muita coisa, mas ofereceu, e isso lhe parecia um grande oferecimento[256], saquear todos os rebanhos de Trezena, Epidauro, Egina, Mégara, Corinto, Hermíone, Mases e Ásine. E, com a sua lança comprida, seria bem capaz de fazê-lo. Sem a presença protetora da deusa Atena, andava com passadas largas, qual Ares, na batalha[257]. Na aparência e nas proezas guerreiras só era inferior a Aquiles[258]. De estatura gigantesca[259], com o escudo que mais parecia uma torre[260], capaz de cobrir completamente tanto ele quanto o seu meio-irmão Teucro[261], único pelo fato de não usar corselete, erguia-se acima das lutas, em Troia, feito alguém dos velhos tempos. O arremesso de pedras, como o dos antigos heróis, ainda fazia parte da sua arte de guerrear[262]. Narradores subsequentes fizeram-no invulnerável, como haviam feito Aquiles[263], e asseveravam que Héracles lhe dera o nome[264]. O filho de Zeus visitou Télamon, a fim de convocá-lo para a sua expedição contra Troia, no momento em que ele e seus seguidores estavam sentados à mesa. Segurando a taça de ouro na mão, Héracles rezou para seu pai e pediu um filho ousado para o seu amigo-hospedeiro, marido da bela Eribeia, um filho cujo corpo fosse tão impérvio a ferimentos quanto a sua própria pele de leão e cuja coragem se ajustasse a ela. Zeus mandou-lhes sua águia para confirmar essas palavras e Héracles, logo a seguir, que nem um profeta, gritou: "Um filho nascerá de ti, Télamon, o filho que gostarias de ter. Tu lhe darás o nome da águia [*aietos*] Ájax".

Conforme outra versão[265], Héracles tornou invulnerável o pequeno Ájax envolvendo-o em sua pele de leão, com exceção da axila, onde a criança não foi tocada pela pele. Pois Ájax era muito vulnerável em sua natureza desenfreada, que não conhecia limites, nem no desejo ardente de saque nem na munificência. Nos jogos fúnebres em honra de Aquiles, as coisas chegaram a um ponto crítico. Tétis fizera da armadura do filho, afeiçoada por Hefesto, o prêmio de honra ao herói que maiores méritos tivera na Guerra de Troia[266]. Era uma decisão difícil, que tinha de ser feita entre Ulisses e Ájax[267]. Quando, afinal, pela vontade de Palas Atena[268], a decisão pendeu em favor do pretendente sutil, em detrimento do pretendente forte, Ájax ficou louco e matou-se[269]. Foi um exemplo horrível do castigo que os deuses infligem à ausência de comedimento que nos parece mais infantil do que pecaminosa e não é tanto característica de nenhum dos heróis quanto desse gigante de lança comprida e escudo altíssimo[270]. No mundo subterrâneo, ele continuou zangado com Ulisses e não quis responder às suas palavras conciliativas[271]. Mas o povo de Salamina construiu-lhe um santuário na praça do mercado e erigiu ali a sua estátua de ébano, e os atenienses aderiram ao seu culto[272]. Antes da batalha de Salamina, todos os gregos oraram para Ájax e seu pai[273].

Segundo se afirma, outro herói do mesmo nome, Ájax, filho de Oileu, da Lócrida Oriental, ao norte da Beócia, também era pretendente de Helena[274]. O salamínio mantinha tão boas relações com ele diante de Troia que, embora o segundo fosse um homem de estatura muito menor[275], os dois Ájax formavam quase um par de heróis, como um par de leões que apresam o mesmo cabrito[276] ou um par de bois que puxam o mesmo arado[277]; os dois não se fartavam de batalhas[278]. Sendo menor, o filho de Oileu tinha pés ligeiros para perseguir o inimigo[279] e era um verdadeiro pecador contra os deuses. Quando Troia caiu e Cassandra refugiou-se junto à estátua em que as mulheres troianas honravam Atena, Ájax tirou-a de lá à força. Ela agarrou-se à imagem da deusa de tal maneira que a estátua caiu ao chão[280]. Mas

• **299**

o selvagem Ájax não deu atenção a isso. Se bem não seja verdade[281] que ele violentou a infeliz profetisa e que o ídolo, à vista do pecado, ergueu os olhos para o céu[282], só não o fez porque os próprios gregos o impediram e o teriam lapidado se ele tivesse insistido[283].

Ájax, que pouco ligava para os deuses, negou-o sob juramento[284] e Cassandra teve de seguir Agamenon, mas a cólera de Atena os perseguiu a ambos, sobretudo Ájax[285]. A frota com que os dois pecadores tencionavam voltar para casa, e em que Agamenon levava Cassandra, foi alcançada por uma tempestade ao lado do Cabo Cafareu, a extremidade mais meridional da Ilha de Eubeia[286]. O navio de Ájax afundou, mas Posídon permitiu-lhe chegar nadando às rochas próximas[287]. Ájax agarrou-se a elas com toda a força e gritou que se salvaria contra a vontade dos deuses. O deus do mar espatifou a rocha e Ájax afogou-se. Entretanto, os habitantes de Opus, na Lócrida, honravam o herói[288], provavelmente na forma de uma grande serpente que, consoante um narrador subsequente, o acompanhou como um cachorro enquanto ele viveu[289]. Mas para expiar o pecado dele os locrenses[290], durante mil anos[291] ou mais[292], tiveram de mandar um suprimento constante de raparigas, suas filhas, a fim de fazerem o serviço mais árduo para Atena em Ílio, outrora país de Príamo[293].

Diz-se[294] que os dois heróis-médicos da Guerra de Troia, Macáon e Podalírio, filhos de Asclépio, também cortejaram Helena. Quando a seta de Páris feriu Macáon, o médico maravilhoso, os gregos conheceram o pior momento da guerra[295]. De Idomeneu, neto de Minos, diz-se que foi pessoalmente fazer a sua corte e não mandou mensageiros nem coisa parecida[296]. Também ele, contando, não estava destinado a ficar famoso como marido de Helena, mas apenas por seus feitos belicosos diante de Troia e pelo destino que teve depois do regresso. Também ele foi surpreendido por uma grande tormenta na viagem para casa. Amedrontado, jurou sacrificar a Posídon a primeira coisa viva que encontrasse[297]; mas o primeiro a recebê-lo em terra foi o próprio filho. Ou, de acordo com outra versão da história, a filha[298]. Os narradores mais recentes não dizem se ele realmente sacrificou o filho; talvez se tenha recusado a fazê-lo. Foi expulso do país pelo seu povo e precisou emigrar para a Magna Grécia, onde tomou posse da extremidade mais distante da terra, ao sul de Otranto.

Helena entregou a Menelau a coroa que estava reservada ao genro de Zeus[299]. O papel do irmão de Agamenon na grande história teria sido simplesmente o de outro rei da Ásia Menor, coroado pela graça de uma deusa, se a divindade, na forma de Helena e por vontade de Zeus e de sua mãe Nêmesis, não o tivesse escolhido para marido. Defronte de Esparta, na margem oriental do Eurotas, erguia-se antigamente o santuário da deusa Helena, a qual, reza a história, também apareceu ali em pessoa quando se tratou de mudar uma criancinha feia numa bela moça[300]. Mas Menelau estava destinado, depois de promovido a divindade por Helena[301], a ser levado, enquanto continuava no corpo, para o Elísio[302], conquanto ambos fossem cultuados em Terapne em chamadas tumbas[303]. Ele não seria citado como o menor dos heróis de Troia[304], e sempre se destacou pela bondade[305], como quadrava ao companheiro, que mais servia que mandava, de sua divina consorte. Se o nome Menelau, "o que espera as pessoas", se apropria a um deus do mundo subterrâneo, ainda assim este seria um deus gentil dos mortos. Era loiro, de olhos azuis, com o buço da adolescência no rosto e pés bem torneados[306]. Helena deu-lhe uma filha, por assim dizer seu duplo mais jovem, como Hebe o foi de Hera e como ela mesma o fora de Leda ou Nêmesis. Os deuses, prossegue a antiga tradição[307], não tornaram a dar filhos a Helena depois que ela deu à luz sua linda Hermione.

O casamento teria sido melhor comparado ao de Tétis e Peleu se, mais uma vez por vontade de Zeus e, desta feita, de Afrodite também, Páris, o novo escolhido, não tivesse aparecido. Isso aconteceu, ao que tudo indica, no décimo ano depois da conquista de Helena por Menelau. Lembramo-nos de que, na história dos Dioscuros espartanos, o príncipe troiano, que chegou à Lacônia em companhia de Eneias, filho da deusa do amor, foi recebido por Castor e Polideuces. Isso não ocorreu em Esparta, mas em Amiclas[308]. Ademais, já sabemos que os Dioscuros foram logo embora em virtude da briga com os primos de Messena. Em Esparta, Menelau recebeu os estrangeiros. No décimo dia[309] (dez é o número importante nesta história), viu-se obrigado a viajar para Creta, pois tivera amiúde Idomeneu, neto de Minos, como hóspede[310].

Helena cedeu ao poder de Afrodite como qualquer rainha mortal, como a apresenta o grande Homero[311]. Seguiu Páris à noite, levando consigo muitos tesouros da casa real[312]. O casal uniu-se numa "Ilha Rochosa", Crânae[313], uma das inumeráveis ilhotas do Egeu, não importa qual fosse. Era como uma repetição da história de Ariadne, exceto que Páris desempenhou os papéis de Teseu e Dioniso. A festa de casamento foi celebrada em Troia[314].

Íris, a mensageira dos deuses, trouxe a notícia para Menelau em Creta.[315] Ele recorreu ao irmão em Micenas[316] e também se aconselhou com o Rei Nestor em Pilo[317], único filho sobrevivente de Neleu, pois Héracles matara o resto; parece que a substância do conselho do já velho e sábio homem consistia em que ele fosse, com Ulisses, procurar Peleu e induzi-lo a mandar seu filho Aquiles a Troia[318].

O destino do filho de Tétis estava vinculado ao de Troia; sobre isso as Moiras devem ter cantado, com palavras altissonantes, mas obscuras, no casamento de seus pais. Toda a Grécia parecia ter conhecimento desse destino, embora não tão bem quanto a divina mãe. Aquiles, porém, não estava obrigado pelo juramento dos pretendentes a participar da campanha. Para os pretendentes anteriores Agamenon mandou mensageiros[319], lembrando-lhes o juramento e também que, a partir daquela data, nenhum rei em toda a Grécia poderia estar seguro da esposa se não punisse o sedutor. Mesmo assim foram precisos dez anos[320] para levá-los a reunir homens e navios em Áulis e, depois, fazer-se de velas para Troia.

Ulisses foi suficientemente esperto – apenas ele[321], com exceção de Peleu, que sabia por Tétis do destino do filho e, por conseguinte, não queria mandá-lo[322] – para evitar a convocação. Dizia-se[323] que um oráculo o avisara de que ele só voltaria sozinho para o seu povo dali a vinte anos. Com efeito, a Guerra de Troia duraria dez anos e as peregrinações de Ulisses outro tanto. Por isso, quando Agamenon, com um grande séquito que incluía não apenas Menelau, mas também Palamedes, filho de Náuplio e da Danaide Amimone[324], chegou a Ítaca, o engenhoso Ulisses procedeu como louco. Não fazia muito tempo que se casara com Penélope. Eles tinham um filhinho, ao qual muito breve, e com boas razões, dariam o nome de Telêmaco, pois então ficou decidido que seu pai se tornaria um "lutador distante". Como se tivesse perdido completamente o juízo, Ulisses atrelou um cavalo e um boi à sua charrua e enfiou um gorro na cabeça[325], o que era totalmente indigno de um rei e o fazia parecer antes um Cabiro cômico ou Hefesto.

Palamedes, o herói de "habilidade manual e feitos de habilidade", *palamai*, viu através dele. Colocou o pequeno Telêmaco no chão, diante do lavrador maluco, e concitou-o: "Vem ter conosco"[326]. Ulisses não teve outra alternativa, a menos que quisesse fazer passar a charrua através do próprio filho. Mas não tardou a mostrar o seu lado odioso a Palamedes. Este último viria a ser conhecido da posteridade não só como grande inventor, o inventor das letras[327], dos dados numerados e do cálculo[328], mas também como o primeiro homem a ser injustamente condenado. Os gregos lapidaram-no debaixo dos muros de Troia depois que Ulisses introduziu sub-repticiamente ouro e uma carta forjada de Príamo em sua tenda[329].

Homero não nos revela nada disso, nem nos conta como Aquiles, antes de Nestor e Ulisses poderem levá-lo, foi colocado em lugar seguro por Tétis[330]. Ela mandou o menino, de nove anos de idade[331], ao Rei Licomedes, na Ilha de Ciros, onde Teseu encontrou a morte imerecida; de acordo com o nome, o rei tinha "pensamentos de lobo". Em Homero, Aquiles chama ao rei de Ciros Enieu[332], nome que significa bom guerreiro, mas alhures ficamos sabendo que esse Enieu era filho de Dioniso e Ariadne[333]. Aquiles morou em Ciros como o menino Dioniso havia morado na casa de Atamante[334]; ali foi criado como menina. Vivia com as filhas do rei e era conhecido como Pirra, "cabeça vermelha", por causa da cor dos cabelos[335].

Espalhou-se a voz de que Aquiles estava escondido em casa de Licomedes. O rei de Ciros, certo de que o menino não seria encontrado, enviou mensagem aos reis reunidos em torno de Agamenon: "Vinde e procurai". Ulisses apareceu no palácio de Licomedes e levou consigo roupas de mulher, que desejava oferecer às filhas do rei. Assim foi admitido ao *parthenon*, os aposentos das moças[336]. Debaixo dos vestidos iam escondidos um escudo e uma lança. Enquanto Ulisses mostrava às moças todas as coisas bonitas, um toque de trombeta, de acordo com instruções suas, soou, como se chamasse para uma batalha. Aquiles fez menção de agarrar as armas e assim foi descoberto. A essa altura, porém, a Princesa Deidamia, "a que compele inimigos", estava grávida do herói[337]. Ela deu-lhe o futuro guerreiro de nome duplo,

Pirro, "cabeça vermelha", ou Neoptólemo, "renovador da guerra", e Aquiles tinha orgulho do filho[338]. Mais tarde, Ulisses iria buscá-lo também em Ciros[339], para os gregos poderem tomar Troia.

Segundo Homero[340], Aquiles fugiu da casa do pai a fim de encontrar-se com Ulisses e Nestor e, cheio de admiração, conduziu pela mão os dois heroicos guerreiros ao interior da casa. Peleu não pôde mais segurá-lo. Deu ao filho os seus cavalos imortais, presente de Posídon, a que Hera conferiria a fala humana[341], para avisar o jovem amo ou predizer-lhe o fim prematuro, e sua poderosa lança, cujo tronco havia sido cortado em seu casamento.

IX
Ifigênia e seu irmão e irmãs

Quando Agamenon foi a Áulis participar da assembleia dos reis aliados a fim de conduzir o exército dos gregos contra Troia, deixou na sua cidade três filhas e um filho promissor[342], o pequeno Orestes, com a sua perversa esposa Clitemnestra. Os nomes das filhas eram, de acordo com Homero, Crisotêmis, Laódice e Ifianassa[343], mas as duas que alcançariam fama, sobretudo através dos trágicos, são-nos conhecidas por nomes diferentes, Electra em vez de Laódice e Ifigênia em vez de Ifianassa[344]. É verdade que nem todos os poetas davam os dois nomes, Ifigênia e Ifianassa, à mesma heroína[345], embora seja certo que, para começar, eles serviam indiferentemente para alguém dirigir-se ao mesmo ser divino que não tivesse pertencido sempre à família de Agamenon. Ifianassa significa "a que governa poderosamente" e Ifigênia, "a que governa poderosamente os nascimentos", talvez, e Ifigênia era um título de Ártemis[346]. Em sua pessoa aparecia, ao lado de Helena, outra e muito mais severa manifestação da deusa da Lua em suas múltiplas formas, parecendo-se com Ártemis e não com Afrodite, na mais estreita conexão com a Casa de Atreu.

Sabemos pelas histórias de Teseu que Ifigênia era considerada, na realidade, filha de Helena, que a deu à luz depois de ter sido resgatada de Afidna e a entregou à irmã para ser educada. Segundo a história que ora se segue, Ifigênia foi a primogênita e belíssima filha de Agamenon e Clitemnestra. Enquanto o exército e a frota que deveria levá-lo para o outro lado se reunia em Áulis – reunia-se, na verdade, pela segunda vez, de acordo com o poeta cipriota que falou do prelúdio da Guerra de Troia e dos seus sucessos até os da *Ilíada*, acrescentando a história de Télefo antes da de Ifigênia – o grande rei e comandante dos gregos pecou contra Ártemis[347]. A ampla baía onde os navios estavam esperando ficava, ao que parece, entre Hiria e Áulis – os dois lugares que Homero cita primeiro[348] – defronte de Eubeia, na Beócia, região em que agora já não se veem matas; mas havia nela então, além do templo da deusa[349], um bosque sagrado de Ártemis[350]. Ali foi cometido o pecado de Agamenon, e ali precisaria ser expiado.

A história da ofensa de Agamenon não é fácil de repetir, uma vez que os seus narradores mais recentes a abreviam e simplificam em demasia[351], se é que a não corrompem[352], e os trágicos mal aludem a ela. Tudo indica que, naquela ocasião, o tempo desfavorável a uma viagem por mar se prolongava inusitadamente. Em vista disso, Agamenon prometeu oferecer à deusa a mais bela coisa que o ano tivesse produzido[353]. Parece que Ártemis aceitou; sucedeu, porém, que o rei avistou por acaso[354] uma corça nova no bosque da deusa, com as aspas nascendo e o pelo malhado[355]. Desejaria a deusa o belo animal como um sacrifício para si? Uma palavra descuidada escapou da boca do rei[356]: "Nem mesmo a própria Ártemis..."[357] Ele provavelmente queria dizer[358]: "Nem mesmo a própria Ártemis, se quisesse, poderia salvar agora o animal", pois matou a corça imediatamente[359], com pontaria segura, no bosque sagrado. Se ao menos a grande confiança que tinha em si mesmo não tivesse contestado o poder da deusa!

Por isso o tempo favorável cessou de novo, ou porque se levantou um vendaval[360], ou porque falhou totalmente o vento[361]. Consultado, Calcas, o adivinho do exército, revelou[362] que a filha mais velha de Agamenon precisava ser sacrificada para acalmar a fúria da deusa ofendida; era ela o único equivalente do sacrifício malconduzido[363]. Mas como haveria Clitemnestra de entregar a filha para ser uma vítima? Diz-se que Ulisses teria pensado na mentira[364]: Ifigênia viria a Áulis para desposar Aquiles. Casamento e morte, como no famoso lamento da filha de Édipo[365], eram sempre ideias associadas uma à outra, desde que Hades raptou Perséfone. Enviou-se uma embaixada a Clitemnestra, tendo Ulisses por porta-voz[366], e ela mesma acompanhou a filha ao casamento[367].

Mas Ifigênia não foi arrastada pelos seus formosos cabelos para o sacrifício[368]. Uma pintura de parede em Pompeia mostra-nos Ulisses e Diomedes erguendo-a nos braços[369] e carregando-a para o altar. O vestido açafroado[370], que as jovens servidoras de Ártemis em Bráuron costumavam usar[371], desprendeu-lhe do corpo, deixando-lhe o seio nu para a face[372]. Agamenon virou-se e cobriu o rosto. Ela estendeu os braços para a sua deusa. Calcas, o sacerdote sacrificial, entretanto, viu o que ia acontecer. Ártemis assistia à cena e mostrou o seu poder de salvar, de que Agamenon duvidara. No momento exato da morte[373], substituiu a moça por uma corça e levou Ifigênia, pelo ar, para a Península Táurica – agora lhe damos o nome de Crimeia – a fim de que a servisse como sacerdotisa entre os bárbaros. Ali lhe eram sacrificados seres humanos, a saber, os náufragos gregos arremessados à praia. Incumbiu à sacerdotisa tomar posse deles para a deusa[374], ali chamada Parthenos – isto é, Donzela – ou realmente Ifigênia[375], e que apreciava o culto desumano. Entretanto, Ifigênia tornaria a encontrar o seu lar grego em solo ático, em Bráuron, como heroína a serviço de Ártemis e seu *alter ego*[376].

Os gregos eram de opinião que haviam sacrificado Ifigênia[377], e foi em vão que Clitemnestra não acreditou, se é que, de fato, não acreditou. Seu orgulho materno fora injuriado pelo engodo e pela perda da filha, e sua natureza selvagem mostrou-se exacerbada ao máximo contra o marido. De sorte que houve atos de sangue em casa de Agamenon, depois do seu retorno da guerra, dos quais sua filha mais velha ficaria sabendo muito mais tarde. Agamenon foi abatido feito um boi, diz o relato na *Odisseia*, não no próprio palácio, mas em casa de Egisto, que o recebera hospitaleiramente por ocasião da sua chegada[378]. Ele nunca desconfiara de que a esposa, havia muito tempo, seguira o vingador que a seduzira à casa dele[379]. A única pessoa que poderia tê-lo avisado, Cassandra, caíra sob os golpes de Clitemnestra, cujo primeiro homicídio fora o da concubina do marido[380]. A mulher impiedosa[381], dementada na realização da sua vingança longamente planejada (que ocorreu, segundo Ésquilo, no palácio de Agamenon), vibrou dois golpes, e um terceiro, com o machado[382] quando o Grande Rei, saindo do banho e embaraçado na sua túnica, não podia defender-se. Assim ela mesma o descreve[383] na tragédia que traz por título o nome de Agamenon. Talvez fosse parte do plano de vingança assassinar também o futuro vingador, seu próprio filho, Orestes.

Mas Electra, a irmã com o nome de uma grande deusa, que conhecemos da história de Cadmo como uma segunda Palas Atena, protegera o irmão, tirando-o do poder de Egisto e colocando-o em segurança[384]. Orestes foi digno do seu nome, "homem da montanha", durante o tempo em que crescia na Fócida e mais tarde, após o assassínio de sua mãe, quando vagueou por ali, perseguido pelas Erínias. A Fócida inclui as altas montanhas da região nas cercanias de Delfos. Ali foi o menino recebido, ao pé do Parnaso, provavelmente na cidade de Crisa, pelo velho Estrófio, comensal, amigo[385] e parente[386] de seu pai, e encontrou no filho dele, Pílades, o amigo verdadeiro que o acompanharia em suas peregrinações. Cresceram juntos, dois moços, sem dúvida queridos e protegidos de Apolo, o deus do oráculo em cuja vizinhança viviam. Quando Orestes perguntou ao oráculo[387] se devia vingar o assassínio de seu pai, essa pergunta era ainda mais apropriada do que as dos outros heróis ao deus de Delfos. Como filho adulto de seu pai, teria, sem dúvida, decidido vingá-lo até espontaneamente; mas poderia o filho vingar a morte do pai sobre a própria mãe? Quem assumiria a responsabilidade disso? Consoante uma narrativa, Apolo deu de presente ao moço um arco para defender-se das Erínias, os espíritos vingadores de sua mãe[388]. As instruções do deus não deixavam margem a dúvidas.

Por sete anos reinou Egisto sobre o reino de Argos e Micenas. No oitavo ano, Orestes voltou da Fócida via Atenas[389]. Dir-se-ia que tivesse vindo – sob a proteção de Palas Atena verdadeira filha de seu pai, representada, por assim dizer, na família de Agamenon por Electra – à cidade real de seus pais. Homero abstém-se de minúcias e evita descrever a vingança do filho contra a mãe e seu amante. Seguir-lhe-emos o exemplo, em vez de seguir o dos grandes trágicos, que descrevem a cena do assassínio, cada qual à sua maneira. Ésquilo na peça *Choephoroi*, isto é, *Os portadores da libação*; Sófocles e Eurípides nas suas tragédias, ambas intituladas *Electra*. Elas podem ser tomadas como guias nesse campo de sangue. No dia em que Orestes organizou a festa fúnebre em nome de sua horrível mãe e do covarde Egisto, Menelau também chegou a Argos, com Helena, de suas peregrinações após a Guerra de Troia, e continuou caminho de Esparta por terra[390]. Orestes ainda estava muito longe de encontrar repouso num túmulo de herói na Arcádia[391].

Dois dos grandes trágicos descrevem-nos a perseguição que lhe moveram as Erínias. Ésquilo em sua tragédia *As Eumênides* e Eurípides na sua,

Orestes. O arco que Apolo lhe deu, as próprias setas do deus, com que ele flechou em seu templo délfico as deusas primevas, vingadoras do matricídio[392], pouco bem acarretaram à vítima da perseguição. Nem mesmo o supremo tribunal ateniense, diante do qual Apolo assumiu a responsabilidade pelo fato e Atena votou a favor de Orestes[393], libertou, pela tradição universal, o matricida com o seu veredito igualmente dividido. As andanças de Orestes não terminariam ainda. Nem todas as Erínias o deixaram livre; muitas continuaram a persegui-lo[394]. O herói então, prostrou-se no chão diante do altar do deus, em Delfos, e suplicou-lhe que lhe desse um conselho final, pois de outro modo não poderia continuar vivo[395].

Dessa maneira, Orestes recebeu instruções para trazer da terra dos tauros a imagem de Ártemis que caíra do céu[396]. Ifigênia serviu diante da imagem e o deus, sem nada dizer, mandou para ela Orestes e Pílades. Quando chegassem, os dois jovens gregos deveriam ser consagrados por ela pelo sacrifício. Seguiram-se o reconhecimento e o salvamento de todos, o roubo da imagem e o trazimento da sacerdotisa para casa, história de poetas, velhos e novos.

Dos antigos, Eurípides fez dela o tema de uma obra sua e, depois dele, um moderno, de maneira ainda mais digna, como deve parecer-nos hoje, tratou da figura divina, apenas velada, de Ifigênia.

X
TÉLEFO

Não foi apenas a Guerra de Troia que começou em Áulis. A continuação do sacrifício de Ifigênia leva-nos para muito além no futuro. A primeira expedição dos gregos transformou-se numa campanha involuntária, cuja descrição nos obriga a voltar a sucessos anteriores. Reza a história que a frota grega reunida em Áulis fez-se ao mar já no segundo ano após o rapto de Helena[397], mas, por engano, em vez de abicar na Frígia, reino de Príamo, foi dar um pouco mais ao sul, no distrito litorâneo de Mísia, chamada Teutrânia em homenagem ao Rei Teutrante[398]. Ali os gregos encontraram parentes que se opuseram a eles, que lutaram por conter-lhes o avanço, e, como seu oponente principal, um herói que, de acordo com os contadores da história, fora levado para lá partindo da Arcádia, mas cujo culto, tanto na montanha arcádica Partênio quanto na Ásia Menor, parece fundar-se em lendas muito antigas. Era apresentado não só como filho de Héracles, mas também como o filho que sua mãe tivera para se parecer mais com o pai[399]. Seu nome era Télefo ou, para sermos mais exatos – assim parece ter sido compreendido e usado outra vez –, Teléfano, "o que brilha a distância".

Na maioria das versões sua mãe é chamada Augeia, palavra que de ordinário se usava para significar "luz". Não há dúvida de que assim a chamavam também na velha história[400] em que Héracles a encontrou em seu caminho para Laomedonte, seguramente na casa do Rei Teutrante, que, segundo todos os relatos, recebera a mãe de Télefo. De acordo com essa lenda, Télefo, filho de Héracles, foi gerado na Ásia Menor e não emigrou simplesmente da Arcádia para lá[401]. Na própria Arcádia, uma história sagrada, ligada ao templo de Atena Álea e ao recinto sagrado de Télefo no Partênio, falava da concepção e do nascimento do herói. Álea, epíteto de Atena em Tegeia, significa o calor caricioso avidamente buscado no sul durante a frialdade e a umidade de certas estações do ano. Por sua causa o pai de Augeia[402], fundador do templo[403], se chamava Áleo. Supunha-se que Augeia fosse uma sacerdotisa de Atena em Tegeia[404]; ela era antes o seu *alter ego*, tirante uma diferença – tendo sofrido a experiência do parto, teve, consequentemente, sua imagem em Tegeia como "Augeia de joelhos", na atitude de uma mulher em trabalhos de parto nos velhos tempos[405].

O modo com que concebeu o filho é uma história sagrada, por estar ligada a um templo. Mas nem por isso deixava de ser um conto sombrio, semelhante à história do estupro de Pelopeia pelo próprio pai. Dificilmente terá acontecido numa noite de lua cheia, em que foram celebrados os esponsais e Aquiles foi concebido, se bem que os narradores tiveram notícia de uma dança coral noturna[406] dedicada a Atena na lua nova. Era também o tempo em que as jovens costumavam lavar suas roupas manchadas de sangue, segundo a história de Pelopeia, e ficamos sabendo que Augeia foi surpreendida por Héracles[407] numa fonte ao pé do templo de Atena Álea. Pinturas de parede em Pompeia mostram-na no exato momento em que levava suas vestes. À guisa de justificativa para o ato de Héracles, afirma-se que estava bêbedo[408]. Ele chegava de Esparta[409], onde recolocara Tíndaro no trono[410], e o que aconteceu raro ocorria na carreira daquele servidor de mulheres; como instrumento do poder divino, que queria esse nascimento, ele tornou-se um violador.

Conforme uma versão da história, Augeia, a princípio, escondeu o filho, secretamente nascido, no recinto sagrado de Atena[411]; mas a deusa não quis saber disso e emitiu sinais de advertência. Áleo descobriu o segredo, abandonou Télefo no Partênio e mandou Augeia para além-mar por intermédio de Náuplio, filho de Posídon[412]. Dessa forma, ou até numa arca, como nos mostram as moedas da cidade portuária de Elaia, na Teutrânia, ela chegou ao Rei Teutrante. Télefo foi amamentado por uma corça no Partênio, local, segundo outro relato, do seu nascimento[413]. Ela usava aspas[414], como a corça maravilhosa de Ártemis. A grande deusa, presumivelmente chamada Parteno nas alturas e Álea na planície de Tegeia, protegeu a criança e talvez lhe tivesse desejado o nascimento. Héracles também voltou e ficou assombrado com o

• 311

menino maravilhoso, que encontrou um companheiro no Monte Partênio na pessoa de Partenopeu, filho de Atalanta[415].

Esse é o conto mais alegre do nascimento, que se seguiu ao conto mais sombrio da concepção, tal como foi enfeitado por poetas e pintores. O menino amamentado por uma corça, um filho de Héracles parecido com o pai, tinha de tornar-se andarilho. Não muito diverso, em sua sina, de outros heróis errantes, cresceu entre os pastores do Rei Córito[416], na Arcádia, e foi adotado pelo próprio rei como filho[417]. Córito era também um epíteto de Apolo, como deus da cura[418], de que Télefo, ao depois, veio a precisar muito. Enquanto jovem, tornou-se o matador dos tios, irmãos de Augeia, e por isso ficou mudo[419] porque, segundo a lei, os homicidas precisavam perder a voz[420]. O oráculo ordenou ao mudo Télefo[421] que partisse para "os mísios mais distantes"[422]. Sem pronunciar palavra, ele viajou por mar até a Teutrânia. Dizia-se também que Partenopeu o acompanhou[423]. O Rei Teutrante estava sendo acossado por um inimigo, e os dois heróis, especialmente Télefo, o salvaram. Teutrante, por certo, o purificou da culpa de sangue, mas teria ele recuperado a voz? Era mudo de indústria ou de verdade? Ali lhe aconteceu quase a mesma coisa que aconteceu a Édipo[424]; Teutrante deu-lhe por esposa Augeia, que adotara por filha, e eles já estavam deitados juntos quando uma cobra imensa apareceu entre os dois. Nesse momento – se não, de fato, antes – Télefo recuperou a voz e a mãe reconheceu o filho.

Segundo todas as versões, Télefo sucedeu a Teutrante no trono. Sua esposa é variamente chamada de Argíope, "cara branca", ou[425] Híera, "sagrada", imponente figura de Amazona, que cairia na grande batalha com os gregos na planície do Caico[426]. Seu filho foi Eurípilo, "o da porta grande", chefe dos ceteios[427], povo do qual os gregos depois se esqueceram quase que de todo[428], mas que sobreviveu provavelmente ao império dos hititas. Entre os filhos de Télefo figuravam também Tarcão e Tirseno, dois heróis-fundadores dos etruscos, que se instalaram na Itália[429], e finalmente Ciparisso[430], o amado de Apolo, transformado em cipreste[431]. Télefo, herói arcádico com conexões asiáticas, talvez herói do tempo distante em que os gregos ainda pertenciam ao império hitita, travou batalha contra os gregos que, imaginando estar na Tróade, assolavam a Teutrânia.

O campo de batalha foi a planície na embocadura do Rio Caico[432]. Télefo impeliu os recém-chegados de volta aos navios[433]; somente Aquiles e Pátroclo continuaram a resistir-lhe[434]. Pátroclo fora enviado por Peleu, como um seguidor mais velho[435], para servir Aquiles[436]. Mas, a partir de então, tendo esse servidor demonstrado a sua coragem, o herói mais jovem nunca mais consentiu em separar-se dele no campo de batalha. No entanto o mais velho, que deveria estar a serviço do mais jovem, descuidou-se e foi ferido por Télefo. A pintura de vaso do mestre Sósias mostra-nos Pátroclo, que aprendera a pensar feridas com Aquiles[437], sendo tratado por este. Télefo viu-se obrigado a recuar diante das investidas de Aquiles e acabou fugindo; na fuga, emaranhou-se nas vides que cobriam a planície do Caico[438] e recebeu de Aquiles um ferimento profundo na coxa superior, que se recusou a sarar.

Entretanto, não fora em vão que ele obrigara os gregos a recuar. Estes velejaram de volta a Argos[439] e demoraram a reunir-se de novo em Áulis; para Télefo, contudo, principiou então a viagem mais penosa, no encalço do homem que o ferira. Do oráculo de Apolo em Pátaros, na Lícia[440], recebera, a título de conselho, a seguinte frase: "O que feriu também curará"[441]. Era-lhe preciso procurar Aquiles e obter dele a cura, história que os trágicos desenvolveram ainda mais que a dos sucessos anteriores vividos por Télefo. Eurípides pô-lo no palco vestido de mendigo, usando o gorro de feltro mísio[442], no círculo dos reis gregos[443]. A eloquência e os meios que empregou para alcançar seu objetivo não pertencem à velha história. Aquiles, que curara Pátroclo, curou-o; dizia-se também, entretanto, que a cura precisava ser levada a efeito, não pelo herói que ocasionara o ferimento, mas pela arma que o fizera[444]. O remédio foi raspado da ponta da famosa lança[445] e espalhado sobre a ferida. Curado e tornando-se amigo dos gregos, Télefo pôde voltar para casa, se é que ele mesmo, na realidade, não os conduziu a Troia[446].

Não foi a ele, mas sim a seu filho Eurípilo, que lhe sucedeu no trono[447], que Príamo mandou uma embaixada e pediu socorro. De início, Eurípilo não se aventurou, por amor de sua mãe, a responder à convocação; mas Príamo enviou-lhe uma vide de ouro[448], presumivelmente para compensar a ferida que Télefo recebera outrora, quando se emaranhara nas vides, e o filho partiu para a guerra. Sua mãe, com certeza, não era a mesma Híera que tombara na batalha contra os gregos. Fizeram-se depois oferendas heroicas a Télefo em Pérgamo. Ninguém que viesse dessas oferendas podia entrar no templo de Asclépio enquanto não se tivesse banhado[449]. Nos hinos entoados ao deus da cura no Asclépion, todavia, Télefo era celebrado primeiro[450]. Mas vedava-se a qualquer pessoa mencionar o nome de Eurípilo no lugar sagrado porque, debaixo dos muros de Troia, ele matara o herói-médico Macáon.

XI

Protesilau e Laodamia

Oito anos haviam passado depois da primeira sortida dos gregos antes de voltarem a reunir-se em Áulis[451] e se aprontarem para partir. Sabiam que, pelo menos, nove anos de guerra os esperavam, pois dois ou três dias depois que se reuniram em Áulis ocorreu o portento relatado por Homero na *Ilíada*[452]. Eles se achavam ocupados com os preparativos de uma oferenda das mais belas vacas nos altares, ao pé de uma fonte que fluía livremente e que, como tantas outras na Grécia, brotava debaixo de um grande plátano. Muitos séculos depois, um pedaço de madeira dessa árvore foi exibido no templo de Ártemis[453]. Durante o sacrifício ali realizado, apareceu uma cobra com o dorso de um vermelho sanguíneo. Desde o altar, debaixo do qual se enfiara, atirou-se ao plátano, em cujo galho mais alto estava o ninho de uma andorinha com sua ninhada. A cobra devorou imediatamente os oito filhotes e, em seguida, a mãe. O monstro foi convertido em pedra por Zeus. Assim se viu que este não era um acontecimento natural e Calcas, o profeta, interpretou-o: a guerra duraria nove anos, e Troia só cairia no décimo.

Troia, também conhecida por Ílio ou Ílion, também se mostrava, por esse sinal, um sítio de morte para os gregos, onde tantos anos de cada vida e tantas vidas seriam completamente devoradas. Apolo, o do arco de prata[454] em sua forma mais mortal, defendeu a cidade. Troia encontrava-se debaixo da proteção do arco, cujas setas mortais eram dirigidas pelo próprio deus ou por mão mortal guiada por ele. Lanças e espadas, e até escudos e corseletes, eram ali de escassa utilidade. Só havia um arco capaz de opor-se a ele. Não se esqueça que Héracles, em sua pira, dera esse arco de presente, com o qual tantas vezes lutara contra a morte, a um transeunte que seguia o caminho sobre o Monte Eta; fosse este Peante, fosse Filoctetes, o pai ou o filho, o homem que o recebeu era nativo da Tessália, nas cercanias de Ftia, onde outrora reinara Euritião e, depois dele, Peleu. Com esse arco Filoctetes apareceu em Áulis, pois o "amante da posse" (tal é o significado do seu nome) jamais se aportaria dele. Não tardaria a separar-se dos seguidores, que o acompanhavam em sete navios, todos bons arqueiros[455], e o arco, durante muito tempo ainda, deixaria de ser útil para os gregos, que agora marchavam sobre Troia.

Havia uma ilhota a considerável distância de Troia, perto de Lemnos[456]. Fazia muito tempo que era conhecida[457]; no altar que se tornara famoso através de Filoctetes, viam-se as armas do herói e a figura de uma cobra feita de bronze. A ilhota era também chamada Nea, vale dizer, "nova"[458], nome muito apropriado a uma ilha vulcânica que poderia facilmente desaparecer de novo, como se diz que esta acabou fazendo[459]. Para os velhos narradores, o seu nome era Crise, "a de ouro", em honra do áureo parceiro de culto do deus do arco de prata, que também podia manifestar-se com um arco de ouro[460]. Apolo pairava sobre a ilha como seu protetor e senhor[461]; tinha ali um altar ao qual, nove anos depois, os gregos enviariam uma hecatombe à guisa de sacrifício expiatório[462]. Nessa ocasião, quando eles desembarcaram em Crise pela primeira vez e transpuseram a divisa que pode limitar o circuito maior de Troia, diz-se que Filoctetes os guiou ate lá, a fim de levar uma oferenda à deusa, pré-requisito da tomada de Ílio[463]. Foi Jasão quem construiu o altar[464] (em relatos posteriores Filoctetes foi um dos Argonautas)[465], ou Héracles, em sua viagem para Laomedonte[466].

Ora, se Filoctetes os levou ao altar ou se os gregos, por vontade própria, quiseram visitar o santuário, a deusa provocou alguma coisa comparado com a qual o portento de Áulis foi, na melhor das hipóteses, uma pálida imitação. Sua serpente sagrada, guardiã do templo[467], atacou, dentre todos os que se aproximaram, o que carregava o arco de Héracles. Picou-o no pé[468], e da picada resultou uma ferida supurada que afugentava todos os gregos[469]. Os seus dependentes carregaram o ferido para Lemnos e ali o deixaram com o arco. Filoctetes foi a primeira vítima, mas a segunda, que realmente morreu, foi vitimada quando os gregos pisaram solo troiano pela primeira vez. A segunda vítima devia ser um primo de Filoctetes, filho de Íficlo, o qual, de acordo com uma tradição[470], era irmão de Peante.

Íficlo era de Fílace, também nas vizinhanças de Ftia, e filho de Fílaco, renomado por seus rebanhos, cujo nome significa "vigilante"[471]. O próprio Íficlo, "renomado pela força", não tinha filhos, pois não era capaz de gerar nenhum. Ora, o profeta Melampo – que conhecemos como herdeiro de Preto e curador de suas filhas[472] – veio a Fílace para roubar as vacas de Fílaco, com as quais pretendia requestar a bela Pero, filha de Neleu, para seu irmão Bias; mas foi apanhado antes de poder fazê-lo. Entretanto, como realmente entendia a fala dos carunchos nas vigas, conseguiu, para grande pasmo de Fílaco e seus homens, salvar-se da prisão, que estava a pique de desmoronar. O preço da sua liberdade e das vacas, entretanto, foi a cura de Íficlo. Melampo mandou abater dois bois e com a carne deles atraiu as aves de rapina, entre as quais figurava um abutre velho, que desceu voando e contou a Melampo a razão da fraqueza de Íficlo. Em criança, vira o pai castrar carneiros e, depois, atirar a faca perto dele. O menino fugiu, o pai enfureceu-se e enfiou a faca profundamente num carvalho sagrado. Com o tempo, a casca da árvore cresceu por cima da faca. O profeta mandou arrancar a faca da árvore, raspou-a e deu a ferrugem para Íficlo beber.

Assim se curou Íficlo, que primeiro gerou Podarces, "pé-ligeiro", a quem deu esse nome porque ele corria tão depressa pelos campos de trigo que jamais inclinava uma haste sequer[473]. O segundo filho, o melhor dos dois, foi Protesilau[474], cujo nome expressava a pretensão de ser o primeiro, "o primeiro que solta os guerreiros". Foi o primeiro a saltar quando os navios abicaram na praia. Um troiano desconhecido matou-o, e ele deixou para trás uma esposa e uma casa semiacabada[475]. Naqueles dias, porém, uma consumação, a execução, até o fim, de um sacrifício ou a participação numa iniciação que colocava os iniciados em estreita associação com os poderes do mundo subterrâneo, um *telete*, era guerra também[476]. Mais tarde se disse[477] que Protesilau dera a Ílio sua primeira iniciação, e os gregos lhe ergueram um túmulo particularmente alto em Eleunte, do outro lado do Helesponto. Do seu topo se avistava Troia[478], e em seu interior o herói era cultuado como num templo[479]. Acreditava-se[480] que os olmos que se erguiam em volta do santuário do herói[481] secaram e depois cresceram outra vez, quando ficaram tão altos que os seus cimos podiam ver a cidade hostil.

Mas um grande favor dos deuses do mundo subterrâneo estava reservado a Protesilau. Sua jovem esposa ficara insatisfeita com o casamento apenas começado; nem as honrarias mais altas que um herói caído viesse a receber podiam compensá-la da perda do marido. Ela só fora realmente esposa de Protesilau por um dia[482], essa Polidora, filha de Meléagro[483], ou, para usar o nome que tanto os poetas primitivos quanto os demais tornaram famoso[484], Laodamia, filha de Acasto. Como Laodamia, também usava um nome da rainha do mundo subterrâneo, "a que domina o povo". Como Polidora, "rica de dons", ostentava um nome mais dionisíaco. O que ela empreendeu era digno também da casa de seu avô Eneu, que foi, de uma feita, visitado por Dioniso. Pois voltou para a casa semiacabada de Protesilau, em vez de voltar, como querem outros[485], à de Acasto, e preparou-se para casar pela segunda vez[486]. Mas preferiu os ritos noturnos de Dioniso, cerimônias secretas representadas para nós em sarcófagos mais recentes. Daí lhe haver cabido em sorte que não Dioniso, mas o próprio marido, lhe aparecesse, vindo do mundo subterrâneo; e ela se uniu a ele num enlace perene.

Os deuses do mundo subterrâneo fizeram a Protesilau um favor: deixaram-no ir por um dia[487], ou talvez apenas por três horas,[488] para junto da mulher, não como uma sombra, mas vigoroso como fora em vida, como se não tivesse morrido[489]. Contavam-se histórias de uma imagem do marido que ela inventara e com a qual estava realmente falando quando Hermes lhe trouxe Protesilau[490]. A representação num sarcófago mostra a cabeça num santuário destinado aos objetos sagrados de Dioniso. Ela estava trazendo ao retrato uma oferenda de frutas[491], num cesto de joeirar, como se pode ver em outro sarcófago. Agora pertencia de novo ao marido e, depois que Protesilau desapareceu, ela também morreu. Morreu-lhe nos braços[492], ou deu cabo da própria vida[493]. Foi queimada com a imagem e com o aparato dionisíaco[494]. Em sua cidade natal de Fílace realizaram-se também corridas em honra de Protesilau[495]. No Helesponto ele recebeu oferendas de uvas e outros frutos e, na primavera, de leite[496].

318 •

XII
AQUILES E AS CONSEQUÊNCIAS DA GUERRA DE TROIA

A mãe de Aquiles relutara em deixá-lo partir contra Ílio. Agamenon e seus aliados tinham feito o possível para induzi-lo a participar da guerra e persuadir Peleu a mandá-lo com eles. Sabiam da origem de Aquiles e que ele era filho único de uma deusa. Tétis, por outro lado, previa claramente o destino de Aquiles, que não poderia vencer impunemente Heitor, baluarte da cidade protegida por Apolo. E quem teria sido capaz de impedi-lo de levar a cabo uma empresa para a qual o impelia sua grande alma? O seu foi um destino diferente do destino do "herói-deus" Héracles. Aquiles, o mais belo dos heróis reunidos diante de Troia[497], "nascido para um curto período de tempo"[498], que merecia, acima de todos os outros, ser chamado o "herói mortal", manteve em face da morte, e aceitando-a para si, a sua forma semidivina com a sombra escura que ela trazia.

O julgamento de Páris e suas palavras desnecessariamente insultuosas colocaram duas deusas do lado dos atacantes desde o princípio, e o teriam feito mesmo que elas já não fossem as protetoras dos heróis gregos: Atena e Hera. Não se tratava de mortais totalmente entregues às setas de Apolo, senão de heróis com destinos próprios, que desejavam tomar Troia. Tinham plena liberdade na luta que travavam contra os guerreiros que se lhes antepunham; o deus não guiava a mão de cada um deles. De acordo com os narradores antigos, nem mesmo o Cicno que tentou atrasar os gregos, no estreito entre o continente e Tênedos[499], ou mais tarde na praia[500], era filho de Apolo, como tampouco o era o outro Cicno que Héracles matou quando regressava da visita a Diomedes da Trácia. Só de um terceiro Cicno somos informados, por narrativas mais recentes[501], de que era filho de Apolo, e de um quarto, rei dos lígures e parente de Faetonte, que ele transformou em cisne[502] em suas lamentações pela morte do filho de Hélio, o que, naturalmente, não impede que se tenha perdido alguma história, muito antiga, de um único Cicno, filho de Apolo, cujo nome era Cisne e que, provavelmente, foi sempre trácio.

O Cicno que foi o primeiro a atacar os gregos pode ter sido um aliado trácio de Príamo; afirma-se que era fruto dos amores de Posídon e Cálice, "cálice de flor", uma ninfa. A criança estava cercada de cisnes quando os pescadores a encontraram na praia[503]. Ao encontrar-se com Aquiles, que foi o segundo depois de Protesilau a desembarcar, não era um homem, antes parecia uma figura de terror, todo branco[504] e invulnerável[505]. Ameaçou o filho de Tétis[506] com um chicote de couro, mas Aquiles derrubou a figura primeva com uma pedrada[507], proeza longamente celebrada pelos poetas[508]. Cicno desferiu um grito[509] como os cisnes na hora da morte; mas os troianos, quando o viram cair, retiraram-se para trás dos muros e o cerco principiou[510]. As mulheres da cidade só saíam dela para dirigir-se a uma fonte diante das Portas Ceias, tantas vezes mencionadas, perto do templo de Apolo Timbreu, assim chamado por causa da fragrante segurelha, *thymbra*[511]. Iam buscar água, acompanhadas por um moço a cavalo; e isso levou a um feito terrível de Aquiles, que os poetas dos tempos mais modernos dificilmente narram, mas que os artistas mais velhos se compraziam em pintar em vasos destinados a túmulos, nos frontões dos templos, nas armas ou nas paredes dos sepulcros. O caráter do sacrifício feito a uma horrível divindade preservou essa façanha para sempre.

De que outra maneira se poderia compreender que Aquiles se emboscasse atrás da casa do poço[512], com o propósito, não de capturar as mulheres, mas de matar o rapaz no altar do deus, que ficava ali perto? Na Grécia, os moços pertenciam a Apolo, embora não como sacrifícios de sangue. Estavam acostumados a levar carneiros para substituí-los. Mas sabemos que jovens formosos, como Jacinto[513] ou Ciparisso[514], tiveram amiudadas vezes de agradecer a própria morte à impetuosidade do deus. Tudo indica que Aquiles desejava amolecer o Apolo mortal dos troianos por esse sacrifício humano. Deixou as mulheres e as moças escaparem – uma delas era filha de Príamo e Hécuba, Políxena – e precipitou-se no encalço do moço que fugia, pouco mais que um menino; era Troilo, irmão de Políxena e talvez, na realidade, filho de Apolo, que Hécuba concebera graças ao deus[515]. Consoante a tradição[516], sua morte foi uma preliminar necessária da tomada de Ílio. Então se viu quão plenamente merecia Aquiles o epíteto de Pé-ligeiro[517]. Pegou o garoto quando este galopava em seu grande cavalo, puxou-o pelos cabelos e arrastou-o para o altar de Apolo Timbreu, no qual, segundo o testemunho de antigo monumento de arte, era costume oferecer galos, A essa altura, os irmãos de Troilo, conduzidos por Heitor, disparavam em seu socorro, mas não puderam impedir a chacina; pinturas de vasos mostram-nos o tronco do menino jazendo sobre o altar, enquanto Aquiles arroja a cabeça da vítima aos troianos. O gosto de Troilo por cavalgar[518] era demasiado prematuro e a cruel aproximação de Aquiles do altar de Apolo Timbreu não lhe trouxe benefício algum.

Os nove anos preditos se passaram com a pilhagem da região ao redor de Troia e a captura de muitas cidades pela mão de Aquiles, que até dirigiu incursões na grande Ilha de Lesbos, de onde trazia mulheres habilidosas à guisa de butim. Deu quase todas a Agamenon[519], mas guardou para si a bela Diomede[520], que, no entanto, só podia ocupar o segundo lugar, depois de Briseida, filha de Briseu[521]. O pai de Briseida tinha um nome que era um epíteto de Dioniso em Lemnos e provavelmente também em Mísia, onde Briseu era seu sacerdote[522]. E Briseida semelhava a áurea Afrodite[523]; Aquiles fizera dela sua presa em Lirnesso, na Mísia[524], cidade de seu marido Mines, que ele matou em combate juntamente com os três irmãos dela[525]. Ela o teria acompanhado prazerosa como sua esposa a Ftia[526].

Na mesma incursão[527], na tomada de Tebe, cidade-fortaleza na boscosa Placos, Criseide, filha de Crises, caiu em mãos gregas[528]. Essa Tebe era o lar de Eécion, pai de Andrômaca, esposa de Heitor, com o seu nome amazônico, "a da batalha contra os homens". Eécion foi morto num recontro por Aquiles e sepultado com honras heroicas[529]. Os sete irmãos de Andrômaca também caíram, todos no mesmo dia e pelas mãos de Aquiles[530]. A mãe da Andrômaca, que governava como rainha em Tebe[531], tornou-se sua prisioneira, mas ele a deixou partir em troca de um resgate. A filha de Crises, sacerdote de Apolo em Crisa, foi destinada a Agamenon quando se dividiram os despojos[532]. Era a única que se poderia equiparar a Briseida como concubina. Em vão Crises

• 321

entrou mais tarde (precisava, sem dúvida, de tempo para receber notícias da captura da filha em sua ilha afastada), em trajos sacerdotais[533], à presença do rei, a fim de pedir que lhe devolvessem a filha a troco de vultoso resgate. Já sabemos que Agamenon não era homem de separar-se facilmente de um mulher. Repeliu com rudeza o sacerdote[534] e, desse modo, a cólera do deus explodiu sobre o exército grego, por assim dizer, desde a pressaga Ilha de Crise.

As flechas do seu arco de prata[535] disseminaram a peste, primeiro entre as mulas e cachorros dos gregos, depois entre os próprios gregos. Isso redundou numa briga entre Agamenon, agora obrigado a mandar de volta a filha de Crises, e Aquiles, de quem o grande rei tirara Briseida a título de compensação. O filho de Tétis retirou-se, ressentido, da luta (conhecemos a história de todos esses dias sombrios e noites aflitas, no décimo ano da guerra, pela *Ilíada*) e teria voltado para casa com os seus mirmidões, se o irrefletido Pátroclo, a quem, num momento de fraqueza, ele cedera o uso da própria armadura, não tivesse tido a temeridade de tentar escalar as muralhas de Troia, onde Apolo estava de guarda[536]. Por três vezes Pátroclo chegou às ameias e por três vezes o deus o jogou para trás. E quando ele fez mais três novas investidas e matou três vezes nove troianos[537], Apolo deu-lhe um tapa com a mão nua, de modo que a armadura de Aquiles se desprendeu dele. Dentre os seres humanos, Euforbo, filho de Panto, sacerdote de Apolo em Troia[538], foi o primeiro a feri-lo com uma lança, e Heitor, chegando logo em seguida, administrou-lhe o *coup de grâce* com outro golpe de lança[539].

Aquiles confiara sua armadura ao amigo com a condição de que este não se abalançasse a atacar Ílio sem ele, pois Apolo amava extremosamente os troianos[540]. Aconteceu, todavia, o que Tétis predissera ao filho[541]. E agora, mais uma vez, quando ele, esquecido de sua cólera, dispunha-se a sair incontinenti contra Heitor para vingar Pátroclo, ela fez-lhe outra profecia: "Quando Heitor cair, tua morte estará próxima"[542]. Aquiles replicou[543]: "Então deixa-me morrer imediatamente". Assim tomou a morte sobre si mesmo. Nada significava para ele o haver recuperado a formosa filha de Briseu com um grande juramento da parte de Agamenon de que nunca a tocara[544]. Homero dá-nos uma descrição suficiente da bela armadura que Hefesto forjara para Aquiles, a pedido de Tétis[545]; mas os pensamentos do herói estavam sendo de novo exigidos pelo cadáver do amigo, que ele queria que a mãe protegesse contra as moscas[546].

Seria impossível para Heitor sustentar-lhe o ataque, e nada era mais natural que começasse fugindo do furioso Aquiles, a quem nem mesmo os deuses poderiam deter agora[547]. Palas Atena, inimiga dos troianos e protetora de Aquiles, observou o duelo, que se tornara tão desigual. Apolo apareceu a Heitor pela última vez[548], mas os seus olhos moribundos viram o deus voltar[549] para vingá-lo em dias futuros. Aquiles não se deixaria deter por nenhuma profecia, e já estava disposto a dirigir o ataque a Troia imediatamente, sobre o corpo de Heitor, quando se interrompeu no meio do discurso ardente[550]. O pensamento do cadáver do amigo, ainda insepulto, deteve-o. Cabia-lhe ainda realizar a oferenda mais pavorosa ao morto, a matança de doze jovens troianos na pira funerária de Pátroclo[551], e ser abrandado pelo velho Príamo, que se aventurara a abrir caminho até o matador de tantos filhos seus no acampamento grego, à noite. Aquiles entregou-lhe o corpo maltratado de seu inimigo Heitor para ser enterrado com honras heroicas[552].

Havia também batalhas à sua espera, que Homero não cantou, com os aliados dos troianos, famosos oponentes que o acometeram após a queda de Heitor e empreenderam a defesa de Troia. Veio Pentesileia, a Amazona. Diz-se que ela havia acidentalmente matado a mãe de Hipólito, Hipólita, ou fosse qual fosse o nome por que a Amazona era chamada. Isso já foi contado em conexão com Teseu. Príamo purificaria a filha de Ares desse homicídio[553], embora na mocidade o velho rei tivesse tido de lutar com as Amazonas ao pé do Rio Sangário[554], numa batalha em que grandes exércitos se empenharam de ambos os lados. Afirmou-se[555] que as mulheres guerreiras tinham de distinguir-se na batalha contra os homens antes de poderem escolher um amante e, por isso, a virgem Pentesileia agora se apressava com suas seguidoras a chegar aos muros de Troia. Ela apareceu durante o enterro de Heitor com um exército de Amazonas[556]. Aquiles concedera a Príamo onze dias de trégua para enterrar o filho[557]. Este era o décimo segundo dia e o herói mal se recuperara da dor profunda quando a bela Pentesileia, cujo nome continha o elemento *penthos*, "a dor do pranteador", o atacou como uma encarnação da rainha do mundo subterrâneo. Aquiles só compreendeu o quanto ela era lin-

• 323

da e quão digna de substituir a filha de Briseu (embora fosse mais como Árte-mis do que como Afrodite)[558] depois que a sua lança lhe transfixou o peito[559] e ela mal pôde erguer-se do chão[560]; seu equipamento desprendeu-se dela e o elmo deixou-lhe descoberta a nobre cabeça[561]. Na imagem de um grande pintor de vasos, cujo nome era uma homenagem a Pentesileia, Aquiles enfia a espada no peito da Amazona como se ela fosse um menino desarmado.

Aquiles devolveu o corpo de Pentesileia aos troianos para o sepultamen-to. Tão inesperado quanto ela havia sido, o formoso Mêmnon[562], filho da deusa Éos, veio precipite da terra dos etíopes, em sua armadura, trabalho de Hefesto, para libertar Ílio[563]. E, como a Amazona, o jovem herói do leste tombou, vencido, num belo duelo, por Aquiles[564]. Ali, dois filhos de deusas se opunham um ao outro, de modo que agora se fazia mister que Zeus tomasse nas mãos a balança de ouro[565], como o fizera antes[566], quando os destinos de Aquiles e de Heitor estavam em jogo. Os pintores de vasos colocaram uma criatura alada em cada prato, a morte, o *ker*, dos dois heróis[567]. Mas era ao mesmo tempo uma *psychostasia*[568], pesagem das almas cuja posse significava vida[569]. Na tragédia de Ésquilo com esse título, provavelmente duas figuras de moços foram pesadas, uma das quais, dali a pouco, "deixaria a mocidade e o vigor masculino, lamentando-se"[570]. O *ker* de Mêmnon puxou para baixo o seu prato da balança e a deusa da aurora teve de chorar o filho morto[571].

Na *Pesagem das almas* de Ésquilo ela, que gostava tanto de raptar man-cebos[572], levou-lhe embora o belo corpo, pois Zeus, afinal, permitiu-lhe imortalizar o filho[573]. Não obstante, na foz do Esepo, no Mar de Mármara[574], mostrou-se o cômoro tumular de Mêmnon, todos os anos visitado pelos "pássaros de Mêmnon, pombos ou o que quer que fossem, empenhados em lutas sangrentas em honra do herói[575]. E supunha-se que um dos dois co-lossos de Tebas no Egito, do qual se dizia que emitia sons quando a aurora aparecia, era a sua estátua.

> Soarás, filho de Leto; pois Mêmnon está aqui,
> Parte de ti, tocado pela clara radiância da aurora.

Assim dizem os versos de um poeta mais recente, escritos em sua per-na gigantesca[576]. Isso dificulta um pouco determinar sobre quem exatamente "soará", Apolo ou Mêmnon, considerado como parte do deus, e que, sem dú-vida, apareceu de início como um jovem deus solar diante de Troia.

Ainda mais exaltado pela vitória sobre o filho de uma deusa do que já se exaltara com a queda de Heitor, Aquiles empurrou irresistivelmente os troianos de volta à cidade[577] e forçou o próprio caminho, através da Porta Ceia, no encalço do inimigo que fugia. Ali foi atingido por trás, no calcanhar[578], pela seta que Páris disparou com mão segura, pois Apolo a guiava[579]. Estaria Páris, mesmo nessa velha narrativa, escondido, esperando no recinto de Apolo Timbreu, perto da porta da cidade, como o fez Ulisses em outras ocasiões?[580] Será esse o próprio fundamento da narrativa subsequente[581], que coloca a morte de Aquiles inteiramente nesse lugar? Aquiles caiu na Porta Ceia, como o vira e predissera Heitor moribundo[582]. Atingido no calcanhar direito, o herói virou-se mais uma vez e, logo, uma segunda seta fincou-lhe no peito. É assim que o mostra uma antiga pintura de vaso. Ájax de Salamina colocou o cadáver nas costas e carregou-o, debaixo de uma chuva de projéteis, para fora da luta[583], enquanto Ulisses o protegia contra os ataques dos troianos[584]. Aquiles, morto, por pouco não caiu nas mãos do inimigo. Glauco, o lício, neto de Belerofonte, já lhe passara uma correia através do tornozelo quando foi morto por Ájax[585]. A luta sobre o corpo durou o dia todo, até Zeus lhe pôr fim com o seu raio[586].

Tétis acercou-se do filho quando este jazia no ataúde, acompanhada por todas as deusas do mar[587]. As vozes das Nereidas gemebundas podiam ouvir-se enquanto ainda estavam distantes, e os gregos teriam todos fugido, tomados de terror, se Nestor não os houvesse contido e lhes contado o que significavam os sons. Vieram as Musas com as filhas de Nereu e entoaram o lamento[588]. Durante dezessete dias continuaram as lamentações de imortais e mortais sobre o cadáver, mas no décimo oitavo Aquiles, vestido qual um deus e pintado de unguento e mel, foi colocado na pira. Mataram-se carneiros e bois e os guerreiros, em contínuo movimento a pé e nos carros, com grande estridor de armas, passavam em torno da imensa fogueira. De manhã, quando as chamas haviam morrido, reuniram-se os ossos e colocaram-se na ânfora de ouro, presente de Dioniso no casamento de Peleu e Tétis, com vinho e unguento, unidos aos ossos de Pátroclo, como haviam desejado os dois amigos[589]. Todo o exército consagrado[590] ergueu o cômoro tumular acima da sepultura, num cabo saliente à entrada do Helesponto, levantando-o bem alto, de modo que os marujos o vissem a grande distância para todo o sempre. Lá ficou o monumento gigantesco, no Cabo Sigeu, ainda honrado com oferendas fúnebres pela posteridade[591] e engrinaldado por Alexandre Magno[592].

Tal foi a morte que Aquiles tomou sobre si. Dificilmente algum poeta antigo tinha alguma coisa para dizer da matança de Políxena sobre o seu túmulo após a conquista de Troia[593]. Ela lhe escapara quando ele estava caçando Troilo; contou-se depois que o herói apareceu sobre o seu túmulo e exigiu, como sua parte no butim, o sacrifício da filha de Príamo e Hécuba[594]. Os poetas preferem dizer-nos que Tétis arrancou o filho da pira, como Éos fizera com o cadáver do seu, e levou-o para Leuce, a "Ilha Branca"[595]. Essa era uma espécie de imortalidade, embora não fosse a dos deuses nem a de Héracles, no Olimpo. A ilha distante, com sua luminosidade branca, era procurada no Ponto Euxino, no Mar Negro[596], e alguns acreditavam havê-la encontrado numa ilhota que se erguia diante do estuário do Danúbio ou na Ilha de Borístenes ao largo do estuário do Dnieper, onde os povoadores gregos erigiram um templo[597] em honra de Aquiles como Pontarce, "Senhor do Ponto"[598], e também, como convinha ao culto de um herói, mostravam-lhe o túmulo[599].

Aqui se diz que ele se uniu a uma grande dama do Ponto, Medeia[600]. Ou, como quer outra história[601], Ifigênia não voltou para casa com Orestes, mas ficou com Aquiles como sua esposa sob o nome da deusa Orsíloque[602] ou Orsiloqueia, "a que incita a atacar", nome também do Pártenon Taurino. Finalmente, sustentavam alguns[603] que Helena casou com Aquiles em Leuce. Enquanto ele ainda se achava sob os muros de Ílio, diziam, Tétis lha levara com a ajuda de Afrodite, porque ele queria ao menos ver a mais bela das mulheres, por cuja causa estava lutando[604]. Fiel ao seu caráter, no entanto, passou a viver, sombra entre sombras, no mundo subterrâneo[605]. Não deixou que Ulisses o confortasse em relação à morte. "Eu preferiria estar nos campos, como servo de outro, de um homem sem dote, com pouca riqueza, a estar como rei de todos os mortos." Tais foram suas palavras, enquanto andava com passos largos, por entre os asfódelos, e só se alegrou com o que Ulisses lhe contou a respeito do filho: que na Guerra de Troia ele seguira as pegadas do pai.

Pois, afinal de contas, a cidade sagrada teria de cair um dia. Heitor o sabia[606], e os gregos tentaram também aprender com os adivinhos e oráculos o modo como poderiam, afinal, vencê-la. Dizia-se até que deviam trazer os ossos de Pélope de Olímpia a para Troia[607], mas condições mais sérias, ainda não preenchidas, consistiam em ir buscar, em Lemnos[608], Filoctetes com o arco de Héracles, e em Ciros[609], Neoptólemo, filho de Aquiles. A segunda condição era a mais fácil de cumprir. Ulisses partiu para Ciros[610] e, quer fossem os seus poderes de persuasão que produziram o resultado, quer fossem os do velho Fênix, que o acompanhava e fora amigo paterno de Aquiles[611], quer fosse o aparecimento, num sonho, do próprio Aquiles[612] que forneceu o ímpeto, o fato é que Neoptólemo, pouco depois, estava usando a armadura do pai nas lutas pela conquista de Troia, pois Ulisses, que anteriormente a ganhara contra Ájax, entregou-lha[613]. Mais difícil foi o caso de Filoctetes, que não perdoava aos gregos o haverem-no deixado em Lemnos com o ferimento em putrefação. Foram necessárias toda a astúcia e toda a violência do homem de Ítaca, o filho de Sísifo. Foi com ele Diomedes, na qualidade de assistente[614], mas, na tragédia *Filoctetes* de Sófocle, é Neoptólemo quem vai. Que de tormentos do achacado e traído herói enchem a tragédia! Mas depois que o aparecimento de Héracles[615] moveu Filoctetes a acompanhá-los, e depois que as artes dos filhos de Asclépio o curaram[616], um tiro do arco predestinado atingiu Páris num duelo[617]. Assim caiu o príncipe carregado de destino, o possuidor de Helena, filha de Zeus, pela graça de Afrodite, e com sua queda consumou-se a ruína de Troia.

Ílio possuía uma imagem divina que caíra do céu. Ílio, pai de Laomedonte, encontrou-a, numa bela manhã, defronte da sua tenda, atirada ali por Zeus como sinal de aprovação da fundação da cidade[618]. A figura era um Paládio, uma representação de Palas; não da deusa propriamente dita, de acordo com uma lenda da mocidade de Palas Atena[619], mas de Palas, sua companheira, morta numa luta simulada com a deusa. Essa estátua arcaica media três côvados de altura; os pés não eram separados e ela segurava uma lança na mão direita, uma roca de fiar e um fuso na esquerda, como deusa da morte e do destino[620]. Fabricou-se certo número de réplicas da imagem, de tamanhos diferentes[621], para que ninguém pudesse saber qual era a genuína, pois a continuação da cidade dependia da posse do Paládio; se ele caísse nas mãos do inimigo, Ílio cairia. Ulisses e Diomedes empreenderam a tarefa de satisfazer à condição e roubar o Paládio.

Primeiro Ulisses, disfarçado em mendigo e desfigurado com listras, insinuou-se sozinho na cidade[622]. Sua tarefa consistia em achar o caminho, através das ruas e dos muitos apartamentos do palácio real, para o santuário escondido onde a figura e suas réplicas tinham sido guardadas. Não reconhecido, e quase sem querer, encontrou o caminho para Helena. Após a morte de Páris ela fora dada em casamento a outro filho de Príamo, Deífobo, que usava o nome guerreiro de "desbaratador do inimigo", mas teve de pagar caro pela sua breve felicidade. Helena reconheceu o mendigo[623] e sentiu saudades do lar, da filha e do marido que deixara[624]. Jurou a Ulisses que não o trairia, e o seu conselho[625] tornou possível o roubo do Paládio autêntico, o menor de todos[626]. À noite, Ulisses voltou com Diomedes[627]. Tiveram de escalar os muros da cidade[628], entrar no palácio pelo cano de esgoto[629] e matar os guardas[630]. Conta-se que voltaram com o Paládio para o acampamento grego, mas já não como amigos[631].

Afirma-se que, antes mesmo de ter sido preenchida essa condição, a construção do cavalo gigantesco já fora iniciada[632]; foi um estratagema de Ulisses[633], inspirado por Palas Atena[634] e, ao mesmo tempo, um presente para ela, a fim de substituir o Paládio. Ela usava o epíteto Hípia, querendo dizer, "deusa do cavalo"[635], e comprazia-se em exercitar os seus corcéis[636]. Sabemos que Belerofonte devia a ela o presente do freio e a doma de Pégaso[637]. Consta que o cavalo de madeira que estava sendo construído trazia a seguinte inscrição: "Dos gregos, oferta de agradecimento a Atena"[638]. Fora construída de tal maneira que os troianos, se quisessem arrastar a oferenda votiva para dentro da cidade[639], teriam de quebrar o dintel da própria Porta Ceia.

Dizia-se ser também uma condição da tomada da cidade[640] a remoção da gigantesca trave de pedra que os narradores antigos provavelmente pintaram para si mesmos como igual às que ainda admiramos hoje encimando as portas de Micenas. Com um bando escolhido de guerreiros, Ulisses entrou no ventre do cavalo[641]; o resto do exército queimou suas tendas[642] e desapareceu com a frota, escondendo-a atrás da Ilha de Tênedos.

Com exceção de Cassandra, a quem ninguém dava atenção[643], somente uma pessoa tentou impedir os troianos, condenados à destruição, de fazerem, na sua alegria e na sua insensatez, o que deles se esperava que fizessem.

Este foi Laocoonte, nessa ocasião escolhido por sorteio para ser sacerdote de Posídon[644], mas, como especialistas nas antiguidades de Troia ainda sabiam[645], sacerdote de Apolo Timbreu, que o odiava porque ele fizera amor com a esposa no santuário do deus mortífero e ali gerara filhos[646]. Arremessou a lança contra o entabuamento do cavalo. Quando estava na iminência de trazer, com os dois filhos, a oferenda de um touro ao deus do mar, duas cobras imensas apareceram da direção das ilhas[647] – uma das quais era Crise – devoraram os dois jovens, mataram o pai e em seguida se retiraram para os pés da estátua de Atena adorada na cidadela[648]. Tornou-se, pois, manifesto que as duas divindades, o deus que guardava Ílio e a deusa inimiga dos troianos se haviam unido para destruir a cidade. Segundo uma tradição[649], foi então que Eneias se retirou para o Monte Ida com o seu povo, sem esperar que a cidade se incendiasse. O destino de Laocoonte, todavia, como exemplo da fútil oposição às ordens divinas, seria imortalizado por grandes escultores e figura entre as consagrações num templo de Atena.

Os troianos estavam cegos; entregaram-se à festança[650] e foram vencidos pelo sono[651]. Os grandes guerreiros na barriga do cavalo choravam e tremiam durante todo esse tempo[652], pois Helena os submeteu a mais uma prova terrível[653]. Não nos contam se isso aconteceu enquanto o Cavalo de Madeira ainda se achava fora dos muros ou depois de haver sido trazido, com grande dificuldade, para o interior da cidadela. Helena, evidentemente, estava a par do estratagema por intermédio de Ulisses. Três vezes, acompanhada de Deífobo, andou em torno do engenho de guerra e pronunciou os nomes dos gregos principais com a voz das respectivas esposas. Menelau, Diomedes e os homens mais jovens ter-se-iam precipitado para fora do cavalo se Ulisses não os tivesse detido à força. Neoptólemo, porém, não era um deles, nem era um dos que tremiam[654]. Ulisses precisou retê-lo também, mas só porque ele não conseguia aguardar os sinais convencionados que anunciavam o retorno da frota e o princípio do ataque.

Foi ele o herói daquela noite sanguinolenta, um *heros* de fato, porque, sob o nome de Pirro, viria a ser o antepassado dos reis da tribo epirota dos molossos[655] e a receber uma sepultura de herói em Delfos[656]; mas foi uma fama discutível, porque acabou pagando a penalidade da morte no próprio santuário do deus purificador pelo que fizera em Troia[657]. Nessa última noite de Troia, assassinou o idoso Rei Príamo, que Aquiles poupara, no altar de Zeus, em seu palácio[658]. Fez o mesmo com o filho de Heitor, a quem o próprio Heitor dera o nome de Escamandro, como se a criança fosse um presente do deus-rio Escamandro, mas que os troianos chamavam de Astíanax, "senhor da cidade", visto que seu pai a guardava para eles[659]. Pirro arrancou a criança do peito da ama e atirou-o do alto dos muros, enquanto à sua frente conduzia o bando de mulheres escravas, incluindo Andrômaca, como a mais valiosa, para os navios[660]. Assim se cumpriram as sinistras profecias do próprio Heitor[661] e da mãe desgraçada de seu filho[662]. Extinguira-se a casa de Príamo.

No meio de tais crueldades, Helena esperava o marido abandonado. Ulisses levou-lhe Menelau, aos aposentos de Deífobo, sem dúvida no grande palácio real[663], perto do santuário do Paládio, cujo caminho já conhecia. Menelau atirou-se a ela, causa da longa guerra e daquela noite terrível, com a espada desembainhada. Teria ela precisado refugiar-se no santuário, como artistas e poetas, mais tarde, imaginaram a cena, apresentando Afrodite como sua salvadora, ou transferir o encontro para o seu templo?[664] Helena descobriu os seios como para receber o golpe, mas a espada caiu ao chão[665]. Os dois beijaram-se[666]. Teria Deífobo caído, morto por Menelau, antes disso ou só depois? Eles correram para os navios[667] e dali por diante só restava ao marido de Helena preparar a viagem de regresso ao lar, assim que fosse possível, com a noiva divina que recuperara[668].

Começou, então, o retorno dos heróis da Guerra de Troia. Sabemos que para Agamenon ele terminou às mãos de assassinos, para Ájax, o locro, em naufrágio e morte, para Diomedes e Idomeneu, em exílio nas costas meridionais da Itália. Somente uns poucos, como o velho Nestor, de Pilo, levaram a cabo uma afortunada volta ao lar. Helena e Menelau, afinal, chegaram ao seu palácio em Esparta, onde, no décimo ano após a sua reunião, hospedaram Telêmaco, filho de Ulisses, que andava à procura do pai, ainda ausente[669]. Mas também não fazia muito tempo que tinham chegado, após oito anos de peregrinações[670]. Após terem naufragado em Festo[671], na costa sul de Creta, onde perderam cinquenta e cinco dos seus sessenta navios[672], a viagem os levou, contra a sua vontade, a Chipre, Fenícia, Egito e Líbia[673]. Desde a ilhota arenosa de Faros, onde Menelau foi tão feliz – conhecemos os fatos através da história dos deuses[674] – que prendeu o velho do mar com firmeza e obteve dele os conselhos que pretendia, Proteu mandou-os de volta ao Nilo, para ali repetir o descurado sacrifício a Zeus e a todos os deuses[675]. Mais tarde, contou-se uma história segundo a qual Menelau levou sua real esposa para casa partindo de Faros e do Egito, a verdadeira filha de Zeus, que, desde que fora raptada, estivera ali à sua espera[676]. A insultada Hera colocara uma imagem viva de Helena nos braços de Páris e mandara Hermes levar Helena a Proteu[677]. Foi por uma aparência inútil, em razão de uma escolha inútil, que todo aquele sangue correu em Troia.

Conhecemos, através da história dos deuses, muitas aventuras vividas por Ulisses a caminho de casa[678]. Pois esse homem desafortunado, quase sempre mal-recompensado pelas suas astúcias em tempo de guerra, pairava continuamente sobre abismos e precipícios, sempre perto da morte, que, não raro, se lhe mostrava nas formas assustadoras de seres divinos primevos. Ele sofreu quase as mesmas coisas que Héracles e, afinal, regressou do mundo subterrâneo no décimo ano de suas andanças, depois de perigosos encontros com a morte em suas múltiplas formas. Mas só se livrou da grande inimiga com muito sofrimento e trabalhos, não como herói vitorioso, senão como um velho mendigo escapou à sanha do mar. Um corpo idoso escondia o herói dentro dele, e somente a deusa Atena poderia devolver-lhe a glória[679]. Deixara o seu poderoso arco em casa e ninguém, exceto ele, seria agora capaz de envergá-lo. Por ocasião da lua nova[680], o festival de Apolo[681], o do arco de prata, apareceu mais uma vez em seu palácio e pôde manejar o arco, como os homens faziam naquele dia, em honra do deus[682]. Ulisses atingiu o alvo, em seguida derrubou os arrogantes pretendentes que viviam a oprimir-lhe a esposa e tornou-se, mais uma vez, senhor de sua casa e de sua ilha.

Sua morte sobreveio fora do mar, pela mão do filho que Circe lhe dera, Telégono, "o nascido muito longe". Este desembarcou em Ítaca[683], à procura do pai, quando Ulisses já supunha haver escapado a todos os perigos. Chegou-lhe a notícia de um salteador que viera roubar-lhe os rebanhos. Correu para a costa a fim de castigá-lo e caiu imolado pela lança de Telégono, cuja ponta era formada pelo ferrão de uma arraia[684]. Tarde demais reconheceu o

• **331**

pai, mas não demorou a reconhecer o irmão, Telêmaco. Os dois filhos carregaram Ulisses morto e a sempre jovem Penélope para Circe[685]. Ali viveram como dois casais, Telégono com Penélope e Telêmaco com Circe, em Eia, a ilha mágica, que, como sabemos pela história dos Argonautas, bem pode significar um promontório que se ergue do Mar Tirreno, digna morada de uma filha do Sol, o Monte Circeu.

Genealogias

Concordância

□ em torno do nome de um herói ou heroína significa que ele ou ela são tratados com mais pormenores no texto.

~ casamento ou outra união sexual.

LIVRO UM	*genealogia*	LIVRO DOIS	*genealogia*
I	A		H
II	B	LIVRO TRÊS	
III	A	I	IL
IV	A	II	C
V	B	IV	I
VI	B	V	C
VII	C	VI	K
VIII	C	VII	E
IX	C	VIII	E G, K
X	D	IX	K
XI	F	XII	B
XII	G		

A

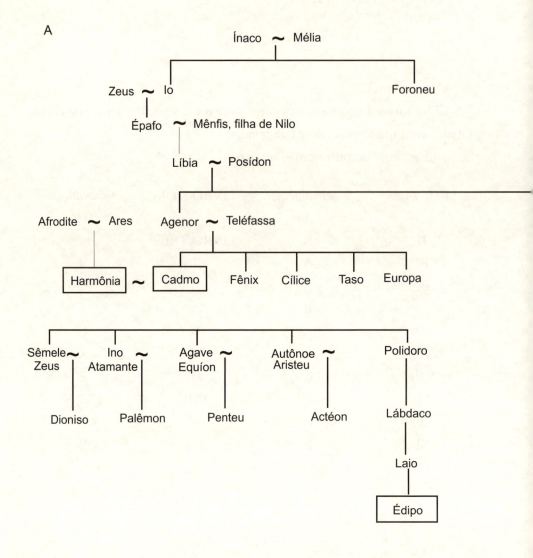

PARA O LIVRO UM, I, III, IV

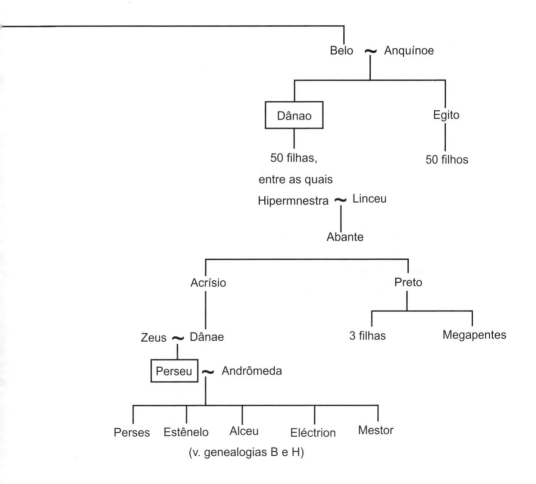

B

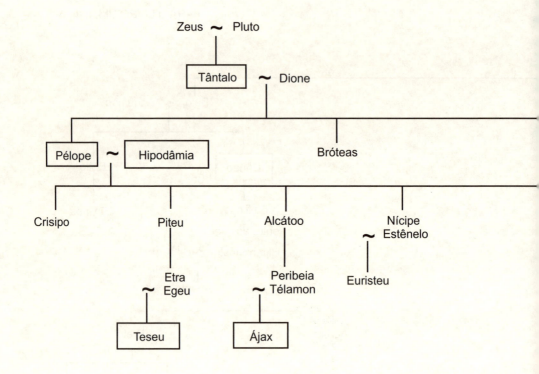

PARA O LIVRO UM, II, V, VI

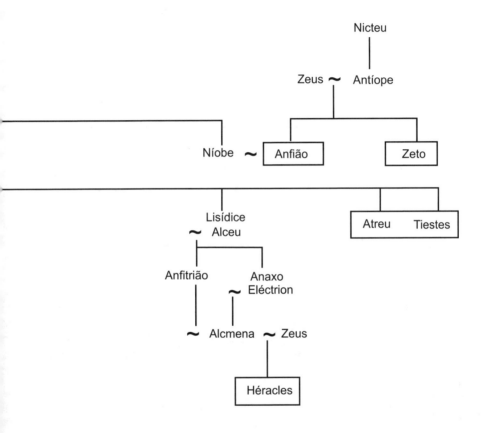

C

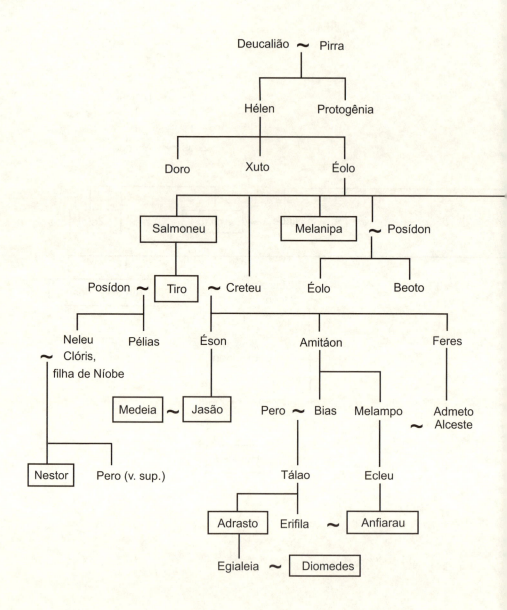

PARA O LIVRO UM, VII, VIII, IX
LIVRO TRÊS, II, V

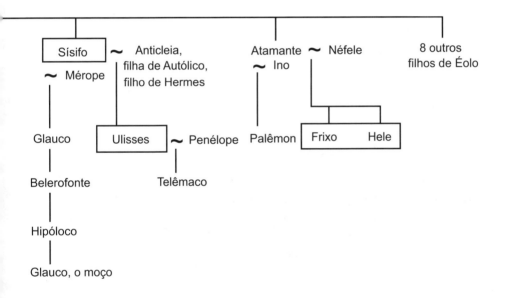

D   PARA O LIVRO UM, X

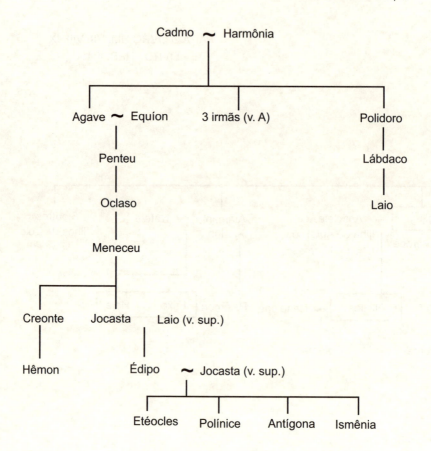

PARA O LIVRO TRÊS, VII, VIII, XI

E

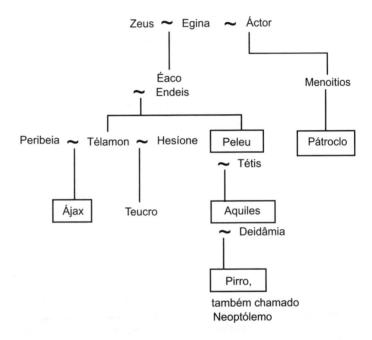

F

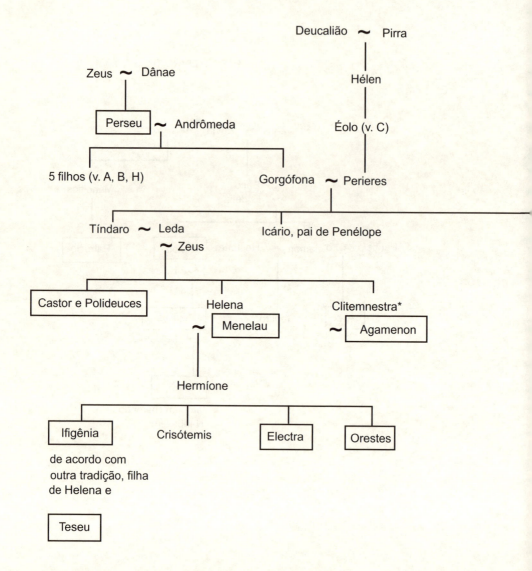

* Clitemnestra é tratada como filha de Tíndaro, não de Zeus.

PARA OS LIVROS UM E DOIS

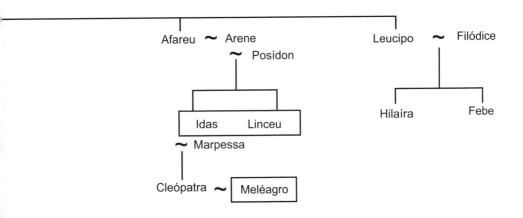

G

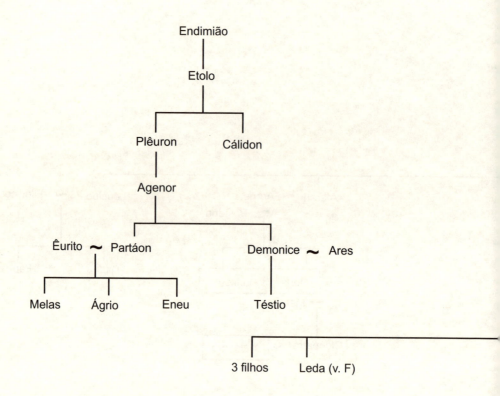

PARA O LIVRO UM, XII
PARA O LIVRO TRÊS, VIII

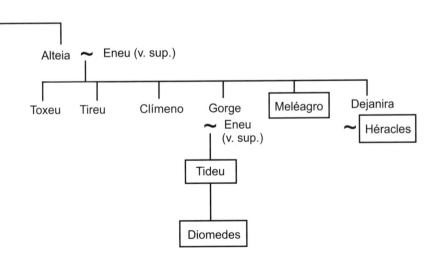

H

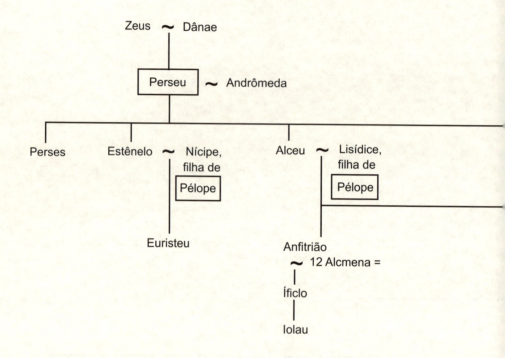

PARA O LIVRO DOIS

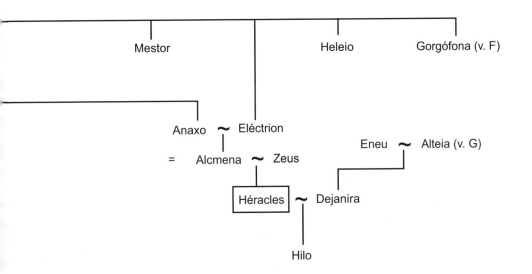

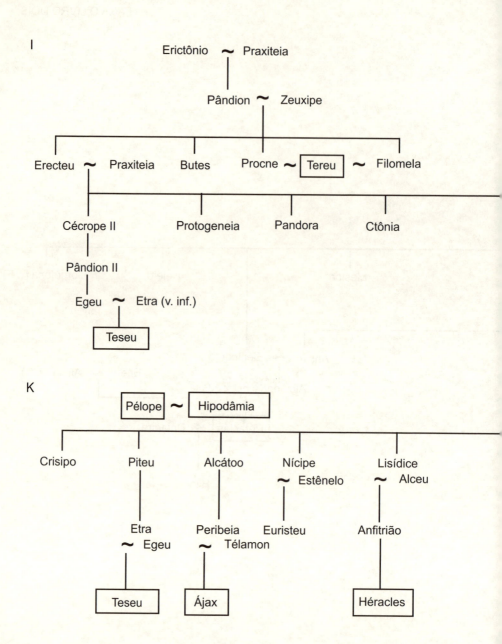

PARA O LIVRO TRÊS, I, IV

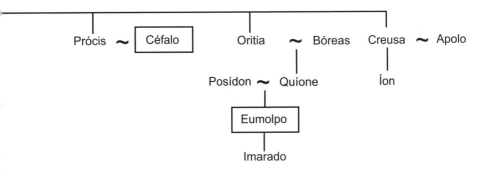

PARA LIVRO TRÊS, VI, VIII, IX

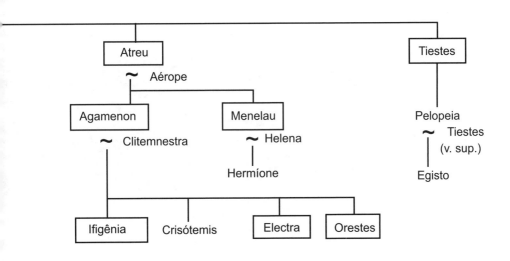

L LISTA DOS REIS DE ATENAS ATÉ A GUERRA DE TROIA

Cécrope

Cranau ("Pétreo")

Anfictião (residente por perto)

Erictônio

Pândion

Erecteu

Cécrope II

Pândion II

Egeu

Teseu

Menesteu, chefe dos atenienses na Guerra de Troia

Notas da introdução

1. De acordo com os princípios estabelecidos em meu livro *Umgang mit Göttlichem*. Göttingen, 1955.

2. OTTO, W.F. *Die Götter Griechenlands*. Frankfurt a.M. 1974, p. 183.

3. Cf. JOLIES, A. *Einfache Formen*. Halle-Saale, 1930, p. 238.

4. Op. cit., p. 82.

5. PLUTARCO. *De genio Socratis*, 557e.

6. KERÉNYI. *Apollon*, Düsseldorf, 1953, p. 162. • SPENGLER. *Die Welt als Geschichte*. Stuttgart, 1935, p. 197.

7. Cf. KERÉNYI. *Griechische Miniaturen*. Zurique, 1957, p. 109. • WEBSTER, T.B.L. *Classica et Mediaevalia*. Copenhague, 1956, p. 149.

8. Cf. MYLONAS, G.E. *Studies Robinson*, 1951, p. 64.

8a. Cf. KERÉNYI, apud RANDA, A. *Handbuch der Weltgeschichte* I. Olten/ Friburgo i. Br. 1954, p. 64.

9. CARLYLE. *On Heroes and Hero-Worship*. Preleção I.

10. PLUTARCO. *Quaest. Graec*, 36.

11. *The Gods of the Greeks*. [*Os deuses dos gregos*], p. 257. Sobre Asclépio, cf. o meu *Asklepios*. Nova York/Londres 1959, p. xix.

12. PLUTARCO. Op. cit., 12.

13. *The Gods of the Greeks*, p. 259.

14. Schol. Townl. sobre a *Ilíada*, 14, 319.

15. PLUTARCO. *Iside et Osiride*, 364s.

16. Fgts. 15, 60 e 61 Diels.

17. *The Gods of the Greeks*, p. 2, com ilustração.

18. Cf. TODD-WACE. *A Catalogue of the Sparta Museum*. Oxford, 1906, p. 102 e gravuras 1-3 e 10.

19. Publicação de C.A. Christu.

20. ARISTÓFANES. *Eccles*. 1031. • *Athenische Mitteilungen*, 1893, p. 165, 184.

21. Cf. *Dramatische Gottesgeburt in der griechischen Religion, Eranos Jahrbuch*. Zurique, 1951, p. 13.

22. Cf. *o* periódico *Maia*. Florença 1951, p. 12.

23. OTTO, W.F. *Dionysos*. Frankfurt a.M., 1939, p. 62.

24. Schol. sobre Apollonius Rhodios, I, 916.

25. Cf. Hesychios *s.v.* κέρσαι, κόψαι, τεμεῖν, κεῖραι, γαμῆσαι, tomado em consideração pela primeira vez por N. Fréret em 1761. Quanto à forma, cf. SCHWYZER, E. *Griechische Grammatik*, I, p. 516, n. 6. Quanto ao significado, cf. MAGNIEN, V. *Melanges Cumont*, p. 319.

26. Pausânias 9, 12, 4, de acordo com o texto manuscrito.

Fontes

A.: *Aeschylus* (Ésquilo)
   A.: *Agamenon*
   Ch.: *Choephori*
   Eu.: *Eumenides*
   Pe.: *Persae*
   Pr.: *Prometheus*
   Se.: *Septem contra Thebas*
   Su.: *Supplices*
AAmbr.: *Anonymus Ambrosianus in Studemundi Analectis* I
Acc: *Accius Tragicus*
   M.: *Medea*
Ach. Intr.: *Achillis Introductio in Aratum*
Ae.: *Aelianus*
   NA: *De Natura Animalium*
   VH: *Varia Historia*
Al.: *Alceu*
Alib.: *Antoninus Liberalis Mythographus*
Alcid.: *Alcidamantis Ulisses*
Am.M.: *Ammianus Marcellinus Historicus*
Ant.: *Antigonus Carystius Paradoxographus*
Ap.: *Apollodorus Mythographus*
APal.: *Anthologia Palatina*
Apost.: *Apostolius Paroemiographus*
App.: *Appianus Historicus*
   M.: *Bellum Mithridaticum*
Ar.: *Aristófanes*
   Ach.: *Acharnenses*

Av.: *Aves*

Eq.: *Equites*

Ly.: *Lysistrata*

N.: *Nubes*

Pax

Th.: *Tesmophorizusae*

Ve.: *Vespae*

Arat.: *Aratus Epicus*

Archil.: *Archilocus Lyricus*

ARh.: *Apollonios Rhodios*

Ari.: *Aristóteles*

EN.: *Ethica Nicomachea*

HA.: *Historia Animalium*

MA.: *De Motione Animalium*

Po.: *Poetica*

Pr. an.: *Problemata anecdota*

Aristid.: *Aristides Rhetor*

Arn. AN.: *Arnobius Adversus Nationes*

Arr. A.: *Arriani Anabasis*

Art.: *Artemidori Onirocriticus*

Athenag.: *Athenagoras Apologeta*

Aug. CD.: *Augustinus De Civitate Dei*

B.: *Bacchylides*

Batr.: *Batrachomyomachia*

Bion: *Bucolius*

BKT.: *Berliner Klassikertexte*

c: cum

Ca.: *Callimachus*

Ap.: *Hymnus in Apollinem*

Ce.: *Hymnus in Cererem*

De.: *Hymnus in Delum*

Di.: *Hymnus in Dianam*

Die.: *Diegemata*

He.: *Hecale*

Io.: *Hymnus in Iovem*

LP.: *Lavacrum Palladis*

Cat.: *Catullus*

CG.: *Kaibel, Comicorum Graecorum Fragmenta*

Chr.: *Chrysippus Stoicus*

Ci.: *Cicero*

Le.: *De Legibus*

ND.: *De Natura Decrum*

TD: *Tusculanae Disputationes*

CIA: *Corpus Inscriptionum Atticarum*

CIG: *Corpus Inscriptionum Graecarum*

CI.: *Clemens Alexandrinus*

Pr.: *Protrepticus*

Str.: *Stromateis*

Cla. RP: *Claudianus De Raptu Proserpinae*

Co.: *Coluthus Epicus*

c.s.: *cum scholiis*

D. Chr.: *Dio Chrysostomus*

Diog. Ep: *Diogenes Cynicus in Epistolographis Graecis*

D.H.: *Dionysius Halicarnassenis*

AR: *Antiquitates Romanae*

Op.: *Opuscula*

DM.: *Ventris, Chadwick, Documents in Mycenaean Greek*

D.P.: *Dionysius Periegeta*

D.S.: *Diodorus Siculus*

E.: *Eurípides*

Al.: *Alcestis*

An.: *Andromache*

• **355**

B.: *Bacchae*

Cy.: *Cyclops*

E.: *Electra*

He.: *Hecuba*

Hei.: *Helena*

Her.: *Heraclidae*

HF: *Hercules Furens*

Hi.: *Hippolytus*

IA: *Iphigenia Aulidensis*

Ion

IT: *Iphigenia Taurica*

Me.: *Medea*

Ph.: *Phoenissae*

Rh.: *Rhesus*

Su.: *Supplices*

Tr.: *Troades*

EGr.: *Kaibel, Epigrammata Graeca ex lapidibus collecta*

Enn.: *Ennius*

Ep.: *Epimenides Philosophus*

ep.: *epitoma*

Er. C: *Eratosthenis Catasterismi*

Et. Gen.: *Etymologicum Genuinum*

Et. Gud: *Etymologicum Gudianum*

Et. M.: *Etymologicum Magnum*

Eud.: *Eudoxiae Violarium*

Eu. Il.: *Eusthatius ad Iliadem*

Eu. Od.: *Eusthatius ad Odysseam*

Euph.: *Euphorio Epicus*

Eus.: *Eusebius Caesariensis*

   Chr.: *Chronica*

   PE: *Praeparatio Evangelica*

Fe.: *Festus Grammaticus*
FGH: *Jacoby, Fragmente der griechischen Historiker*
fr.: *fragmentum*

GArat.: *Germanici Aratus*
GG: *Kerényi, The Gods of the Greeks*
    Os números entre parênteses referem-se à edição Penguin
Gra Cy.: *Grattii Cynegetica*

h. Ap.: *Homeri hymnus in Apollinem*
h. C: *Homeri hymnus in Cererem*
h. Ho.: *Homeri Hymni*
h. M.: *Homeri hymnus in Mercurium*
h. Ve.: *Homeri hymnus in Venerem*
Harp.: *Harpocratio Grammaticus*
Hdt.: *Herodotus*
He.: *Hesiodus*
    Sc.: *Scutum Herculis*
Her.: *Herodas Mimographus*
Him.: *Himerii Orationes*
Him. E.: *Himerii Eclogae*
Hi. RH: *Hippolyti Refutatio Omnium Heresium*
Hor.: *Horatius*
    AP: *Ars Poética*
    C: *Carmina*
    Epi.: *Epistulae*
Hsch.: *Hesychius Lexicographus*
Hy.: *Hygini Fabulae*
Hy. A.: *Astronomica*
Hyp.: *Hyperides*
hyp.: *hypothesis*

Ib.: *Ibycus*
ICo.: *inscriptions of Cos*
IG.: *Inscriptiones Graecae*
Il.: *Homeri Ilias*
Io.: *Iosephus Historicus*
    BI: *Bellum Iudaicum*
Is.: *Isocrates Orator*
Iust.: *Iustinus Historicus*

La. Inst.: *Lactantii Institutions*
Li.: *Libanii Orationes*
Li. N.: *Libanii Narrationes*
Li. Pr.: *Libanii Progymnasmata*
Lic.: *Licymnius Lyricus*
Lu.: *Lucianus*
    Am.: *Amores*
    Ba.: *Bacchus*
    Charid.: *Charidemus*
    Cy.: *Cynicus*
    DD.: *Dialogi Deorum*
    DMar.: *Dialogi Marini*
    DMo.: *Dialogi Mortuorum*
    Ind.: *Adversus Indoctum*
    ITr.: *Iuppiter Tragoedus*
    Lex: *Lexiphanes*
    Ph.: *Philopseudes*
    Sa.: *De Saltatione*
    SyrD.: *De Syria Dea*
Ly.: *Lycophron*
Lycurg.: *Lycurgus Orator*

Ma.: *Macrobius*
    S.: *Saturnalia*
    So.: *Somnium Scipionis*
Mal. Chr.: *Malalas Chronographus*

Me.: *Meander Comicus*

Mi.: *Mimnermus*

Mo.: *Moschus Bucolicus*

Mo. Chor. Pr.: *Mosis Chorenensis Progymnasmata in Eusebii Chronica ed. Mai*

MVat.: *Mythographus Vaticanus*

N. Al.: *Nicandri Alexipharmaca*

N. D.: *Nonni Dionysiaca*

N. N.: *Nonnus commentator Gregori Nazianzeni*

N. Pr.: *Nicolai Progymnasmata*

N. Th.: *Nicandri Theriaca*

Od.: *Homeri Odyssea*

Op.: *Hesiodi Opera et Dies*

Opp.: *Oppiani Halieutica*

Or.: Kern.: *Orphicorum Fragmenta*

Or. A.: *Orphei Argonautica*

Or. H.: *Orphei Hymni*

Ori. C.: *Origenes contra Celsum*

Ov.: *Ovidius*

    AA: *Ars Amatoria*

    Am.: *Amores*

    F.: *Fasti*

    Ib.: *Ibis*

    M.: *Metamorphoses*

Pa.: *Pausanias Periegeta*

Pac: *Pacuvius Tragicus*

Par.: *Parthenius Mythographus*

Ph.: *Philostratus Sophista*

    Her.: *Heroicus*

    Im.: *Imagines*

VA: *Vita Apollonii*

Pha.: *Phanocles Elegiacus*

Phi.: *Philemo Comicus*

Philo: *Philo Iudaeus*

Ph. iun.: *Philostratus iunior*

Phot.: *Photii Lexicon*

Phot. B.: *Photii Bibliotheca*

Phr.: *Phrynichus Tragicus*

Pi.: *Pindarus*

    I.: *Isthmia*

    N.: *Nemea*

    O.: *Olympia*

    P.: *Pythia*

Pl.: *Plato (Platão)*

    Ax.: *Axiochus*

    Epi.: *Epinomis*

    Ethd.: *Euthydemus*

    Ethph.: *Euthyphron*

    Le.: *Leges*

    Mx.: *Menexenos*

    Phd.: *Phaedo*

    Phdr.: *Phaedrus*

    Pr.: *Protagoras*

    Sy.: *Symposium*

    Ti.: *Timaeus*

Pla.: *Plautus Comicus*

    Am.: *Amphitruo*

    B.: *Bacchides*

    Ru.: *Rudens*

Pli. NH: *Plinii Naturalis Historia*

Plu.: *Plutarchi Moralia*

Plu. Ro.: *Plutarchi Romulus*

Plu. Ser.: *Plutarchi Sertorius*

Plu. Ti.: *Plutarchi Timoleon*

Plu. Th.: *Plutarchi Theseus*

PMag.: *Preisendanz, Papyri Magici Graeci*

PO.: *Oxyrhynchus Papyri*

Pol.: *Pollux Grammaticus*

Po.M.: *Pomponius Mela Geographus*

Pr. Chr.: *Procli Chrestomathia; quar ad Homerum pertinent ed. Allen, caetera ed. Bekker*

Prop.: *Propertius*

PSI: *Papiri della Società Italiana*

Q. S.: *Quintus Smyrnaeus*

Rh. Gr.: *Spengel, Rhetores Graeci*

s.: *scholium in* (*Servius vel Probus in Vergilium*)

S.: *Sophocles*

    Ai.: *Aiax*

    An.: *Antigone*

    E.: *Electra*

    OC: *Oedipus Coloneus*

    Ot: *Oedipus Tyrannus*

    Ph.: *Philoctetes*

    Tr.: *Trachiniae*

Sa.: *Sappho*

Scy.: *Scythinus Lyricus*

Se.: *Seneca Tragicus*

    HF: *Hercules Furens*

    HOe: *Hercules Oetaeus*

    Thy.: *Thystes*

    Tr.: *Troades*

SEmp.: *Sextus Empiricus Philosophus*

Si.: *Simonides Lyricus*

Sol.: *Solinus Historicus*

Sosi.: *Sositheus Tragicus*

St. By.: *Stephanus Byzantinus Lexicographus*

Ste.: *Stesichorus Luricus*

Str.: *Strabo geographus*

St. Th.: *Statii Thebais*

Su.: *Suidas Lexicographus*

Sup. E.: *Supplementum Euripideum ed. Arnim*

Syll.: *Dittenberger, Sylloge Inscriptionum Graecarum ed. 3.*

Terp.: *Terpander Lyricus*

Tert. Val.: *Tertullianus contra Valerianos*

Th.: *Hesiodi Theogonia*

The.: *Theocritus*

Thgn.: *Theognis*

Thu.: *Thucydides*

Tz.: *Tzetzes*

    Chil: *Chiliades*

    Co.: *de Comoedia*

    Ly.: *ad Lycophronem*

    Posthom.: *Posthomerica*

Va. LL: *Varro De Lingua Latina*

Ve.: *Vergilius*

    A.: *Aeneis*

    Cu.: *Culex*

    E.: *Eclogae*

    G.: *Georgica*

V. Fl.: *Valerii Flacci Argonautica*

Zen.: *Zenobius Paroemiographus*

Documentos para os livros um, dois, três

[Seguem-se as indicações originais.]
27. GG 112 (99)
28. s. Pi. P. 3. 153
29. GG 254 (228)
30. GG 28 (24)
31. Hdt. 2. 51. 2
32. Lu. Charid. 9
33. Ap. 3. 1. 1
34. Il. 14. 321
35. s. E. Rh. 29
36. Ap. 3. 1. 1
37. D. S. 5. 48. 2
    s. E. Ph. 7
    s. A. Rh. 1. 916
38. D. S. 5. 49. 1
39. s. E. Ph. 7
40. D. S. 5. 49. 1
41. s. Il. 2. 494
    Ov. M. 2. 8
42. Ap. 3. 4. 1
43. Hdt. 4. 147. 5
    s. Ly. 1206
44. s. E. Ph. 638
45. s. Ca. Io. 3
46. Pa. 9. 12. 2
47. s. Il. 2. 494

48. Ov. M. 3. 26
49. s. S. An. 126
50. Phot. B. 2277. 6
51. Pa. 9. 5. 1
52. s. A. Rh. 3. 1178
53. E. Ph. 663
54. s. E. Ph. 662
55. E. Ph. 667
56. s. E. Ph. 670
57. s. A. Rh. 3. 1178
58. E. Ph. 939
59. Ari. Po. 16
    Hy. 72
60. Ap. 3. 4. 2
61. s. A. Rh. 1. 916
62. N. D. 3-4
63. GG 72 (63)
64. Pa. 9. 16. 4
65. Ap. 3. 4. 2
66. Pi. P. 3. 90
    Ap. 1. 4. 2
    s. Il. 2. 494
67. N. D. 5. 120
68. Ap. 1. 9. 15
69. Thgn. 15
    E. B. 881; 901

70. Pi. P. 3. 91
   Ca. fr. 11. 4
71. s. II. 2. 494
   Pa. 3. 18. 12
72. Ap. 3. 4. 2
73. s. Pi. P. 3. 167
   Ap. 3. 4. 2
74. GG 109 (96)
75. GG 257 (226)
76. GG 262 (230)
77. GG 146 (124)
78. GG 264 (233)
79. Pa. 9. 5. 3
80. E. B. 1333
81. E. B. 1330; 1334
82. St. B.
83. s. V. Ae. 1. 243
84. Ca. fr. 11. 4
85. E. B. 1338
86. Pi. O. 2. 77
87. Ap. 3. 5. 4
88. E. Ph. 822
89. GG 153 (135)
90. GG 204 (184)
91. Ca. De. 80
92. s. Ly. 1211
93. PO. 1241. IV. 6
94. s. Pi. P. 9. 5
95. Pa. 9. 10. 5
96. Od. 11, 260-5
97. Pa. 9. 10. 5
98. s. Pi. O. 13. 74
99. s. A. Rh. 4. 1090

100. Pa. 2. 6. 2
101. St. B.
102. Hsch.
103. E. HF 29
104. Pa. 1. 38. 9
105. Sup. E. p. 11
106. E. fr. 1023
   Ph. Im. 1. 10
107. Hor. Epi. 1. 18. 41
108. Pac. fr. XIII
109. Pa. 9. 17. 6
110. Pa. 9. 5. 7
111. GG 222 (196)
112. s. E. Ph. 159
113. Hy. 9
114. Pa. 9. 17. 4
115. Pa. 9. 17. 6
116. Pa. 10. 31. 10
117. GG 222 (196)
118. Ap. 2. 1. 4
119. s. A. Rh. 3. 1186
120. s. E. He. 886
121. Ap. 2. 1. 4
122. s. Il. 1. 42
123. Ath. 651 f
124. Cl. Str. 4. 19. 120. 4
125. A. Su. 250
126. Pa. 2. 19. 3
127. Ap. 2. 1. 5
128. Pa. 2. 19. 6
129. A. fr. 44
130. Pa. 2. 25. 4
131. Ap. 2. 1. 5

132. Pi. P. 9. 112

133. s. E. He. 886

134. Pl. Ax. 371e

135. Hy. 169

136. Pa. 2. 15. 5

137. Ap. 2. 1. 4

138. Pa. 2. 38. 2

139. Str. 8. 6. 8

140. Ap. 2. 2. 1

141. Pa. 2. 25. 7

142. Pa. 2. 16. 2

143. Ap. 2. 2. 1

144. Str. 8. 6. 11

145. GG 253

146. s. Il. 14. 319

147. s. A. Rh. 4. 1091

148. S. An. 944

149. Si. 27

150. PSI. 1209

151. PO. 2161. 1. 23

152. s. A. Rh. 4. 1091

153. s. A. Rh. 4. 1515

154. h. C. 9 et 17

155. Pi. P. 12. 15

156. Hy. 63

157. GG 129 (114)

158. Ap. 2. 4. 2

159. s. A. Rh. 4. 1515

160. GG 185 (164)

161. s. A. Rh. 1515

162. Art. 4. 63

163. Er. C. 22

164. N. D. 25. 32

165. Et. Gud. 462

166. Th. 275

167. GG 45 (40)

168. A. Pr. 796

169. Ov. M. 4. 778

170. A. Pr. 791

171. Hy. A. 1. 12

172. N. D. 31. 17

173. Er. C. 22

174. A. fr. 261

175. GG 49 (43)

176. s. A. Rh. 4. 1515

177. Ap. 2. 4. 2

178. Lu. DMo. 14. 2

179. Ap. 2. 4. 3

180. Ov. Am 3. 11. 24

181. He. Sc. 220

182. Pi. P. 10. 31

183. Pa. 4. 35. 9

     Str. 16. 2. 28

     Io. BI. 3. 9. 3

184. Ar. R. 52

185. E. fr. 125

186. E. fr. 132

187. Ap. 2. 4. 3

188. Ov. M. 5. 180

189. Er. C. 15-17; 22

190. Ap. 2. 4. 3

191. s. Pi. P. 72

192. s. A. Rh. 4. 1515

193. Ap. 2. 4. 4

194. s. A. Rh. 4. 1091

195. Hy. 244

196. Ap. 2. 4. 4

197. Pa. 2. 16. 4

198. Od. 2. 120

    s. N. Al. 103

199. s. Il. 15. 302

200. Pa. 2. 16. 3

201. A. Pe. 79

202. s. Il. 14. 319

203. Pa. 2. 20. 4

204. Pa. 2. 22. 1

205. N. D. 47. 666

206. Pa. 2. 23. 7

    N. D. 47. 714

207. Pa. 2. 23. 8

208. s. Il. 14. 319

209. Plu. 364f

210. GG 259 (228)

211. Pa. 2. 18. 1

212. GG 222 (196)

213. Pa. 3. 22. 4

    s. E. Or. 5

214. Pa. 5. 13. 7

    8. 17. 3

215. Pa. 7. 24. 13

216. Pa. 2. 22. 3

217. Pa. 2. 22. 2

218. St. By.

219. Aristid. 15

220. E. Or. 5

221. s. E. Or. 5

222. s. Pi. 0. 41

223. N. D. 48. 730

224. Hy. 83

225. A. fr. 158

226. St. By.

227. Him. E. 3. 11

228. Pl. Ethph. 11e

229. Apost. 16.16

230. GG 159 (141)

231. E. Or. 9

232. E. Or. 8

233. Plu. 607f

234. Pi. O. 1. 38

235. E. IT 386

236. Se. Th. 144

237. GG 254 (224)

238. s. Ly 152

239. E. Hel. 389

240. Pi. O. 1. 48

241. s. Ve. G. 3-7

242. Or. 36

243. B. fr. 42

244. s. Pi. O. 1. 40

245. Pi. O. 1. 26

246. Ap. ep. 2. 3

247. Pi. O. 1. 27

248. s. Ly. 152

249. s. Ly. 152

250. Ari. Po. 16

251. Pi. O. 1. 43

252. Pi. O. 1. 47

253. Pi. O. 1. 65

254. E. Or. 10

255. Ov. AA 2. 606

256. D. S. 4. 74. 2

257. Pi. O. 1. 60

258. GG 109 (96)

259. GG 210 (186)

260. ALib. 36

261. Eus. Chr. 2. p. 40

262. s. Il. 20. 234

263. Ath. 281b

264. s. Od. 11. 582

265. s. E. Or. 982

266. E. Or. 7 cum s.

267. N. D. 18. 32; 35. 295

268. E. Or. 982 cum s.

269. GG 159 (141)

270. GG 135 (119)

271. Od. 11. 582

272. Pa. 10. 31. 12

273. Il. 2. 101

274. s. Il. 2. 104

275. GG 202 (178)

276. s. A. Rh. 1. 752

277. Pi. O. 10. 49

278. Ap. ep. 2, 4

279. Hy. 253

280. Pa. 5. 22. 6

281. Ly. 166

282. s. A. Rh. 1. 752

283. Ap. ep. 2. 5

284. D. S. 4. 73. 5

285. Pi. O. 1. 79

286. s. Pi. O. 1. 127

287. Pi. O. 1. 67

288. Pi. O. 1. 71

289. Ci TD 2. 27. 67

290. Pa. 5. 23. 7

291. Pa. 8. 14. 10

292. Pa. 8. 14. 11

293. s. Ve. G. 3. 7

294. Hy. 84

295. GG 173 (153)

296. s. S. E. 504

297. S. fr. 433

298. Hy. 84

299. D. S. 4. 73. 4

300. s. A. Rh. 1. 752

301. Ap. ep. 9. 2. 7

302. E. IT 823

303. S. E. 504

E. Or. 987; 1547

304. Ap. ep. 9. 2. 8

305. Pa. 8. 14. 12

306. Pa. 5. 20. 6

307. GG 84 (74)

308. Pa. 5. 7. 10

309. Pi. O. 1. 94

310. B. 7. 53

311. Pi. O. 1. 93

312. Pa. 6. 22. 1

313. Pa. 5. 13, 2

314. Pa. 5. 13. 3

315. s. Pi. O. 1. 149

316. Pa. 5. 10. 6

317. Pa. 5. 16. 4

318. Pi. O. 1. 89

319. s. E. Or. 4

320. s, Il. 2. 105

321. Pa. 6. 20. 7

322. GG 228 (201)

323. Ap. 1. 7. 2

324. Od, 10. 2

325. GG 206 (182)

326. Er. C. 1. 18

327. Ov. M. 2. 639

328. GG 144 (127)

329. GG 221 (196)

330. E. fr. 481. 15

331. Hy. A. 1. 18

332. GG 185 (163)

333. Rh. Gr. 7. 1313. 6

334. GG 16 (14)

335. D. H. Op. p. 346. 19

336. Hor. C. 1. 2. 17

337. s. Ly. 722

338. Od. 11. 238

339. s, Ar. Ly. 139

340. s. II. 10. 334

341. Ae. VH 12. 42

342. Ap. 1. 9. 8

343. S. fr. 648 Pearson

344. D. S. 6. 6. 5

345. Pi. P. 4. 136

346. Pol. 4. 141

347. S. fr. 598

348. s. E. Or. 1691

349. Ap. 1. 9. 8

350. OD. 19. 109

351. Pl. I. 5. 14

352. Ap. 1. 9. 7

353. Ve. A. 6. 586

E. fr. 14

354. Hy. 61

D. S. 4. 68. 2

355. V. Fl. 1. 665

356. s. Ve. A. 6. 585

357. Ap. 1. 9. 7

358. Od. 10. 608

359. Ap. 1. 9. 9

360. Ap. 1. 9. 9

361. GG 138 (122)

362. GG 261 (230)

363. Il. 6. 146

364. Hy. 60

365. Il. 6. 153

366. GG 163 (145)

367. Ap. 1. 9. 3

368. s. Ly. 174

369. GG 210 (186)

370. Pa. 2. 5. 1

371. s. Il. 6. 153

372. Thgn. 703

373. GG 250 (220)

374. A. fr. 220

375. Hy 200

s. Od. 19. 432

376. Od. 19. 396

377. He. fr. 136

378. Hy. 201

379. Tz. Ly. 344

380. Polyae. 6. 52

381. s. S. Al. 190

382. A. fr. 175

S. Al. 189

S. Ph. 417

S. fr. 142

E. Cy. 104

IA 524

Ly. 344; 1030

383. S. Ve. G. 3. 267

384. A fr. 39

385. s. Il. 6. 153

386. Pa. 2. 2. 2

387. Oa. 2. 1. 3

388. GG 265 (234)

389. Od. 11. 593

390. Hy. 157

391. GG 42 (37)

392. GG 44

393. Ap. 1. 9. 3

394. GG 50 (44)

395. GG 112 (98)

396. s. Il. 155

397. St. By Mylasa

398. Str. 8. 6. 21

399. GG 105 (42)

400. St. Th. 4. 61

401. S. Il. 155

402. Pi. O. 13. 63

403. GG 111 (98)

404. Pa. 2. 4. 1

405. Pi. 0. 13. 86

406. GG 138 (122)

407. Ap. 2. 3. 1

408. Pa. 10. 30. 5

s. Od. 11. 326

409. Il. 6. 160

410. s. Il. 6. 170

411. Il. 16. 328

412. GG 111 (98)

413. s. Il. 16. 328

414. Il. 6. 181

Th. 319

415. Ap. 2. 3. 2

416. s. Il. 6. 200

417. GG 110 (97)

418. E. fr. 664

419. s. Ar. Pax 141

420. Pl. I. 7. 45

421. E. fr. 285

422. E. Fr. 286

423. E. fr. 306-8

424. Pl. I. 7. 44

425. Il. 6. 201

426. Th. 286

427. s. Il. 6. 155

428. Pl. O. 13. 92

429. GG 264 (233)

430. Str. 9. 5. 8

431. Ap. 1. 9. 1

432. s. Ar. N. 357

433. GG 159 (141)

434. GG 264 (233)

435. Hy. 2

436. s. Pl. P. 4. 288

437. Hdt. 7. 197. 2

s. A Rh. 2. 654

438. GG 183 (162)

439. Pa. 9. 34. 5

440. S. A. Pe. 71

441. s. Ly. 22

442. s. A. Rh. 1. 256

443. A. Rh. 2. 1151

444. Pa. 9. 16. 5

445. GG 257 (226)

446. Pa. 9. 12. 4

447. E. B. 11

448. E. Ph. 651 c. s.

449. s. E. Ph. 8

450. Ap. 3. 5. 5

451. GG 105 (92)

452. Od. 19. 518

453. GG 62 (55)

454. Od. 19. 522

455. s. Od. 19. 518

456. Pa. 9. 5. 9

457. Ap. 3. 5. 5

458. Th. 1. 9. 2

459. Ath. 603a

460. Ae. NA 6. 15
V. H. 13. 5

461. Ap. 3. 5. 5

462. Hy. 85

463. Plu. 750b
D. S. 4. 64. 2

464. hyp. E. Ph.

465. s. E. Ph. 1760

466. Plu. 313e

467. s. Il. 2. 105

468. s. E. Ph. 1760

469. s. E. Ph. 1010

470. A. Se. 745

471. A. Se. 750; 802; 842

472. A. Se. 756

473. A fr. 122

474. A. Se. 691

475. s. E. Ph. 1760

476. s. E. Ph. 1760

477. A. Fr. 173

478. E. Ph. 14

479. E. Ph. 22

480. E. Ph. 22

481. E. Ph. 38

482. S. OT 713

483. hyp. S. Ot III

484. DM. PY 40 Palmer

485. Ar. R. 1190

486. S. E. Ph. 1760

487. hyp. E. Ph. I 104

488. E. Ph. 26

489. E. Ph. 32

490. s. E. Ph. 26

491. GG 263 (232)

492. s. E. Ph. 26; 28
Hy. 66

493. s. E. Ph. 26

494. Pa. 2. 6. 6
FGH 90. 8

495. Ath. 296b

496. Hy. 66

497. s. E. Ph. 1760
S. OT 775

498. E. Ph. 24

499. S OT 1157

500. S. OT 1022

501. S. OT. 774

502. E. Ph. 40

503. E. Ph. 41

504. E. Ph. 42

505. S. OT 809

506. Hy. 67

507. S. Ot 811

508. E. Ph. 44

509. S. OT 806

510. Et. Gen.

511. FGH 90. 8

512. Od. 11. 271

513. Pa. 9. 5. 11
s. E. Ph. 1760

514. S. E. Ph. 53

515. Il. 23. 675

516. FGH 90. 8

517. s. E. Ph. 934; 1031

518. E. Ph. 810

519. Th. 326

520. GG 52 (46)

521. Pa. 5. 11. 2

522. s. E. Ph. 1760

523. s. E. Ph. 45

524. Ap. 3. 5. 8

525. E. Ph. 48

526. s. E. Ph. 50

527. s. E. Ph. 50

528. D. D. 4. 64. 4

529. Ap. 3. 5. 8

530. S. OT 60

531. Ap. 3. 6. 7

532. Ca. LP 70

533. Ap. 3. 6. 7

534. Hy. 75

535. ALib. 17

536. s. Ly. 683

537. Ap. 3. 6. 7

538. s. Od. 19. 494

539. Ov. M. 326

540. s. Od. 10. 494

541. s. Ly. 372

542. Od. 10. 493

543. Od. 11. 91

544. S. OT. 372

545. A. Se. 783
Se. OT 1270

546. s. E. Ph. 61

547. E. Ph. 303

548. E. Ph. 1457

549. S. OT 1426

550. S. OT 1429

551. E. Ph. 63

552. A. Se. 709; 725 ; 781

553. Ath. 465e

554. A. Se. 727; 788; 815
E. Ph. 66

555. s. S. OC 1375

556. E. Ph. 1543

557. MVat. 2. 230

558. E. Ph. 1693

559. S. OT 420

560. E. Ph. 1705

561. S. OC 3

562. S. OC 88

563. S. OC 95

564. S. OC 1456

565. S. OC 1548

566. S. OC 1590

567. S. OC 1621
568. S. OC 1644
569. s. Ari. EN 1111a 7
570. S. OT 421
571. s. S. OC 91
572. EGr. 1135
573. GG 107 (94)
574. Pa. 4. 2. 4
575. Pa. 2. 21. 7
576. Pa. 3. 1. 4
577. Ap. 3. 10. 4
578. Ap. 3. 10. 5
579. Mal Chr. IV 0 100
580. Pa. 3. 1. 4
581. s. A. Rh. 1. 146
582. h. Ho. 33. 4
583. GG Pl. IVa
584. s. Ly. 506
585. Pa. 3. 26. 2
586. Pa. 3. 26. 3
587. Pa. 4. 2. 4; 7
588. s. Il. 9. 557
589. Ap. 3. 10. 3
590. Il. 9. 558
591. s. Il. 9. 557
592. Il. 9. 564
593. Ap. 1. 7. 9
594. Il. 9. 559
595. MVat. 1. 77
596. s. Il. 9. 557
597. Ap. 1. 7. 9
598. Il. 9. 562
599. Pa. 3. 16. 1

600. Hy. 80. 1
601. Pa. 3. 16. 1-3
602. The. 22. 137
603. Ap. 3. 11. 2
604. Od. 11. 300
605. Pr. Chr. 103. 13
    Ly. 535-52
    s. Ly. 536-52
    Pi. N. 10. 55
    s. Pi. N. 10. 114
    Ap. 3. 11. 2
606. Pi. N. 10. 79
607. Od. 11. 301
608. E. Hel. 140
609. Er. C. 10
610. SEmp. 9. 37
611. h. Ho. 33. 8
612. Ap. 1. 8. 1
613. GG 202 (179)
614. He. fr. 120
615. N. D. 43. 60
616. Hy. 175
617. Ap. 1. 7. 7
618. Ap. 1. 7. 6
619. Ath. 35 ab
620. Ap. 1. 8. 1
621. MVat. 1. 87
622. s. Ve. G. 1. 9
623. Ve. G. 1. 9
624. Hy. 129
625. He. fr. 135
626. Hy. 171
627. Hy. 171

628. Ap. 1. 8. 2

629. Il. 9. 533

630. Il. 9. 544

631. Il. 9. 547

632. GG 84 (73)

633. Ap. 1. 8. 2

634. Ap. 2. 6. 3

635. s. A. Rh. 1. 188
  s. Ly. 488

636. A. Rh. 1. 169
  E. fr. 530. 5

637. Pa. 8. 45. 7

638. Ari. fr. 640. 44

639. 11. 21. 482

640. Thgn. 1288

641. Ae. VH 13. 1

642. GG 113 (99)

643. He. fr. 20; 21

644. Pa. 8. 35. 10

645. Ap. 3. 9. 2

646. Ae. VH 13. 1

647. GG 146 (129)

648. Thgn. 1291

649. GG. 153 (136)

650. Ca. Di. 221

651. GG 204 (180)

652. Thgn. 1291

653. Ov. M. 10. 560

654. Hy. 185

655. Ov. M. 10. 578

656. s. The. 2. 120

657. The. 2. 120

658. The. 3. 42

659. Ov. M. 10. 687

660. Gra. Cy. 490

661. Ov. M. 10. 686

662. GG 89 (78)

663. s. Ve. A. 3. 113

664. Ap. 3. 9. 2

665. Ap. 3. 9. 2

666. Ar. Ly. 781

667. Pa. 5. 19. 2

668. Prop. 1. 1. 9

669. Xe. Cyn. 1. 7

670. Ov. AA 3. 775

671. Ap. 3. 9. 2

672. Ap. 1. 8. 2

673. E. fr. 520

674. Ap. 1. 8. 2

675. B. 5. 113

676. Il. 9. 548

677. Ap. 1. 8. 2

678. Ap. 1. 8. 2

679. Il. 9. 549
  Pa. 10. 31. 3

680. Il. 9. 566

681. Il. 9. 553

682. Il. 9. 571

683. Pa. 10. 31. 3

684. Pa. 10. 31. 4

685. ALib. 2

686. Ap. 1. 8. 3

687. Ae. NA 4. 42

688. B. 5. 89

689. GG 272 (240)

690. Syll. 1027

691. Hdt. 2. 44. 3-5

692. Pa. 2. 10. 1

693. Pa. 2. 6. 6-7

694. Pa. 6. 21. 6

695. Pa. 5. 7. 7

696. Pa. 9. 27. 8

697. Ci. ND 3. 42

698. Plu. 304c-e

699. Pa. 8. 31. 3

700. Pi. N. 3. 22

701.Is. 5. 32

702. D. s. 4. 10. 1

703. Pl. fr. 301

704. Ae. VH 2. 32

705. The. 24. 1

706. s. St. Th. 4. 147

707. D. S. 4. 10. 2

708. E. HF 388

709. E. Al. 481; 591

710. s. Ly. 932

711. s. A. Rh. 1. 747

712. He. Sc. 12

713. Ap. 2. 4. 6

714. Pa. 19. 1. 1

715. Ap. 2. 4. 7

716. GG 109 (96)

717. ALib. 41

718. s. Ly. 932

719. GG 109 (96)

720. s. Od. 11. 266

    Pa. 5. 18. 2

    Pla. Am. 760

721. Ath. 498c

722. Ap. 2. 4. 8

723. GG 164 (146)

724. APal. 9. 441

725. s. Od. 11. 266

726. Ap. 2. 4. 8

727. Hy. 29

728. Ap. 2. 4. 8

729. Il. 19. 100

730. s. Il. 19. 119

    ALib 19

    Ov. M. 9. 397

731. Ae. NA 12. 5

732. Pa. 9. 11. 3

733. Hsch. tetradi

734. The. 24. 2

735. He. Sc. 89

736. Pi. I. 5. 32

737. D. S. 4. 9. 5

738. D. S. 4. 9. 6

739. Hy. A. 2. 43

    Er. C. 44

    Ach. Intr. 24

740. Pi. N. 1. 33

741. The. 24. 1

742. Ap. 2. 4. 9

743. Pa. 1. 43. 7

744. Su.

745. s. Il. 18

    570

746. Zen. 4. 45

747. Ap. 2. 4. 9

    D. S. 3. 67. 2

748. Ap. 2. 4. 9

749. The. 24. 37
750. Plu. 271b
751. Pa. 9. 10. 4
752. IG. 14. 1293 B
753. Pa. 9. 27. 8
754. Ap. 2. 4. 9
755. s. The. 13. 6
756. The. 25. 207
757. Pa. 2. 31. 10
    Ap. 2. 4. 11
758. Ap. 2. 4. 10
759. Pa. 9. 27. 7
760. D. S. 4. 29. 3
761. Pa. 9. 27. 6
762. Ap. 2. 4. 10
763. Pi. I. 6. 47
764. Ap. 2. 4. 9
765. Ap. 2. 4. 11
766. Pa. 9. 37. 1
767. D. S. 4. 10. 4
768. E. HF 220
769. Ap. 2. 4. 11
770. Od. 11. 269
771. E. HF 11
772. D. S. 4. 10. 6
773. Ap. 2. 4. 11
774. E. HF 1
775. P. P. 9. 81
776. Pa. 9. 11. 1
777. Plu. 577f
778. GG 138 (122)
779. D. S, 4. 10. 6
780. E. HF 16

781. Pa. 2. 15. 3
782. D. S. 4. 11. 3
783. The. 25. 200
784. Th. 326
785. GG 51 (45)
786. Ep. fr. 2 Diels
787. Pa. 9. 17. 2
788. Il. 21. 483
789. GG 209 (177)
790. Ca. fr. 54-59
791. Ap. 2. 5. 1
792. St. B.
793. The. 25. 256
794. D. S. 4. 11. 4
795. s. Ve. G. 3. 19 Keil
796. Plu. Ti. 26
797. Plu. Ti. 676f
798. Ca. fr. 59. 18
799. Ap. 2. 5. 1
800. The. 25. 277
801. Er. C. 12
802. Pa. 2. 36. 8
803. Th. 313
804. E. HF 420
805. Th. 311
806. Hy. 30
807. Pa. 2. 37. 4
808. Ap. 2. 5. 2
809. GG 51 (45)
810. Al. fr. 118 Bergk
811. S. fr. 203 Bergk
812. E. HF 1190
813. Ap. 2. 6. 2

814. Ap. 2. 5. 2
815. Er. C. 11
816. Ma. So. 1. 12. 2
817. Ap. 2. 4. 12
818. GG 138 (122)
819. Ap. 2. 5. 11
820. Ap. 2. 5. 3
821. Ap. 2. 5. 5
822. Ca. Di. 109
823. E. HF. 377
824. E. Hel. 382
825. s. Pi. O. 3. 53
826. Pi. O. 3. 30
827. GG 154 (136)
828. Hy. 30
829. E. HF. 378
830. Ap. 2. 5. 3
831. Pi. O. 3. 26
832. Str. 5. 1. 9
833. Pi. O. 3. 31
834. GG. 53 (46)
835. Ap. 2. 5. 3
836. Od. 6. 103
837. FGH 1. 6
838. Ap. 2. 5. 4
839. The. 7. 149 c.s.
840. GG 160 (146)
841. Ap. 2. 5. 4
842. s. The. 7. 149
843. D. S. 4. 12. 3
844. Ap. 2. 5. 4
845. Ap. 2. 5. 6
846. D. S. 4. 13. 2

847. Se. HF 243
848. Ve. A. 6. 311
849. S. OT 175
850. Pa. 8. 22. 7
851. Pa. 8. 22. 4
852. s. Ve. A. 8. 299
853. A. Rh. 2. 1036
854. D. S. 4. 13. 2
855. Ap. 2. 5. 6
856. Pa. 8. 22. 4
      D. S. 4. 13. 2
857. Ap. 2. 5. 6
858. A. Rh. 2. 10. 30
859. s. A. Rh. 1. 172
860. Ap. 2. 4. 5
      D. S. 4. 13. 3
861. Pa. 5. 1. 9
      s. Ve. A. 8. 299
862. Ap. 2. 5. 5
863. Pa. 5. 1. 9
864. Ap. 2. 7. 8
865. Ap. 2. 5. 5
866. Ath. 412[a]
867. Ap. 2. 5. 5
868. s. Ca. De. 102
869. Ap. 2. 5. 3
870. Er. C. 28
871. Ap. 2. 5. 5
872. D. S. 4. 33. 1
873. Hy. 33
874. s. Ve. G. 3. 267
875. E. HF 382
876. GG 206 (182)

877. Il. 11. 445

878. Se. HF 451

879. s. Pi. P. 4. 126

880. Il. 2. 763

881. Il. 2. 715

882. Ap. 1. 9. 15

883. Ap. 1. 9. 15

884. Ap. 1. 9. 15

885. GG 33 (28)

886. Ap. 1. 9. 15

887. E. Al. 24

888. E. Al. 476

889. E. Al. 1142

890. Pl. Sy. 179b

891. E. Al. 1140

892. Phr. 2 Nauck

893. D. S. 4. 15. 3

894. D. S. 4. 15. 4

895. Ap. 2. 5. 8

896. D. S. 4. 15. 4

897. GG 179 (159)

898. A. Rh. 1. 1275

899. The. 13. 75

900. A. Rh. 1. 1317

901. E. Al. 499

902. He. Sc. 319

903. He. Sc. 70

904. E. HF 591

He. Sc. 479

905. He. Sc. 338

906. He. Sc. 120

907. GG 185 (163)

908. s. Il. 23. 347

909. Pa. 8. 25. 10

910. Ap. 2. 5. 11

911. Hy. 31

912. He. Sc. 477

913. Ap. 1. 7. 4

914. Pl. Phd. 84e

915. GG 110 (97)

916. Ap. 2. 5. 7

917. BKT 5. 2. 73. 24

Ap. 2. 5. 7

918. 5. 2. 73. 26

919. Ap. 2. 5. 7

920. D. s. 4. 13. 4

921. Plu. th. 14

922. Ap. 2. 5. 9

923. E. HF 409

924. Pi. N. 3. 38

925. s. Pi. N. 3. 64

926. Pi. I. 6. 28

927. Pi. N. 3. 37

928. Il. 5. 266

929. Il. 21. 448

930. Il. 21. 448

931. OV. M. 11. 203

932. Il. 7. 453

933. Il. 21. 453

934. Il. 5. 640

935. s. Il. 20. 146

Ap. 2. 5. 9

s. Ly. 34

936. D. S. 4. 42. 3

937. s. Ly. 34

938. Il. 20. 145

939. s. Il. 20. 146

940. s. Ly. 34

941. Il. 5. 650

942. Il. 5. 642

943. S. Ai. 435

944. S. Al. 1301

    Xe. Cy. 1. 9

    D. S. 4. 32. 5

    Ap. 2. 6. 4

945. Ap. 2. 6. 4

946. Ly. 337 c. s.

    Ap. 2. 6. 4

947. Pi. N. 3. 38

948. Ap. 2. 5. 9

949. Ap. 2. 5. 9

950. D. S. 4. 16. 4

951. A. Rh. 2. 966

952. Ap. 2. 5. 9

953. Plu. Th. 12a

954. Ath. 557a

955. Ly. 1329

956. Ap. ep. 1. 16; 5

    St. Th. 12. 534

957. E. HF 416

958. Ig. 14. 1293 D

959. Il. 15. 30

960. Il. 14. 250

961. Plu. 304c.

962. Ap. 2. 6. 7

963. s. Il. 14. 78

964. Hsch.

965. Ap. 2, 7. 1

966. Plu. 304c.

967. s. The. 7. 5

968. Il. 14. 256; 15. 18

969. GG 156 (138)

970. Th. 293

971. Th. 309

972. Ap. 2. 5. 10

973. Th. 287

974. GG 50 (44)

975. Il. 6. 328

976. Il. 5. 859

977. s. th. 293

978. Th. 287

979. Ve. A. 6. 289

980. s. Th. 287

981. Is. 6. 19

982. s. Il. 11. 690

983. Pa. 6. 25. 3

984. Il. 5. 392

985. s. Il. 11. 690

986. Pi. O. 9. 31

987. Il. 5. 394

988. He. Sc. 359

989. Il. 5. 397

990. GG 143 (126)

991. Il. 11. 690

992. s. A. Rh. 1. 159

    s. Il. 2. 336

993. Hy. 10

994. D. S. 4. 17. 4

995. Or. H. 41

996. Hsch.

997. Pi. P. 9. 105

998. Pi. I. 56

999. Ap. 2. 5. 11

1000. Ph. Im. 2. 22

1. D. S. 4. 18. 1

2. s. A. Rh. 4. 1396

3. s. Lu. Itr. 21

4. Ap. 2. 5. 11

5. D. Chr. 8. 32

6. Po. M. 1. 26; 10. 105

7. Pi. N. 3. 21; 4. 69

   s. Pi. O. 3. 79

8. Str. 3. 2. 11

9. Ath. 470c

10. Ap. 2. 5. 10

11. GG 191 (164)

12. Ath. 470f

13. s. A. Rh. 4. 1399

14. Ath. 470d

15. Ap. 2. 5. 10

16. A. fr. 74

17. Ath. 469e

18. Plu. Ser. 9

19. Hdt. 4. 8

20. A. fr. 199

21. Ap. 2. 5. 10

22. Str. 4. 1. 7

   Po. M. 2. 78

23. Ve. A. 8. 194

24. Prop. 5. 9. 10

25. Ve. A. 8. 243

26. Ve. A. 8. 260

27. D. H. Ar 1. 35. 2

28. Ap. 2. 5. 10

29. GG 38 (33)

30. Pa. 3. 35. 2

31. s. Pi. N. 4. 43

32. GG 24 (26)

33. D. S. 4. 21. 5

34. Cla. Rp 3. 184

35. Pi. I. 6. 32

36. Ap. 5. 6. 1

37. s. Pi. I. 6. 32

38. Pi. N. 4. 25

39. Su

40. s. Pi. N. 4. 25

41. Ap. 2. 5. 10

42. Ap. 2. 5. 11

43. s. A. Rh. 4. 1396

44. GG 32 (28)

45. GG 54 (48)

46. Ath. 469d

47. s. A. Rh. 4. 1396

48. Ap. 2. 5. 11

49. GG 187 (166)

50. Th. 529

51. Ap. 2. 5. 11

52. s. Il. 11. 1

53. A. fr. 192

54. GG 220 (195)

55. th. 522

56. GG Pl. Xib

57. GG Pl. Xla

58. E. fr. 594

59. Ap. 2. 5. 11

60. A. fr. 195-8

61. s. Ve. A. 8. 299

62. Se. HF 324; 535

63. E. Hi. 742

64. E. Hi. 748

65. s. A. Rh. 4. 1396

66. GG 53 (47)

67. Hy. A. 2. 6

68. Ap. 2. 5. 11

69. Ep. fr. 11 Diels

70. Od. 1. 52

71. s. A: Rh. 4. 1396

72. Hy. A. 2. 6

73. Er. C. 2. 3

74. s. Ve. A. 4. 484

75. Od. 1. 50

76. GGP1. II b

77. A. Rh. 4. 1396

78. s. A. Rh. 4. 1396

79. Ap. 2. 5. 11

80. Ap. 2. 5. 12

81. Od. 11. 603

82. Ap. 2. 5. 12

83. Ap. 2. 5. 12
    s. Il. 8. 368

84. h. C. 475

85. Euph. fr. 95

86. Ve. A. 6. 260

87. Ve. A. 6. 304

88. s. Ve. A. 6. 392

89. Ve. A. 6. 413

90. Se. HF 775

91. St. Th. 5. 401

92. Ve. A. 6. 392

93. s. Ve. A. 6. 392

94. GG 34 (30)

95. Th. 770

96. Th. 311

97. Th. 312

98. S. Tr. 1098

99. Ve. A. 6. 421

100. Th. 313

101. Ve. A. 6. 396

102. Ap. 2. 5. 12

103. s. Il. 21. 194

104. B. 5. 71

105. B. 5. 172

106. Od. 11. 633

107. Ap. 2. 5. 12

108. GG 126 (111)

109. Ap. 2. 5. 12

110. D. S. 4. 261. 1

111. E. HF 613

112. Ap. 2. 5. 12

113. Ap. 2. 5. 12

114. s. A. Rh. 101

115. Ve. A. 6. 617

116. Ap. 2. 5. 12

117. Pa. 2. 31. 2

118. Pa. 2. 35. 10

119. Euph. fr. 62

120. Ap. 11. 5. 12

121. Hsch.

122. Pa. 9. 34. 5

123. Archil. 119

124. Diog. Ep. 36

125. Ap. 2. 6. 4

126. Ly. 469

127. Ap. 2. 7. 7

128. Ap. 2. 7. 4

129. GG 153 (136)

130. Il. 2. 620

131. 1b. 2

132. Il. 23. 641

133. s. Il. 23. 641

134. Pl. Phd. 89c c.

135. Pi. O. 10. 33

136. Pa. 8. 14. 9

137. Ap. 2. 7. 2

138. Pi. 0. 10. 26

139. Pa. 5. 2. 2

140. Ap. 2. 7. 2

141. Pi. 0. 2. 3

142. Pi. 0. 8. 3. 11

143. Pa. 5. 14. 2

144. Pa. 5. 13. 2

145. Ap. 2. 7. 2

146. D. S. 4. 14. 1

147. Ap. 2. 4. 12

148. Pi. I. 4. 69

149. E. HF 526

150. E. HF 615

151. E. HF 575

152. E. HF 572

153. Pa. 9. 11. 2

154. E. HF 937

155. s. Pi. I. 4. 104

156. Ap. 2. 6. 1
    D. S. 4. 31. 1

157. Ar. Th. 108

158. s. S. Tr. 354
    Pa. 4. 33. 5

159. Od. 8. 224

160. A. Rh. 1. 88

161. s. Il. 5. 392

162. Pa. 4. 2. 2

163. Od. 21. 32

164. Od. 21. 15

165. Od. 21. 258

166. Ap. 2. 6. 1

167. s. S. Tr. 354

168. The. 24. 107

169. s. The. 13. 56

170. s. Ly. 50; 458

171. Ap. 3. 12

172. Ap. 2. 6. 1
    D. S. 4. 31. 2

173. S. Tr. 268

174. Od. 21. 22

175. D. S. 4. 31. 2

176. s. Od. 21. 22

177. Od. 21. 26

178. Ap. 2. 6. 3

179. Od. 21. 28

180. Ap. 2. 6. 2
    D. S. 4. 31. 3

181. s. Pi. I. 4. 104

182. Ap. 2. 6. 2

183. Od. 8. 226

184. Il. 1. 53

185. Plu. 557d

186. s. Pi. O. 9. 43

187. Ap. 2. 6. 2
    Hy 32
    s. Ve. A. 8. 299

188. Pa. 10. 13. 8

189. Ap. 2. 6. 2

190. Pa. 3. 21. 8

191. Hy. 32
    s. Ve. A. 8. 299

192. s. Ve. A. 8 299
    S. Tr. 275

193. Ap. 2. 6. 3

194. D. S. 4. 31. 6

195. s. Od. 21. 22

196. Lu. DD. 23. 2

197. s. A. Rh. 1. 1289

198. Plu. 301f

199. 1Co 36c

200. Plu. 304c

201. Hdt. 1. 7. 4

202. St. By

203. D. S. 4. 31. 5

204. Ap. 2. 6. 3

205. D. S. 31. 5

206. Hdt. 1. 93. 4

207. Ath. 516a

208. Ov. F. 2. 305

209. Ov. Her. 9. 73

210. D. S. 4. 31. 5

211. Hy. A. 2. 14

212. Ap. 2. 6. 3

213. Su.

214. Su.

215. GG 85 (74)

216. Eud. 72

217. s. Ly. 9

218. GG 21 (18)

219. Ap. 2. 6. 3

220. Hdt. 216

221. s. Ar. N. 1050

222. Su.

223. Eud. 72

224. App. BC 5. 69

225. Ap. 2. 6. 3

226. FGH 26. 1. 17

227. Ap. 2. 6. 3 cum
    Tz. Chil. 2. 434

228. Hdt. 7. 115

229. Ap. 2. 6. 3 cum
    Tz. Chil. 2. 432

230. E. fr. 688

231. E. fr. 689

232. E. fr. 690

233. Ap. 2. 6. 3

234. Tz. Com. 3. 27

235. Philo Il. 461 M.

236. E. fr. 691

237. E. fr. 693

238. FGH 26. 1. 17

239. s. The. 10. 4

240. The. 10. 41

241. Pol. 4. 54

242. Su.

243. s. The. 10. 4

244. Ath. 415b

245. s. Ve. E. 8. 68

246. Sosi. fr. 2. 1

247. Sosi, fr. 3

248. s. Il. 24. 616

249. GG 159 (141) Pl. Via

250. Ap. 1. 8. 1

251. Ap. 1. 8. 1

252. S. Tr. 18

253. S. Tr. 10

254. GG ill. on p. 57 (50)

255. GG 56 (49)

256. GG 56 (50)

257. s. Il. 21. 194

258. S. Tr. 523

259. S. Tr. 21

260. S. Tr. 26; 516
N. D. 43. 13

261. Ov. M. 9. 85

262. Ap. 2. 7. 5

263. S. Tr. 569

264. Il. 16. 115

265. Ap. 1. 7. 10

266. Str. 10. 2. 5

267. Th. 341

268. S. Tr. 559

269. Ap. 2. 7. 6

270. D. S. 4. 35. 4

271. D. Ch. 60. 1

272. Ap. 2. 7. 6

273. S. Tr. 565

274. S. Tr. 556

275. He. fr. 135, 19 cum PO.
2075. 9

276. S. Tr. 38

277. S. Tr. 259

278. S. Tr. 354

279. S. Tr. 360

280. S. Tr. 1160

281. S. Tr. 750

282. Ap. 2. 7. 7

283. S. Tr. 1157

284. D. S. 4. 37. 3

285. S. Tr. 735

286. S. Tr. 780

287. S. Tr. 930

288. S. Tr. 1191

289. S. Tr. 1219

290. S. Tr. 1255

291. S. Tr. 200

292. Ca. Di. 159

293. Hdt. 7. 198

294. S. Tr. 1214

295. D. S. 4. 38. 4

296. S. Ph. 801

297. Ap. 2. 7. 7

298. S. Ph. 802

299. Lu. Am. 54

300. Lu. Am. 1

301. Ca. Di. 159

302. Li. 36. 30

303. Ap. 2. 7. 7

304. Il. 23. 252

305. D. S. 4. 38. 5

306. s. Ve. G. 1. 34

307. Ap. 2. 7. 7

308. D. S. 4. 39. 2

309. Pl. N. 10. 118

310. GG 98 (87)

311. Th. 950

312. Pi. I. 4. 67

313. PO. 2075. 16

314. Od. 11. 601

315. Er. C. 4

316. Arat. 63

317. Aristid. 40. 16

318. Hdt. 6. 52. 1

319. E. Her. 12

320. FGH 1. 30

321. Pi. P. 9. 80

322. s. Pi. p. 9. 137

323. E. Her. 6

324. Ap. 2. 8. 1

325. E. Her. 851

326. E. Her. 403

327. E. Her. 41

328. Pa. 1. 32. 6

329. GG 210 (185)

330. GG 124 (109)

331. Ap. 3. 14. 1
    s. Ar. Ve. 438

332. s. Ar. PI. 773

333. Ath. 555c

334. FHG 2. 319
    Iust. 2. 6. 7

335. Su.

336. Str. 9. 20

337. Pli. NH 7. 194

338. GG 124 (110)

339. s. Pi. O. 9. 68

340. Ci. Le. 2. 63

341. Ar. Ve. 438

342. Ath. 555c

343. Aug. CD 18. 9

344. Pa. 2. 15. 5

345. GG 222 (196)

346. Ap. 3. 14. 1

347. s. Il. 17. 54

348. Hdt. 5. 82

349. Ap. 3. 14. 1

350. Ov. M. 6. 72

351. Ap. 3. 14. 1

352. Ap. 3. 14. 2

353. Su.

354. Pa. 8. 2. 3

355. Eus. Pe 10. 9. 22

356. Su.

357. Athenag. 1

358. GG 124 (110)

359. Ap. 3. 14. 2

360. GG 124 (110)

361. E. Ion 496

362. Ap. 3. 14. 2

363. Pa. 6. 10. 2-5

364. GG 125 (110)

365. Hdt. 8. 41. 2
    Ar. Ly. 759

366. GG 123 (109)

367. Ap. 3. 14. 6

368. Hy. A. 2. 13

369. Ap. 3. 14. 6

370. Ap. 3. 14. 7

371. Il. 2. 547

372. Od. 5. 8

373. E. Me. 824

374. IG. 12. 444. 24

375. Plu. 843b

376. E. Ion 23

377. E. Ion 281

378. Athenag. 1

379. Pa. 1. 26. 5

380. Pa. 1. 5. 2

381. Thu. 2. 15. 1

382. Str. 9. 1. 17

383. Thu. 1. 20. 2

384. Ae. VH 12. 28

385. Ap. 3. 15. 8

386. FGH 328. 105

387. Su.

388. Hy. 46

389. Lycurg. 98

390. E. fr. 360

391. Ap. 3. 15. 4

392. Ap. 3. 15. 5

393. Hy. 46

394. E. fr. 357

395. Ap. 3. 15. 5

396. Art. 2. 12

397. GG 24 (21)

398. E. Hi. 30

    D. S. 4. 62. 2

399. E. Me. 683

400. Pa. 2. 31. 9

401. Pa. 2. 33. 1

402. Pa. 2. 33. 1

403. Hy. 37

403a. Ap. 3. 15. 7

404. Ap. 3. 15. 6

405. Ap. 3. 15. 6 Plu. Th. 2c

406. s. E. Hi. 11

407. Ap. 3. 15. 7

408. Plu. Th. 2c

409. Ap. 3. 15. 7

410. Pa. 2. 32. 9

411. Ap. 3. 15. 7

412. Pa. 1. 27. 7

413. Plu. Th. 2e

413a. Pa. 1. 27. 8

414. Lu. Cy. 14

415. Ap. 3. 16. 1

416. Plu. Th. 4b

417. Ap. 3. 16. 1

418. Plu. Th. 4b

429. Pa. 2. 1. 3

420. B. 18. 20

421. Ap. 3. 16. 2

422. Str. 9. 1. 4

423. Pa. 2. 1. 3

424. Plu. Th. 4c

425. Pa. 2. 1. 3

426. Ap. ep. 1. 1

427. B. 18. 23

428. Pa. 1. 44. 8

429. Ap. ep. 1. 2

430. GG 114

431. s. E. Hi. 979

432. Plu. Th. 4f

433. Ly. 111

434. Pa. 1. 36. 1

435. Str. 9. 1. 9

436. GG 210 (186)

437. Ap. 3. 12. 6

438. Pl. Ap. 41a

439. D. S. 4. 59. 5

440. Pa. 1. 39. 3

441. Ap. ep. 1.3

442. Pa. 1. 39. 3

443. Hy. 38

444. D. S. 4. 59. 5

445. B. 18. 28

446. Ap. ep. 1.4

447. GG 85 (74)

448. B. 18. 27

449. S. Ve. G. 1. 399

450. Ov. Ib. 407

451. Pa. 1. 38. 5

452. Pa. 1. 38. 5

453. D. S. 4. 59. 5

454. S. fr. 19

455. Ap. ep. 1. 4

456. D. S. 4. 59. 5

457. Plu. Th. 5b

458. Ap. ep. 1. 5

459. Plu. Th. 5c

460. Pa. 1. 37. 2

461. Pa. 1. 37. 4

462. Plu. Th. 5d

463. Plu. Th. 17d

464. Plu. Th. 5d

465. B. 18. 30

466. Plu. Th. 5d

467. Pa. 1. 19. 1

468. Ap. ep. 1. 5

469. B. 18. 46

470. Ov. M. 7. 420

471. Plu. Th. **Se**

472. Ap. ep. 1. 6

473. Ca. fr. 233

474. s. Il. 11. 741

475. Plu. Th. **Se**

476. Ap. ep. 1. 6

477. Plu. Th. 5f

478. S. fr. 872

479. Hy. 244

480. Ap. ep. 1. 11

481. s. E. Hi. 35

482. E. Hi. 35

483. Ca. Di. 10. 21

484. Pa. 1. 27. 10

485. s. Ve. 6. 20

486. Ca. fr. 238. 15

487. Plu. Th. 6b

488. Th. 411

489. Ca. fr. 231

490. Ca. fr. 258

491. APal. 16. 105. 3

492. Ca. fr. 259

493. Ca. fr. 260. 4

494. Ca. fr. 262

495. Ca. Di. 11. 5

496. Plu. Th. 6b

497. Plu. Th. 6c

498. Ap. 3. 15. 7

499. Ap. 3. 15. 7 D. S. 4. 60. 5

500. Ap. 3. 15. 7

501. GG 110 (97)

502. Ap. 3. 15. 8

503. Ap. 3. 15. 8

504. Ov. M. 8. 145

505. Plu. Th. 6c

506. Plu. Th. 7c

507. B. 17. 2

508. Ap. ep. 1. 7

509. Plu. Th. 7c

510. s. Ve. A. 6. 21

511. Pa. 1. 17. 3

512. D. S. 4. 72. 7

513. B. 17. 8

514. B. 17. 102

515. Hy. A. 2. 5

516. Plu. Th. 7d

517. Si. fr. 33

518. s. Ve. G. 1. 222

519. Hsch.

520. GG 269 (237)

521. Hy. 42

522. Ap. 3. 1. 4

523. Pa. 2. 31. 1

524. Hy. 255

525. Od. 11. 323

526. Ap. ep. 1. 8

527. Plu. Th. 8b

528. s. Od. 11. 322

529. Ap. ep. 1. 11
    Ov. M. 8. 188

530. Hy. A. 2. 5

531. s. Ve. G. 222

532. s. Pi. N. 5. 89

533. Plu. Th. 8a

534. D. S. 4. 61. 5

535. D. S. 4. 61. 5

536. Od. 11. 322

537. Plu. Th. 9a

538. Plu. Th. 8f

539. Pa. 2. 23. 7

540. Plu. Th. 9c

541. Il. 18. 591

542. DM. KN 205 Palmer

543. D. S. 4. 61. 5

544. Pr. Chr. p. 322 Bek.

545. Pl. XVIb

546. D. S. 5. 51. 4

547. Hy. 43

548. D. S. 5. 51. 4

549. s. The. 2. 45

550. The. 2. 45

551. Plu. Th. 9c

552. Plu. Th. 9d

553. Plu. Th. lOd

554. Plu. Th. 9e

555. Ap. ep. 1. 10

556. Plu. Th. 13e
    Plu. Ro. 38e
    Ath. 557a

557. Plu. Th. 8f

558. D. S. 4. 62. 1

559. Pa. 9. 35. 5

560. IG, 4^2 1. 128. 43

561. N. D. 14. 221

562. D. S. 5. 52. 2

563. GG 271 (238)

564. Ath. 557a

565. Plu. Th. 14e

566. Hy. 155

567. GG 154 (141)

568. Il. 14. 317

569. Hy. 14. 6

570. GG 160 (142)

571. s. Il. 1. 263

572. He. fr. 200

573. s. Il. 1. 264

574. A. Rh. 1. 59

575. Pi. fr. 150, 5

576. Ve. A. 6. 449

577. Ap. ep. 1. 21

578. Plu. Th. 14c

579. Prop. 2. 2. 9

580. Od. 21. 295

581. OV. M. 12. 210

582. Ov. M. 12. 227

583. Il. 1. 265

    Plu. Th. 14d

584. Il. 2. 742

585. Plu. Th. 14b

586. S. OC 1539

587. Plu. Th. 14c

588. s. Il. 3. 144

    Pi. fr. 227

589. Ap. ep. 1. 23

590. D. S. 4. 63. 2

    s. Ly. 513

591. Is. lc. 19

592. Pa. 1. 41. 5

593. Plu. Th. 14f

594. Plu. Th. 15a

    D. S. 4. 63. 3

595. Pa. 5. 17. 6

596. Il. 3. 143

597. Il. 3. 236

598. Pa. 2. 21. 6

599. s. Ar. Ly. 645

600. s. Il. 3. 242

601. s. A. Rh. 1. 101

602. Pa. 1. 17. 4

603. Plu. Th. 15a

604. Ve. A. 6. 397

605. Hy. 79

606. Se. HF 662

607. Pa. 10. 28. 2

608. Ve. A. 6. 393

609. Ap. ep. 1. 24

610. Pa. 10. 29. 9

611. Ap. 2. 5. 12

612. Ap. ep. 1. 24

613. Hor. C. 4. 7. 27

614. Ap. 2. 5. 12

615. Ap. ep. 1. 24

616. Hor. C. 3. 4. 79

617. Pa. 10. 29. 9

618. s. Ar. Eq. 1368

619. Hy. 79

620. Ve. A. 6. 617

621. Ve. A. 6. 601

622. Hor. C. 4. 7. 28

623. D. S. 4. 6. 4

624. Hy. 43

625. Thu. 2. 15

    Plu. Th. lOf

626. Plu. Th. 11a

627. Plu. Th. 13f

628. Plu. Th. 14a

629. Pa. 1. 2. 1

630. Pa. 1. 41. 7

631. Pa. 1. 2. 1

632. Plu. Th. 12a

Pa. 1. 2. 1

633. Q. S. 13. 496

634. Ap. ep. 1. 16

635. Plu. Th. 13a

636. Ar. Ly. 679

637. Plu. Th. 13a

638. Pa. 1. 17. 2

639. Pa. 1. 15. 2

640. Plu. Th. 13d

641. Ap. ep. 5. 2

642. Ap. ep. 1. 17

643. D. S. 4. 28. 4

Pa. 1. 2. 1

Plu. Th. 13b

644. Ca. Di. 239; 266

645. D. S. 4. 62. 2

646. IG. 1^2 310. 280

647. E. Hi. 31

648. E. Hi. 24

649. E. Hi. 953

650. Pa. 2. 32. 3

651. E. Hi. 72

652. Ap. ep. 1. 18

653. E. Hi. 888

654. E. Hi. 1197

655. Pa. 2. 32. 1

656. Pa. 1. 22. 1

657. Pa. 2. 32. 10

658. Pa. 10. 29. 3

659. Pa. 2. 32. 1

660. E. Hi. 1425

661. Ve. A. 7. 769

662. Pa. 2. 27. 4

663. Pa. 2. 32. 1

664. Ve. A. 7. 774

665. Plu. Th. 17b

666. Plu. Th. 15b

667. Plu. Th. 16f

668. He. fr. 18

669. Ap. 1. 9. 16

670. A. Rh. 1. 232

671. He. fr. 19

Pi. N. 3. 54

672. Pi. P. 4. 119

673. A. Rh. 1. 554

674. GG 113 (99)

675. Od. 12. 72

676. A. Rh. 3. 67

677. V. Fl. 1. 83

678. Hy. 13

679. Hy. 13

680. Hy. 12

681. A. Rh. 1. 12

682. A. Rh. 1. 5

683. s. Pi. P. 4. 133

684. Ap. 1. 9. 16

685. Pi. P. 4. 71

686. Pi. P. 4. 120

687. Mi. 11. 5

688. GG 194 (171)

689. Od. 10. 139

690. Th. 957

691. A. Rh. 2. 1194
  3. 191; 337
692. Acc. M. fr. I
693. s. A. Rh. 1. 4
694. A. Rh. 1. 19
695. A. Rh. 1. 551; 721
696. s. E. Me. 1
  D. S. 4. 41. 3
697. E. Me. 3
698. Hy. A. 2. 37
699. Ly. 1319
  Ca. fr. 16
700. Ap. 1. 9. 16
701. Pi. P. 4
702. s. A. Rh. 1. 230
703. Od. 13. 59
704. A. Rh. 2. 596
705. s. A. Rh. 2. 596
706. A. Rh. 4. 786
707. Od. 13. 70
708. Pi. P. 4. 169
709. Th. 995
710. A. Rh. 112
  Ap. 1. 9. 16
  V. Fl. 1. 124
711. Ap. 1. 9. 6
712. A. Rh. 1. 109
713. A. Rh. 2. 854
714. Pi. P. 4. 171
715. A. Rh. 1. 137
716. A. Rh. 1. 151
717. Pi. P. 4. 176
718. s. A. Rh. 1. 23

719. s. Od. 19. 432
720. Pi. P. 4. 178
721. A. Rh. 1. 54
722. A. Rh. 1. 142
723. A. Rh. 1. 172
724. A. Rh. 1. 65
725. A. Rh. 1. 93-4
726. A. Rh. 1. 49
727. A. Rh. 1. 323
728. Ap. 1. 9. 16
729. Hy. 14
730. A. Rh. 1. 359
731. A. Rh. 1. 494
732. A. Ch. 631
733. Ap. 1. 9. 17
734. s. Il. 7. 468
735. Pa. 3. 24. 3
736. Phot.
737. Hdt. 6. 138. 4
738. s. A. Rh. 1. 769
739. A. Rh. 1. 635
740. A. Rh. 1. 855
741. Pi. P. 4. 253
742. Pi. O. 4. 30
743. A. fr. 96
744. A. Rh. 1. 861
745. V. Fl. 2. 367
  St. Th. 5. 460
  Ov. H. 6. 56
746. A. Rh. 1. 850
747. A. Rh. 1. 886
748. Il. 7. 468
749. hyp. Pi. N.

750. D. S. 5. 49. 6

751. D. S. 4. 49. 8

752. A. Rh. 1. 917

753. Od. 10. 108

754. A. Rh. 1. 936

755. s. A. Rh. 1. 1117

756. A. Rh. 1. 1221
    GG 179 (159)

757. A. Rh. 1. 1317

758. A. Rh. 2. 1

759. The. 22. 27

760. s. A. Rh. 2. 178

761. s. A. Su. 317

762. Ap. 1. 9. 21

763. s. A. Rh. 2. 178

764. A. Rh. 2. 180

765. s. Od. 12. 69

766. A. Rh. 2. 191

767. A. Rh. 2. 194 '

768. GG 63 (56)

769. A. Rh. 2. 299

770. E. Me. 432

771. A. Rh. 2. 609

772. A. Rh. 2. 345

773. A. Rh. 2. 752

774. A. Rh. 2. 673

775. A. Rh. 2. 598

776. A. Rh. 2. 674

777. A. Rh. 2. 911

778. A. Rh. 2. 904

779. A. Rh. 2. 946

780. A. Rh. 2. 970

781. A. Rh. 2. 1007

782. A. Rh. 2. 1011

783. A. Rh. 2. 1018

784. A. Rh. 2. 1030

785. A. Rh. 2. 1231

786. GG 160 (142)

787. A. Rh. 2. 1235

788. A. Rh. 3. 598

789. A. Rh. 3. 245

790. Th. 960

791. s. A. Rh. 3. 240

792. A. Rh. 3. 957

793. A. Rh. 3. 445; 834

794. Pi. P. 4. 244

795. A. Rh. 2. 465

796. s. Ve. G. 2. 140

797. Enn. fr. se. 274

798. A. Rh. 2. 270
    Pi. P. 4. 224

799. Pi. P, 4. 232

800. Ap. 1. 9. 23

801. A. Rh. 3. 1182

802. A. Rh. 3. 1365

803. s. A. Rh. 4. 87

804. s. A. Rh. 4. 86

805. A. Rh. 4. 11

806. A. Rh. 4. 54

807. A. Rh. 4. 57

808. A. Rh. 4. 167

809. s. A. Rh. 4. 1053

810. A. Rh. 3. 862

811. D. S. 4. 45

812. A. Rh. 3. 1025

813. A. Rh. 3. 1013

• 391

814. A. Rh. 3. 845
815. A. Rh. 4. 245
816. Ap. 1. 9. 24
817. GG 254 (224)
818. s. A. Rh. 3. 1236
819. A. Rh. 3. 242
820. Pa. 5. 1. 3
821. s. A. Rh. 4. 223
822. E. Me. 1334
823. A. Rh. 4. 331
824. A. Rh. 4. 466
825. A. Rh. 4. 571
826. A. Rh. 4. 581
827. A. Rh. 4. 631
828. A. Rh. 4. 727
829. A. Rh. 4. 702
830. A. Rh. 4. 745
831. A. Rh. 4. 930
832. A. Rh. 4. 965
833. A. Rh. 4. 982
834. A. Rh. 4. 1104
835. A. Rh. 4. 1141
836. A. Rh. 4. 1234
837. A. Rh. 4. 1309
838. A. Rh. 4. 1324
839. A. Rh. 4. 1384
840. A. Rh. 4. 1396
841. A. Rh. 4. 1428
842. A. Rh. 4. 1446
843. A. Rh. 4. 1478
844. A. Rh. 4. 1551
845. GG 110 (96)
846. A. Rh. 4. 1670

847. A. Rh. 4. 1621
848. A. Rh. 4. 1691
849. A. Rh. 4. 1699
850. A. Rh. 2. 678
851. A. Rh. 4. 1709
852. s. A. Rh. 4. 1707
853. A. Rh. 4. 1730
854. A. Rh. 4. 1733
855. A. Rh. 4. 1765
856. Ca. fr. 198
857. GG 254 (224)
858. GG 254 (224)
859. 191 (169)
860. GG. ill. on pl. 265 (233)
861. Ov. M. 7. 159
862. s. Ar. Equ. 1321
    s. Ly. 1315
863. Pa. 3. 18. 16. 5. 17. 9
864. Ath. 172d
865. Ap. 1. 9. 27
866. Pi. P. 4. 250
867. Hy. 24
868. Pa. 8. 11. 3
869. s. E. Me. 9; 19
870. Pa. 2. 1. 6
871. Pa. 2. 4. 6
872. s. Pi. O. 13. 74
873. GG 153 (136)
874. s. E. Me. 264
875. Pa. 2. 4. 6
876. GG 206
877. s. Pi. O. 13. 32
878. s. Pi. O. 13. 74

879. Pa. 2. 3. 11

880. GG 236 (208)

881. A. Rh. 4. 869

882. s. Pi. O. 13. 74

883. s. E. Me. 264

884. s. E. Me. 19

885. E. Me. 383

886. E. Me. 230

887. E. Me. 476

888. Pa. 2. 3. 6

889. E. Me. 271

890. E. Me. 551

891. E. Me. 663

892. E. Me. 725

893. E. Me. 824

894. A. Rh. 4. 131

895. E. Me. 947

896. E. Me. 1141

897. E. Me. 1321

898. E. Me. 1382

899. Ap. 1. 9. 28

900. s. E. Me. 1387

901. s. E. Me. 9

902. Ap. 1. 9. 28

903. A. Rh. 4. 814C.**s**

904. Ap. ep. 5. 5

905. Str. 1. 2. 39

906. A. Rh. 4. 812

907. GG 185 (164)

908. Si. 27

909. Ap. 1. 3. 2

    E. IA 1212

    E. B. 562

910. Ap. 1. 3. 2

    A. Rh. 1. 23

    Or. H. 24. 12

911. D. S. 4. 25. 1

912. Su.

913. OV. M. 11. 8

914. s. Pi. P. 4. 313

915. Pi. fr. 126. 9

916. s. Ve. A. 6. 645

917. T. Pers. 234

918. Hy. A. 2. 7

919. E. B. 560

920. E. Al. 579

921. A. Rh. 1. 34

922. Or. A. 965

923. Ath. 597b

924. Ap. 1. 3. 3

925. s. Ve. A. 6. 667

926. Ve. G. 4. 317

927. GG 138 (122)

928. GG 142 (126)

929. Ve. G. 4. 460

930. Ov. M. 10. 8

931. Ve. G. 4. 460

932. Or. A. 42

    Ve. A. 6. 120

933. Or. A. 41

    Ve. G. 4. 457

934. Ve. A. 6. 892c.s

935. Se. HOe 1072

936. Ve. G. 4.

    Hor. C. 21

    Ov. M. 10. 40

Se. HOe 1067

Se. HF 578

937. Ov. M. 10. 49

938. Ve. G. 4. 487

939. Ve. G. 4. 488

940. Ve. Cu. 299

941. Ov. M. 10. 56

942. Ve. G. 4. 493

943. Ve. G. 4. 502

944. D. S. 4. 25. 4

945. Ve. G. 4. 507

946. Ov. M. 10. 73

947. Ve. G. 4. 516

948. Hor. AP 391

949. Pa. 9. 30. 5

950. Ov. M. 10. 78

951. Ov. M. 10. 83

Pha. fr. 1. 9

952. Er. C. 3. 26. 8

953. Hor. C. 3. 26. 8

954. Ma. S. 1. 18

955. Ve. G. 4. 521

956. FGH 26. 45

957. Pa. 9. 30. 5

958. Er. C. 24

959. Pha. fr. 1. 11

960. Ve. G. 4. 524

961. OV. M. 11. 52

962. Ph. Her. 5. 3

963. Lu. Ind. 109

964. Ph. VA 4. 14

965. Pa. 9. 30. 6

966. Pa. 9. 30. 9

967. Pa. 9. 30. 7

968. Pa. 9. 30. 10

969. Thu. 2. 29

970. Ov. M. 6. 444

971. Pa. 1. 41. 8

972. Ap. 3. 14. 8

973. Th. 444

974. Ap. 3. 14. 8

975. Ov. M. 6. 565

976. Ov. F. 2. 607

977. Ov. M. 6. 521

978. GG 260 (229)

979. GG 254 (224)

980. Ov. M. 6. 648

981. GG 254 (224)

982. Hy. 45

983. Lu. Lex. 10

984. CIA 3. 900

985. Et. M.

986. GG 205 (181)

987. Pl. Phdr. 229b

988. Ap. 3. 15. 4

989. Pa. 1. 38. 3

990. Ap. 3. 15. 4

991. h. C. 476

992. GG 200 (179)

993. Hy. 48

994. Hy. 189

995. Ap. 3. 15. 1

996. ALib. 41

997. s. Od. 11. 321

998. ALib. 41

999. Ap. 3. 15. 1

2000. Alib. 41

1. Ap. 3. 15. 1

2. Ov. M. 7. 713

3. S. OC 367

4. S. OC 770; 1356

5. S. OC 375

6. E. Ph. 71

7. A. Se. 664

8. s. E. Ph. 71

9. GG 261 (229)

10. Hdt. 2. 49. 2

11. Pa. 1. 44. 5

12. Ap. 1. 8. 5

13. Ap. 1. 8. 5

14. PO. 852 V 8. 9

15. E. Ph. 420

E. Su. 146

16. Ap. 3. 6. 1

17. Hy. 69

18. Pi. N. 9. 13

19. Hdt. 5. 67. 5

20. s. Pi. N. 9. 30

21. s. Od. 11. 326

22. s. Pi. N. 9. 30

23. Ap. 3. 6. 2

24. Od. 11. 326

25. s. Ve. A. 6. 445

s. St. Th. 3. 274

26. E. Su. 158

27. Pa. 8. 25. 8

28. s. Il. 23. 346

29. Hy. 242

30. A. Se. 572

31. Il. 4. 348; 5. 803

32. Il. 5. 802

33. Pi. N. 9. 18

34. Pa. 8. 48. 2

GG 265 (234)

35. Ap. 3. 6. 4

36. hyp. Pi. N.

37. Hy. 74

38. Pa. 2. 15. 3

39. Hy. 74

40. A. Se. 375

41. E. Ph. 1104

42. E. Ph. 1179

43. A. Se. 430

44. A. Se. 412

45. Ap. 3. 6. 8

46. s. Pi. N. 10. 12

47. Ap. 3. 6. 8

48. s. Il. 5. 126

49. E. Ph. 1156

50. Pi. N. 9. 24

51. Pa. 1. 34. 3

52. Ap. 3. 7. 5

53. Pi. O. 5. 15

54. E. Su. 16

55. Plu. Th. 14a

56. Pa. 1. 39. 2

57. Ap. 3. 7. 3

58. Hy. 71

59. Pa. 6. 20. 7

Ap. 2. 4. 6

60. Ap. 2. 8. 2

61. D. S. 4. 58. 2

62. D. S. 4. 58. 5

63. Il. 4. 381

64. Il. 2. 101

65. s. Il. 2. 105

66. Se. Th. 233 et 226

67. GG 264 (232)

68. Ap. ep. 2. 10

69. s. E. Or. 995

70. Ap. ep. 2. 11

71. s. E. Or. 998
    Se. Th. 237

72. E. El. 726

73. A. A. 1583

74. Ap. ep. 2. 13

75. A. A. 1595

76. Se. Thy. 765

77. Hdt. 1. 119. 3

78. Ari. Pr. an. 3. 43

79. A. A. 1598

80. Hy. 88

81. A. A. 1605

82. GG 252 (221)

83. s. E. Or. 15

84. Hy. 88

85. Hy. 254

86. Mo. Chor. Pr. p. 294

87. Hy. 88

88. Hy. 87

89. Ap. ep. 2. 14

90. Pa. 2. 16. 6

91. Pa. 2. 18. 1

92. Tz. Ch. 1. 461

93. He. fr. 98

94. Tz. Ch. 1. 460

95. GG 225 (199)

96. GG 77 (67)

97. h. Ve. 256

98. h. Ve. 279

99. Il. 20. 92
    Il. 20. 347

100. Il. 5. 309; 344

101. Il. 20. 318

102. GG 224 (198)

103. Pi. I. 8. 37

104. Pi. I. 8. 39

105. Il. 18. 433

106. Il. 24. 60

107. He. fr. 80

108. Pi. I. 8. 41

109. GG 210 (186)

110. Str. 9. 5. 9

111. s. Il. 16. 14

112. s. Ve. A. 4. 420

113. Ap. 3. 12. 6

114. Ap. 3. 12. 6

115. Th. 1004

116. D. S. 4. 72. 6

117. Pa. 2. 29. 9

118. Ap. 3. 13. 1

119. Ap. 3. 13. 2

120. Hy. 273

121. Ap. 3. 13. 3

122. Pa. 1. 41. 3
     s. A. Rh. 1. 517

123. Ap. 3. 13. 3

124. Ap. 3. 13. 3

125. Pi. N. 4. 59

126. s. Ar. N. 1063

127. He. fr. 79

128. Ap. 3. 13. 3

129. Pi. I. 8. 45

130. Cat. 64. 20

131. Al. 74. 7

132. He. fr. 81

133. Pi. I. 8. 48

134. E. IA 716

135. Il. 1. 538

136. GG 143 (126)

137. Pi. N. 3. 35

138. S. fr. 154

139. Pi. N. 4. 62

140. Pa. 5. 18. 5

141. s. E. An. 1265

142. S. fr. 561

143. Hsch.

144. Pi. N. 5. 22

145. Cat. 64. 305

146. GG 160 (141)

147. Ap. 3. 13. 5

148. Il. 19. 390

149. Pi. N. 3. 33

150. s. Il. 16. 140

151. He. fr. 82

152. Hy. 92

153. Pr. Chr. 102. 13

154. s. Il. 1. 5

155. Ap. ep. 3. 1

156. Hy. 92

157. Col. 59

158. s. Ve. A. 1. 27

159. s. Ly. 93

160. Hy. 92

161. GG 146 (128)

162. Pr. Chr. 102. 16

163. He fr. 81

164. s. Pi. N. 4. 81

165. Et. M.

166. Il. 20. 74

167. Ap. 2. 6. 4

168. Ap. 3. 12. 7

169. s. Ly. 337

170. Il. 24. 495

171. Hsch.

172. Ap. 3. 12. 5

173. E. He. 1265

174. E. He. 1259

175. GG 37 (32)

176. Il. 24 . 730c. s

177. Ap. 3. 12. 5

178. Pi. fr. 43. 11

179. Pa. 10. 12. 5

180. Hy. 93

181. E. An. 296

182. E. Tr. 921

183. GG 146 (129)

184. Ap. 3. 12. 5

185. s. Il. 3. 325

186. s. E. An. 293

187. Ap. 3. 12. 5

188. Ap. 3. 12. 6

Par. 4

FGH 23

Ov. H. 5

189. s. E. An. 276

190. E. An. 284

Hel. 676

191. Ath. 682e

192. Ov. H. 15. 67

193. E. Tr. 925

IA 1304

Ap. ep. 3. 2

Hy. 99

194. Il. 24. 29

195. Il. 5. 62

196. E. Hel. 631

197. Ar. N. 1068

198. s. Ly. 178

199. h. Ve. 291

200. Il. 348

201. Ap. 3. 13. 6

202. s. A. Rh. 4. 816

203. s. A. Rh. 4. 816

204. A. Rh. 4. 869

205. s. Ar. N. 1068

206. s. Ve. A. 6. 57

Hy. 107

207. Ap. 3. 13. 6

208. Pi. N. 3. 49

209. E. IA 927

210. Il. 11. 832

211. Ov. AA 1. 11

212. Pa. 2. 22. 3

213. E. IA 1150

214. He. fr. 96. 51

215. E. Hel. 109

216. Il. 3. 175

217. Ap. ep. 3. 3

218. He. fr. 94. 5

219. He. fr. 92

220. s. Il. 2. 339

221. He. fr. 94. 13

222. Ap. 3. 10. 8

223. Il. 2. 478

224. Il. 3. 169

225. Il. 1. 28

226. Il. 1. 113

227. Od. 3. 272

228. Od. 11. 411

229. A. A. 1125

230. s. Ly. 1123

231. Ap. 3. 10. 8

232. He. fr. 94. 21

233. He. fr. 94. 26

234. Ap. 3. 10. 9

235. E. IA 54

236. Pa. 3. 20. 9

237. Ap. 3. 10. 9

238. s. Pi. O. 9. 79

239. Od. 19. 403

240. Il. 10. 244; 279

241. Plu. 301d

242. Ap. 3. 10. 8

243. Il. 5. 860

244. Il. 5. 311

245. Il. 5. 127

246. Il. 5. 412

247. s. Il. 5. 412

248. Od. 3. 180

249. s. Il. 5. 412

250. s. Ve. A. 8. 9

251. Pi. N. 10. 7

252. s. Pi. N. 82

253. Pli. NH 10. 126

254. Str. 6. 3. 9

255. Ap. 3. 10. 8

256. He. fr. 96. 5

257. Il. 7. 208

258. Il. 17. 279

259. Il. 3. 229

260. Il. 7. 219

261. Il. 8. 331

262. Il. 7. 208

    14.410

263. s. Pi. I. 6. 67

264. Pi. I. 6. 35

265. s. Il. 23. 821

266. Od. 11. 546

    Ap. ep. 5. 5

267. s. Ar. Eq. 1056

    Plu. 337e

268. Od. 11. 547

269. Pi. N. 7. 25

    s. Il. 11. 515

270. S. Ai. 127

271. Od. 11. 563

272. Pa. 1. 35. 3

273. Hdt. 8. 64

274. Ap. 3. 10. 8

    Hy. 81

275. Il. 2. 528

276. Il. 13. 198

277. Il. 13. 703

278. Il. 12. 335

279. Il. 14. 521

280. Pr. Chr. 108. 3. 4

    E. Tr. 70

281. E. Tr. 324; 453

282. Ap. ep. 5. 22

283. Pr. Chr. 108. 4

284. Pa. 10. 26. 3

285. E. Tr. 77

    Ve. A. 1. 39

286. E. Tr. 90

287. Od. 4. 500

288. s. Pi. O. 166

289. Ph. H. 8. 1

290. s. Ly. 1159

291. Ap. ep. 6. 20

292. s. Ly. 1159

293. Plu. 557d

294. Ap. 3. 10. 8

295. Il. 11. 508

296. He. fr. 96. 16

297. s. Ve. A. 3. 121

    11. 264

298. MVat. 1. 195

299. Hy. 78

300. Hdt. 6. 61. 4

301. Is. 10. 62

302. Od. 4. 563

303. Pa. 3. 19. 9

304. Il. 4. 181

305. Ph. Im. 2. 7. 2

306. s. Il. 4. 147

307. Od. 4. 12

308. Se. Tr. 70

309. Ap. ep. 3. 3

310. Il. 3. 232

311. Il. 3. 173; 420

312. Ap. ep. 3. 3

313. Il. 3. 445

314. Pr. Chr. 103. 12

315. Pr. Chr. 103. 17

316. Ap. ep. 3. 6

317. Pr. Chr. 103. 20

318. Il. 11. 769

319. Ap. ep. 3. 6

320. s. Il. 9. 668

321. A. A. 841

322. Hy. 96

323. Hy. 95

324. Od. 24. 115

325. Hy. 95. 2

326. Hy. 277

327. Alcid. 22

328. S. fr. 399; 438

329. Ap. ep. 3. 8

330. Hy. 96

331. Ap. 3. 13. 8

332. Il. 9. 668

333. s. Il. 9. 668

334. GG. 264 (233)

335. Hy. 96

336. s. Il. 9. 668

337. E. fr. 682

338. Il. 19. 326

339. Od. 11. 508

340. Il. 11. 777

341. Il. 19. 407

342. Il. 9. 143

343. Il. 9. 145

344. s. Il. 9. 145

345. S. E. 157

346. Pa. 2. 35. 1

Hsch

347. pr. Chr. 104. 12

Ap. ep. 3. 21

348. Il. 2. 496

349. Pa. 9. 19. 6

350. S. E. 566

E. IA 185

351. Ap. ep. 3. 21

352. s. Il. 1. 108

s. E. Or. 658

Pr. Chr. 104. 13

353. E. IT 20

354. S. E. 567

355. S. E. 568

356. S. E. 569

357. Ap. ep. 3. 21

358. Ap. ep. 3. 21

Salb.

359. S. E. 568

360. A. A. 192

Pr. Chr. 104. 15

361. S. E. 564

E. IT 15

362. E. IT 17; 209

363. S. E. 571

364. Hy. 98

365. S. An. 899

366. s. fr. 284

367. E. IA 610

368. A. IA 1366

369. E. IT 27

370. A. A. 239

371. Ar. Ly. 645

372. E. IA 1579

373. E. IT 26

374. E. IT 40

375. Hdt. 4. 103

376. E. IT 1462

377. Ae. NA 7. 39

378. Od. 4. 529

11. 410

379. Od. 3. 172

380. Od. 11. 422

381. Pi. P. 11. 22

382. Se. Ag. 897

383. A. A. 1377

384. S. E. 12

A. A. 881

385. Pi. P. 11. 34

386. E. IT 918

387. Ap. ep. 6. 24

388. s. E. Or. 268

389. Od. 3. 307

390. Od. 3. 311

391. Ap. ep. 6. 28

392. A. Eu. 179

393. A. Eu. 738

394. E. IT 970

395. E. IT 973

396. E. IT 977

Ap. ep. 6. 26

397. Ap. ep. 3. 18

398. Str. 13. 1. 69

399. Pa. 10. 28. 8

400. PO. XI. 1359

401. Pa. 1. 4. 6

402. Ap. 2. 7. 4

403. Pa. 8. 4. 8

404. Ap. 3. 9. 1

405. Pa. 8. 48. 7

406. Mo. Chor. Pr. p. 294

407. Pa. 8. 47. 4

408. E. fr. 265

Alcid. 15

409. D. S. 4. 33. 7

410. Ap. 2. 7. 3

411. Ap. 3. 9. 1

412. Ap. 2. 7. 4

413. E. fr. 696. 4

414. Ae. VH7. 39

415. Hy. 99

416. Ap. 3. 89. 1

417. D. S. 4. 33. 11

418. Pa. 4. 34. 7

419. Hy. 244

420. A. E. 488

421. Ari. Po. 24

422. s. E. Rh. 251

423. Hy. 100

424. Ae. NA 3. 47

425. D. D. 4. 33. 12

426. PPh. Her. 3. 34

427. Od. 11. 521

428. Str. 13. 1. 69

429. s. Ly. 1249

430. s. Ve. A. 3. 680

431. GG 140 (124)

432. Pa. 9. 5. 14

433. Pi. O. 9. 72 c. s.

434. Pi. O. 9. 71

435. Il. 11. 787

436. Il. 23. 90

437. Il. 11. 831

438. Pi. I. 8. 54

    Ap. ep. 17

439. s. Il. 1. 59

440. E. Fr. 700

    Pa. 9. 41. 1

441. s. The. 12. 25

442. Ar. Ach. 439

443. E. fr. 697; 698

444. Hy. 101

445. E. fr. 724

446. Pr. Chr. 104. 11

447. s. Od. 11. 520

448. s. E. Or. 1391

449. Pa. 5. 13. 3

450. Pa. 3. 26. 10

451. Ap. ep. 3. 18

452. Il. 2. 303

453. Pa. 9. 19. 7

454. Il. 1. 49

455. Il. 2. 720.

456. S. fr. 353

457. App. M. 1. 77

458. St. B.

459. Pa. 8. 33. 4

460. A. Rh. 4. 1709

461. Il. 1. 37

462. Il. 1. 430

463. D. Chr. 59. 9

464. Ph. iun. 17

465. V. Fl. 1. 391

466. s. S. Ph. 194

467. S. Ph. 1327

468. Hy. 102

469. Ap. ep. 3. 27

    Pr. Chr. 104. 22

470. s. Il. 2. 695

471. Ap. 1. 9. 12

472. GG 261 (230)

473. He. fr. 117

474. Il. 2. 701

475. Il. 2. 701

476. Batr. 303

477. APal. 7. 385. 1

478. APal. 7. 385. 9

479. Hdt. 9. 116

480. Pli. NH 16. 238

481. Ph. Her. 3. 1

482. s. Aristid, p. 671

483. Pa. 4. 2. 7

484. Cat. 68. 74

485. Hy. 104

486. Eu. II. 325. 29

487. s. Aristid, p. 671

488. Hy. 103

489. Lu. DMo. 23. 3

490. Ap. ep. 3. 30

491. Hy. 104

492. s. Ve. A. 6. 447

493. Ap. ep. 3. 30

494. Hy. 104

495. s. Pi. I. 1. 83

496. Ph. Her. 3. 6

497. Il. 2. 674

498. Il. 1. 352

499. s. Pi. O. 2.
147 Thorn.

500. Ap. ep. 3. 31

501. Alib. 12

502. Hy. 154

503. s. Ly. 237

504. s. The. 16. 49

505. S. fr. 500 Pearson

506. S. fr. 460

507. Ap. ep. 3. 31

508. Pi. O. 2. 83
I. 5. 39

509. S. fr. 499 Pearson

510. Ap. ep. 3. 31

511. s. Ve. A. 3. 85

512. Ap. ep. 3. 32

513. GG 139 (123)

514. GG 140 (124)

515. Ap. 3. 12. 5

516. Pla. B. 953

517. Il. 1. 58

518. Il. 24. 257

519. Il. 9. 129

520. Il. 9. 664

521. Il. 1. 392

522. Hy. 106

523. Il. 19. 282

524. Il. 2. 690

525. Il. 19. 291

526. Il. 19. 298

527. Il. 2. 691

528. Il. 1. 366

529. Il. 6. 414

530. Il. 6. 422

531. Il. 1. 425

532. Il. 1. 368

533. Il. 1. 14

534. Il. 1. 25

535. Il. 1. 49

536. Il. 16. 700

537. Il. 16. 785

538. Ve. A. 2. 319

539. Il. 16. 850

540. Il. 16. 96

541. Il. 18. 8

542. Il. 18. 96

543. Il. 18. 98

544. Il. 19. 258

545. Il. 18. 478

546. Il. 19. 21

547. Il. 22. 136

548. Il. 22. 203

549. Il. 22. 359

550. Il. 22. 385

551. Il. 23. 175

552. Il. 24. 560

553. Ap. ep. 5. 1
554. Il. 3. 189
555. Tz. Posthom. 14
556. s. Il. 3. 189
557. Il. 24. 670
558. Q. S. 1. 664
559. Q. S. 1. 594
560. Pa. 5. 11. 6
561. Prop. 3. 11. 15
562. Od. 11. 522
563. Pr. Chr. 106. 1
564. Pi. 2. 83
565. GG 32 (28)
566. Il. 22. 209
567. GG 33 (24)
568. Plu. 17a
569. Il. 22. 161
570. Il. 16. 857
571. GG. 200 (177);
PI. VHIb
572. Pol. 4. 130
573. Pr. Chr. 106. 6
574. Pa. 10. 31. 6
575. Ae. NA 5. 1
576. EGr. 987
577. Pr. Chr. 106. 7
578. Ap. ep. 5. 3
579. Ve. A. 6. 57
580. E. Rh. 508
581. s. Ve. A. 3. 85
582. Il. 22. 359
583. s. Ar. E. 1056
584. Ap. ep. 5. 4

585. Ap. ep. 5. 4
586. Od. 24. 47
587. Od. 24. 47
588. Od. 24. 60
589. Il. 23. 91; 244
590. Od. 24. 81
591. Str. 13. 1. 32
592. Arr. A. 1. 12. 1
593. Pr. Chr. 108. 7
594. E. Hec. 37
595. Pr. Chr. 106. 14
596. Pi. N. 4. 49,
E. An. 1262
597. CIG 2. 2076
598. D. Chr. 36. 9
599. Pli. NH 4. 83
600. A. Rh. 4. 814 c. s.
601. ALib. 27
602. Am. M. 22. 8. 34
603. Pa. 3. 19. 13
604. Pr. Chr. 105. 9
605. Od. 11. 467
606. Il. 6. 448
607. Ap. ep. 5. 10
608. Ap. ep. 5. 8
609. Ap. ep. 5. 10
610. Od. 11. 509
611. Ap. ep. 5. 11
612. Pr. Chr. 106
613. Pr. Chr. 106
614. Ap. ep. 5. 8
615. S. Ph. 1408

616. Pr. Chr. 106 26
    Ap. ep. 5. 8
617. Ap. ep. 5. 8
618. Ap. 3. 12. 3
619. GG 122 (107)
620. Ap. 3. 12. 3
621. FGH 26. 34. 2
622. Od. 4. 244
623. Od. 4. 250
624. Od. 4. 261
625. Ap. ep. 5. 13
626. FGH 26. 34. 2
627. Pr. Chr. 107. 7
628. FGH 26. 34. 3
629. s. Ar. Ve. 351
630. s. Ve. A. 2. 166
631. FGH 26. 34. 4
632. Pr. Chr. 107. 2
633. Ap. ep. 5. 14
634. Od. 8. 493
635. Pa. 1. 30. 4
    5. 15. 6
636. Ca. LP 2
637. Pi. O. 13. 65
638. Ap. ep. 5. 15
639. Od. 8. 509
640. Pla. B. 953
641. Ap. ep. 5. 15
642. Od. 8. 501
643. Ap. ep. 5. 17
644. Ve. A. 2. 201
645. s. Ve. A. 2. 201
646. Hy. 135
647. Ap. ep. 5. 18

648. Ve. A. 2. 227
649. Pr. Chr. 107. 25
650. Pr. Chr. 107. 22
651. Ap. ep. 5. 19
652. Od. 11. 527
653. Od. 4. 274
654. Od. 11. 530
655. Ap. ep. 6. 12
656. Pa. 10. 24. 6
657. Pi. N. 7. 40
    fr. 40. 112
    Pa. 4. 17. 4
658. Ap. ep. 5. 21
659. Il. 6. 402
660. s. Lyl 1268
661. Il. 6. 455
662. Il. 24. 735
663. Od. 8. 517
664. s. E. An. 631
665. Ar. L. 155c. s.
666. E. An. 630
667. Pr. Chr. 108. 1
668. Od. 3. 141
669. Od. 4. 1
670. Od. 4. 82
671. Od. 3. 299
672. Il. 2. 587
673. Od. 4. 83
674. GG. 43 (38)
675. Od. 4. 772
676. Ste. 11
677. E. Hei. 31

678. GG 37, 59, 206, 247
     (32, 52, 182, 218)
679. Od. 23. 156
680. Od. 14. 162
     19. 306
681. Od. 21. 258
     s. Od. 20. 155
682. Od. 21. 259
683. Ap. ep. 7. 36
684. Ly. 796
2685. Pr. Chr. 109. 23

Imagens

Introdução

Uma observação de caráter mais geral sobre a introdução às obras dos pintores de vasos como narradores das histórias de deuses e – deve-se acrescentar agora – de heróis já precedeu as imagens da *Mitologia dos gregos*. Nessa re-narração da mitologia dos heróis gregos, as imagens também serviam como fontes, ao lado da tradição escrita: por isso, elas aqui se seguem às histórias que em parte se apoiam nelas. Como textos pictóricos, elas se distinguem dos textos em palavras. Contudo, mesmo dispersas, não devem ser consideradas ilustrações, mas variações.

Nunca se deve esquecer que elas estavam nos vasos por si próprias e expressavam o mito em outro meio que não a língua, sem a ajuda de palavras. Eram certamente variações individuais, tal como o estilo característico – o "traçado" – do desenhista não poderia subsistir sem individualidade. Mas seria muito unilateral chamá-las "invenção própria" do pintor. Pois, vistas de outro ângulo, elas representam o comportamento inevitavelmente diferente do material mitológico em um meio diferente. Determinar o ponto onde este comportamento produziu novos traços conspícuos – se e em que medida num "livro de imagens" que antecedia o vaso, em que medida no próprio vaso – está reservado a uma futura abordagem dos pintores e de suas obras que suplante o atual estado do estudo sobre vasos.

Devemos ao atual estado do processamento do crescente tesouro as informações sobre a individualidade do pintor expressa no estilo característico, e sobre o inventário preliminar da tradição pictórica, nomeadamente em três obras catalogadoras, indicadas com abreviações nas descrições que aqui se seguem (ABV: Sir John Beazley. *Attic Black-Figure Vase-Painters*, 1956. • ARV: Beazley. *Attic Red-Figure Vase-Painters*, 1942. • BI:. Frank Brommer. *Vasenlisten zur griechischen Heldensage*, 1956). Estas indicações também ajudam a encontrar a fonte das imagens. Somente as imagens que não pertencem a esses catálogos ou ainda não puderam ser acolhidas neles têm a origem expressamente indicada. Os dados dos temas também contêm complementações aos textos. Faz-se referência a eles com o número da página.

Lista das ilustrações

1 Cadmo mata o dragão
No fundo, a deusa local Tebas e a ninfa das fontes Crenaie. TRENDALL. *Paestan Pottery* (1936). Cf. p. 417

2 Cena do mundo subterrâneo: as almas dos não realizados empenhadas em encher um vaso sem fundo
No primeiro plano, Ocno (o Protelador), figura folclórica das descrições do outro mundo, pregueia uma corda de juncos, que é comida por um burro às suas costas, outra imagem da vida não realizada. Segundo COOK. *Zeus* III. Cf. p. 418

3 Dânae e Perseu na arca aberta
Diante deles está Díctis, com a rede na mão. Em Siracusa, segundo *Athen. Mitt.* xli (1916). Cf. p. 419

4 Perseu e as ninfas da fonte
RUMPF. *Chalkidische Vasen* (1927). Cf. p. 420

5 Perseu matando a Górgona Medusa
HAMPE. *Frühgriechische Sagenbilder in Böotien* (1936). Cf. p. 421

6 Perseu depois de decapitar Medusa
ARV 365. Cf. p. 422

7 Andrômeda, Perseu e o monstro marinho (*Ceto*)
Na *Antikensammlung*, em Berlim, segundo uma reprodução feita pelo *Staatliches Museum*. Cf. p. 423

8 Pélope, Hipodâmia e a queda de Mírtilo
Em segundo plano, Nêmesis, a deusa da retribuição. DE CAPUA. *Monumenti dell'Istituto*, X, 25. Cf. p. 424

9 O casamento de Anticleia

De Ruvo, segundo uma reprodução pelo *Antikensammlung* em Munique. Furtwängler-Reichhold III, 204. Cf. p. 425

10 O castigo de Sísifo

De cada lado, o rei e a rainha do mundo subterrâneo. ABV 383, 12. Cf. p. 426

11 Belerofonte diante de Iobates

De Campania, segundo BLOESCH. *Antike Kunst in der Schweiz*. Cf. p. 427

12 Frixo e o carneiro perseguidos por Ino

Este episódio não está descrito em meu texto. ARV 779, I. Cf. p. 428

13 Édipo nos braços do pastor Euforbo

ARV 634, 4. Cf. p. 429

14 Édipo resolve o enigma da Esfinge

ARV 296, 12. Cf. p. 430

15 Édipo matando a Esfinge

Além das divindades, Atena e Apolo, o artista (o "pintor Mídias") acrescentou, à sua maneira, outras figuras heroicas à cena, Castor, Polideuces e Eneias. Cf. p. 431

16 Castor e Polideuces acolhidos por Leda e Tíndaro

Um trabalho de Ezequias. ABV 145, 13. Cf. p. 432

17 Héracles amamentado por Hera

Na presença de Atena. Bl. 40, D I. Cf. p. 433

18 Héracles escoltado à escola

A figura de cabelos grisalhos que empunha a lira escreveu ao lado o nome Ger... pso... evidentemente um composto de *geron* (velho) e *rhapsodos* (recitador de epopeias); o nome do "cantor idoso" pode ser Gerapsos ou Geropsos. ARV 576, 16. Cf. p. 434

19 Héracles na escola

Bl. 63, B 1. Cf. p. 435

20 O jovem Héracles vencendo Nereu

A não ser que o pintor tenha em mente alguma aventura anterior à viagem às Hespérides, a história é desconhecida. Bl. 89, B 7. Cf. p. 436

21 Héracles e o deus do mar

A menos que se aluda aqui à mesma história da estampa anterior, esta é outra lenda desconhecida. Héracles arrancou o tridente das mãos do deus do mar, com quem antes havia bebido. Uma nereida passa por perto, assustada. No Museo di Villa Giulia, *Roma, segundo uma reprodução do Insti*tuto Arqueológico Alemão, 57, 653. Cf. p. 437

22 Héracles e Geras

Esta história nos é sugerida por pinturas em vasos. Geras, "a velhice", provavelmente nada mais é do que a forma modificada de Tánatos, a Morte, com quem Héracles combateu em tantas lendas. *Museo di Villa Giulia*, Roma, segundo uma reprodução do Instituto Arqueológico Alemão, 57, 682. Cf. p. 438

23 Héracles e o Leão

ARV 167, 32. Cf. p. 439

24a Héracles e Hidra

Por trás do monstro aterroriza a deusa local, provavelmente associada ao seu submundo. Bl. 45, A 4. Cf. p. 440

24b Héracles e a corça com as Hespérides

Bl. 44, A 17. Cf. p. 440

25 Héracles pega os chifres de ouro

Diante dele está Apolo e, atrás, Atena, para protegê-lo. Bl. 43, A 7. Cf. p. 441

26 Héracles com Folo, o centauro

Bl. 105, A 47. Cf. p. 442

27 Héracles com o javali

Variação da cena amiúde repetida com Euristeu em seu jarro. Bl. 28, A 14. Cf. p. 443

28 Héracles e as aves do Lago Estinfalo

Bl. 122, A 3. Cf. p. 444

29 Héracles entre as amazonas

Bl. 15, D I. Cf. p. 445

30 Héracles e a amazona Andrômaca

Na lenda das amazonas, esse nome ocorre apenas nesta pintura de vaso. Segundo BOTHMER. *Amazons in Greet Art* (1957). Cf. p. 446

31 Héracles e o monstro marinho

Segundo BROMMER. *Marburger Winckelmann-Programm*, 1955. Cf. p. 447

32 Héracles e Anteros

ARV 15, 1. Cf. p. 448

33 Hélio alvejado por Héracles

Bl. 39, A 2. Cf. p. 449

34 Héracles na taça do sol

BL. 113, A 1. Cf. p. 450

35 Héracles e Gerião

Bl. 37, C 1. Cf. p. 451

36 Héracles e Alcioneu

Sobre os gigantes. BL. 3, A 1. Cf. p. 452

37 Héracles com as Hespérides

Bl. 41, B 12. Cf. p. 453

38 Héracles diante de Zeus com as maçãs das Hespérides

Apolo e Ártemis estão em segundo plano, para dar as boas-vindas ao seu antigo inimigo. A cabeça da pele de leão está desenhada incorretamente. Provavelmente etrusco; segundo VERGERS, N. *Etrurie*. Cf. p. 454

39 Héracles acorrentando Cérbero

Bl. 54, B I. Cf. p. 455

40 Héracles na loucura

TRENDALL, A.D. *Paestan Pottery*. PL VII. Cf. p. 456

41 O torneio de tiro ao alvo na Ecália
Bl. 32, A I. Cf. p. 457

42 A luta pela Trípode
Segundo RUMPF. *Chalkidische Vasen*. Cf. p. 458

43 Nesso rapta Dejanira
Buli. Corr. Hell, 76 (1952), 347. Cf. p. 459

44 Héracles deixando a pira funerária
ARV 805, I. Cf. p. 460

45 Héracles viajando para o Olimpo
Do santuário subterrâneo de Pesto, segundo *Arbhandl. Heidelb. Akad., Phil.--hist. Klasse* 1957, 2. Cf. p. 461

46 Héracles e Hebe
Bl. 21, B. 3. Cf. p. 462

47 Apoteose dionisíaca de Héracles
Segura o *kantharos*. Atena oferece-lhe uma flor. Segundo LULLIES-HIRMER. *Griechische Vasen* (1953). Cf. p. 463

48 Cecrope e Palas Atena diante da oliveira sagrada
Em segundo plano, uma das filhas de Cécrope; diante dela, a cesta misteriosa, coberta com um pano. Bl. 155, B 4. Cf. p. 464

49 Teseu erguendo a pedra
Isso acontece diante de um homem, provavelmente Piteu. Bl. 126, 12. Cf. p. 465

50 Teseu se encontra com Círon, Fea e Sínis
Bl. 127, 13. Cf. p. 466

51 Teseu em cima da tartaruga
Segundo ZANOTTI-ZANCANI. *Heraion* II, 307. Cf. p. 467

52 Teseu se encontra com Cércion e o touro de Maratona
Bl. 125, 5. Cf. p. 468

53 Teseu e Procusto
Bl. 127, 13. Cf. p. 469

54 Recepção de Teseu em Atenas

Um cerimonial de boas-vindas. Atena em pessoa é a primeira a recebê-lo. Bl. 127, 14. Cf. p. 470

55 Chegada de Teseu ao palácio de Posídon

Posídon está atrás do poderoso Tritão, que trouxe o menino. Bl. 127, 14. Cf. p. 471

56 Teseu diante de Anfitrite

Ela lhe estende a faixa para a sua grinalda. Bl. 127, 14. Cf. p. 472

57 Teseu e o Minotauro

Nessa ilustração o monstro é chamado de *Taurominion*. Da coleção de Jacob Hirsch, em poder de um negociante de arte em 1957. Cf. p. 473

58 Teseu e Ariadne em Naxo

Atena não deixa Teseu aproximar-se da adormecida Ariadne. Ainda não chegou a noite de núpcias, visto que há um menino deitado aos pés da noiva, segundo o costume naxiano, de acordo com o qual o *pronymphios hypnos* ("o sono diante do noivo") é seu. No ar, Íris, mensageira dos deuses, apressa-se em chamar Dioniso. Bl. 130, B 5. Cf. p. 474

59 Teseu rapta Corônis Corônide

É mais provável que os nomes escritos ao lado das figuras femininas estejam fora do lugar e a raptada por Teseu seja Helena. O outro homem é Perítoo. ARV 25, 3. Cf. p. 475

60 Teseu lutando contra as amazonas

Sua oponente é Hipólita. ARV 724, 2. Cf. p. 476

61 Teseu e Héracles

Segundo BEAZLEY. *Attic Red-figure Vases in American Museums* (1928). Cf. p. 477

62 Fineu em seu divã

Atrás dele está a esposa; o nome Ericto foi escrito ao lado dela. Furtwängler--Reichhold I, 209. Cf. p. 478

63 Os filhos de Bóreas e as Harpias

No *Museo di Villa Giulia*, em Roma, segundo uma reprodução feita pelo Instituto Alemão de Arqueologia, 57, 660. Cf. p. 479

64 Jasão vomitado pelo dragão

ARV 286, 93. Cf. p. 480

65 A mágica rejuvenescedora de Medeia

O homem que está defronte dela pode ser Jasão. ARV 194, 17. Cf. p. 481

66 Orfeu entre os trácios

ARV 703, I. Cf. p. 482

67 A morte de Orfeu

De acordo com esta ilustração, o cantor não foi espedaçado com as mãos, senão retalhado com uma espada. ARV 646, 15. Cf. p. 483

68 Polínice e Erifila

ARV 408, 119. Cf. p. 484

69 Caça-aventura de Peleu

Ele se salvou de um javali e de um leão em uma árvore. A história não é preservada; provavelmente pertencia às aventuras de Peleu. Bl. 183, A 2. Cf. p. 485

70 Visita dos deuses a Peleu e Tétis

Tétis está sentada na cabana nupcial, enquanto Peleu recebe os visitantes, entre os quais se veem Quíron, Íris, Cáriclo, Deméter e Dioniso. ABV 76, I. Cf. p. 486

71 As três deusas diante de Páris

Hermes apresenta-as. Segundo CLAIRMONT. *Das Parisurteil in der antiken Kunst* (1923). Ilustração 3. ABV 87, 16. Cf. p. 487

72 Páris voltando do Ida para casa

Ártemis está atrás dele, Hécuba abraça-o, Heitor oferece-lhe a mão, Príamo recebe-o em seu trono. Uma das duas figuras femininas em segundo plano é Cassandra. ARV 246, 4. Cf. p. 488

73 Peleu leva Aquiles a Quíron

ARV 434, I. Cf. p. 489

74 Aias preparando o seu suicídio

ABV 145.18. Cf. p. 490

75 Orestes e Ifigênia diante do templo tauriano

No templo está o ídolo da deusa; Ifigênia carrega a chave do templo nos ombros. O segundo homem é Pílades. ARV 875, I. Cf. p. 491

76 Aquiles e Troilo

A figura poderosa atrás da fonte é Aquiles, as figuras em primeiro plano são Troilo e Políxena. No *Museo di Villa Giulia*, em Roma, segundo uma reprodução do Instituto Alemão de Arqueologia, 57, 659. KUNZE. *Archaische Schildbänder* (1950), 140s. Cf. p. 492

77 Aquiles e Pentesileia

ARV 582, I. Cf. p. 493

78 Eos conduz o cadáver de Memnon

ARV 285, 70. Cf. p. 494

79 A batalha sobre o cadáver de Aquiles

Em primeiro plano estão Ájax e Glauco, em segundo plano Atena e Páris, que retesa o arco. *Mon. Istit.*, I, 51. Cf. p. 495

80 Menelau levando Helena de volta para casa

Segundo GHALI-KÁHIL. *Les enlèvements et le retour d'Hélène* (1955). Cf. p. 486

1 Cadmo mata o dragão

2 Cena do mundo subterrâneo: as almas dos não realizados empenhadas em encher um vaso sem fundo

3 Dânae e Perseu na arca aberta

4 Perseu e as ninfas da fonte

5 Perseu matando a Górgona Medusa

6 Perseu depois de decapitar Medusa

7 Andrômeda, Perseu e o monstro marinho (*Ceto*)

8 Pélope, Hipodâmia e a queda de Mirtilo

9 O casamento de Anticleia

10 O castigo de Sísifo

11 Belerofonte diante de Iobates

12 Frixo e o carneiro perseguidos por Ino

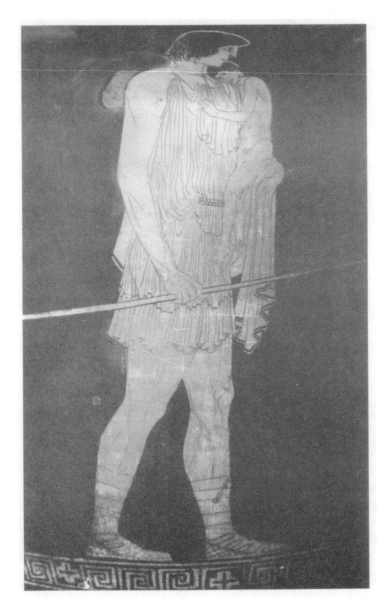

13 Édipo nos braços do pastor Euforbo

14 Édipo resolve o enigma da Esfinge

15 Édipo matando a Esfinge

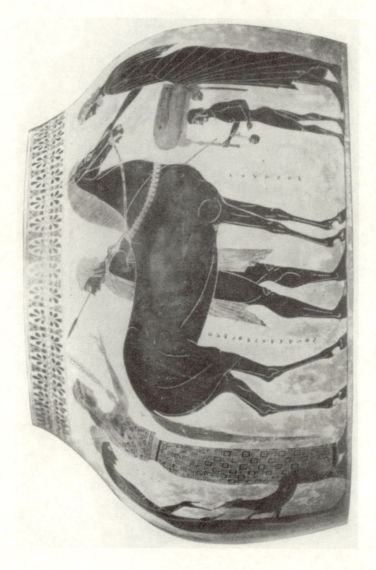

16 Castor e Polideuces acolhidos por Leda e Tíndaro

17 Héracles amamentado por Hera

18 Héracles escoltado à escola

19 Héracles na escola

20 O jovem Héracles vencendo Nereu

21 Héracles e o deus do mar

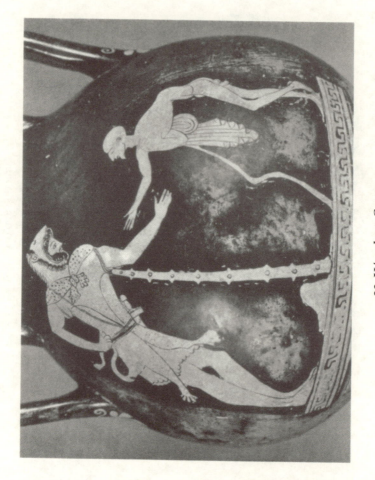

22 Héracles e Geras

23 Héracles e o Leão

24a Héracles e Hidra

24b Héracles e a corça com as Hespérides

25 Héracles pega os chifres de ouro

• 441

26 Héracles com Folo, o centauro

27 Héracles com o javali

28 Héracles e as aves do Lago Estinfalo

29 Héracles entre as amazonas

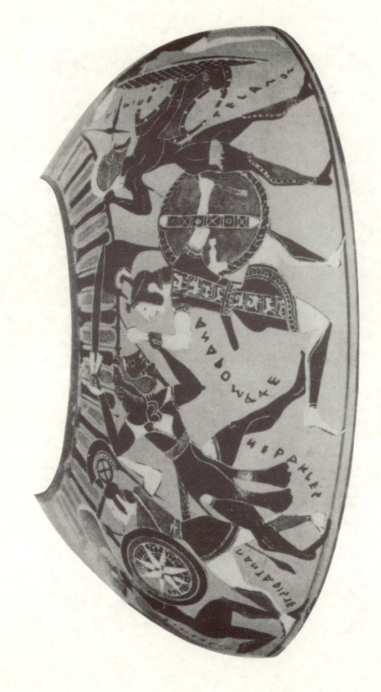

30 Héracles e a amazona Andrômaca

31 Héracles e o monstro marinho

32 Héracles e Anteros

33 Hélio alvejado por Héracles

34 Héracles na taça do sol

35 Héracles e Gerião

36 Héracles e Alcioneu

37 Héracles com as Hespérides

• 453

38 Héracles diante de Zeus com as maçãs das Hespérides

39 Héracles acorrentando Cérbero

40 Héracles na loucura

41 O torneio de tiro ao alvo na Ecália

42 A luta pela Trípode

43 Nesso rapta Dejanira

44 Héracles deixando a pira funerária

45 Héracles viajando para o Olimpo

46 Héracles e Hebe

47 Apoteose dionisíaca de Héracles

48 Cecrope e Palas Atena diante da oliveira sagrada

49 Teseu erguendo a pedra

50 Teseu se encontra com Círon, Fea e Sínis

51 Teseu em cima da tartaruga

52 Teseu se encontra com Cércion e o touro de Maratona

53 Teseu e Procusto

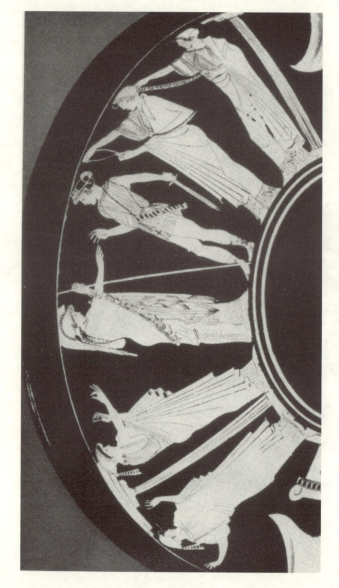
54 Recepção de Teseu em Atenas

55 Chegada de Teseu ao palácio de Posídon

56 Teseu diante de Anfitrite

57 Teseu e o Minotauro

58 Teseu e Ariadne em Naxo

59 Teseu rapta Corônis Corônide

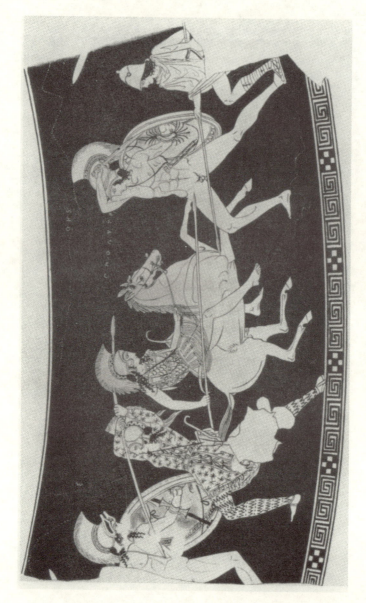

60 Teseu lutando contra as amazonas

61 Teseu e Héracles

62 Fineu em seu divã

63 Os filhos de Bóreas e as Harpias

64 Jasão vomitado pelo dragão

65 A mágica rejuvenescedora de Medeia

66 Orfeu entre os trácios

67 A morte de Orfeu

68 Polínice e Erifila

69 Caça-aventura de Peleu

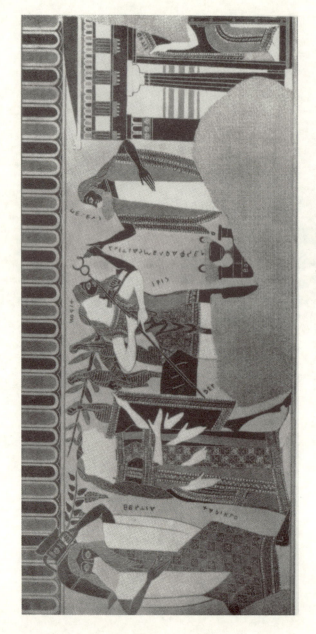

70 Visita dos deuses a Peleu e Tétis

71 As três deusas diante de Páris

72 Páris voltando do Ida para casa

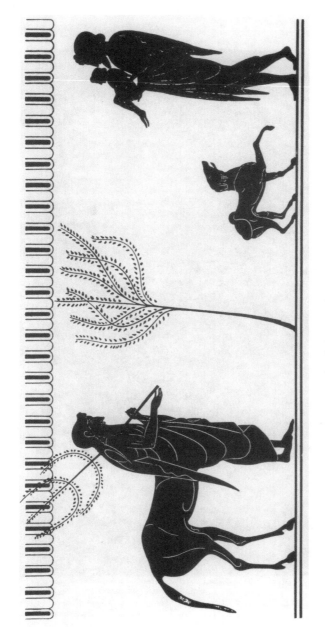

73 Peleu leva Aquiles a Quíron

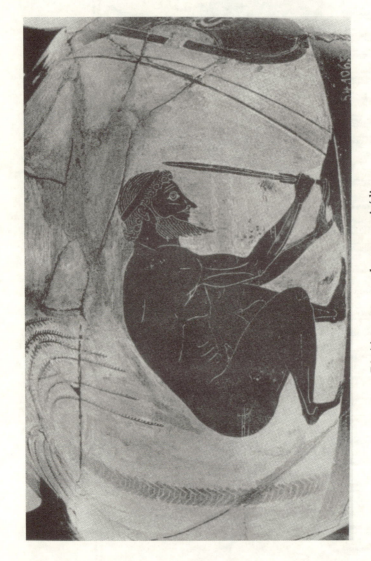

74 Aias preparando o seu suicídio

75 Orestes e Ifigênia diante do templo tauriano

76 Aquiles e Troilo

77 Aquiles e Pentesileia

78 Eos conduz o cadáver de Memnon

79 A batalha sobre o cadáver de Aquiles

80 Menelau levando Helena de volta para casa

ÍNDICE ONOMÁSTICO

Acasto 230, 236, 253s., 286s., 289s., 318

Ácmon 184

Acrísio 52s., 60, 84s., 273

Admeto 41, 78, 115, 135, 149s., 154, 230, 233, 236, 259-261

Adrasteia 276

Aérope 280-282

Afareu 50, 106, 108, 110s.

Afidno 223

Afrodite 35, 40-42, 50, 69, 82, 110s., 117, 168, 171, 183, 218s., 227s., 236s., 247, 254, 272, 284, 288s., 291s., 295, 297, 301, 305, 321, 324, 326s., 330
  Urania 254

Agamedes 134

Agamenon 19, 67, 223, 280, 282s., 294-296, 301-303, 305-308, 319, 321s., 330

Agenor 36, 38, 48, 239

Aglauro 200, 203

Agraulo 200

Ágrio 68, 113

Agríope 260

Ájax
  filho de Oileu 299s., 330
  filho de Télamon 214, 286, 290, 297-300, 325, 327

Alalcomeneu 63

Alceste 41, 149s., 159, 187, 230, 254, 260

Alceu 61, 125, 132

Alcides 125

Alcimede 230

Alcínoo 250

Alcione 109, 152

Alcioneu 163s.

Alcmena 20, 60, 120, 124-131, 134, 177, 179, 194

Álea 310s.

Áleo 311

Alexandre o Grande 14, 326

Alexicaco 174

Alexidamo 159

Alóades 142, 232, 254

Alteia 107, 113-115, 119s., 188

Amalteia 160

Amico 239

Amimone 51, 54, 139s., 235, 302

Amintor 175

Amisodoro 85

Amitáon 77s., 230, 233, 273

Amnisso 218

Anceu 115s., 119

Androgeu 213

Andrômaca 321, 330

Andrômeda 58-61, 234, 239

Anfião 43-46, 62, 67, 72, 91s., 132, 258

Anfiarau 115, 272, 274-278, 280

Anfíloco 278

Anfitrião 72, 125-128, 130-132, 134, 176s., 179, 194

Anfitrite 215-217, 285, 288

Anquises 284, 292

Antágoras 156, 159

Anteia 52, 84-86

Anteu 156, 159s., 208

Anticleia 82, 206, 296

Antígona 100, 103, 278

Antíope 44-47, 91s., 106, 132, 155, 220, 225-227, 254, 284

Antiopeia 225

Apatúria 204

Apolo 25, 36, 40s., 43s., 46, 49, 60, 71, 78-80, 84, 88, 94, 97, 100, 105, 108s., 120, 131s., 135, 140, 142s., 149-154, 158, 178, 180s., 191s., 205, 219s., 230, 232, 235s., 240, 242s., 251s., 258s., 261, 263s., 275, 284, 287s., 290s., 295, 308s., 315s., 319-325, 331

   Agreu 287

   Embásio 236

Apsirto 245, 248s., 255

Aqueloo 188s., 292

Aquiles 227, 255, 257, 284s., 288, 290, 292-294, 297-299, 302-304, 306, 311, 313, 319-327, 330

Areion 275

Arene 108

Ares 35, 39-42, 68, 70s., 80, 108, 114, 145, 149-153, 157s., 161, 232, 245, 247, 288, 295, 297s., 323

Arete 250

Argia 274

Argifonte 83

Argíope 37, 260, 312

Argos 151, 170, 234-236, 238s., 241s., 244-253, 257

Ariadne 40, 61, 216, 218-220, 224s., 234, 252, 260, 284, 302s.

   Afrodite 218

Aridela 216, 220, 260

Aríon 151

Aristeu 261

• **499**

Arquêmoro 276

Ártemis 46, 70s., 108s., 115-117, 141-143, 145, 149, 170, 180s., 192, 216, 218, 223, 227-229, 248s., 280, 287-289, 305-307, 309, 311, 315, 324

Ascálafo 170, 172

Asclépio 25, 74, 123, 220, 229, 277, 300, 314, 327

Ásopo 44, 79

Ástaco 277

Astério, Astérion 216

Asterodia 248

Astíanax 330

Astimedusa 98

Atalanta 113, 115, 117-119, 236, 277, 286s., 291, 312

Atamante 88-90, 230, 234, 244, 280, 303

Ate 128s.

Atena
  Alalcômene 297
  Palas Atena 39, 50s., 55-57, 59s., 62, 84, 101, 109, 130, 134s., 146, 151s., 154, 158, 163, 167, 177, 181, 184, 192, 197-205, 218, 234, 242, 246, 272, 275, 277, 282, 284, 289, 291s., 297-300, 307-311, 319, 323, 327-331

Atlas 41, 63, 65, 165-167

Atreu 18s., 62, 67, 72, 92s., 126, 279-283, 294, 305

Átropo 114

Augeia 177, 282, 310-312

Autólico 80s., 131, 133, 180, 230, 296s.

Axiero 30

Axioquersa 30

Axioquerso 30

Bacantes 263

Bálio 288

Bateia 107

Belero 83

Belerofonte 52, 58, 78, 82-87, 204, 228, 255, 286, 325, 328

Belo 48, 239

Bentesícime 269

Bias 273s.

Bóreas 73, 149, 236, 240s., 269

Briareu 204

Brimo 247

Briseida 321s.

Briseu 321s.

Bróteas 62

Bugenes 26, 28

Caanto, Caaito 43, 46

Cabiros 23, 30, 108, 184, 237, 303

Caco 162

Cadmilo 30, 36

Cadmo 29-31, 35-45, 67, 79, 88, 91, 102s., 123, 131, 140, 149, 234, 239, 245s., 257, 272s., 287, 307

Calais 236, 241, 269

Calcas 298, 306s., 315

Calcíope 90, 156, 245

Calcoares 176

Calcódon 156

Cálice 67, 320

Calinico 174, 176

Calíope 259

Calipso 168

Calirróe 157

• **501**

Candaules 182

Capaneu 276

Caribde 249

Cáriclo 101, 232, 288

Cárites 43, 213, 220, 288, 291

Caronte 170s., 173, 223, 261s.

Cárope 173, 176

Cassandra 291, 295, 299s., 307, 328

Cassiopeia 58s.

Castor 44, 106s., 110-112, 115, 131, 175, 220, 223, 235, 301

Cécrope 197-229

Céfalo 127, 266, 269-271

Cefeu 58s.

Cefiso 209

Ceix 152, 190, 193s.

Ceneu 221

Cênis 221

Centauro 72-75, 88, 101, 117, 144s., 147s., 157, 169, 187-192, 220-222, 230, 232, 244, 285, 287, 293

Cérbero 139, 157, 166, 169, 171-173, 177, 261

Cercopes 183s.

Ceutônimo 172

Ciclope 52, 85

Cicno 151s., 164, 319s.

Cicreu 208

Cila 162, 213, 249, 290

Cinortas 107

Ciparisso 312, 320

Circe 90, 233-235, 241, 248s., 331s.

Ciris 213

Cisseu 263, 290

Citíssoro 244

Cleite 238s.

Cleópatra 109, 119s.

Clóris 72, 78

Cloto 64, 114

Corinetes 206

Corone 220

Creonte 93, 99, 103, 125, 127, 131, 134, 255s., 272, 278

Creteu 77, 230, 232, 232s., 244

Crisaor 58, 83s., 157

Crises 295, 321s.

Crisipo 72, 92-94, 96, 99, 279s.

Crisotêmis 305

Cristo 280

Crono 63, 68, 71, 95, 97, 209, 221, 244

Copreu 138

Ctônia 177, 203

Ctônio 40, 201

Dáctilos 23, 71, 95, 106, 124, 132s., 192, 209

Damastes 209

Dammameneu 209

Danaides 49-51, 54, 139, 225, 236, 302

Dânao 35, 48-52, 54, 159, 236, 261

Dárdano 37

Dédalo 213, 217s., 287

Deidamia 221, 303

Deífobo 180, 328-330

Deimos 151

Délfines 84

Deméter 23, 37, 64, 91, 105, 124, 151, 159, 169, 172, 177, 202, 208s., 231, 255, 269, 288, 293

Ctônia 177

Demofoonte 226, 255

Deucalião 73, 113, 220

Dexâmeno 147s., 157, 187

Diana 229

Dictis 54

Diomedes
filho de Tideu 274, 278, 284, 297s., 306, 327-330
rei 148-152, 229, 260, 319

Dione 63

Dioniso 23, 25-30, 35s., 40-42, 45-47, 52, 58, 60s., 63s., 85, 88, 91, 96, 99, 113s., 117, 123, 125, 132, 139, 144, 152, 163, 179, 183, 188, 216-220, 224, 231, 237, 248, 253, 260, 262-264, 267, 273s., 276, 282, 288, 302s., 318, 321, 325

Dioscuros 43s., 61s., 73, 91, 106-112, 115, 175, 223-225, 238, 254, 292, 294-296, 301

Diqueu 185s., 188

Dirce 45-47

Dóris 288

Éaco 79, 208, 236, 285s.

Eagro 259

Ébalo 106s.

Edífalo 95

Édipo 14, 42, 91, 95-105, 124s., 131s., 229, 262, 272, 278, 306, 312

Eécion 37, 321

Egeu 203-206, 210-214, 219, 224, 256s., 302

Egialeia 298

Egialeu 278

Egímio 174

Egina 79, 208

Egisto 282s., 307s.

Eglete 252

Élato 144, 221

Electra 37, 40s.

Electra
  filha de Agamemon 307s.

Eléctrion 37, 61, 125-127

Endeis 285

Endimião 113, 269

Eneias 111, 170, 235, 284s., 297, 301, 329

Eneu 68, 113-116, 118, 171, 189-191, 273, 318

Enieu 303

Enipeu 75

Enômao 55, 67-71, 73, 108, 113, 179, 280s.

Enópion 68, 113

Éolo 73-75, 77, 79, 84, 88, 106, 230, 232, 234

Éolo Hipótades 73

Éos 87, 165, 214, 233, 266, 271, 324, 326

Épafo 35

Epicasta 93, 98, 147

Epimeteu 73

Epopeu 44s.

Equemo 279

Equidna 99, 136, 139, 166

Equíon 40, 93, 236

Érebo 120

Erecteu 197, 199, 201-204, 229, 268s.

Ergino 133s., 237

• **505**

Eribeia 214, 298

Ericto 239

Erictônio 200s., 225

Erifila 274s., 278, 280

Éris 289

Erisícton 200s.

Eriteia 160s.

Érito 236

Eros 168, 261

Escamandro 330

Esfinge 94, 99-101, 136

Éson 77s., 230, 232s., 250, 253

Estáfilo 114

Estênelo 125-129, 243, 279

Estenobeia 86

Estérope 71, 73

Estro 256

Estrófio 308

Etéocles 100, 103, 272, 275s., 278

Etolo 113

Etra 204-206, 223, 226

Eubule 203

Eucleia 137

Eufemo 235, 251s.

Euforbo 96, 322

Eumênides 104, 308

Eumolpo 169, 202s., 266, 268s.

Euríbato 183

Eurídice 258, 260-262

Eurigânia 98

Eurílite 247

Eurímeda 82

Eurimedonte 83

Eurínome 43, 82, 285

Eurípilo 156, 158, 312-314

Euristeu 72, 126, 129s., 135, 138, 140s., 145-153, 155, 159, 164, 167-170, 173, 176s., 183s., 194, 229, 279

Euritião
  centauro 189, 221
  pastor 157, 161
  rei da Pítia 115, 147s., 286s., 316

Eurítis 189

Êurito 131, 147, 175, 178-181, 190, 222

Europa 35-37, 41, 47, 86, 127

Faetonte 86, 245, 248, 320

Fea 207

Febe 109, 287

Fedra 220, 226-228

Fênix 36s., 119, 214, 327

Feres 77s., 230, 233, 256

Fílaco 317

Filâmon 236

Fileu 147, 175

Filira 232, 244

Filoctetes 191s., 315s., 327

Filomela 266-269, 282

Fineu 59, 239-244

Fítalo 209

Fítio 114

Fix 99

Fobos 151

Foco 47, 286

Folo 144s., 148

Fórcis 56s.

Foroneu 48, 51, 62, 136, 199

Frixo 88-90, 230, 233s., 240, 244s., 280

Frôntis 244

Galíntia 129

Ganimedes 64, 92

Gelanor 49

Gerião 147, 157-164, 172, 253

Gigantes 131, 163, 211

Glauco 79, 82-84, 107, 148s., 325

Gorge 273

Gorgófona 106-108

Górgona 55-61, 82, 106, 149, 172

Hades 26s., 30, 50, 57s., 60, 68, 77, 80, 98, 119, 150, 158, 161, 169-173, 189, 206s., 209, 223s., 229, 233, 239, 242, 245, 247, 251, 260-263, 277, 286, 306

Haliai 61

Hárpias 68, 82, 91, 149, 157, 167, 240s.

Harpina 68

Hebe 193s., 301

Hecalina 212

Hécate 129, 159, 212, 247s., 260, 267, 290

Heitor 290, 319, 321-326, 330

Hele 88s.

Helena 107, 110-112, 220-226, 289, 292, 294-301, 305, 308, 310, 326-331

Hélio 44, 90, 96, 146, 160, 165, 216, 220, 230, 233, 236, 240, 245-247, 250, 253s., 256, 320

Hêmon 99

Heoos 243

Hera 43, 71s., 76, 78, 88s., 94, 96, 99, 102, 124, 128-132, 135s., 140, 150, 152, 155s., 158, 164, 166, 168, 171, 177, 182, 187, 192s., 199, 231, 235, 250, 254-256, 284s., 288-292, 295, 301, 304, 319, 331

    Acraia 254, 256

Héracles 13, 16, 20, 23, 25, 49-51, 58, 61, 68, 71, 77, 79, 107, 114s., 120s., 123-194, 205, 208, 211-213, 221, 224-227, 235s., 243-245, 249, 251, 253, 258-261, 270, 275, 279, 282-284, 290, 298s., 302, 310-312, 319, 326s., 331

    Calínico 174, 176

Hermes 23, 36, 45s., 50, 56, 64, 67, 69-71, 79s., 83, 96, 101, 104, 108s., 127, 130, 133, 163, 166, 172, 182, 185, 187, 192, 236, 258s., 262, 279, 281, 288s., 291, 297, 318, 331

Hermione 301

Herófile 291

Hesíone 154s., 290

Hespérides 56, 143, 161, 164-169, 235, 251, 289

Héstia 288

Híades 203

Híera 204, 312s.

Hilaíra 109

Hilas 151, 239

Himeneu 70

Hípato 200

Hiperenor 40

Hipermnestra 50, 52

Hípia 328

Hipno 155s., 163

Hipo, Hipe 73, 227

Hipocoonte 83, 107, 175

Hipodâmia 55, 67-72, 92s., 96, 113, 204, 221s., 279s.

Hipólito 117s., 155, 180, 225-229, 286, 323

Hipomedonte 276

Hipômenes 117s.

Hipônoo 83, 275

Hipsípile 237, 276

Históris 129

Horas 43, 285, 288, 292

Iásion 37, 231

Icário 296

Ícaro 217

Ida 108-111, 115, 119, 236

Idomeneu 300, 330

Ifianassa 305

Íficlo 115, 128-130, 134, 175, 316s.

Ifigênia 223, 305-307, 309s., 326

Ífito 178-181, 190

Ílio (pai de Laomedon) 327

Ilírio 42

Imarado 202, 269

Ínaco 35, 48s., 51, 60

Ino 35, 42, 88, 90, 280

Io 35, 48

Iobates 85

Iolau 130, 134, 140s., 151, 154, 168, 177, 194

Íole 178s., 181, 190

Íris 109, 177, 241, 288, 302

Iscômaque 221

Ísmaro 269

Ismênia 100, 104

Ismênio 43

Ítilo 92

Ítis 92, 267s.

Íxion 63, 65, 88, 221, 224, 261

Jacinto 36, 107, 203, 320

Jocasta 93-96, 99s., 103

Kalliste 289

Ládon 142s., 166, 168, 251

Laerte 81s., 296

Laio 42, 92-101, 103, 105, 213

Laocoonte 329

Laodamia 86, 315, 318

Laódice 305

Laomedonte 92, 154, 284, 290, 310, 316, 327

Láquesis 114

Leda 44, 106-108, 110, 113, 222, 225, 284, 295, 301

Lepreu 147

Lete 224

Leto 242, 261, 324

Leucipo 106, 109-111

Leucoteia 35, 88

Lico 45s., 92, 176s., 242

Licomedes 18, 229, 303

Linceu 50, 108, 110s., 115, 236, 251

Lino 131

Lirceu 50, 52

Lissa 177

Litierses 186s.

Macáon 300, 314

Maia 45, 288

Mania 177

Marpessa 108s., 119

Mársias 259

Medeia 41, 90, 168, 210s., 216, 230-257, 267, 280, 284, 293, 326

Medusa 55, 57-59, 83s., 157, 172

Megapentes 52, 60s., 85, 273, 276

Mégara 134, 176s., 179, 190, 193

Melampo 78, 230, 233, 273s., 317

Melanipa 73s., 155, 284

Melanipo 277

Melas 178, 244, 251

Melicerta 35, 82, 88

Menelau 111, 282s., 294-296, 301s., 308, 329-331

Mérmero 256

Mestor 126

Mines 321

Miníade 230

Minos 44, 84-86, 127, 152s., 203, 212-216, 241, 270, 280, 300

Minotauro 189, 213s., 216s.

Mírtilo 69-71, 204, 281

Moiras 57, 64, 114, 129, 149s., 164, 288, 302

Molíone 175, 178

Molorco 137s.

Molpadia 227

Momo 289

Mopso 236, 239

Musa 41, 43, 91, 100, 131, 226, 259s., 263s., 288, 325

Náuplio 51, 54, 235, 302, 311

Néfele 88s.

Neleu 76s., 157s., 230, 235, 273, 302, 317

Nêmesis 108, 221s., 301

Neoptólemo 304, 327, 329

Nereidas 59, 214s., 250, 252, 325

Nereu 164s., 286-288, 292, 325

Nesso 189-191

Nestor 20s., 72, 78, 158, 230, 302-304, 325, 330

Nice 168

Nícipe 72

Nicteu 44s., 92

Ninfa 43s., 48, 51, 56, 60, 63, 67, 107, 113, 151, 164, 166, 187, 239, 244, 250, 255, 257, 261, 284, 291, 320

Níobe 46, 48, 62, 72, 78, 91

Niso 213

Oceano 43, 56, 157, 161, 165, 184, 189, 244, 253, 288, 295

Ofeltes 276

Ógiges 39

Oileu 299

Olo 183

Ônfale 115, 156, 182-187, 190, 206

Orestes 114, 305, 307-309, 326

Oresteu 114

• **513**

Orfeu 74, 228, 236, 238, 243, 249s., 258-265

Oríon 23, 68, 113, 137

Orista 114

Oritia 269

Orsiloqueia 326

Órtia 223

Ortro 99, 136, 157, 161, 166

Ortósia 142

Osíris 160

Pã 269

Palamedes 302s.

Palas Atena; cf. Atena

Palecto 49

Palêmon 35, 42, 88, 276

Palinuro 235

Pandaréu 65, 91, 266

Pândion 211, 213, 266, 268

Panopeu 127, 219

Pantídia 107

Panto 322

Páris 111, 266, 291s., 300-302, 319, 325, 327s.

Pártenon 307, 311, 326

Partenopeu 118, 276s., 312

Pasífae 90, 153, 213, 216, 233, 270

Passalo 184

Pátroclo 313, 322s., 325

Pégaso 58, 83-89, 157, 328

Pélagon 38s.

Pelargo 70

514 •

Pelasgo 49

Peleu 18, 41, 110, 115, 119, 236, 285-290, 292s., 301s., 313, 319, 325

Pélias 41, 76-78, 82, 148s., 230-236, 253-255, 286

Pélope 62, 64, 67, 69-72, 86, 89, 92s., 95s., 126, 176, 204, 231, 253, 279-281, 283, 285, 327

Pelopeia 282, 295, 311

Pelor 40

Penélope 77, 178, 296, 302, 332

Pentesileia 227, 323s.

Penteu 45, 52, 60, 93, 263

Peribeia 96, 214

Periclímeno 158, 235, 277

Perieres 106

Perifante 70

Perifetes 206

Perigune 207

Perítoo 115, 172s., 220-224, 229, 236, 261

Pero 273, 317

Perséfone 25, 27, 30, 37, 68, 80, 102, 109, 119, 123, 172, 194, 203, 209, 220, 223s., 229, 239, 243, 247, 256, 260, 262, 267, 282, 306

Perses 61

Perseu 14, 18s., 26, 31, 50, 52-62, 79, 83s., 96, 106, 125-128, 130, 136, 139, 234, 237, 239, 258, 260, 273, 279, 296

Pílades 308s.

Pilaoco 26

Pilarte 26

Pilio 169

Pínaco 91

Pirra 73, 330

Pirro 304, 329s.

• 515

Pitéu 204-206, 214, 227, 256

Pítia 95, 181

Pitiocampto 206

Plêiade 63, 235

Pluto 62s.

Podalírio 300

Podarces 155, 290, 317

Pólibo 96, 99

Polidectes 55s., 59, 147

Polidêmon 55, 147

Polideuces 44, 106s., 110-112, 115, 175, 220, 223, 235, 239, 301

Polidora 318

Polidoro 42, 91

Polígio 133

Polimede 230

Polínice 100, 103, 272-276, 278s.

Polipêmon 206, 209

Polipoetes 222

Políxena 320, 326

Políxeno 126

Porteu 189

Posídon 35, 48, 51s., 54s., 58s., 64, 68-70, 73-76, 82-85, 89, 104, 108s., 117, 126s., 134, 151-154, 157-159, 161s., 175, 177, 198-200, 202-204, 206, 210, 214s., 219, 222, 228, 230s., 235, 239, 251, 269, 277, 284s., 288, 295, 300, 304, 311, 320, 329

Posídon Erecteu 197, 202

Praxiteia 202s.

Preto 52s., 60, 71, 78, 81, 84-86, 230, 273, 276, 317

Príamo 155, 290s., 300, 303, 310, 313, 320, 323, 326, 328-330

Procne 92, 266-269, 282

Procopta 209

Prócris 127, 266, 269-271

Procusto 208s.

Prometeu 23, 63, 65, 73, 145, 161, 165s., 244

Protesilau 315-318

Proteu 331

Psâmate 286

Psila 68

Quílon 27

Quimera 85s.

Quíone 80, 266, 268s.

Quíron 73s., 101, 144s., 148, 165, 207-209, 221, 230, 232, 244, 257, 285, 287s., 293s.

Radamanto 86, 179

Reia, Reia Kybele 64, 110, 239, 244

Rômulo e Remo 75

Sangário 183, 290, 323

Sarpédon 86

Sátiro 44s., 51, 192, 263

Selene 113, 136, 260, 269

Sêmele 25s., 28s., 35, 42, 61, 91, 123, 132, 262

Sibilas 291

Sídero 76

Silenos 54, 187, 231

Sileu 184s., 188

Sínis 207, 209

Sírio 113

Sísifo 73, 79-83, 88, 107, 133, 148, 206, 255, 261, 296, 327

Sosípole 200

Spartoi 277

Tálao 273s.

Talo 251

Tâmiris 260

Tânato 80, 150

Tântalo 46, 62-65, 67, 69, 73, 92, 182, 224, 248, 261, 267, 279, 282, 294

Tarcão 312

Taso 37

Tauromênio 217

Teia 184

Télamon 115, 153-155, 163, 174, 214, 236, 286, 290, 298

Télefa 37

Teléfano 310

Teléfassa 37

Télefo 177, 278, 282, 305, 310-314

Telégono 331s.

Telêmaco 302, 330, 332

Têmis 43, 164, 183, 285, 289

Tenero 44

Téope 203

Tereu 92, 266-269, 282

Tersandro 278

Teseu 18, 49, 85, 104s., 115, 153, 155, 172s., 197-229, 234, 236, 252, 257-261, 278, 284s., 292, 302s., 305, 323

Téspio 132s., 194

Téstio 107

Tethys 285, 288

Tétis 41, 43, 110, 250, 255, 285, 287-290, 292-294, 299, 301s., 319s., 325s.

Teucro 290, 298

Teutrânia 310-312

Tideu 274-279, 297

Tiestes 53, 67, 72, 92s., 126, 279-283, 294s.

Tifeu 36

Tífis 235, 242

Tirésias 94, 101-103, 128s., 131

Tiro 60, 73, 75-77, 79, 157, 230-232, 284

Tirseno 312

Titã, Titânida 23, 36, 63, 142, 161, 165-167, 184, 221, 244, 247s., 253, 256, 267, 294

Títio 65, 232, 261

Titono 165

Tmolo 182s.

Toas 237, 276

Toxeu 113, 189

Triptólemo 256

Tritão 164, 188, 215, 251

Trofônio 134

Troilo 321, 326

Udaio 40, 101

Ulisses 28, 81s., 102, 172, 178, 193, 206, 234s., 238, 241, 250, 296-299, 302-304, 306, 325-332

Urânia 131, 254

Urano 97

Vírbio 229

Virgem Maria 129

Vulcano 162

Xenodique 185s.

Zagreu 80

Zetes 236, 241, 269

Zeto 43-47, 91s., 132, 266

Zeus 25, 35-37, 41-47, 50, 52-54, 61-65, 67, 70-74, 77, 79s., 80, 82, 86, 88s., 91s., 95, 99, 102-104, 106s., 109-112, 115, 120, 123-125, 127-132, 135-138, 142s., 145, 151s., 154-156, 158, 160-162, 164-166, 168, 171s., 174, 176, 181, 184s., 189, 191-194, 200, 203, 208, 214, 216, 220-223, 225, 231s., 234-236, 240-244, 249, 251, 254, 261-265, 268, 273, 275-277, 279-281, 291s., 294s., 298, 301, 315, 324, 327-331

    Agamenon 295s.
    Fíxio 90
    Hecaleio 213
    Hércio 70
    Lafístio 86, 234
    Milíquio 209, 261
    Soter 138

ÍNDICE ANALÍTICO, CONCEITOS

Abdera 150

Abelha 158

Acaia 122

Acarnânia 126

Acras 110

Acrocorinto 79, 82s., 254

Acrópole 198, 204, 219, 224, 226s., 229

Adivinho, adivinhação 43, 95, 101s., 116, 160, 169, 230, 235, 247, 306, 326

Afidna 110, 221s., 223, 292, 305

África (Norte da) 158

Agnus 211

Água(s) 50s., 61, 66, 75s., 96, 114, 139, 165, 190, 198s., 239, 251, 256, 261, 269, 288, 292

Águia 157s., 165, 213, 244, 299

Aipo 138, 276

Aix 204

Alalcômene 297

Alaúde 43, 46

Albaneses 266

Ale 87

Além; cf. Hades; Submundo; Reino dos mortos

Alfeu 67, 73, 77, 144, 147

Alke 125, 130

Amazonas 49, 51, 86, 153, 155, 182, 211s., 220, 225-227, 236, 243, 323

Ambrosia 65, 235, 241

Amiclas 180, 203, 301

Amimone 51

Amizade 222s., 285

Amor por meninos, pederastia 92, 94, 263

Anafe 252

Anão 159

Anapto 252

Anauro 196

Andânia 106

Andorinha 266, 268

Anel 215

Animal 28, 50, 74, 259

Antédon 96

Ântemo 161

Antimaqueia 156

Apate 204

Apesa 136

Aqueloo 114, 188s.

Aquelos 187

Aqueronte 145, 171s., 176, 223, 242s.

Ara Maxima 162

Arábia 48, 165

Arca 53s., 75, 96, 120, 311

Arcádia, árcade 110, 115s., 141-145, 171, 181, 308, 310, 312

Archon basileus 114

Archote 77

Arco 77, 131, 146-148, 153, 160s., 163, 171, 178s., 181, 192s., 242, 251, 308, 315s., 322, 327, 331

Areia 39

522 •

Argonautas 15, 59, 76, 78, 90, 110, 115, 146, 151, 153, 168, 170, 182, 234-253, 257-260, 316, 332

Argos 26, 35, 48-53, 60-62, 67, 83-86, 115, 125, 128s., 135s., 138s., 141, 143, 148, 152, 157, 161, 173, 194, 199, 212, 218, 223, 228, 272-274, 279, 283, 296, 298, 308, 313

Arícia 229

Ari-hagne 216

Arimos 136

Armênia 257

Arquétipo 13s.

Artácia 238

Árvore 46, 66, 143, 166-168, 170, 176, 251, 258, 315-317

Asa, alado 83s., 86, 100, 108, 112, 156, 163, 241, 269, 324

Asfódelo 105, 326

Ásia Menor 52, 62, 84s., 87, 89, 124, 153, 184, 226, 284, 301

Ásine 298

Ásopo 44, 254

Aspargo 207

Assassinato, fratricídio, infanticídio 43, 50, 69, 74, 76, 85, 92s., 97-99, 111, 119, 178-181, 190, 209s., 237s., 248, 256, 279s., 289, 307, 312, 323

Atamantes 88

Atenas, atenienses 27s., 36, 104, 114s., 118, 169, 173, 194, 197-215, 219, 224-229, 256, 266, 268, 299, 308

Ática, ático 16, 44, 51, 110, 127, 194, 197s., 211-213, 222s., 229, 237, 256, 266, 269-271, 277, 279, 290, 307

Aulion 288

Áulis 223, 302, 305, 310, 313, 315s.

Ave, pássaro 19, 91, 101, 107s., 120, 145s., 152, 157, 213, 244, 258, 266-268, 324

Aventino 162

Bacantes 263, 267

Balanço 229

Báquion 264

Baú 45
   Cf. tb. Arca

Bébrice 239

Beleza 43

Beócia 20, 35s., 38s., 44, 62, 73, 79, 88, 96, 101, 105, 125, 132s., 173, 179, 234, 244, 277, 297, 306

Berecintíada 63

Bissexualidade 197

Bistônios 149s.

Bitínia 239, 242

Bode 28
   Cf. tb. Cabra

Bola 50, 204

Bōmós 16

Borístenes 326

Bósforo 239, 242, 249-251

Bosque Nemorense 117

Bráuron 223, 307

Brotoi 62

Budva 42

Buno 254

Buto 42

Cabelo, penteado 126s., 205, 229
Cabo
   Cafareu 300
   Laceter 156

Maleia 144

Sigeu 326

Súnio 221

Cabra, cabrito 63, 85, 114, 204, 243, 283

Caça, caçar, caçador 19, 23, 45, 113-120, 133, 137, 142, 189, 211, 227, 231, 243, 259, 270s., 286

Cacho de uva 113s., 116, 318

Cf. tb. Cepa

Cádis 160

Cadmeia, cadmeu 30, 35, 39, 44s., 98s., 134, 177, 275

Caico 312s.

Caixa, arca flutuante, gamela pesada; cf. Arca

Calçados, um pé, calçados alados, sandálias 56, 58s., 181s., 205s., 211, 231, 254

Cf. tb. *Monosandalos*

Calcídica 163

Cálibes 243

Calícoro 243

Cálidon

caça de 113-120, 188, 235, 286

Calisto 252

Câmara nupcial 134, 287

Caminho triplo 184

Campos Flegreus 163

Canto, canção 91, 100, 152, 167, 186, 249, 258-265, 268

Cão, cachorro 27, 65, 76, 99, 107, 113s., 118, 127, 136, 139, 157, 161, 166, 169, 171-173, 290

Caranguejo 140s.

Cários 86

Carneiro; cf. Ovelha

Carneiro de ouro 230, 280-283

Carro, parelha, cocheiro 41, 64, 68-72, 77, 92, 108, 117s., 131, 140, 166, 192, 210, 256, 277

Carro do sol, taça do sol 161, 164, 166, 253

Carvalho 90, 111, 234, 245, 317

Casamento
de carneiro 89
de garanhão 74, 89, 220
de serpentes 149
de touro 35
núpcias 18, 29s., 38, 40s., 43, 51, 53, 55, 69s., 72, 89, 109-111, 117, 127, 132, 148s., 156, 161, 182s., 193, 205, 219-223, 227, 229, 247-250, 269, 285, 288, 301, 304, 306, 310, 325

Cáucaso 9, 166, 230, 233, 244, 248

Cavalo
corcel, égua, garanhão, potro 27, 55s., 58s., 68, 70, 72-76, 82-87, 92, 98s., 106, 108s., 117, 148-153, 157, 159, 165, 175, 178s., 221, 227, 289, 296, 302, 320, 328s.
de madeira 329

Caverna 36, 39, 44-46, 56s., 127, 136s., 140, 144s., 162-164, 170, 232, 244, 250, 262, 287, 293

Cebola 207

Céfalo 269-271

Cego, cegueira, perda da visão, ofuscamento 101-104, 113, 240

Celenas 186

Celendris 205

Cêncreas 206

Ceos 105

Cepa 28, 91, 113, 185

Cercira, Melena 249

Cerineia 141, 164, 166, 180, 249

Cervo, cerva, corça 51, 88, 118, 141-143, 166, 180, 249, 259, 306, 311

Cesta 170, 200s.

Ceteios 312

Cetro 67, 72, 233, 279, 283

Céu 35, 43, 45, 49s., 59s., 63, 65, 86s., 91, 112, 130, 138, 167, 187, 193, 212, 216, 221, 224, 229, 235

Chaleira, caldeira 64, 180, 190, 253, 267, 280, 293

Chapéu, gorro, barrete, pilos 39, 56-58, 60, 108, 112, 210, 313

Chifre, galha, chifrudo, cornudo, com chifres 38, 81, 141-143, 188-190

Chipre 160, 218, 330

Choupo-preto, choupo-branco 168, 176

Chuva 50
  de ouro 53, 55

Cidônia 124

Cilene 101

Cilícia 36s.

Cinto 153-155, 204, 225

Cipestre 312

Cirene 159
  ninfa 261

Cisne 107, 151s., 268, 275, 320

Cistene 57

Citas, cita 155, 161, 166, 179

Citera 283

Citéron 44s., 94, 96s., 101, 105, 132s., 273, 278

Cizico 238

Clava 99, 126, 133s., 137, 140, 153, 161, 163, 177, 179, 181, 185, 187s., 206, 217

Cleite 239

Cleona 137, 175

Cnossos 44, 212-215, 254

Colar 41, 272

Colheita 186

Colinas Albanas 229

Colona 104s., 222

Cólquida 78, 89s., 151, 230, 233, 243, 250, 256

Competição 68, 71s., 81, 108, 117, 123, 159, 175s., 178s., 181, 186, 188, 198s., 217, 237, 246, 252, 276, 281, 286, 318

Concepção pelo ouvido 129

Corcel; cf. Cavalo

Córcula 249

Cordeiro; cf. Ovelha

Cordilheira do Atlas 165

Cores
amarelo açafrão 306
branco 35, 37, 76, 81, 106s., 109, 215
preto 81, 215, 219, 251
vermelho púrpura 157, 165, 210, 213, 215

Corfu 250

Corício 248

Coridalo 209

Corinto, coríntios 40s., 44s., 67, 79, 82-86, 96s., 136, 163, 206s., 298

Corpo triplo 157, 161

Cortesãs 182

Coruja 246

Cós 123s., 155s., 158s., 163, 182

Cosmos 40, 46

Coxear, mancar 87

Crânae 302

Creta, cretense 20, 36, 44, 61, 65, 84, 86, 115s., 123s., 127, 152s., 179, 212-216, 218, 224, 226, 231, 233, 241, 244, 251, 270, 301, 330

Criança
divina 35s., 54, 96, 130, 200s., 243, 252s.
solar, menino solar 60, 92

Crimeia 307

Crisa 308

Crise 316, 321s., 329

Crômion 207

Culto 13, 15-17, 20, 25s., 29, 253
  aos mortos 20s., 24s.
  heroico, veneração de heróis 10s., 15s., 19-29, 62, 71, 112, 123s., 129, 162s., 174s.,183, 192, 202, 211, 219, 229, 257, 273s., 294, 298, 310, 317, 325s.

Cumas 163

Cura 25, 230, 293, 312, 317, 327

Curetes 107, 115, 119s.

Daimon 70, 151, 172, 256

Dânaos 48

Dança, lugar de dança 143, 218s., 282, 288, 311

Danúbio 166, 248, 326

Dáulis 266

De
  cem braços 204, 291
  múltiplas cabeças 85, 139, 157s., 161, 166

Deificação 165, 194, 234, 301

Delfínio 210s.

Delfos 25, 38, 40, 42, 53, 89, 94s., 97, 100, 104s., 125, 132, 143, 151, 180s., 183, 191, 198, 203, 205, 223, 256, 282, 308s., 329

Delos 219, 270

Desmembramento, despedaçamento 63s., 248, 253s., 263, 267, 280

Destino, deusa do destino 24, 29, 151, 262, 295, 302, 319, 324, 327

Deus
  da guerra; cf. Ares
  da morte 178, 328
    Cf. tb. Hades

• **529**

do casamento 124

do vinho; cf. Dioniso

Deusa Terra 64, 166, 201

Dia 218

Dias alciônicos 164

Dilúvio, inundação 59, 73, 136

Dindimena 239

Díndimo 238s.

Dion 265

Diphyes 197

Dirce 45-47

Diro 191

Disco 60

Disfarce 155s., 183, 210

Dnieper 326

Dodona 234

Doliones 238

Doninha 129

Dórios 174s., 194

Dragão 36, 39s., 67, 84, 93, 165, 168, 234, 243, 245, 251, 256, 276

Drépano 250

Drio 219

Dríopes 175

Ecália 106, 178s., 181, 184, 190

Éfeso 184, 227

Éfira 79

Egina 79, 153, 208, 252, 285, 298

Egito, egípcio 48s., 159s., 324, 331

Eglete 252

Egostena 273

Égua; cf. Cavalo

Eia 233, 243-245, 252, 254, 256

Elaia 311

Eleunte 140, 317

Elêusis, eleusínios 16, 169s., 172, 202, 208s., 228, 255, 268s., 278

Eleutério 44

Eleutheron Hydor 173

Élida 25s., 67, 69, 75, 126, 144, 146-148, 175, 178, 236

Elimeus 163

Elísio 257, 301

Enágisma 16

Enforcar 103, 228, 239, 286

Enipeu 75s., 231

Ênoe 44, 141s.

Enone 79, 291

Enqueleus 42

Eólia, eólio 73

Epaulia 288

Epidauro 52, 206, 228s., 298

Epifania 19, 251

Epiro 171, 223, 329

Épopo 44

Eranos 55, 59

Erecteion 199, 201

Ergonasim 193

Erídano 164, 249

Erimanto 143s., 173

Erineos 209

Eriteia 157, 160s., 163s., 166

• **531**

Érix 162

Escarfeia 105

Eschára 16

Escorpião 270

Escrita 20s., 81, 91, 131, 303
  micênica 20, 134

Escudo 52, 57s., 157, 161, 298s., 303

Esepo 324

Esféria 204

Esfeto 211

Esmirna 62, 264

Éson 230, 232s.

Espaço sideral 65

Espada 39, 58, 93, 131, 137, 157, 170, 172, 187, 206s., 210s., 217, 241, 324, 330

Esparta, espartano, espartanos 20, 27, 42, 44, 61, 101, 106-112, 134, 163, 175, 180, 194, 203, 210, 221, 223, 283, 295, 301, 308, 330

Estige 171, 293

Estinfalo 145s., 171, 244, 285

Estrela, constelação, astro 59, 65, 112, 183, 194, 203, 216s., 229, 235, 245, 248, 264, 281

Estrimão 262, 268

Estrófades 241

Eta 175, 190-192, 315

Éteono 105

Etiópia 58s., 94, 99, 160, 165, 324

Etólia, etólios 68, 107s., 113, 115, 119, 178, 188, 273

Etrúria, etruscos 162, 193, 209, 312

Eubeia 178, 191, 300, 306

Eumolpoi 268

Euripo 96

Eurotas 112

Eveno 108s., 189

Fábula, contos de fadas 17s.

Falera 219

Falo, fálico 36, 124, 273

Faros 331

Farsalo 290

Fásis 233, 245, 247s.

Fêneo 181

Fenícios 36s., 48, 91, 123, 330

Feres 149, 233

Ferida, ferimento, invulnerabilidade 51, 60, 116, 145, 152, 157s., 171, 189, 223, 277, 293, 297s., 313, 316, 327

Ferreiro 208s.

Férreo, ferro de bronze 26, 53s., 77, 91, 96, 108, 113, 134, 137, 150, 159, 166, 190, 243, 246, 251

Fertilidade, infertilidade 47, 89, 166

Festa, festival 71s., 78, 134, 179, 193, 197, 201, 225, 252, 273, 331

Festo 44, 123, 330

Fígado 165, 244, 261

Figueira 209

Fílace 317s.

Flauta 36, 134, 213

Flecha 85, 117, 120, 140, 144, 158, 160s., 177, 180, 189, 193, 227, 300, 309, 322, 329

Flégios 38

Fliunte 79

Flor 248

Foca 286

Fócida 38, 47, 95, 97, 127, 308

Fogo 20, 145, 165, 177s., 191s., 212, 246, 288, 290, 293

Foice 140, 154, 186, 250

Fóloe 72

Fonte 39, 44, 46, 51, 56, 61, 80, 83, 101, 107, 113, 139s., 151, 166, 184, 187, 194, 198s., 202, 238s., 251, 255, 276, 291, 315
  de Ares 46
  do Urso 238

Formigas 79, 158, 285

Freixo 43s., 48

Frígios, frígio 28, 63, 186, 190-191, 310

Ftia 286s., 290, 292, 316s., 321

Fundação
  de cidade 17, 39, 46, 61s., 75, 77, 88, 106s., 137, 150, 181, 230, 327
  herói-fundador 23, 26, 40, 52, 60, 67, 72s., 75, 79, 106s., 197, 203, 224, 270, 284, 312
  Cf. tb. Fundação de cidade

Funeral 105, 198, 264, 278, 323

Furto, roubo 80s., 98s., 109, 127, 180s., 184s., 309, 317, 327, 331

Fuso, fiar, roca de fiar 81, 183, 216, 327

Gábios 166

Gades 160

Gado bovino 79, 81, 85, 100s., 126, 157-164, 172, 222, 250, 302

Gale 129

Galinhas-da-índia 120

Galo 321

Garanhão; cf. Cavalo

Gargeto 211

Gêmeos 43-46, 48, 52, 73-77, 106-109, 111s., 128-130, 133, 142, 175, 178, 230, 235, 241

Genetlion 205

Geraneios-cordilheira 207

Gigante 40, 108, 110s., 142, 159, 163s., 238, 251, 299

Giteu 181

Glauce 255

Golfinho 215

Golfo Alciônico 164

Golfo Sarônico 79, 228

Gorgopótamo 191

Gorro; cf. Chapéu

Grande
  ano 40, 49, 140, 149
  deusa 19, 64, 135, 141, 169
  mãe 63, 95, 110, 184, 239

Grão 23, 198

Gravidez 74, 81, 128, 291, 303

Grou 207, 219s., 275

Guadalquivir 9, 160

Guerra de Troia 15, 78, 154s., 236, 264, 274, 279, 284-304, 310, 313, 319-332

Guirlanda, grinalda, engrinaldar 138, 168, 176, 213, 215, 217, 256

Hades
  viagem ao 170, 229, 258s.

Hadu pylai 158

Haliarto 20, 134

Hális 248

Halo 88-90

Harpe 58

Hebro 264

Hécale, Demos 212

• **535**

Hecatômbeon 210

Hecatombe 316

Helena 220

Helesponto 89, 238, 251, 290, 317s., 325

Hélicon 83, 101, 132s.

Hera 91, 263, 290

Herma 36

Hermíone 173, 177, 298

Heros theos 124

Hidra 138s., 144, 157, 166, 171, 183

Hidroforia 252

Hierofante 169, 202, 268

Hilo 187

Himeto 211

Hiperbóreos 58, 142, 166, 176, 242

Hipocrene 83, 101

Hippos 83

Hiria 306

Hititas 312

Homem, ser humano, raça humana (mitológica)

Íardano 182

Ilha 218, 233, 236, 242, 251s., 302, 316, 326s.
   da Aurora 161
   de Ares 244
   de Ciros 229, 303s., 327
   do Urso 238
   dos Bem-aventurados 29, 42, 167, 257

Ilíon; cf. Troia

Ilíria, ilírios, ilírico 29, 42

536 •

Ilisso 269

Imortalidade 130, 164, 213, 255, 265, 270, 277, 293, 298, 324s.

Ínaco 35, 48s., 199

Incêndio do templo 44

Irasa 159

Ismeno(s) 43

Ísquia 184

Istmo 67s., 71s., 79, 81s., 138, 153, 163s., 170, 175, 206s., 228, 257

Ístria 143, 249

Istro 248

Ítaca 296, 302, 331

Itália, itálico 162s., 193, 229, 298, 330

Itifálico; cf. Falo, fálico

Jafa 58

Javali 41, 115s., 119s., 143-145, 149, 173, 293

Joeira 318

Jogos
   ístmicos 82, 138, 175, 178, 276
   nemeus 138, 276
   olímpicos 176

Jônios, jônico 124

Junípero (zimbro) 247

Juramento, perjúrio 80, 233, 239, 296, 302

Kephale 269

Ker 324

Kibisis 56, 58-60

Klytópolos 149

Laas, laos 198

Labirinto 212s., 216-219, 224, 254

Lacônios 106-111, 181, 222, 292, 301

Ládon 143

Lago
  Aquerúsia 171
  Escaciote 268
  Nemi 117, 229
  Tântalo 62

Lança 69, 85, 100, 111, 119, 137, 152s., 157s., 207, 264, 270s., 288, 297s., 303s., 313, 322, 324, 329, 331

Lápitas 72, 144, 174, 220s.

Larissa 48, 50, 60, 85

Leão 41, 85, 116, 118, 132s., 136-141, 148s., 183, 185, 245, 259, 263, 273, 288, 293
  Cf. tb. Zodíaco

Lebre 118, 133

Leite 75s., 130, 252, 318

Lemnos 210, 237, 276, 316, 321, 327

Leopardo 118

Lerna 26, 28, 50s., 61, 138-141, 143, 157, 166, 171

Lesbos 62s., 264, 321

Leuce 326

Leucórion 202

Libetra 263-265

Líbia 48, 159s., 164, 250, 330

Licabeto 198

Licáon 83

Lícios 52, 84-86, 242, 313, 325

Licormas 109, 189

Lídia, lídios 46, 62s., 86, 92, 182s., 185-187

Ligúria, lígures, ligúrico 161s., 320

Lira 43, 45s., 67, 219, 250, 258-260, 264

Lirceia 50

Lirnesso 321

Lithos sophronister 177

Lobo 45, 49, 80, 142, 242, 303

Locres 299s., 330

Loucura, fúria 42, 47, 78, 88, 90, 94, 103, 117, 176-180, 191, 221, 256, 262, 267, 273, 300, 302s.

Louro 161

Lua, lua nova, lua cheia 36, 44, 49, 57, 109, 112s., 127, 226, 247s., 255, 260, 269s., 287, 305, 311, 331

Luta livre 131s., 137, 150, 155s., 159-161, 163, 169s., 208, 217, 286s.

Maçã 117, 143, 164-168, 251, 289, 291

Macaco 183s.

Macaria 194

Macedônia 151, 163, 185, 259, 262s.

Machado de duplo gume 116, 182

Mácride 250

Madeira 114s., 119s.

Mãe dos deuses 62, 117s., 124, 244

Mágico/mago, mágica/maga 84, 89s., 168, 189, 210, 235, 245-249, 251-256, 270

Magnésia 232

Mal de Lemnos 236s.

Malva 105, 113

Mar
   Adriático 142, 248s.
   de Mármara 151, 238, 324
   de Mirto 71

deus do mar 26s., 55s., 75, 82s., 86, 88, 96, 108s., 112, 168, 204, 207s., 213s., 228, 241s., 252, 263s., 269, 285, 290, 292, 300, 311, 329

    Egeu 204, 219, 224, 302

    Icário 217

    Jônio 248s.

    Negro 146, 153, 226s., 233, 236, 242, 248, 280, 326

    Tirreno 249, 332

    Vermelho 165

Maratona 153, 194, 211s.

Marfim 64, 210

Mariandino 242

Martelo 209

Mases 298

Matrimônio
    divindade do 94, 109s., 124, 127s., 182, 197, 250

Mauritânia 161

Medos 257

Mégara 207s., 213, 226, 266, 268, 298

Mel 84, 261, 325

Meles 264

Melo 86

Memória 43

Mênades 45s., 61, 168

Mênfis 160

Méropes 156

Messênios 106-111, 115, 178, 233, 238, 301

Metal 23

Metaponto 75

Micenas, miceneus, micênico 16, 18-21, 26, 35, 51s., 60-62, 67, 125s., 129s., 134-136, 138, 141, 143-148, 150, 153, 155, 164, 168, 173, 194, 266, 274-283, 289, 294s., 302, 308, 328

Mideia 60, 72, 125s., 173, 279s.

Mili 51

Mínia 234

Mínios 133s., 234s.

Mirmidões 285, 322

Mirto
  madeira de 69, 204, 228

Mísia 239, 310, 321

Mistérios 29s., 36-38, 105s., 169s., 172, 200s., 228, 263, 268s., 282

Mito 17s., 21, 23

Moderação 263

Molorco 137

Molossos 223, 329

Monosandalos 231

Monstro 59, 94, 99, 154, 245, 270, 315
  marinho 59, 154

Montanha 62s., 113s., 143, 182
  de Ida
      Ásia Menor 63, 284, 292
      Creta 72, 123, 214
  Fícion 99
  Lápitas 72, 144, 174, 220s.
  Pangeu 263
  Parnaso 81s., 243, 266, 308
  Parnes 212
  Partênio 116, 141, 310-312
  Tântalo 63

Monte
  Artemísio 141s.
  Circeu 249, 332
  Gargano 298

Monumento materno 64, 75s.

• **541**

Morte 24-26, 28s., 80, 82, 116s., 119s., 137s., 140s., 145, 149s., 152, 167-169, 174, 186, 235, 246s., 253, 261s., 306, 315, 324, 326, 331

Mossynoikoi 243

Mudança de sexo 102, 221

Mudez 267, 312

Mula 99, 138

Mulher primeva, primordial 43, 48, 107, 113, 284

Música de instrumento de corda 131, 293

Mykes 60s.

Myrtos 69

Nascimento
história de 25, 28, 35s., 55, 83, 114, 123, 125, 128-133, 192s., 199s., 205, 213, 220s., 243, 283s., 288, 303s., 310s.

Nauplia 51

Naxo 218s., 270

Nea 316

Néctar 65

Nemeia 92, 133, 136-141, 148, 245, 276

Nilo 35, 48, 159, 331

Noite 49, 56, 108, 127s., 156, 165, 167, 222, 247, 260, 287, 311

Novelo 217

Números
"3" 43, 52s., 56s., 60, 115, 117, 127, 129, 139, 154, 157s., 161, 163, 167s., 171, 250, 262s., 289, 291, 321
"4" 42, 49, 67, 72, 110, 148, 162, 167, 203, 288
"5" 40, 71, 139, 291
"6" 72, 102, 126, 203, 238
"7" 40, 44, 46, 52, 85, 102, 205, 214, 254s., 262, 308, 321
Cf. tb. "Sete contra Tebas"
"8" 40, 126, 138s., 141, 176, 270, 315

"9" 43, 56, 85, 118, 139, 160, 214, 250, 315, 321

"10" 130, 140s., 301s., 315, 322, 330

"11" 323

"12" 68, 130, 136, 139-141, 158, 176, 179, 200, 230, 323

"13" 68s., 72

"14" 214, 255

"17" 325

"20" 175

"30" 137, 141

"48" 50

"49" 49s.

"50" 48s., 133s., 139, 171, 211, 235, 245, 275, 279, 290

"100" 134, 139

em geral 303

Objeto cultual 170, 181

Odyssomenos 297

Oichomenoi 178

Oleno 147s.

Olho 57, 249s.

Olímpia 68, 71s., 78, 86, 92s., 124, 138, 142s., 146s., 155, 167, 176, 200, 327

Olimpo 13, 77, 87, 112, 123, 128s., 131, 152, 158, 163, 192s., 241, 259, 265, 279, 326

Oliveira
  ramo de 133, 142s., 176, 198-200, 228

Olmo 168, 317

Omphalos (umbigo) 168, 182

Onquesto 79, 134

Opus 300

Oráculo 38s., 53, 59, 68, 88s., 94s., 97, 100, 104, 125, 154, 160, 181, 190, 198, 203, 231s., 254, 264, 273, 276s., 281s., 298, 302, 308, 312s., 326

Orcômeno 133s., 220, 234, 244

Ordem, regra, lei 43

Ormênio 175

Oropo 277

Orphne 260

Ortígia 109

Otranto 300

Ouro, áureos 40, 63-65, 69, 72, 84, 92, 96, 102s., 117, 126s., 141-143, 155-157, 161, 164, 166-168, 171, 182s., 215, 230, 233, 242, 249, 251, 256, 270, 280, 289s., 298, 303, 313, 316, 324s.
   Cf. tb. Chuva de ouro; Velo de ouro, Carneiro de ouro

Ovelha, cordeiro, carneiro 26, 70s., 76, 88-90, 112, 123, 137s., 156, 230, 254, 280s., 283, 317, 320, 325

Ovo 107s., 175

Paflagônia 248

Pafo 183

Págasa 151, 230, 234, 252

Paládio 327, 330

Palamai 303

Palene 163, 198, 211

Palestina 58

Panateneias 201, 225

Pântano 113, 116, 139, 143, 145s., 171

Pantera 232

Pão 185s.

Par
   de irmãos 55, 68, 92, 109s., 183s., 188, 272
   de irmãs 89
      Cf. tb. Gêmeos

Paros 213

Parthenon 200, 203

Pastor, rebanho 36, 38, 44-46, 49, 54, 76, 78, 81, 84s., 96, 101s., 110s., 114, 132s., 147, 154, 156s., 161-163, 172, 186, 261, 265, 281, 284, 291

Pátaros 313

Pato selvagem 296

Peã 212, 243

Pecado, sacrilégio 178, 180, 216s., 299, 305

Pedra, apedrejamento 39, 42, 46, 59-62, 65s., 82, 111, 161-164, 170, 172s., 183, 198, 205, 207, 217, 238, 246, 251, 258, 261, 264, 277, 298, 315

Pefno 107

Pege 83

Peixe 154, 258, 288

Pelana 107s.

Pele de leão 133, 138, 159, 166, 172, 205, 299

Pélion 144, 186, 222, 230, 234, 244, 285-287, 292

Pēlogonos 38

Peloponeso 16, 27, 62, 67, 71s., 75, 78, 86, 88, 126, 144, 146, 148, 153, 157, 170, 174, 194, 230, 261, 279

Pelos 285

Penelops 296

Peneu 147

Península
  Apenina 249
  Táurica 307, 309, 326
    Cf. tb. Crimeia

Pentélico 211

Penthos 323

Percote 238

Pérgamo 314

Perramos 290

Perseia 61

Pescador 54s., 59

• **545**

Pesto 128, 187

Petrificação 60s.

Piéria 259

Pilo 20s., 78, 157s., 160, 169, 180, 230
  Cf. tb. Chapéu

Pinheiro 206, 221, 234, 292

Pira 25, 176, 178, 186, 191-193, 275, 278, 315, 323, 325

Pirene 83

Pisa 67, 71, 73, 92s., 96, 221

Pitecusa 184

Placos 321

Planetas 235, 249

Planta 28, 50, 74, 207

Plêiades 235

Plêuron 107, 115, 119, 188

Pnice 226

Pó 249

Poço 61, 80, 173, 194, 320

Pólion 62

Politeia 225

Pomba 235, 242

Pontino 138

Ponto Euxino 326

Porco, porca, leitão 207, 210s., 249

Porta Ceia 320, 325, 328

Pótnia 82, 94, 97, 149

Potro; cf. Cavalo

Poupa 266, 268

Prásias 237

Prata 103, 175, 243, 245, 251, 287, 315s., 322, 331

Priamai 155

Propôntida 238

Psófis 144

Psychostasia 324

Ptélea 270

Ptéleo 270

Purificação 84, 158, 169s., 177s., 180s., 192, 209, 249, 323

Quio 113

Ramnunte 221-223

Raposa 74, 127, 270

Rapto de menina, de mulher, de menino 64s., 68, 92s., 108-111, 147, 177s., 189s., 212, 219-221, 223-226, 269, 320s.

Refeição, banquete, refeição fúnebre 55, 63, 111, 119, 131, 198, 210, 237, 267, 282, 288, 298, 308

Réggio 162

Rei, reino 77, 80, 114s., 279, 281, 290

Reino dos mortos 16, 25-27, 80, 102, 104s., 139, 145, 147, 162, 169-173, 176, 188, 229, 235, 240, 260-265, 326
    Cf. tb. Hades; Submundo

Relâmpago, raio 25, 42, 71, 73, 77, 87, 91, 104, 111, 151s., 181, 203, 212, 215, 263, 277, 289

Rhegion 162

Rhegnynai 162

Rio
    Escamandro 290, 330
    Meandro 187

Rito 16, 26, 124, 192, 253, 263s., 273

Rocha, rochedo 65s., 79s., 82s., 100, 104, 162, 199, 202, 205-208, 219, 224, 229, 235, 238, 241s., 245, 249, 251, 262, 300

Rochedos de Melanto 251

Roda 261

Ródano 249

Romã 27

Roma, romanos, romano 162, 229, 284

Rouxinol 91s., 264, 266, 268

Sacrifício 16, 20, 39, 51, 64, 70s., 74, 77, 80, 84, 89, 112, 114s., 123, 125, 129, 136-138, 149, 152s., 156, 160, 164, 185, 194, 202-204, 209s., 211, 213, 217-219, 229, 231, 234, 236, 243, 248, 253, 260, 262, 279-282, 285, 300, 306s., 309, 316s., 320, 326, 331

Saga, lenda 18s., 24

Salamina 115, 153, 209, 214, 268, 286, 290, 298

Salgueiro (árvore) 168

Salmoneu 88

Samos 116

Samotrácia 29s., 36-38, 41, 44, 238, 263

Sandálias; cf. Calçados; *Monosandalos*

Sangário 183, 290, 323

Santorim 252

Santuário

Afrodite 218, 227, 254

Amazonas 226

Anfiarau 277

Apolo 44, 100, 143, 181, 210, 264, 321, 329

Aquiles 326

Ares 90

Ártemis 137, 223, 227s., 248, 280, 306

Asclépio 314

Atena 199, 201, 204, 251, 310s., 329

Cabiros 30, 44

Deméter 91

Dioniso 61, 218, 264, 318

Hécate 254

Helena 112, 301

Hera 51, 71, 76, 128, 135, 155, 173, 187, 192, 255, 283

Héracles 132, 174, 186

Hipodâmia 72

Hipólito 228

Mêmnon 324

Orfeu 264

Posídon 68, 83, 159, 257

Tântalo 63

Zeus 71s., 138

Sardenha 153s., 194

Sardes 182

Sele 128, 187

Senhora dos animais selvagens 19, 291

Sepias Akte 288

Ser humano primevo, primordial 39, 48, 51, 62, 80s., 106, 136s., 199

Sérifo 54-56, 59s.

Serpente, cobra 27, 29, 39s., 42, 85, 99, 101-103, 130s., 136, 139-141, 143, 149, 158, 165-168, 170s., 173, 183, 188, 197, 200-202, 224, 234, 245-247, 251s., 256, 261, 270, 276, 300, 312, 315s., 329

Sete contra Tebas 15, 118, 272-278, 297

Sicília 110, 162, 250

Sícion 45, 96, 123s., 274, 282

Simplégades 235, 249

Sinope 243

Sípilo 62s., 65, 69

Sirtes 250

Sol 47, 56, 60, 65, 103, 146, 216s., 233s., 240, 253, 256, 263, 281

Solimos 86

Sonho 56, 84, 219, 233, 252, 265, 291, 327

Cf. tb. Sono

Sono 155, 163

Cf. tb. Sonho

Staphyle 114

Stoa Poikile 277

Submundo, mundo inferior 13, 16, 21, 25-29, 42, 51, 55, 61, 65s., 77, 80, 82, 91, 99, 102-104, 113, 119s., 124, 129, 135, 137, 139, 143, 145-147, 149s., 154, 156, 169-174, 176s., 179, 186, 188, 190, 193, 201-203, 206-209, 212, 216, 218, 220s., 223s., 229, 231, 236, 240-242, 245, 247, 252, 256, 258, 260-263, 267, 269, 274, 276, 282, 286, 295, 299, 301, 317s., 323, 326, 331

Subterrâneo 53, 103, 112, 146, 201, 215, 218, 241, 247s., 266s., 317s.

Syleus 184

Synoikia, synoikisis 197, 225

Tabuleta de barro 42

Taça 161, 164, 166, 210s., 253, 298

Táfios 126s.

Taígeto 107, 111, 142s.

Tanger 160

Tartaruga 207s.

Tartesso 160s., 164

Tasos 123s.

Tebas, tebanos, tebano 16, 20, 25, 28-30, 35s., 39-48, 52, 60, 62, 72s., 91-101, 103, 105s., 115, 123, 125-127, 129s., 132-136, 140, 176s., 181, 193s., 213, 225, 229, 245s., 254, 258, 263, 266s., 278s., 285, 297

Egito 324

Tebe 321

Tegeia 223, 279, 282, 310s.

Teirea 101

Teléboas 126s.

Telete 317

Telos 50

Temiscira 155, 226

Templo; cf. Santuário

Tênaro 170, 223, 261

Tênedos 319, 328

Tênero 44

Tera 252

Terapne 112, 301

Termodonte 153, 155, 243

Termópilas 184

Terra 37s., 40, 43, 45, 50s., 65s., 159, 163, 197, 201s., 208, 237s., 285, 289

Terremoto 104, 173, 228, 248

Teseion 202, 226, 229

Téspias 132s.

Tesprotos 223

Tessália 60, 73, 75, 77, 85, 88, 115, 135, 144, 149, 151, 175, 178, 220, 222, 230, 233s., 244, 260, 285s., 292, 316

Téstia 107

Tetídion 290

Teumeso 127, 270

Teutrânia 310-312

Teseio 205

Thymbra 320

Thysía 16

Tibarenos 243

Tibre 75, 162

Tília 244

Timavo 142s.

Tinge 160

Tínia 242s., 251

Tínianos 239

Tireneses, de Tiro 123

Tirinto 51s., 60, 67, 78, 84s., 125s., 130, 134-136, 138, 148, 154, 170, 173, 176, 180, 190, 273

Tirrênia; cf. Mar Tirreno

Titoreanos, de Titoreia 47, 91

Tmolo 62s., 182s.

Tóricos 269

Touro 16, 35s., 46s., 49, 74, 84s., 123, 152s., 162s., 185, 188, 210-214, 216-218, 228, 246, 248s., 295, 329

Trácia, trácios, trácio 29, 37, 148-152, 156, 182, 202s., 237, 239, 259-264, 266-269, 319s.

Tragodia, Tragédia 28, 42

Transformação 74, 92, 102, 165, 172, 221, 266, 268, 287

Traquine 175, 178, 190s.

Tremiti, le isole 298

Treto 136

Trezena 173, 204s., 211, 227-229, 256, 298

Tríade 43
   Cf. tb. número "3"

Tribunal supremo dos atenienses 309

Tricórito 279

Tridente 51, 85, 199, 202

Trinácria 250

Trípode 132, 143, 180

Triselenos 127

Tritônio, lago 57, 250

Troia 63, 111, 154s., 174, 192, 223, 225-227, 284-304, 313-317

Trombeta 26, 61

Trono 232s.

Trovão 77, 104, 262

Túmulo 19s., 26, 28s., 42, 47, 53, 61s., 71, 82, 91, 104s., 110, 112, 131, 134, 137s., 151s., 159s., 186, 194, 201, 204, 212, 218s., 226-229, 243, 265, 273, 278, 283, 286, 296, 301, 308, 317, 326, 329

  de cúpula 20

Vaca, em forma de vaca 35s., 38s., 42, 74, 126, 134, 146, 153, 157s., 162, 222, 267, 295, 315, 317

Vale de Tempe 261

Velo de ouro 90, 151, 230, 232-234, 237, 245-247, 249s., 280-281

Veneno 140, 144, 189-191, 210s.

Vênetos 142

Vento 73, 88, 149, 166, 269

Via Láctea 130

Viagem ao céu 192, 218

Via-sacra 209

Videira 79, 116, 185, 188

Vidente, vidência 74, 84, 101, 240, 274, 277, 315, 317

Vindima 219

Vinho 23, 67, 103, 113-115, 144, 150, 168, 185s., 221s., 237, 264, 325

Violeta 179

Vitalia 162

Vitulus 162

Volo 230

Voo 217

Xanto 288, 290

Zodíaco 138, 140s., 187

  Cf. tb. Estrela; Constelação

ÍNDICE GERAL

Sumário, 7

Prefácio, 9

Introdução, 13

Livro um, 33

    I – Cadmo e Harmônia, 35

    II – Os Dioscuros tebanos, 43

    III – Dânao e suas filhas, 48

    IV – Perseu, 52

    V – Tântalo, 62

    VI – Pélope e Hipodâmia, 67

    VII – Salmoneu, Melanipa e Tiro, 73

    VIII – Sísifo e Belerofonte, 79

    IX – Frixo e Hele, 88

    X – Édipo, 91

    XI – Os Dioscuros espartanos e seus primos, 106

    XII – Meléagro e Atalanta, 113

Livro dois: Héracles, 121

    I – Os heróis tebanos, 125

        1 Histórias da ascendência de Héracles, 125

2 O nascimento do herói, 128

3 As histórias da mocidade, 132

II – Os doze trabalhos, 136

1 O leão de Nemeia, 136

2 A hidra de Lerna, 138

3 A corça de Cerineia, 141

4 O javali de Erimanto, 143

5 Os pássaros do Lago Estinfalo, 145

6 As estrebarias de Áugias, 146

7 Os cavalos do trácio Diomedes, 148

8 O touro de Minos, 152

9 O cinturão da rainha das Amazonas, 153

10 O gado de Gerião, 157

11 Os pomos das Hespérides, 164

12 O cão de Hades, 169

III – Feitos e sofrimentos após os doze trabalhos, 174

1 Calinico, 174

2 O louco, 176

3 O pecador, 178

4 O servidor de mulheres, 182

5 O salvador de Hera e Dejanira, 187

6 O fim da vida terrena de Héracles, 190

Livro três, 195

I – Cécrope, Erecteu e Teseu, 197

II – Jasão e Medeia, 230

III – Orfeu e Eurídice, 258

IV – Tereu, Eumolpo e Céfalo, 266

V – Anfiarau e os heróis da Guerra de Tebas, 272

VI – Atreu e sua dinastia, 279

VII – O prelúdio da Guerra de Troia, 284

VIII – Os heróis da Guerra de Troia, 294

IX – Ifigênia e seu irmão e irmãs, 305

X – Télefo, 310

XI – Protesilau e Laodamia, 315

XII – Aquiles e as consequências da Guerra de Troia, 319

Genealogias, 333

Notas da introdução, 351

Fontes, 353

Documentos para os livros um, dois, três, 363

Imagens – Introdução, 407

Lista das ilustrações, 409

Índice onomástico, 497

Índice analítico, conceitos, 521

CULTURAL
Administração
Antropologia
Biografias
Comunicação
Dinâmicas e Jogos
Ecologia e Meio Ambiente
Educação e Pedagogia
Filosofia
História
Letras e Literatura
Obras de referência
Política
Psicologia
Saúde e Nutrição
Serviço Social e Trabalho
Sociologia

CATEQUÉTICO PASTORAL
Catequese
　Geral
　Crisma
　Primeira Eucaristia

Pastoral
　Geral
　Sacramental
　Familiar
　Social
　Ensino Religioso Escolar

TEOLÓGICO ESPIRITUAL
Biografias
Devocionários
Espiritualidade e Mística
Espiritualidade Mariana
Franciscanismo
Autoconhecimento
Liturgia
Obras de referência
Sagrada Escritura e Livros Apócrifos

Teologia
　Bíblica
　Histórica
　Prática
　Sistemática

REVISTAS
Concilium
Estudos Bíblicos
Grande Sinal
REB (Revista Eclesiástica Brasileira)
SEDOC (Serviço de Documentação)

VOZES NOBILIS
Uma linha editorial especial, com importantes autores, alto valor agregado e qualidade superior.

PRODUTOS SAZONAIS
Folhinha do Sagrado Coração de Jesus
Calendário de Mesa do Sagrado Coração de Jesus
Agenda do Sagrado Coração de Jesus
Almanaque Santo Antônio
Agendinha
Diário Vozes
Meditações para o dia a dia
Encontro diário com Deus
Dia a dia com Deus
Guia Litúrgico

VOZES DE BOLSO
Obras clássicas de Ciências Humanas em formato de bolso.

CADASTRE-SE
www.vozes.com.br

EDITORA VOZES LTDA.
Rua Frei Luís, 100 – Centro – Cep 25689-900 – Petrópolis, RJ
Tel.: (24) 2233-9000 – Fax: (24) 2231-4676 – E-mail: vendas@vozes.com.br

UNIDADES NO BRASIL: Belo Horizonte, MG – Brasília, DF – Campinas, SP – Cuiabá, MT
Curitiba, PR – Florianópolis, SC – Fortaleza, CE – Goiânia, GO – Juiz de Fora, MG
Manaus, AM – Petrópolis, RJ – Porto Alegre, RS – Recife, PE – Rio de Janeiro, RJ
Salvador, BA – São Paulo, SP